Leben ist mehr

clv

Jesus spricht zu ihm:
Ich bin der Weg
und die Wahrheit
und das Leben.
Niemand kommt zum Vater
als nur durch mich.

Johannes 14,6

Ich bin gekommen,
damit sie Leben haben
und es in Überfluss haben.

Johannes 10,10

2000
LEBEN IST MEHR

Impulse für jeden Tag

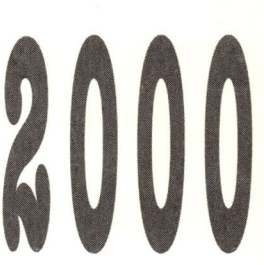

clv

© 1999 by CLV Bielefeld und CV Dillenburg
Umschlag und Innengestaltung: Eberhard Platte, Wuppertal
Satz: CLV
Lektorat: Hermann Grabe, Joachim Pletsch
Druck: Graphische Großbetriebe Pößneck

ISBN 3-89397-270-6 (Paperback)
ISBN 3-89397-390-7 (Hardcover)

Bestellnummern:

255.270	(CLV-Paperback)
272.706/00	(CV-Paperback)
255.390	(CLV-Hardcover)
272.707/00	(CV-Hardcover)

Zum Gebrauch

Zum Gebrauch des Kalenders sind einige Hinweise zu beachten. Auf jedem Tagesblatt befinden sich insgesamt 5 Symbole, die folgende Bedeutung haben:

Der tägliche Leitvers aus der Bibel, der in der Regel durch den Begleittext erklärt wird. Eine Übersicht sämtlicher Verse befindet sich am Ende des Buches.

Dem Haupttext ist ebenfalls immer ein Symbol vorangestellt. Es stellt einen der insgesamt 20 Themenbereiche dar, dem der jeweilige Text zugeordnet ist. Am Ende des Buches sind alle Tage nach Themen und Symbolen geordnet aufgelistet. Das ermöglicht das gezielte Heraussuchen von Beiträgen zu einem bestimmten Themenbereich. Der Haupttext schließt jeweils mit einem Namenskürzel, das auf den Schreiber des Beitrags verweist. Sämtliche Mitarbeiter und Kürzel sind am Ende des Buches aufgelistet.

Die Frage zum Nachdenken

Der Tipp für's Leben

Die tägliche Bibellese

Vorgehensweise:

Es empfiehlt sich, zuerst den Tagesvers aus der Bibel zu lesen und anschließend den Haupttext. Frage und Tipp dienen zur Anregung, über das Gelesene weiter nachzudenken, müssen aber nicht unbedingt mitgelesen werden (zum Beispiel beim Vorlesen).

Noch ein Hinweis:

Leben ist mehr gibt es auch im Internet: www.lebenistmehr.de
eMail: info@lebenistmehr.de

Vorwort

Das dritte Jahrtausend

Es ist soweit! Ein neues Millennium! Das dritte Jahrtausend!

Zwar gibt es ganz kluge Leute, die uns vorrechnen können, das neue Jahrtausend fange erst mit 2001 an; doch wer sich den Glanz der drei Nullen nicht durch derlei Bedenken vermiesen lassen will, mag sich dem Zauber dieses besonderen Jahreswechsels mit all den daran geknüpften Hoffnungen und Befürchtungen hingeben.

Aber höchstwahrscheinlich werden die meisten schon im Morgengrauen des 1. Januar 2000 feststellen - vorausgesetzt, den Versorgungsunternehmen gelingt die Computerumstellung auf die zwei Nullen - dass sich gar nichts Grundlegendes geändert hat. Chronische Kopfschmerzen sind immer noch da, der Schuldenberg ist nicht verschwunden, die Probleme in Schule und Familie sind so drückend wie eh und je usw., usw. Dann werden Millenniumseuphorie und die obligatorische guten Vorsätze schnell in sich zusammenfallen wie gestern nacht die bunten Leuchtkaskaden des Feuerwerksgewitters.

Was bleibt? Man muss sich aus dem Bett rappeln und an seine Pflichten gehen. Wie gut ist es da, zu wissen, dass Einer da ist, der immer derselbe bleibt, und der denen, die an ihn glauben versprochen hat, sie nie zu verlassen. - Er behält auch nach dem 1. Januar 2000 die Fäden in der Hand.

Daran soll auch der zweite Jahrgang von *Leben ist mehr* erinnern. Täglich wird ein Wort aus der Bibel unsere Gedanken für einen Augenblick von unseren Beschränktheiten auf den großen Schöpfer richten, und in dem folgenden kurzen Text steht entweder ein Rat, ein Trost - oder eine Warnung, so dass wir den Weg finden können, den Gott uns zugedacht hat und damit wir glauben können, dass Gott die Menschen liebt und sie alle teilhaben lassen möchte an dem großen Millennium, das er heraufführen will. Dann werden Gerechtigkeit und Frieden herrschen und aller Kummer wird zu Ende sein.

Die Herausgeber

Neujahr — **1. Jan. 2000** — **Samstag**

Wer den anderen liebt, hat das Gesetz erfüllt.
Römer 13,8

366 mal Liebe üben

Am 1.1.1900 trat das 1896 vom Reichstag verabschiedete Bürgerliche Gesetzbuch (BGB) in Kraft. Es war die erste für alle deutschen Länder geltende Gesetzessammlung des Privatrechts. Nach der Reichsgründung hatte sich die Forderung nach einem einheitlichen Privatrecht durchgesetzt; es sollte das seit 1794 geltende »Allgemeine Landrecht für die preußischen Staaten« (ALR) ablösen. Wie weithin in Europa war der Einfluss des französischen »Code Napoléon« von 1804 darauf erheblich. Nach dem allgemeinen Teil regelt das BGB in vier Büchern das Recht der Schuldverhältnisse, das Sachenrecht, das Familienrecht und das Erbrecht.

Mein nicht mehr ganz aktuelles BGB endet mit dem Paragraphen 2385. Und das BGB enthält noch längst nicht alle Gesetze unseres Landes. Diese Flut von Regeln entlässt uns trotz ihrer Fülle nicht aus der Pflicht, sie in jedem einzelnen Fall zu beachten. Wir können z.B. nicht einfach aufhören, Steuern zu zahlen, weil wir die Gesetze nicht verstehen.

Gottes Gesetze für die menschliche Gemeinschaft sind zwar leicht nachzuvollziehen, aber nicht unbedingt leicht zu halten. Zunächst einmal steckt hinter allen dasselbe Prinzip: Gott liebt jeden Menschen! Und er will, dass wir das ebenso tun, darauf laufen seine Gesetze hinaus. Aber genau da wird es schwierig für uns. Dazu sind wir gar nicht imstande, alle Menschen vorbehaltlos zu lieben. Johannes, ein Jünger Jesu, schrieb in einem Brief: »Lasst uns lieben, weil er uns zuerst geliebt hat.« Nur das Bewusstsein, von dem großen Gott und seinem Sohn Jesus Christus geliebt zu werden, kann diese Liebe in uns bewirken. *es*

Habe ich mich schon den göttlichen Gesetzen gestellt?

Nur Mut! Man kann Gott um Kraft bitten, ihn zu lieben und solche, die er mir in den Weg stellt.

Psalm 121

Sonntag

2. Jan. 2000

*Und viele falsche Propheten werden aufstehen
und werden viele verführen.*
Matthäus 24,11

2000

2000 - das Schicksalsjahr! - wird man auf den einschlägigen (nicht billigen) Büchern lesen, die uns die verschiedenen für dieses Jahr zu erwartenden Prophezeiungen nahebringen wollen. Besonders augenfällig sind die in einem Schicksalsjahr obligatorischen Naturkatastrophen, Kriege und das Ableben einflußreicher Persönlichkeiten.

Ob »Schicksalsjahr« oder nicht, mir scheint, die »Prophezeiungen« haben immer dasselbe Strickmuster: 1998 hätten Papst Johannes Paul II, Yassir Arafat und Michael Jackson sterben sollen. 1998 ist den Zukunftsprognosen entsprechend das Jahr des 3. Weltkrieges mit fast 2 Mrd. Toten gewesen! Nostradamus, Starastrologen und ihre Sterne, westliche und östliche »Seher« werden jährlich für die Zusammenstellung solcher Werke bemüht.

Beim Durchblättern dieser trendig aufgemachten Bücher überkommen mich jedes Jahr wieder zwei Gedanken. Erstens, es geht ums Geld! Nicht die Zukunft, sondern hohe Verkaufszahlen sind wichtig. Zweitens, die »Prophezeiungen« treffen nicht ein. Und genau das ist das Kennzeichen von einem »falschen Propheten« (5. Mose 18,21-22).

Ende 1998 ist das Ergebnis einer Untersuchung des Heidelberger Soziologen Edgar Wunder in einer österreichischen Tageszeitung veröffentlicht worden. Er hat 68 Prognosen für 1998 von 21 bekannten Zukunftsdeutern unter die Lupe genommen. Von den Prognosen, die sie abgegeben haben, ist nicht e i n e eingetroffen.

2000 - das Schicksalsjahr! Reden wir doch am 1.1.2001 weiter, und dabei werten wir gleich die Trefferquoten der »Propheten« aus. *gn*

Was halten Sie von der Trefferquote der Wahrsager?

Wir wollen nicht hinter den Vorhang schauen, mit dem Gott die Zukunft absichtlich verborgen hat.

Psalm 138

3. Jan. 2000

Montag

Der HERR, er ist es, der vor dir herzieht. ...
Fürchte dich nicht und sei nicht niedergeschlagen.
5. Mose 31,8

Mutig ins neue Jahr!

Wieso eigentlich nicht? Schließlich ist es der allmächtige Gott, der vor uns hergeht. Er hat die Macht, Berge platt zu machen. Geht er voran, wird aus tiefer Finsternis helles Licht, werden aus Angsthasen mutige Leute und aus Kopfhängern fröhliche Menschen. Er, der Schöpfer und Erhalter des Universums, den keine Intelligenz dieser Erde begreifen kann, ist an unserem ewigen Glück interessiert. Tatsächlich! Hätten wir also Grund zur Furcht? Damit wir uns nicht fürchten, lässt er uns wissen: Ich helfe dir! Setze darum getrost dein Vertrauen in mich. Ich bin nicht der schwache Strohhalm, an den du dich klammern sollst - ich bin der starke Gott, der dich ewig hält und dir den sichersten Weg durch das Sumpfgelände dieser Welt bahnt. Bloße Durchhalteparolen? Von wegen! Erfahrene Wirklichkeit!

Sieben Gründe, die uns Mut machen:
1. Gott geht vor uns her. Auch im neuen Jahr!
2. Wer sein Kind ist, darf auch um seine Vatertreue wissen!
3. Gott hat längst für alles vorgesorgt.
4. Bei ihm gibt's keine nebelhaften Zufälle!
5. Alles dient zum Besten denen, die Gott lieben!
6. Jesus ist Sieger. Der Ausgang des Kampfes steht fest.
7. An Gottes Hand kommen wir sicher ans Ziel!

Christen hoffnungsfrohe Leute? Ganz gewiss. Sie haben gewählt zwischen Rettung und Verlorenheit. Zwischen Licht und Finsternis. Zwischen Glück und Verzweiflung. Zwischen Leben und Tod. Die helle Zukunft gehört ihnen. Ein gesegnetes, neues Jahr! *mp*

Was wäre, wenn Sie Nummer 1 bis 7 unterschreiben könnten?

Zu jedem Punkt gibt es Bibelstellen!

Markus 1,1-13

Dienstag

4. Jan. 2000

*Denn auf Hoffnung hin sind wir errettet worden.
Eine Hoffnung aber, die gesehen wird, ist keine Hoffnung.
Denn wer hofft, was er sieht?*
Römer 8,24

Tapferkeit - wozu?

Heute vor 40 Jahren starb Albert Camus durch einen Autounfall. Der 1913 in Algerien geborene Franzose hatte schon mit 44 Jahren den Nobelpreis für Literatur erhalten. Angesichts der Ereignisse des Zweiten Weltkrieges stand die Absurdität des Daseins im Mittelpunkt seines Denkens, die Existenz des Menschen erschien ihm sinnlos. Dennoch verharrte Camus nicht im Nihilismus, sondern trat dafür ein, in Situationen der Not und des Unrechts dem leidenden Nächsten tapfer zu helfen. So setzt sich in seinem Roman »Die Pest« (1947) der Arzt Rieux selbstlos und aufopfernd für die Kranken und Sterbenden ein und findet in der Auflehnung gegen das Leid einen Ausweg aus dem Nihilismus. Als führender Vertreter der Existenzphilosophie, die die Nachkriegsgeneration stark beeinflusste, fasste Camus seine Überzeugung in dem Satz zusammen: »Ich revoltiere, also bin ich.«

Gott hatte in Camus' Denkweise keinen Platz. Die Tapferkeit, dem anscheinend sinnlosen Leid der Welt zu widerstehen, dagegen zu »revoltieren«, muss nach Camus der Mensch aus sich selbst nehmen. Wie wenig er aber - selbst bei gutem Willen - dazu imstande ist, hat die Weltgeschichte inzwischen bewiesen. Allein Gott kann den Menschen aus dem Teufelskreis seiner Sünde und Hoffnungslosigkeit erlösen. Und er hat es durch Jesus Christus schon getan. Der gekreuzigte und auferstandene Sohn Gottes ist die einzige Antwort auf die scheinbare Sinnlosigkeit menschlichen Daseins. Sie gibt dem Leben schon heute Sinn, verleiht den Mut, Not und Unrecht zu widerstehen und reicht bis in die Ewigkeit. *jo*

Welchen Sinn habe ich bisher in meinem Leben gesehen?

Der Müchhausen-Trick, sich am eigenen Schopf aus dem Sumpf zu ziehen, funktioniert nicht!

Markus 1,14-20

5. Jan. 2000

Mittwoch

*Ihr Männer, liebt eure Frauen,
und seid nicht bitter gegen sie!*
Kolosser 3,19

Wo sind nur die Flitterwochen geblieben?

Ist das nicht ein sonderbarer Spruch, der da in der Bibel steht? Seit wann muss uns Männern die Liebe denn befohlen werden? Ist das denn nicht selbstverständlich? Kommt die Liebe denn nicht plötzlich über einen Menschen? Fragt man junge Leute, warum sie heiraten, heißt die Antwort: »Na, weil wir uns lieben!«

Und woher kommt die Liebe, wie entsteht sie? Die altbekannte Gänseblümchen-Methode »Sie liebt mich? Sie liebt mich nicht?« mag zwar romantisch sein, gleicht aber m. E. mehr einem russischen Roulettspiel. Auch das Gefühl der »Schmetterlinge im Bauch« bzw. gewisse Atembeschwerden oder weiche Knie mögen zwar manchmal Begleiterscheinungen akuter Liebes-Empfindungen sein, sind aber sicherlich nicht ein wirkliches, sicheres Indiz, geschweige denn Basis für eine dauerhafte Liebesbeziehung. Auch wenn man meint, sie sei aus heiterem Himmel gefallen. Was fällt dann wohl, wenn der Himmel bewölkt oder gar gewittrig wird ...?

Die Bibel geht eigenartigerweise davon aus, dass die Liebes-Beziehung zwischen mir und meiner Frau ein bewußter Willensentschluss ist, den ich vollziehen muß. Eventuell auftretende negative Emotionen habe ich ebenso bewusst zu abzuweisen. Wer das mit Gottes Hilfe gelernt hat, wird erfahren, dass auch die guten Gefühle der Liebe nicht lange auf sich warten lassen und dauerhafte Begleiter der gewollten Liebe werden. Wenn Gott mir die Liebe als willentlichen Entschluss aufträgt, darf ich ihn darum bitten, mir dazu auch die Treue zu geben. Ich bin dankbar, dass ich so nun seit über 30 Jahren eine tiefe und innige Liebe zu meiner Frau haben darf.

pt

Warum habe ich geheiratet? Kommt meine Liebe nur aus meinem Gefühl oder ist sie täglich neu ein bewusster Willensentschluss?

Ich will neu meine Frau/meinen Mann von Herzen lieben und alle eventuellen negativen Empfindungen bei Gott abladen.

Markus 1,21-28

Donnerstag — 6. Jan. 2000

Du hast eine kleine Kraft.
Offenbarung 3,8

Kleine Kraft - große Wirkung

Ein Relais kennen wir. Es hat selbst nur eine kleine Kraft, kann aber riesige Kräfte in Bewegung setzen, wenn es etwa eine Turbine im Kraftwerk anschaltet.

So war es auch an einem kalten Sonntagmorgen heute vor genau 150 Jahren. Draußen schneite es mächtig. In einer Kapelle der Methodisten in England stand nach dem schütteren Gesang der kleinen Gemeinde ein Hilfsprediger auf und verlas die Worte: »Schaut auf mich, und ihr werdet gerettet werden, alle ihr Enden der Erde.«

Nach zehn Minuten wusste er nichts mehr zu sagen. Er las den Text noch einmal und blickte suchend umher. Da sah er auf der Empore einen fremden jungen Mann sitzen, reckte ihm seinen knochigen Zeigefinger entgegen und sagte: »Junger Mann, Sie sehen elend aus - das wird auch ewig so bleiben, wenn Sie meinem Text nicht gehorchen!« Dann rief er noch einmal: »Junger Mann, schauen Sie auf Jesus Christus! Schauen Sie! Schauen Sie! Sie müssen nichts tun, als nur schauen, und Sie werden leben!«

Wie Schuppen fiel es dem Angesprochenen von den Augen, und er begriff: »Ich brauchte mich nur auf Christus zu verlassen, um ewig gerettet zu sein!« Und Charles Haddon Spurgeon ergriff das langgesuchte Heil im selben Augenblick.

Dieser unbekannte Hilfsprediger war das Relais, durch das Gott den größten Prediger der Neuzeit in seinen Dienst berief. Jeden Sonntag predigte Spurgeon später vor Tausenden, und was er sagte, lasen Millionen auf der ganzen Welt. Und alles hatte nur ein Ziel: Die Blicke der Menschen sollten auf den gekreuzigten und auferstandenen Christus gerichtet werden. *gr*

Haben Sie auch schon auf Jesus geblickt und ihn als Ihren Erlöser erkannt?

Dann kann Sie Gott bald auch als »Relais« oder gar noch für mehr gebrauchen.

Markus 1,29-39

7. Jan. 2000

Freitag

*Denn auch der Sohn des Menschen ist nicht gekommen,
um bedient zu werden, sondern um zu dienen
und sein Leben zu geben als Lösegeld für viele.*
Markus 10,45

Ablösesummen - nur im Fußball?

Sieben lange Wochen habe ich auf das Ergebnis gewartet. Jetzt endlich kommt die gute Nachricht: Die Aufnahmeprüfung ist erfolgreich bestanden. Damit steht der Weiterbildungsmaßnahme nichts mehr im Wege. Mit Ausnahme einer kleinen Formalität: Der Unterschrift unter eine Erklärung, die mich fünf Jahre an das Unternehmen binden wird. Im Gegenzug übernimmt der Arbeitgeber die kompletten Lehrgangskosten und zahlt das laufende Gehalt während der Lehrgangszeit weiter. Der Personalchef lächelt mich an: »Sie wissen doch, dass die Bindung nur theoretischer Natur ist. Wenn Sie die Weiterbildung mit einem guten Ergebnis abschließen, wird Sie jedes Unternehmen durch Zahlung einer entsprechenden Ablösesumme freikaufen.«

Tatsächlich werden in der Praxis solche Ablösebeträge bezahlt, um gute Mitarbeiter aus bestehenden Verpflichtungen zu lösen und sie im eigenen Unternehmen einzusetzen. Die Sache hat nur einen Haken: Sie beruht auf dem Leistungsprinzip. Nur wenn meine Qualifikation stimmt, wird ein anderer Arbeitgeber bereit sein, eine solche Summe in mich zu investieren.

Auch der heutige Tagesvers redet von einer Ablösesumme. Es ist der Herr Jesus Christus, der sich hier als Sohn des Menschen bezeichnet. Er zeigt uns ein anderes Prinzip. Bei ihm müssen wir uns nicht erst durch Leistung qualifizieren (kein Mensch würde dieses Ziel je erreichen), sondern er tritt in Vorleistung. Als der Herr Jesus am Kreuz gestorben ist, hat er dort die Ablösesumme bezahlt, die uns aus der Bindung an Hölle, Tod und Teufel herauslöst. Dadurch sind wir nun frei, uns einem neuen Dienstherrn anzuschließen: Gott. *dr*

Können Sie sich einen besseren Dienstherrn vorstellen als den, der aus Liebe zu Ihnen sein Leben für Sie investiert hat?

Wechseln Sie die Stelle - bewerben Sie sich bei Gott. Er garantiert: Wer zu mir kommt, den werde ich nicht hinausstoßen (Joh 6,37).

Markus 1,40-45

Samstag

8. Jan. 2000

*Wer an den Sohn glaubt, hat ewiges Leben;
wer aber dem Sohn nicht gehorcht, wird das Leben nicht sehen,
sondern der Zorn Gottes bleibt auf ihm.*

Johannes 3,36

Wie wird man Christ?

Dadurch dass man in die Kirche geht? Genauso könnte man fragen: Wird jemand zum Auto, wenn er eine Nacht in einer Garage schläft? Ist jemand schon Christ, wenn er besonders nett ist, gute Dinge tut und sich anständig benimmt? Der englische Schriftsteller C.S. Lewis schrieb einmal, dass mit dem Wort Christ etwas ähnliches geschehen ist, wie mit dem Begriff Gentleman. »Das Wort Gentleman bezeichnete ursprünglich etwas klar Definiertes, einen Mann, der ein Wappen führte und einigen Grundbesitz hatte. Wenn man jemand einen Gentleman nannte, war das kein Kompliment, sondern die Feststellung einer Tatsache.«

Wer ist dann Christ? Ursprünglich wurde das Wort so verstanden: Ein Christ ist ein Mensch, der sich zu Jesus Christus bekennt. Er glaubt, dass Gott existiert und diese Welt geschaffen hat. Er glaubt, dass Gott vor ca. 2000 Jahren in seinem Sohn Jesus Christus Mensch geworden ist, an einem Kreuz gestorben und nach drei Tagen von den Toten auferstanden ist. Daraus, dass das Sterben Jesu Christi geschah, damit uns unsere Schuld von Gott nicht mehr trennen muss, hat er die Konsequenz gezogen: Er ist umgekehrt zu Gott und hat sein Versöhnungsangebot angenommen. Durch diesen Glauben ist er Christ geworden und hat ewiges Leben von Gott geschenkt bekommen, d.h. er wird die Ewigkeit einmal bei Gott verbringen. Aber schon jetzt und hier wird er sein Leben auf Jesus Christus ausrichten. Er wird als Christ erkennbar sein, weil er seinem Herrn, der ihn gerettet hat, ähnlich ist. Die Bezeichnung »Christ« ist mehr als ein Kompliment, sie steht für eine völlig neue Identität. *kae*

Treibe ich vielleicht Etikettenschwindel?

Um Christ zu werden, muss man kein Gentleman sein.

Markus 2,1-12

9. Jan. 2000

Sonntag

Blinde werden sehend, Lahme gehen, Aussätzige werden gereinigt, und Taube hören, Tote werden auferweckt, und Armen wird gute Botschaft verkündigt.

Matthäus 11,5

Ich pfeife auf einen solchen Gott!

Am 9.1.1890, heute vor 110 Jahren, wurde in Berlin Kurt Tucholsky geboren. Der entschiedene Pazifist und radikale, aufklärerisch motivierte Demokrat trat in Artikeln und Gedichten zur Verteidigung der Weimarer Verfassung an. Er geißelte den Militarismus und den Nationalismus der rückständigen Konservativen, deren Machtzuwachs ihn in die Emigration und schließlich in den Tod trieb. Im Alter von nur 45 Jahren beging er 1935 im schwedischen Exil Selbstmord.

In »Ein Pyrenäenbuch«, einem 1927 erschienenen Reisebericht, schreibt er: »Wenn einer aus Feuerland daherkäme und mir das Abbild seines Gottes zeigte und sagte: 'Sieh! Er tut Wunder! Er gibt Regen und Sonnenschein! Er heilt die Kranken und fördert die Gesunden! Er schließt die Wunden und trocknet Tränen, er erweckt Tote und trifft mit dem Blitz das Haupt unserer Feinde! Er ist ein großer Gott!' - spräche er also, so prüfte ich das Gebäude und die Untermauerung seines Glaubens ..., seiner Lehren und Sittengesetze. Und fände ich dann etwa, dass es eine Religion ist, die von ihrem Schöpfer gute Lehren auf den Weg bekommen hat, diesen Schöpfer aber verraten hat um irdischer Güter willen ..., ich schickte den Mann aus Feuerland zurück und pfiffe auf seine Wunder.«

»Recht hat er!«, sind wir sofort geneigt zuzustimmen. Aber gehen wir Christen mit unserem Gott nicht genauso um? Machen wir es einem Fremden nicht schwer an einen Gott zu glauben, der sich der Not der Kranken und Leidenden annimmt, wenn er unsere Autos, Häuser, Versicherungen und Urlaubsreisen sieht? Werbung für Gott muss authentisch sein und keine Theorie.

es

Glauben wir wirklich an Gottes herablassende Menschenliebe?

Man muss sie auch an uns sehen können.

Psalm 89,1-19

Montag

10. Jan. 2000

Gib mir Einsicht, damit ich lebe.
Psalm 119,144b

Ratlosigkeit

Das Titelbild einer namhaften deutschen Wochenzeitung brachte es auf den Punkt. Im linken Bereich waren Bilder menschlichen Fortschritts und Könnens. Der rechte Bildrand konfrontierte den Betrachter mit einer Familie, die auf einem Felsen stand und mit einer brennenden Kerze die vor ihnen liegende Finsternis zu erhellen versuchte. Ein Bild der Ratlosigkeit und Orientierungslosigkeit des Menschen trotz explodierender Technologie.

Die Wirkung des Bildes liegt in seinem Gegensatz und entspricht unserem Leben. Da lassen amerikanische Wissenschaftler ein Weltraumauto über den Mars rollen. Und auf der anderen Seite scheitert oft der heldenhafteste Kampf gegen Hochwasser oder Großfeuer. Die Geschichte der letzten Jahre zeigt, dass der Mensch oft der Verlierer war. Bilder der Katastrophen in China, Mittelamerika, Afrika und Australien haben sich in uns festgebrannt. Von den Währungskrisen, der gigantischen Arbeitslosigkeit und der politischen Ratlosigkeit ganz zu schweigen.

Seien wir ehrlich: Wir sind nicht die großen Macher. Den wirklichen Problemen stehen wir allesamt und in immer stärkerem Maße ratlos gegenüber. Unser Bibelwort erinnert uns an Gott, den Allwissenden, der uns Weisheit zum Leben geben kann, der unser irdisches Leben trotz aller Bedrohung zu erhalten und unserer Seele darüber hinaus ewigen Bestand zu verleihen vermag. Er wartet darauf, dass wir uns an ihn wenden. Das bedeutet allerdings, unser Unvermögen zuzugeben, mehr noch: Wir müssen eingestehen, dass unsere selbstherrlichen Selbstrettungsversuche Sünde waren. *rg*

Wollen wir es immer noch einmal selbst versuchen?

Geben wir's auf. Gott wartet darauf, uns zu helfen.

Markus 2,13-17

11. Jan. 2000
Dienstag

*Denn was wird es einem Menschen nützen,
wenn er die ganze Welt gewönne,
sich selbst aber verlöre oder einbüßte?*
Lukas 9,25

Soll und Haben

Diese Frage der Bibel richtet sich an uns alle und in unsere Alltagssprache übersetzt, klingt sie dann so: Was nützt dem Menschen eine warme Stube oder ein behagliches Heim, wenn er ein kaltes, gottloses Herz hat? Was hilft ihm Arbeit, Fleiß und Sparsamkeit, wenn der Nächste auf der Strecke bleibt? Was nützt ihm Bankkonto, Auto und Urlaub, wenn der Stress ihn von innen auffrisst? Zu was dient ihm das Wirtschaftswachstum, wenn er vor Neid und Egoismus verkümmert? Was hilft ihm Ansehen, Ruhm und Reichtum, wenn er ohne Glauben und Hoffnung bleibt? Was nützt ihm eine saubere Umwelt, wenn seine Seele keinen Frieden hat? Wenn er Recht bekommt, aber für seine Schuld keine Vergebung findet, nützt es ihm nichts. Was hilft ihm eine Medizin die den Krebs besiegt, wenn seine Seele verloren geht?

So könnte man fast ohne Ende fortfahren mit unangenehmen Gewissensfragen. Mit dem anfangs zitierten Bibelwort aber ermutigt Jesus Christus uns zum Leben und möchte an unsere wahre Bestimmung erinnern und zur Einsicht und Umkehr führen. Nicht nur, dass wir mit dem Leben besser zurechtkommen und Frieden und Freude haben, sondern auch an unser Seelenheil denken. Das ist der wirkliche Gewinn. Alles andere wird sogar zum Schaden werden, wenn wir die Gabe Gottes, das ewige Leben in Christus, nicht ergreifen. Immer mehr Mitmenschen kommen immer weniger mit ihrem Leben zurecht und kaum zur Besinnung. Am Ende verlieren sie sich selbst, d. h. ihr Leben, und zwar auf ewig. Wenn wir mit Ablauf des Erdendaseins Jesus nicht angenommen haben, ist es unwiderruflich zu spät. Das wäre der denkbar größte Schaden. *khg*

Wo steht mein Name auf dieser biblischen Gewinn- und Verlust-Rechnung?

Es geht um Soll und Haben, denn Christus spricht: Ich lebe und ihr sollt auch leben!

Markus 2,18-22

Mittwoch

12. Jan. 2000

*Wer Vergehen zudeckt, strebt nach Liebe;
wer aber eine Sache immer wieder aufrührt,
entzweit Vertraute.*
Sprüche 17,9

Wie man eine Ehe garantiert zerstört ...

Mit hochroten Köpfen sitzen sie vor uns. Gerade ist ihnen bewusst geworden, dass sie sich in unserer Gegenwart unmöglich benommen haben. Wir haben sie besucht, weil sie sagten, sie hätten Schwierigkeiten in ihrer Ehe. Kaum haben wir sie darauf angesprochen, entlädt sich zwischen ihnen eine verbale Schlammschlacht, ein wahres Feuerwerk der Emotionen. Jeder beschuldigt den anderen, bis - ja bis sie sich plötzlich unserer Gegenwart bewusst werden. Funkstille! Dann ein zögerndes »So ist das immer bei uns«. »Was habt ihr denn gerade gemacht?«, will ich wissen. »Wir haben uns gestritten.« »Davon habe ich nichts gemerkt«, antworte ich unter verwunderten Blicken. »Nun, ich will euch erklären, was das gerade war. Ihr habt sicher in eurem Haushalt eine Mikrowelle. Was macht man damit?« »Altes wieder aufwärmen«, kommt es wie aus einem Mund. »Seht, ihr habt nicht neu gestritten, sondern alten Streit wieder aufgewärmt. Sozusagen ein Streit aus der Mikrowelle. Habt ihr euch bei eurem letzten Streit nicht gegenseitig vergeben?« »Ja, aber es kommt bei der nächsten Gelegenheit wieder hoch, was der andere getan hat.«

Daran kranken viele Beziehungen. Vergeben ja - zugedeckt lassen nein. Echtes Vergeben aber bedeutet - wie der Tagesvers sagt: zudecken. Was vergeben ist, darf nicht wieder hervorgeholt und vorgehalten werden. Wieviel Zwistigkeit und Not in Ehen und Familien könnten vermieden werden, wenn wir die goldene Regel des Tagesspruchs beherzigen würden. Gott hält sich übrigens selbst an diese Regel: Wofür wir ihn um Vergebung bitten, deckt er zu und holt es nie mehr hervor! Gott sei Dank! *pt*

Wo hege ich gegen einen anderen Misstrauen, weil ich ihm eine Sache nicht vergessen kann?

Ich will Vergebenes wirklich für immer zudecken und nie mehr hervorholen.

Markus 2,23-28

18

Donnerstag — 13. Jan. 2000

Siehe, jetzt ist die wohlangenehme Zeit.
2. Korinther 6,2

Gottes Termine beachten

Mein Terminkalender gleicht oft einem Puzzle-Spiel. Ich suche Lücken, um den dringend fälligen Besuch noch irgendwo einzuordnen. Wir zählen Tage, stoppen Zeiten, addieren Zeitabschnitte, setzen Zeitpunkte fest und planen unser Vorhaben. Die Zeit reicht uns oft nicht, um alles unterzubringen, was wir möchten. Und viel zu wenig berücksichtigen wir, dass Gott vielleicht Zeit in unserem Leben beanspruchen will.

Unser Tagesvers spricht von der einmaligen Gelegenheit, die uns Gott bietet. Gott setzt in unserem Leben Termine, die sich nicht an kirchlichen Feiertagen oder Terminkalendern orientieren. Mit einem großen Ausrufungszeichen ruft uns Gott sein »Siehe« zu, um uns aus unserer gefährlichen Routine herauszulocken. Er will uns eine äußerst wichtige Nachricht übermitteln.

Es war ein mächtiger Einbruch in die trostlose Menschheitsgeschichte, als Gott auf den Feldern von Bethlehem den Hirten zurief: »Siehe! Ich verkündige euch große Freude. Euch ist heute der Heiland geboren, Christus, der HERR«. Nur wenige Menschen haben diesen Termin wahrgenommen. Viele ließ es kalt. Sie blieben in ihrem Trott. 33 Jahre später ließ Gott durch seinen Sohn Jesus Christus am Kreuz ausrufen: »Es ist vollbracht!« Auch da schüttelten die meisten verständnislos ihre Köpfe und zogen vorbei. Und noch heute ruft Gott durch sein Wort und seine Boten dem Menschen zu: »Lass dich versöhnen mit Gott«. Wie ist die Reaktion? »Keine Zeit, vielleicht später«, sagen viele. Aber Gottes Termine in unserem Leben können nicht wir bestimmen; und es wäre tragisch, wenn wir sie verpassen. *la*

Bin ich ansprechbereit für Gott?

Den nächsten Termin mit Gott auf keinen Fall verpassen!

Markus 3,1-6

Freitag

14.Jan.2000

*Und wir geben in keiner Sache irgendeinen Anstoß,
damit der Dienst nicht verlästert werde.*
2. Korinther 6,3

Niemals Feierabend?

Eines ist mir bereits während der Ausbildung bewußt geworden: Ein Sparkassenmitarbeiter ist niemals außer Dienst! Wohin ich auch komme, jeder möchte Tips zur idealen Geldanlage oder zum billigsten Baudarlehen haben. Aber nicht nur das. Die Kunden erwarten von »ihrem« Berater auch in der Freizeit ein korrektes Benehmen. Bereits ein kleines Fehlverhalten kann hier Schaden anrichten. Ein Beispiel: Ich ärgere mich darüber, daß mir jemand bei der Fahrt zum Einkaufen die Vorfahrt nimmt. Gebe ich dem anderen durch ein unbeherrschtes, aber eindeutiges Handzeichen zu verstehen, was ich von seinen Fahrkünsten halte, kann das Auswirkungen haben. Nämlich dann, wenn sich »mein Gegner« als Kunde entpuppt, dem ich morgen wieder als Berater gegenüberstehe. Wie wird er reagieren? In vielen Fällen wird er nicht nur einen Bogen um mich machen, sondern seine Erfahrung auf die ganze Institution Sparkasse übertragen. Das Image der Sparkasse wird bei ihm Schaden nehmen - obwohl die Qualität des Angebots unverändert geblieben ist.

Bei mir ist es umgekehrt: Ich habe viele gute Erfahrungen mit meinem Arbeitgeber gemacht. Darum bin ich bemüht, solche Entwicklungen zu vermeiden - nicht nur während der Arbeitszeit, sondern auch darüber hinaus.

Doch eines ist mir noch wichtiger: Dass niemand an Gottes einzigartigem Angebot vorbeigeht, weil er einmal eine negative Erfahrung mit seinem Bodenpersonal gemacht hat. Denn mehr noch als das Image der Sparkasse beschmutze ich das Image Gottes, wenn mein Leben als Christ unglaubwürdig ist. Ich möchte heute danach streben, niemandem ein Anlaß zu sein, über Gott schlecht zu denken. *dr*

Worauf gründen Sie Ihr Bild von Gott - auf die Qualität seines einzigartigen Angebotes an Sie oder auf eine einzelne abschreckende Erfahrung mit einem schlechten Werbeträger?

Prüfen Sie, ob Ihr Bild von Gott mit der Realität übereinstimmt.

1. Timotheus 1,1-11

15. Jan. 2000
Samstag

Du sollst dir kein Götterbild machen, auch keinerlei Abbild dessen, was oben im Himmel oder was unten auf der Erde oder was in den Wassern unter der Erde ist.
2. Mose 20,4

Bilden sich Christen Gott nur ein?

Das hat einmal der Religionskritiker Ludwig Feuerbach behauptet. Er sprach davon, dass Christen, weil sie schwach sind, ihre Wünsche nach Allmacht wie ein Dia in den Himmel projizieren und sich so selber einen Gott erschaffen. Karl Marx hat diese Projektionsthese dann übernommen. Sie wurde zu einer starken Waffe des Atheismus. Jedoch hat dieses Argument Mängel. Man könnte genauso sagen, dass derjenige, der sich keinen Gott wünscht, weil er weiter so leben möchte, wie er will, seinen »Nicht-Gott« in den Himmel projiziert.

Dagegen können Christen nur bezeugen, was Gott selber sagt, der alle menschlichen Projektionen seiner selbst im zweiten Gebot verbietet: »Du sollst dir kein Götterbild machen!« Das meinte damals zunächst gegossene oder geschnitzte Götzen, die in der Umwelt des Volkes Israel normal waren. Darüber hinaus gilt es auch für die Vorstellungen, die sich Menschen in ihren Gedanken von Gott machen. Alle diese Gottesbilder sind falsch. Denn der lebendige und allmächtige Gott lässt sich nicht in ein Bild pressen.

Gott verweigert den Menschen ein Bild, aber er gibt ihnen sein Wort. In diesem Wort - der Bibel - finden wir zutreffende und reichhaltige Informationen über Gott. Zutreffend und wahr deshalb, weil sie von Gott selber gegeben wurden. Bei all dem geht es Gott nicht darum, dass wir uns eine möglichst umfassende Vorstellung von ihm machen, sondern darum, dass wir ihn erleben, ihn als den lebendigen Gott ernst nehmen, ihn lieben und verehren. Wer sich so auf Gott einlässt, wird erleben, dass er Realität ist. *kae*

Sind die Denker und Philosophen unserer Zeit eigentlich vertrauenswürdig?

Es ist ein Wagnis, sich auf Gott einzulassen. Aber das Wagnis, ohne Gott zu leben, ist noch viel größer.

1. Timotheus 1,12-20

Sonntag

16. Jan. 2000

*Kann ein Schwarzer seine Haut ändern,
ein Leopard seine Flecken? Dann könntet auch ihr Gutes tun,
die ihr an Bösestun gewöhnt seid.*

Jeremia 13,23

Sünde einfach verbieten?

Man stelle sich einmal vor, alle (oder fast alle) Menschen würden vor dem Gesetz straffällig. Genau das geschah in den USA heute vor achtzig Jahren. Dort protestierte man gegen eine sieben Tage zuvor verabschiedete Ergänzung der Verfassung, indem man das neue Gesetz brach. Die Rede ist von der »Prohibition«: Ab sofort waren in den USA Herstellung, Vertrieb und Genuss von alkoholischen Getränken bei Strafe verboten. Der Verfassungszusatz kam auf Betreiben der sittenstrengen Protestanten im ländlichen Süden der USA zustande. Er richtete sich gegen den in ihren Augen unmoralischen Lebenswandel in den Großstädten. Schon zuvor hatten einzelne Bundesstaaten ein Alkoholverbot durchgesetzt. Weil Alkohol enthemmt, hielt man ihn für die Ursache aller Sittenlosigkeit und meinte, durch sein Verbot auch die Unmoral besiegt zu haben. Was man erreichte war die allgemeine Kriminalisierung. Alkohol wurde jetzt heimlich gebraut, gebrannt, geschmuggelt und getrunken. Es entstanden mächtige Verbrecherorganisationen. Erst 13 Jahre später wurde das Gesetz wieder abgeschafft.

Man kann Brände nicht verhindern, indem man Streichhölzer verbietet und die Feuerwehr abschafft. Man kann selbst das Morden unter den Menschen nicht verhindern, indem man den Mord unter Strafe stellt. Jeder weiß das. Alle Menschen sind unabhängig von Geschlecht, Rasse, Nation, Stand, Bildung und Religion der Sünde unterworfen. So sagt es die Bibel: »Da ist keiner, der Gutes tut, da ist auch nicht einer« (Römer 3,12). Nur Jesus Christus, der Sohn Gottes, der die Sünde überwunden hat, kann mein Leben gerecht machen. *svr*

Könnte ich einfach lassen, was in meinem Leben gegen das Gebot der Nächstenliebe verstößt?

Sünde zugeben und Gott um Hilfe bitten!

Psalm 89,20-38

17. Jan. 2000

Montag

*Siehe, ich stehe an der Tür und klopfe an;
wenn jemand meine Stimme hört und die Tür öffnet,
zu dem werde ich hineingehen und mit ihm essen, und er mit mir.*
Offenbarung 3,20

Entscheidungen!

Entscheidungen prägen unseren Alltag. Sie sind Inhalt unseres Lebens. Es gibt große und elementare Entscheidungen wie Partner- und Berufswahl. Entscheidungen, bei denen lange nachgedacht und geplant werden muss. Aber es gibt auch Entscheidungen, die spontan getroffen werden müssen, weil eine wichtige Komponente fehlt - die Zeit. Gerade im täglichen Straßenverkehr gibt es Situationen, da ist eine prompte Entscheidung nötig. Und diese Entscheidung kann folgenschwer sein. Aber die meisten Entscheidungen in unserem Leben haben untergeordnete Bedeutung oder fallen einfach in die Rubrik Routine. Trotzdem sind es Entscheidungen. Entscheidungen entspringen immer einem Willensentschluss, auch wenn uns das nicht immer bewusst ist. Das gilt nicht nur im täglichen Leben, sondern auch in der Frage des Glaubens. Und das ist unser Problem.

Auch die Bibel spricht klar und deutlich von der persönlichen Entscheidung für oder gegen das Versöhnungsangebot Gottes in Jesus Christus. Gott schuf den Menschen nicht als willenlosen Roboter. Es ist ein Ausdruck der Persönlichkeit und Würde des Menschen, dass Gott uns als entscheidungsfähige Wesen geschaffen hat. Aber genau an diesem Punkt liegt auch unsere gewaltige Verantwortung. Gott beschenkt uns in der Person seines Sohnes mit seiner ganzen Liebe und Vergebungsbereitschaft. Es liegt jetzt an uns, dieses Angebot Gottes perönlich anzunehmen. »So viele ihn (Jesus Christus) aber aufnahmen, denen gab er das Recht Kinder Gottes zu werden« (Johannes 1,12).   *rg*

Wie will ich mich entscheiden - wie habe ich mich entschieden?

Lesen Sie den Bibelspruch noch einmal!

1. Timotheus 2,1-7

18. Jan. 2000

Dienstag

*Ehre deinen Vater und deine Mutter,
damit deine Tage lange währen in dem Land,
das der HERR, dein Gott, dir gibt.*

2. Mose 20,12

»Null Bock«

»Ohne Moos nix los«, sagte er eines Tages zu seinem Alten. »Mach die Kohle locker und rück mein Erbteil raus!« Das Unerwartete geschieht: Er tut's. Sogar ohne Kommentar. Obwohl man Erbschaft doch erst nach dem Abkratzen einsackt. Flott hat er seine Siebensachen zusammengekramt und ist auf und davon. Ein Jet brachte ihn in ein fernes Land. In Saus und Braus gönnte er sich alles: Schlemmen, feurige Getränke, Faulenzen am Strand und schöne Frauen. Überall fand er neue Freunde, in der Bar, am Pool, im Casino.

Doch o Schreck: plötzlich war das Geld alle. Keine müde Mark mehr da. Alles verprasst. Dazu gab's in dem Land eine Wirtschaftskrise mit Inflation und Hungersnot. Er musste Schnorren und bei einem Bauern Schweine hüten. Vor lauter Kohldampf hätte er am liebsten vom Schweinefraß gemampft. Immer öfter spürte er Heimweh.

War sein Leben verpfuscht? Er musste und wollte zurück. Unbedingt. »Vater, ich habe gegen Gott und gegen dich gesündigt. Ich bin nicht mehr wert, dein Sohn zu sein, aber lass mich bitte bei dir als Knecht arbeiten.« Das wollte er ihm sagen. Er machte sich auf die Heimreise.

Wie sehr der Vater sich freute als er ihn sah, und was für ein Riesenfest er dann veranstaltet hat, das kann man alles ganz genau nachlesen. Und zwar in der Bibel, im Lukas-Evangelium Kapitel 15, Verse 11 bis 24. Verraten aber möchte ich Ihnen noch, dass diese Geschichte auch Ihre ist. Nämlich die traurige Selbstverwirklichung der Menschheit. Doch ich darf Ihnen auch Mut machen, umzudenken und umzukehren zum Vater im Himmel. Ihnen wie mir hat er in Jesus Christus am Kreuz schon lange vergeben! *khg*

Haben Sie sich auch von Gott losgesagt und ihm den Laufpass gegeben?

Lieber heute als morgen umkehren!

1. Timotheus 2,8-15

19. Jan. 2000 — **Mittwoch**

*Leuchten der Augen erfreut das Herz,
eine gute Nachricht erquickt das Gebein.*
Sprüche 15,30

Das Geheimnis einer glücklichen Ehe

Kennen Sie das Ehepaar Knurrig? Sie gleichen sich aufs Haar. Zusammengekniffene Augen, ein gespanntes Zucken in den Mundwinkeln und steile Falten auf ihren Stirnen. Sie sind gerade dabei, ihre Wohnung wegen der täglich erhöhten Phonstärken ihrer Auseinandersetzungen schalldicht zu machen. Eigentlich zwecklos, denn die Scheidung ist bereits eingereicht.

Nebenan wohnt Ehepaar Zynisch. Nicht ganz so hohe Phonstärken, dafür aber zwei scharfe Zungen und vier blitzende Augen, dazu oft rote Flecken am Hals. Redegewandt und intellektuell geht's bei ihnen zu, aber Besucher halten es nie lange bei ihnen aus. Sie selber eigentlich auch nicht, sie sind beide berufstätig und dauernd unterwegs. Getrennt versteht sich.

Wie kommt es nur, dass Ehepaar Sanftmut, das bereits die goldene Hochzeit gefeiert hat, stets so aussieht, als verlebten sie gerade ihre Flitterwochen? Dabei haben sie es wirklich nicht einfach. Mit materiellen Gütern nicht gerade überschüttet, kämpfen sie Zeit ihres Lebens mit körperlichen Gebrechen. Doch einer hilft dem andern, und wenn sie sich sonntagsfrüh aufmachen, um Hand in Hand zur Gemeinde zu gehen, schauen die Nachbarn ihnen irgendwie sehnsüchtig hinterher. Wer sie leise nach dem Rezept für ihre glückliche Ehe fragt, wird von ihnen verschämt ins Schlafzimmer geführt. Dort hängt über dem Ehebett das Geheimnis ihres Eheglücks: unser Tagesspruch. So beginnen sie jeden Tag im Aufblick zu ihrem Gott und zwinkern sich wohlwollend zu, und so beschließen sie den Tag mit einem Dank gegeneinander und an Gott. Eigentlich einfach, oder? *pt*

Wann haben wir uns das letzte Mal ein gutes Wort gesagt?

Ich werde den Tagesspruch vergrößern und mir auf meinen Schreibtisch stellen.

1. Timotheus 3,1-13

Donnerstag 20.Jan.2000

*Die Worte, die ich zu euch geredet habe,
sind Geist und sind Leben.*
Johannes 6,63

»Ich bringe die Leute zum Bahnhof, ...

... aber ich setze sie nicht in einen bestimmten Zug«, so eine Aussage Federico Fellinis. Wer sich mit dem Schaffen des heute vor 80 Jahren geborenen und vor 7 Jahren gestorbenen italienischen Filmregisseurs beschäftigt, stellt fest, dass seine Filme recht chaotisch wirken. Obwohl Fellini nichts dem Zufall überließ, stand der Ablauf des Films vor Drehbeginn noch nicht fest, sondern nur der Hauptrahmen mit der Grundhandlung. Erst wenn die Kamera lief, begann der Regisseur die Szenen zu formen, ja, er machte sich auf eine Reise, die er zwar im Augenblick bewusst lenkte, deren weiteren Verlauf er aber noch nicht kannte, immer bereit, hier oder dort Abstecher zu machen.

Fellinis Filme haben kein Happy-End, sondern sind geprägt von der Alltagsrealität, geben Stimmungen und Nöte z.B. der Nachkriegszeit wieder, behandeln religiösen Wunderglauben oder das Kleinstadtleben, nie aber wollte er ihnen eine über die Geschichten hinausgehende Bedeutung beimessen, nie machte er klare Aussagen. Er wollte die Zuschauer eben nur zum Bahnhof bringen, aber die Wahl des Zuges - sprich: Bedeutung und Interpretation - sollte ihnen überlassen bleiben.

Im Gegensatz zu vielen, die meinen, der Menschheit Wegweisung geben zu können, war sich Fellini seiner Grenzen bewusst. Glücklicherweise haben gläubige Christen einen Herrn, Jesus Christus, der in Gnade und Wahrheit mit den Menschen umging und ihnen klar den Weg zurück zu Gott gezeigt hat, einen Weg, der auch aus der zerfahrensten Situation in die Freiheit führt. Dieser Weg führt über das Kreuz, an dem er litt und starb. Welch eine klare Wegweisung gibt uns doch die Bibel! *mü*

Ist in meinem täglichen Leben eine klare Linie zu erkennen oder lasse ich meiner Umgebung viele Deutungsmöglichkeiten offen?

Ich will darauf achten, meinen Blick und den meiner Mitmenschen mehr auf das zu lenken, was wichtig und wesentlich ist.

1. Timotheus 3,14-16

21. Jan. 2000
Freitag

Nathanael spricht zu ihm: Woher kennst du mich?
Jesus antwortete und sprach zu ihm: Ehe Philippus dich rief,
als du unter dem Feigenbaum warst, sah ich dich.
Johannes 1,48

Der große Lauschangriff ...

... hat die Innenpolitik der Bundesrepublik über Jahre beschäftigt. Dabei fiel sicher manchem ein Buch von George Orwell ein, sein Roman »1984«: Der Staat überwacht seine Bürger und hat die totale Kontrolle über sie. In jeder Ecke lauert eine Überwachungskamera. Mikrofone registrieren die geheimste Äußerung. Welch ein Horrorszenario für uns eingefleischte, freiheitsliebende Demokraten. Dabei merken wir, dass wir selbst auch immer gläserner werden. Die Datenspur, welche EC-Karte, Faxgerät oder E-mail hinterlassen, darf nicht in falsche Hand geraten.

George Orwells düstere Zukunftsvision war geprägt von Eindrücken der drei totalitären europäischen Regime seiner Zeit (Hitler, Franco und Stalin). Er wollte warnen vor der Ohnmacht gegenüber der absoluten staatlichen Gewalt. Gott hat auch Macht, viel Macht sogar. Er sagt 'es werde!' und es wird. Er hat den Menschen geschaffen. Er hat einen legitimen Anspruch auf unsere Anerkennung. Versklavt er uns nun durch totalitäre Überwachung? Zwingt er uns, ihm zu glauben? Nein! Er lässt uns die Freiheit, mehrere Wege zu gehen. Er lässt uns frei entscheiden, ein Leben ohne Gott zu führen. Er möchte keine hirngewaschenen Nachläufer, sondern überzeugte Nachfolger.

In dem obigen Bibelwort sieht Jesus den Nathanael mit dem liebenden Blick eines Schöpfers, der nicht möchte, dass seine Geschöpfe in die Irre gehen. Genauso sieht er uns, kennt unsere verborgensten Ziele, unsere Sehnsüchte und Fehler. Bei ihm sind diese Informationen allerdings gut aufgehoben. Wir können uns vor ihm nicht verstecken - brauchen es aber auch nicht. *es*

Was möchten wir gerne vor Gott verheimlichen?

Jegliches Versteckspiel aufgeben! Es hat sowieso keinen Zweck.

1. Timotheus 4,1-11

Samstag

22. Jan. 2000

Schon als ich im Verborgenen Gestalt annahm,
unsichtbar noch, kunstvoll gebildet im Leib meiner Mutter,
da war ich dir dennoch nicht verborgen.
Psalm 139,15

Der neue Erdenbürger

Wir erwarteten unser drittes Kind und freuten uns auf das Baby, voller Spannung, was es werden würde. Die beiden »Großen«, die Tochter viereinhalb und der Sohn fast drei Jahre alt, konnten es auch kaum erwarten. Der Geburtstermin war für die Tage nach Weihnachten ausgerechnet worden, aber wir waren sicher, dass auch das neue Baby wie seine beiden großen Geschwister früher kommen würde als geplant. Aber das war für uns kein Problem, alles war vorbereitet und stand für den neuen Erdenbürger bereit. Die Wiege war aufgestellt, und die Tasche für das Krankenhaus war mit allen nötigen Dingen fertig gepackt. Die beiden »Großen« hatten sich jeweils an einem Sonntagmorgen angemeldet, wir konnten also immer in der Nacht schlafen. Ob das Jüngste nun auch so lieb sein würde? Gegen 1:30 Uhr in der Nacht zum 9. Dezember weckte mich meine Frau: »Es geht los ...«. Wir machten uns auf den Weg in das Krankenhaus. Keine halbe Stunde war dort vergangen, da waren wir glückliche Eltern eines strammen Sohnes. Als die Hebamme mir den Jungen zeigte, war ich tief bewegt und betete für den kleinen Erdenbürger und bat um den Segen Gottes für ihn. Welch ein Geschenk des großen, ewigen Gottes!

Dieses Erlebnis liegt nun schon über 20 Jahre zurück. Wir durften in dieser Zeit den Segen Gottes immer wieder neu erfahren. Alle unsere Kinder haben zum lebendigen Glauben an Jesus Christus gefunden. Wie gut ist es zu wissen, dass Gott Gebete erhört und schon das Ungeborene im Mutterleib kennt und darauf Acht gibt. Immer wieder dürfen wir Gott für seine Hilfe danken und auch in Zukunft erfahren, dass er treu ist. *fr*

Empfinden wir unsere Kinder heute noch als Geschenk Gottes?

Wir dürfen Gott danken für unsere Familie, unsere Kinder und unseren Ehepartner!

1. Timotheus 4,12 - 5,2

23. Jan. 2000

Sonntag

*Denn einer ist Gott,
und einer Mittler zwischen Gott und Menschen,
der Mensch Christus Jesus.*
1. Timotheus 2,5

An Jesus führt kein Weg vorbei

»Dies ist ein kleiner Schritt für einen Menschen, aber ein gewaltiger Sprung für die Menschheit.« Am 21.07.1969 setzt Neil Armstrong als erster Mensch seinen Fuß auf die Oberfläche des Mondes. Es ist nur ein kurzes Gastspiel. 12 Stunden nach der Landung ihrer Sonde, der »Eagle«, bereiten sich Armstrong und sein Kollege Edwin Aldrin auf den kritischen Start von der Mondoberfläche vor. Auf einer Umlaufbahn des Erdtrabanten kreist das Mutterschiff »Columbia«. Der Astronaut Michael Collins ist dort bereit, Armstrong und Aldrin wieder aufzunehmen. Wenn der Motor der »Eagle« nicht zündet, wird es für die beiden Pioniere kein Zurück zur Erde geben. Die Sonde ist ihre einzige Möglichkeit, dem sicheren Tod zu entrinnen! Doch ihr Vertrauen in die Zuverlässigkeit der »Eagle« ist berechtigt: Nach gelungenem Start und Andocken an die »Columbia« kehren die drei Astronauten nach 60 Stunden Flug wohlbehalten zur Erde zurück.

So wie die »Eagle« die einzige Verbindung zwischen Mond und »Columbia« war, ist Jesus Christus die einzige Brücke zwischen Gott und Mensch: »Denn einer ist Gott, und einer Mittler zwischen Gott und Menschen, der Mensch Christus Jesus« (1. Timotheus 2,5). An Jesus führt kein Weg vorbei. Nur er hat die Kluft zwischen dem heiligen Gott und uns sündigen Menschen überwunden: »Denn es gefiel der ganzen Fülle (Gottes), in ihm zu wohnen und durch ihn alles mit sich zu versöhnen - indem er Frieden gemacht hat durch das Blut seines Kreuzes« (Kolosser 1,19-20). Wenn wir zu Gott kommen wollen, müssen wir unser Vertrauen auf Jesus Christus setzen. *pg*

Was würde aus uns werden, wenn es diese »Brücke« zu Gott nicht gäbe?

Erst auf den anderen Seite sind wir in Sicherheit.

Psalm 86

Montag

24. Jan. 2000

Ja, mit ewiger Liebe habe ich dich geliebt;
darum habe ich dir meine Güte bewahrt.
Jeremia 31,3

Du bist wertvoll!

Der Religionslehrer hatte den Kindern erklärt, dass Gott der Schöpfer ist. Auf seine Frage, was denn wir Menschen seien, antwortete ein kleiner Junge: »Wir Menschen sind die Erschöpften.« Irgendwie hatte der Kleine aus seiner Beobachtung dieses Bild des Menschen vor Augen.

Die Leistungsgesellschaft stellt die Rahmenbedingungen für uns. Sie gaukelt uns vor, der Wert unseres Menschseins liege in den irdischen Werten, die wir erwerben können; und viele fallen darauf herein. Ganze Familien rackern sich ab und kommen an die Grenzen physischer und psychischer Belastbarkeit. Und wie viele meinen, durch Kreditaufnahme schneller zum Ziel zu kommen. Manches auf Pump gebaute Kartenhaus ist schon zusammengebrochen. Kinder und Jugendliche müssen sich in Kindergarten und Schule um das Fortkommen bemühen. Schon früh dreht sich alles um den Wunsch, anerkannt zu werden. Unser Nachwuchs wetteifert mit Markenkleidung und modernstem »Outfit«. Man braucht nicht nur seine Intelligenz, sondern auch Muskelkraft und Rücksichtslosigkeit, um sich einen guten Platz zu erobern. Schwache bleiben auf der Strecke.

Möchten Sie nicht gerne zur Ruhe kommen? Wertgeachtet werden, ohne ständig darum ringen zu müssen? Möchten Sie jemanden haben, der Sie auch schätzt, wenn Sie versagen? Warum vertrauen Sie nicht der Zusage Gottes in Jesaja, Kapitel 43, Vers 4, wo er uns seine Wertschätzung und Liebe versichert, wenn wir uns an ihn halten. Und Gott hat diese Zusage mit einer sichtbaren Tat verbunden. Am Kreuz sehen wir, wie wertvoll wir ihm sind. *rg*

Wer will Ihnen gerade im Augenblick »den Platz an der Sonne« streitig machen?

Denken Sie daran! Wenn Gott seinen Sohn für uns gibt, hat er uns wirklich lieb!

1. Timotheus 5,3-16

25. Jan. 2000

Dienstag

*Als aber die Güte und Menschenliebe
unseres Heiland-Gottes erschien, errettete er uns.*
Titus 3,4

Wieder ganz machen?

Mit ernstem Gesicht und großen Augen steht mein vierjähriger Sohn vor mir: »Komm, Papa, mein Kettcar ist kaputt. Kannst du es wieder ganz machen?« Seine Frage ist keine echte Frage, sondern eine Höflichkeitsformel. Denn sein Gesichtsausdruck lässt keinen Zweifel daran, dass er mir die Reparatur zutraut. Nichts Wichtigeres gibt es jetzt für den kleinen Kerl auf der weiten Welt, als dass sein Rennauto wieder in Ordnung kommt, sofort und vollständig.

Mich hat es manchmal erstaunt, welches nahezu unbegrenzte Vertrauen meine Kinder in jungen Jahren in meine Fähigkeit setzten, ihre Sachen zu reparieren. Mit zunehmendem Alter dämmerte ihnen allerdings, dass meine technische Befähigung ziemlich begrenzt ist. Öfter hörte ich die Äußerung: »Papa, das ist Schrott! Können wir was Neues kaufen?« Ich verstehe jetzt immer besser, was der Herr meint, wenn er sagt: »Wenn ihr nicht werdet wie die Kinder ...«. Je erwachsener, je emanzipierter wir uns Gott gegenüber vorkommen, um so weniger trauen wir ihm zu, weil wir selbst eine so große Meinung von uns haben.

In Wahrheit aber ist Gott ein Meister darin, das in uns Zerstörte zu heilen und zu erneuern. Er hat nicht nur die Fähigkeit, sondern auch den leidenschaftlichen Willen dazu. Der oben genannte und die zwei dann folgenden Verse zeigen, dass der dreieinige Gott dieses Projekt zur Chefsache macht: Unser Heiland-Gott errettete uns. Er tat dies durch die Erneuerung des Heiligen Geistes. Diesen hat er reichlich über uns ausgegossen durch Jesus Christus, unseren Heiland. Nicht enttäuscht wird, wer sein Vertrauen in diesen Wieder-ganz-Macher setzt. *ga*

Was traue ich Gott für meine heutige Lage zu?

Kommen wir mit unseren kaputten Sachen zu ihm!

1. Timotheus 5,17-25

Mittwoch 26.Jan.2000

Das, was war, ist das, was wieder sein wird.
Und das, was getan wurde, ist das, was wieder getan wird.
Und es gibt gar nichts Neues unter der Sonne.
Prediger 1,9

Es gibt nichts Neues!?

Klingt unser heutiges Bibelwort nicht etwas deprimierend? Gibt es wirklich niemals etwas Neues auf unserer Erde? Aus unserer menschlichen Sicht gibt es natürlich ständig neue Dinge. Da werden neue Maschinen entwickelt, da gibt es Fortschritte in der Medizin, da verändert sich ständig die politische Landschaft in aller Welt, und es entstehen neue religiöse Strömungen. Also doch immer etwas Neues? Es gibt aber noch eine andere Sichtweise: Wie sieht Gott die Welt? Er sah Adam, um dessenwillen die Erde Dornen und Disteln trug. Er sah Kain, der seinen Bruder erschlug, vor Gott floh und eine Stadt baute. Er sah Nimrod, der das erste Reich gründete und nicht nur ein Unterdrücker fremder Menschen wurde, sondern auch das Recht und die Ehre der Frau als erster mit Füßen trat. Nichts hat sich seither geändert. Für alle angeführten Beispiele können wir durch die ganze Menschheitsgeschichte tausendfache Belege finden, bis zum heutigen Tag.

Auch die New Age-Bewegung, um nur einen Aspekt einmal herauszugreifen, hat eigentlich einen falschen Namen. New Age müsste All-the-Time-Age heißen. New Age bietet überhaupt nichts Neues! Schon im Alten Testament in 5. Mose 18 werden die Praktiken des New Age beschrieben. Dort werden unter anderem genannt: Beschwörung, Wahrsagerei, Zauberei, Zeichendeuterei, Totenbefragung u.v.m.

Wer wirklich etwas Neues erleben möchte, muss und kann sich an den wenden, der von sich sagt: »Ich mache alles neu!« Nur der, der Himmel und Erde gemacht hat, hat auch die Kraft und die Autorität, etwas Neues zu schaffen. Gemeint ist Jesus Christus - er gibt uns neues Leben! *emb*

Haben Sie dieses neue Leben schon?

Lassen Sie sich heute »neu« machen!

1. Timotheus 6,1-10

27. Jan. 2000

Donnerstag

Denn Christus ist, als wir noch kraftlos waren, zur bestimmten Zeit für Gottlose gestorben.
Römer 5,6

Gott führt keine Warteliste

Das Leben meines Freundes hing an einem seidenen Faden. Barry litt an einer Krankheit, die unaufhaltsam seine Leber zerstörte. Medikamente konnten den raschen Zerfall dieses lebenswichtigen Organs nicht bremsen. Barry hatte nur noch eine Chance: eine neue Leber. Er kam auf die Warteliste für eine Organtransplantation. Je schlimmer sein Zustand wurde, desto weiter rückte er auf dieser Liste nach oben. Es war ein Wettlauf mit dem Tod. Barry siegte. Er lebt heute mit seiner neuen Leber. Er hatte seine Lage richtig eingeschätzt und begriffen, dass er ein Todeskandidat war; er hatte dem Urteil der Spezialisten Vertrauen geschenkt, dass nur diese eine, riskante Operation ihn retten konnte; er hatte geglaubt, dass ein anderer sterben musste, damit er leben kann.

Wir Menschen sind alle von einer todbringenden Krankheit befallen. Durch die Sünde ist »der Tod zu allen Menschen durchgedrungen (...), weil sie alle gesündigt haben« (Römer 5,12). Wir können uns nicht selbst erlösen. Es gibt nur eine einzige Chance für unsere Rettung. Der Apostel Paulus weist darauf hin: »Denn Christus ist, als wir noch kraftlos waren, zur bestimmten Zeit für Gottlose gestorben« (Römer 5,6). Jesus Christus musste sterben, damit wir leben können.

Gott führt keine Warteliste. Zu ihm können wir sofort kommen, um geheilt zu werden. Zunächst müssen wir aber einsehen, dass wir Todeskandidaten sind; dann müssen wir unser ganzes Vertrauen darauf setzen, dass Gottes »Operation« auf Golgotha uns vollkommen heil machen kann. Denn dort hat Jesus Christus »unsere Sünden an seinem Leib selbst an das Holz hinaufgetragen ...« (1. Petrus 2,24). *pg*

Wie komme ich zu einem neuen Leben?

Man muss die göttliche Diagnose anerkennen, bevor man sich helfen lassen mag.

1. Timotheus 6,11-21

Freitag

28.Jan.2000

> *Jesus antwortete und sprach zu ihnen:*
> *Nicht die Gesunden brauchen einen Arzt,*
> *sondern die Kranken.*
> Lukas 5,31

Gesunder Egoismus?

Variable Vergütung - so lautet einer der Trends, der sich in meiner Branche (dem Bankgewerbe) immer mehr durchsetzt. Der Kundenberater bekommt ein vergleichsweise schmales Grundgehalt, das er jedoch durch leistungsabhängige Provisionen deutlich verbessern kann. Unternehmensberater begründen diesen Trend mit dem »gesunden Egoismus« der Mitarbeiter. Die Argumentation klingt logisch: Das Streben nach möglichst hohen Einnahmen veranlasst die Mitarbeiter, Verkaufschancen konsequenter zu nutzen und damit eine stärkere Aktivität an den Tag zu legen. Davon profitiert der Berater, der seinen Verdienst durch gute Leistung verbessern kann - und natürlich die Bank, die sich durch dieses Instrument einen höheren Umsatz verspricht.

Tatsächlich: Der persönliche Egoismus scheint die stärkste Kraft in uns Menschen zu sein. Nichts motiviert uns mehr als das Streben nach unserem persönlichen Vorteil. Aber wenn wir ehrlich sind, stellen wir fest: Unser Egoismus führt häufig zu negativen Ergebnissen. Am Beispiel der Provisionen erlebe ich am Arbeitsplatz z.B. Neid und Missgunst unter Kollegen, zerstrittene Teams oder verärgerte Kunden (schließlich merkt der Käufer, wenn der Berater mehr die eigene Statistik als die optimale Kundenlösung im Blick hat).

Nein, Egoismus ist nicht gesund. Im Gegenteil: Er ist krank. Und es gibt niemanden, der nicht schon infiziert wäre. Doch genau darum kommt der Herr Jesus uns als Arzt entgegen. Er will uns heilen. Voraussetzung ist allerdings, dass wir unsere Ichsucht als Krankheit vor ihm erkennen. Wenn wir das in einem Gebet vor Gott aussprechen, kann er uns kurieren. *dr*

Wann wollen Sie sich in die Behandlung des Arztes Jesus begeben?

Gott erstattet reichlich, auf was man um seinetwillen verzichtet.

2. Timotheus 1,1-12

29.Jan.2000

Samstag

*Und er sprach zu ihnen:
O ihr Unverständigen und im Herzen [zu] träge,
an alles zu glauben, was die Propheten geredet haben!*
Lukas 24,25

Was hat Trägheit mit Glauben zu tun?

Ich erinnere mich noch genau daran, wie ich meine jetzige Frau kennenlernte. Schon beim ersten Mal war ich restlos in sie verliebt. Ich schreibfauler Mensch brachte es wirklich fertig, ihr jeden Tag einen Brief zu schreiben, eine Briefmarke aufzukleben und in den Kasten einzuwerfen. Das brachte ich über Monate hinweg fertig und nichts war mir zu anstrengend und kein Weg zu weit, um irgendwie diese Liebe zu ihr auszudrücken. War ich vielleicht verrückt? Manchmal dachte ich es schon selbst, aber irgendwie erinnerte es mich auch an eine andere Liebe, die schon seit Jahren in meinem Herzen brannte. Ich hatte Jesus Christus lieb gewonnen und war von ihm so fasziniert, dass ich stets für ihn arbeitete. Dabei musste ich natürlich darauf achten, dass ich nichts vernachlässigte - wie z.B. das Lernen für die Schule, den Beruf - aber gleichzeitig die übrige Zeit für ihn lebte. Es war immer wieder ein Kampf, andere haben mich für einen verrückten Fanatiker gehalten, aber ich fand es und finde es bis heute eine sehr schöne, frohmachende Sache, mit Jesus zu leben. So darf ich wissen, dass meine Zeit, für die ich vor Gott verantwortlich bin, nicht umsonst gelebt ist.

Von den Glaubenshelden im Alten Testament heißt es immer wieder, dass sie »alt und der Tage satt« starben - das ist ein erfülltes Leben gewesen!

Trägheit passt nicht zu gläubigen Menschen, die Jesus Christus als ihren Herrn haben. Glaube bedeutet: Ich bleibe aktiv für Gott, ich lasse mich einsetzen und von ihm meine Zeit festlegen und planen. Jesus Christus hilft uns bei unserer Zeitplanung, wenn wir ihn darum bitten. *kü*

Wofür verwende ich meine Zeit?

Mit unserem Zeitkonto sollten wir sorgfältig umgehen!

2. Timotheus 1,13-18

30.Jan.2000

Sonntag

*Denn dies ist mein Blut des Bundes,
das für viele vergossen wird zur Vergebung der Sünden.*
Matthäus 26,28

»Mein Blut für dich«

Ein junges, hübsches Gesicht schaut von der Plakatwand herunter. Zusammen mit diesem Satz spricht das wohl nicht nur mich ziemlich nachdrücklich an. Das Rote Kreuz wirbt mit dieser Kampagne für Blutspenden. Und das zu Recht!

Wer weiß denn schon sicher, ob er heil ankommt!? Mit dem Auto unterwegs nach Hause; auf Urlaubsreise in den sonnigen Süden; oder auch nur auf der Sonntagstour hinaus ins Grüne. Je mehr Verkehr, desto mehr Unfälle. Die Zahlen steigen. Und wenn es einen wirklich erwischt? Wenn die Operation im Unfallkrankenhaus unverhofft Realität wird? Dann ist man möglicherweise dringend darauf angewiesen, dass vorher einer sein Blut gespendet hat - und einem damit die Chance zum Leben erhält. Die meisten kümmern sich nicht drum. »Mich wird's schon nicht treffen.« Aber Tatsache ist: Es kann jeden zu jeder Zeit treffen! Und dann ist wohl jeder froh und dankbar, wenn andere für den Ernstfall vorgesorgt haben.

Vorgesorgt hat auch Gott! Und dabei ging's sogar um die gleiche Sache. Blut ist geflossen. Einer hat sein Leben gelassen. Für andere. Für dich geschehen vor 2000 Jahren. Am Kreuz von Golgatha. Vor den Stadttoren Jerusalems. Jesus Christus starb dort für dich! Auch er sagte: »Mein Blut für dich, für euch.« Aber dabei ging es um sehr viel mehr. Nicht um einen »Verkehrsunfall« - obwohl so einer schlimm genug ist - es ging um den »Sündenfall«, der uns alle das Leben kostet - wenn wir nicht Gottes Vergebung in Anpruch nehmen.

Aber die wurde nur möglich, weil einer, Jesus Christus, sein Leben gab - für uns alle. »**Sein** Blut für dich«! *pj*

Haben Sie schon Blut gespendet? Viel wichtiger: Glauben Sie an das Versöhnungsblut Christi?

Diese Angelegenheit darf man nicht auf die lange Bank schieben.

Psalm 125

31. Jan. 2000
Montag

Denn ich sage ... jedem ..., nicht höher von sich zu denken, als zu denken sich gebührt, sondern darauf bedacht zu sein, ..., wie Gott einem jeden das Maß des Glaubens zugeteilt hat.
Römer 12,3

Grenzen

Der Mensch ist begrenzt, begrenzt im Erfassen, im Fühlen, im Sehen und im Verstehen. Alle unsere Fähigkeiten, und seien sie noch so groß, kommen irgendwo an ihre Grenzen. Sie sind so unterschiedlich weit und eng wie es die Menschen sind. Für ein Kind gibt es andere Grenzen als für einen Erwachsenen. Und ein Kranker hat andere als ein Gesunder. Es gibt psychische, intellektuelle, körperliche Grenzen. Stoßen wir an unsere Grenzen, so kann das schmerzlich sein, und unser Selbstwertgefühl kann einige dicke Beulen abkriegen. Wer allzu oft seine eigenen Grenzen erlebt und die falsche Einstellung dazu hat (z.B. sie nicht wahrhaben will), wird darunter mehr leiden, als es die Sache letztlich wert ist. Man muß einfach lernen, mit ihnen zu leben.

Nicht jeder Mensch kann das leisten, was ein anderer Mensch zu tun vermag. Dies hat nichts mit dem individuellen Wert eines Menschen zu tun. Gott hat jeden einzelnen Menschen mit seinen Grenzen so gewollt, wie er ist. Wer nun aber seine persönlichen Grenzen ignoriert, lebt ein Leben mit viel Unzufriedenheit, Bitterkeit und Selbstüberschätzung.

Der Mensch muss zur Ruhe kommen. Auch gerade deshalb, weil Gott im Stillen wirkt. Man muss ehrlich und aufrichtig vor seinen Schöpfer treten. Wenn ich meine Grenzen erkenne und akzeptiere, helfen sie mir, mich so zu sehen, wie ich bin. Natürlich muss man dazu an seine Grenzen geführt werden. Das kann manche schmerzliche Erfahrung bringen, die mich Gott aber erleben lässt, damit ich einerseits meine Abhängigkeit von Gott spüre, gleichzeitig aber einen Blick für meine gottgegebenen Stärken bekomme. *bj*

Fällt es mir schwer zuzugeben, begrenzt zu sein?

Gott will unsere Begrenzungen segnen, wenn wir sie annehmen und zur Ruhe darüber kommen.

2. Timotheus 2,1-13

Dienstag

1. Febr. 2000

*Wenn wir unsere Sünden bekennen,
so ist er treu und gerecht, dass er uns die Sünden vergibt
und uns reinigt von jeder Ungerechtigkeit.*
1. Johannes 1,9

Konkurs mit sieben Jahren

Die Anzahl der Firmenkonkurse steigt stetig. Solche »Bankrott-Erklärungen« sind oft mit Verlusten von Arbeitsplätzen und finanziellen Einbußen verbunden.

Auch die »Bankrott-Erklärungen« junger Menschen steigen steil an. Wir berichten von dem siebenjährigen Klaus. Seine »Lebensbilanz« weist bereits eine große Zahl von Minus-Posten aus. Er ist lernunfähig und hat das Ziel der ersten Klasse nicht erreicht. Nachts träumt er von Dracula und Zombies. Wegen bestehender Selbsttötungsabsichten wird er mehr als ein Jahr in einer Fachklinik behandelt. »Die Filme haben tiefe Spuren in dem jungen Leben hinterlassen«, erklärt der Chefarzt. Er vergleicht die Situation von Klaus mit einer Schallplatte, auf der mit einem Schraubenzieher tiefe Rillen eingekratzt wurden. »Die Defekte lassen sich mildern, aber nicht mehr beseitigen«, so die Auskunft des Facharztes.

Das Ziel Gottes ist es, solche Konkurse erst gar nicht entstehen zu lassen. Kindern soll es gut gehen! Deshalb haben Eltern den Auftrag, ihre Kinder mit den Gedanken Gottes vertraut zu machen und sie vor negativen Einflüssen zu schützen (5. Mose 5,29).

Das ist heute bei der Reizüberflutung durch verantwortungslose Medien leichter gesagt als getan. Christliche Eltern müssen mehr denn je Zeit für ihre Kinder haben und ihnen ein Zuhause bereiten, in dem sie sich wohlfühlen und reichlich Angebote zu kreativer Beschäftigung haben, zusammen mit Mutter und Vater. Sonst brechen sie aus und sind auch bald nicht mehr bereit, biblische Unterweisung anzunehmen. *kr*

Wie sieht das in meiner Familie aus?

Heute anfangen, nicht der eigenen Bequemlichkeit, sondern zum Wohl der Kinder zu leben.

2. Timotheus 2,14-26

2. Febr. 2000

Mittwoch

... prüfet aber alles, das Gute haltet fest!
Von aller Art des Bösen haltet euch fern!
1. Thessalonicher 5,21-22

Prüfet alles!

Heute leben wir in einer Zeit, in der es nur noch heißt: »Lebe nach dem Lustprinzip« oder: »Mache das was dir Spaß macht«. Sind wir da überhaupt noch in der Lage und willens, etwas zu prüfen, ob es »gut« oder »böse« ist? Wollen wir überhaupt noch wissen, dass die Bibel uns dazu auffordert?

Nehmen wir ein konkretes Beispiel: Yoga! Wie verhalte ich mich bei der Frage nach Yoga? Sage ich: »Yoga macht Spaß und hilft mir zu entspannen, also praktiziere ich Yoga«? Oder bin ich bereit, nachzuforschen und zu fragen: »Was ist Yoga überhaupt?« Und bin ich dann auch bereit, mich von Yoga fernzuhalten, wenn sich herausstellt, dass Yoga »vom Bösen« ist? Unser Textwort fordert uns in so einem Fall ja dazu auf.

Ich habe mich ausführlich mit dem Thema Yoga beschäftigt und muss ganz deutlich sagen: »Yoga und biblische Jesus-Nachfolge schließen einander aus. Entweder bin ich ein Yogi oder ein Nachfolger des Herrn Jesus. Beides geht nicht! Yoga ist keine Sportart oder nur eine Entspannungsübung, wie viele Menschen (und auch einige Christen) meinen, sondern Yoga ist Teil einer heidnischen östlichen Religion. Die Entspannungsübungen gehören zur Praxis der Yogis wie das Beten zu uns Christen. Beim Yoga schaltet man bewusst sein aktives Denken aus und öffnet sich der Geisterwelt. Sind wir bereit, uns von solchen Praktiken zu trennen? Yoga ist nur ein Beispiel, viele andere Dinge könnten hier genannt werden: weitere Praktiken der Esoterik, des New Age oder aus sonstigen Weltanschauungen, aber auch Dinge des täglichen Lebens. Immer gilt: »Von aller Art des Bösen haltet euch fern!« *emb*

Könnte man auf Gottes Bewahrung hoffen, wenn man sich in Gefahr solcher Art begibt?

Empfehlenswerte Lektüre dazu: »Der Tod eines Guru« von Maharay!

2. Timotheus 3,1-9

Donnerstag — 3. Febr. 2000

Hieltet ihr euch doch still!
Das würde euch zur Weisheit gereichen.
Sei still dem HERRN und harre auf ihn!
Hiob 13,5 / Psalm 37,7

Auch zu schnell?

Das Schild rechts neben der Leitplanke auf der Autobahn stellt den Vorbeijagenden diese provozierende Frage und schockt mit einer Abbildung der sinkenden Titanic mitten zwischen bedrohlich aufragenden Eisriesen. Ich verstehe die Botschaft: Die Raserei nimmt überhand. Die stärkste Maschine im Auto ist gerade gut genug. Auf jeden Fall schneller sein als der andere! Die Überholspur wird auf unseren Autobahnen am meisten benutzt. Und wenn plötzlich ein Hindernis auftaucht? Dann kann man kaum noch reagieren, ohne dass alles außer Kontrolle gerät. So wie damals bei der Titanic, die auf gefährlicher Strecke zu schnell war, um noch dem plötzlich drohenden Eisberg ausweichen zu können.

Was für einen Sinn macht das eigentlich, immer noch schneller zu sein - nur um vielleicht vorzeitig in den Tod zu rasen? Welches »Tempo« ist eigentlich das richtige für unser Leben? Ist »Live fast, die young« (»Lebe schnell, stirb jung«) eine vernünftige Lebenshaltung? Sicher nicht.

Gott wacht über unserer Lebenszeit. Und ihm ist nicht wichtig, ob wir von Termin zu Termin hetzen und nicht mehr zur Ruhe kommen. Er wünscht sich, dass wir uns Zeit für ihn nehmen. Was hätte ich davon? fragt man sich. Wir verbinden alles mit dem Nutzen, den uns eine Sache einbringt, und denken leider, dass Gott nichts zu bieten hat. Gott aber bietet uns ewiges Leben an. Doch das kann man nicht so im Vorbeijagen einfach mitnehmen. Dazu muss man sich Gottes Angebot genauer anschauen, das er in Jesus Christus macht. Und dieses Angebot beinhaltet, dass er das Steuer unseres Lebens übernimmt. Dann kommen wir ohne Schaden bei ihm an. *pj*

Wer sitzt am Steuer meines Lebens und diktiert die Geschwindigkeit?

Nicht ständig auf der Überholspur bleiben, sondern auch mal den Rastplatz ansteuern, wo ich Zeit zum Nachdenken habe.

2. Timotheus 3,10-17

4. Febr. 2000

Freitag

Jesus Christus: Dieser ist der wahrhaftige Gott und das ewige Leben.
1. Johannes 5,20

Jesus - Prophet oder Gott?

Ich wohne in unmittelbarer Nähe einer türkischen Moschee. Dreimal täglich höre ich den durch Lautsprecher verstärkten Ruf des Muezzins. Da ich kein Arabisch spreche, verstehe ich den Text des vorgetragenen Singsangs nicht unmittelbar. Den vielen Türken in unserer Nachbarschaft, für die Arabisch auch nicht die Muttersprache ist, geht es ähnlich wie mir. Daher habe ich mir die deutsche Übersetzung des immer gleich lautenden Rufes besorgt. Ein Auszug daraus lautet: »Ich bezeuge, dass es keinen Gott außer Gott gibt; ich bezeuge, dass Mohammed der Gesandte Gottes ist.« Moslems sind davon überzeugt, dass Gott keinen Sohn hat und dass Jesus Christus *nicht* Gott oder eine Person der Gottheit ist. Die Bibel bezeugt jedoch klar, dass Jesus Christus selbst Gott, der Ewige, ist. Das ist nur ein Beispiel dafür, warum sich der Islam nicht mit dem Christentum vereinbaren lässt - auch wenn viele sagen: Wir haben doch alle denselben Gott. Es genügt auch nicht, anzuerkennen, dass Jesus nur ein menschlicher Prophet war. Er ist mehr als das. Wer den wahren Gott kennenlernen möchte, der muss in Bezug auf Jesus Umdenken lernen. Nämlich dass Jesus der ewige Sohn Gottes ist, der vom Vater gesandt wurde, um unsere Schuld und unsere Ungerechtigkeiten auf sich zu nehmen. Es hätte uns nichts genützt, wenn Gott nur Propheten gesandt hätte. Dadurch wäre unsere Schuld nicht gesühnt worden. Er selbst ist in der Person seines Sohnes zu uns gekommen, der unsere Schuld bezahlt hat. Wir können und brauchen deshalb nichts zu unserer Erlösung beitragen. Aber wir dürfen dankbar annehmen, was Jesus für uns getan hat. *uhb*

Welche Beziehung habe ich zu Jesus Christus?

Ich möchte lernen zu unterscheiden, was andere Religionen über Jesus sagen und was die Bibel über ihn sagt.

2. Timotheus 4,1-8

Samstag

5. Febr. 2000

*Sechs Tage sollst du arbeiten und all deine Arbeit tun,
aber der siebte Tag ist Sabbat für den Herrn, deinen Gott.*
2. Mose 20,9.10

Freie Zeit für Gott

Howard Rutleetge, Pilot der amerikanischen Luftwaffe während des Vietnamkrieges berichtet in seinem Buch »In der Gegenwart meiner Feinde« seine Erfahrung beim Abschuss seines Flugzeuges. Er wurde dadurch völlig aus dem gewohnten Leben herausgerissen. Er schreibt: »Ich war zu beschäftigt gewesen, um ein oder zwei Stunden über die wirklich wichtigen Dinge im Leben nachzudenken. Ich hatte die geistliche Dimension meines Lebens total vernachlässigt. Ich brauchte das Gefängnis, um zu begreifen, wie leer ein Leben ohne Gott ist.«

Wer ständig im Rennen ist, verwechselt allzu leicht Geschwindigkeit mit Richtung. Abstand zu haben vom geschäftigen Treiben der Alltags- und Freizeitaktivitäten schärft die Sicht für die Richtung und das Wesentliche im Leben. Solche Auszeiten helfen, innerlich zu entkrampfen und nachzudenken.

Gott hat in der Geschichte Israels für sein Volk einen Ruhetag festgelegt, den Sabbat. Dieser Tag war nicht allein gedacht, um körperlich zu entspannen und innerlich gelöst zu werden. Hier sollte Zeit für die Gemeinschaft mit Gott sein. Freie Zeit für Gott.

Howard Rutleetge musste erst herausgerissen werden aus seiner gewohnten Lebensbahn, »um über die wirklich wichtigen Dinge im Leben nachzudenken.« Warum sollten wir es darauf ankommen lassen, dass Gott auch in unser Leben derart massiv eingreifen muss? Wäre es nicht besser, auf sein Wort zu hören, das uns an vielen Stellen ermahnt, nach Gott und seinem Willen zu fragen? Der nächste Sonntag ist eine prächtige Gelegenheit dazu.   *fo*

Wie viel Zeit nehmen Sie sich für Gott?

Rechnen Sie damit, dass er auf Sie wartet.

2. Timotheus 4,9-22

6. Febr. 2000

Sonntag

Gnade und Wahrheit sind sich begegnet,
Gerechtigkeit und Frieden haben sich geküsst.
Psalm 85,11

Das unverdiente Eis

»Rebecca, wenn dein Teller leer gegessen ist, bekommst du zur Nachspeise ein Eis!« Die Augen meiner Tochter leuchten auf, als meine Frau ihr dieses verlockende Angebot macht. Emsig schiebt sie sich ein großes Stück Kartoffel in den Mund. Doch schon bald lässt ihr Eifer wieder nach. Das ersehnte Eis scheint in unerreichbare Ferne zu rücken. Meine Frau erbarmt sich ihrer. Als die Kleine einen Moment lang nicht aufpasst, lässt sie unbemerkt etwas von Rebeccas Portion verschwinden, um es selbst zu essen. Bald ist der Teller leer. Den Mund voller Kartoffeln erinnert uns Rebecca an die versprochene Belohnung: »Eis?!« Ihre Mutter kann Gnade üben, aber auch der Gerechtigkeit ist Genüge getan: Alles, was auf Rebeccas Teller war, ist aufgegessen.

Nicht immer fällt es uns so leicht, Gerechtigkeit und Gnade miteinander zu vereinen. So appellieren wir z.B. an Gottes Gerechtigkeit, wenn wir an das Unrecht in dieser Welt denken; wir rechnen jedoch mit seiner Gnade, wenn es um unsere eigenen Sünden geht. Jesus Christus vereint beide Prinzipien in sich. Er möchte Menschen nicht auf der Basis ihres Verdienstes, sondern auf der Grundlage der Gnade begegnen. Er will diejenigen retten, für die Gottes Herrlichkeit in unerreichbare Ferne gerückt ist. Und doch ist Jesus Christus auch »die Wahrheit«. Er kann Gnade nicht auf Kosten der Wahrheit gewähren. Aus Liebe zu uns nimmt er deshalb die Strafe für unsere Sünden auf sich. Er stirbt den Tod, den wir verdient hätten. Obwohl er Gnade übt, ist auch der Gerechtigkeit Genüge getan: »Die Gnade und die Wahrheit ist durch Jesus Christus geworden« (Johannes 1,17).　　*pg*

Was hätten wir zu erwarten, wenn Gott gegen uns die Gerechtigkeit anwendete, die wir anderen gegenüber gern sähen?

Bedenkenswert: Auf Gnade hat niemand Anspruch.

Psalm 92

Montag

7. Febr. 2000

*Was ihr auch tut,
arbeitet von Herzen als dem Herrn
und nicht den Menschen.*
Kolosser 3,23

Arbeit kann Gottesdienst sein

Wer etwas gerne macht, hat auch die große Chance, es gut zu machen. Unsere Motive sollten wir dennoch immer hinterfragen. Es kommt nicht nur darauf an, was bei einer Sache herausspringt, sondern mit welcher inneren Einstellung man tätig ist. Man kann natürlich in allem immer nur das Nötigste tun oder alles so berechnen, dass möglichst der höchste Nutzen herausspringt. Aber wer nur nach solchen Kriterien seine Kraft einsetzt, offenbart, dass er von dem obigen Bibelwort (noch) nichts verstanden hat. Gott weiß sehr wohl, dass »ein Arbeiter seines Lohnes wert ist« (Lukas 10,7), aber er weiß auch zu unterscheiden zwischen Berechnung und dem Wunsch, ihm zu dienen, auch bei der Arbeit.

Ein anderer Aspekt ist, in dem Bewusstsein seine Arbeit zu tun, dass man einen liebenden und bewahrenden Gott hinter sich stehen hat, der einem zum Leben geben will, was man benötigt. Meine Einstellung ist Gott wichtiger als das, was letztlich bei einer Sache herauskommt. Menschen sind vielen Schwankungen ausgesetzt und deshalb keineswegs immer objektiv und gerecht. Gott nun ist und bleibt der, der er immer gewesen ist. Er sieht in unser Herz und prüft unser Inneres (Psalm 7,10). Was ein Mensch wirklich leistet, wie leicht oder wie schwer es ihm fällt, sieht allein Gott. Menschen »sehen, was vor Augen ist, Gott aber sieht das Herz an«. Gott dringt bis in die Tiefen unserer Seele vor.

Nicht selten ist Arbeit, die wir für Gott und unter seinen Augen getan haben, auch Grund zum Lob durch Vorgesetzte und Kollegen. Wer Gottes Ehre sucht in dem, was er tut, wird den Segen Gottes in Bewegung setzen.
bj

Bleibt mein Glaube zu Hause, wenn ich zur Arbeit gehe?

Wer mit Gott an seine Arbeit geht, kennt keine »sinnlose Tätigkeit«.

Titus 1,1-16

8. Febr. 2000

Dienstag

*Darum knie ich nieder vor Gott,
dem Vater, und bete ihn an.*
Epheser 3,14

„Wie ist das eigentlich, wenn man einen Papa hat?"

In einer Gemeinde-Kinderstunde erzählt die Gruppenleiterin den »Kleinen« eine biblische Geschichte, die von Gott handelt. »Wisst ihr«, sagt sie, »Gott könnt ihr alles sagen, wie eurem Papa auch, denn auch Gott möchte unser Vater sein.« Eine Sechsjährige meldet sich und fragt schüchtern: »Wie ist das eigentlich, wenn man einen Papa hat?«.
Dieses Mädchen hat ihren Vater nie gesehen, die Mutter ist »alleinerziehend«. Oft hat die Kleine aber andere Kinder gesehen, die mit Mutter und Vater unterwegs waren, wo der Vater sein Kind auf dem Arm getragen oder an der Hand geführt und mit ihm getollt hat. Und allmählich ist der Kleinen bewusst geworden: »Mir fehlt etwas, mir fehlt etwas Entscheidendes, mir fehlt der Vater!« Und jetzt, bei der Erzählung von Gott, der auch unser Vater sein möchte, bricht die Not dieses Mädchens heraus: »Wie ist das eigentlich, wenn man einen Papa hat?«
Wie dieser Kleinen geht es inzwischen unzähligen Kindern. Und die Zahl der Alleinerziehenden wächst stetig. Wie sehr die Kinder darunter leiden, darüber machen sich die Erwachsenen kaum Gedanken. Denn ein Kind braucht Mutter und Vater zu seiner Erziehung, sonst bleibt es eine einseitige Angelegenheit. Eine Mutter kann für ein Kind nicht die Stelle des Vaters einnehmen, ebenso wenig umgekehrt. Dies ist eine der Ursachen für die oft beklagte Haltlosigkeit vieler Heranwachsender und auch inzwischen Erwachsener. Ach, wenn die Eltern bei dem Gedanken an eine Ehescheidung mehr an das Wohl ihrer Kinder dächten! Denn niemand kann sich über diese göttlichen Grundsätze folgenlos hinwegsetzen. *wi*

Habe ich in meiner Ehe meine Aufgabe als Vater oder Mutter vernachlässigt?

Ich will mich heute bewusst meinem Kind zuwenden.

Titus 2,1-15

Mittwoch

9. Febr. 2000

*Ich jage auf das Ziel zu,
hin zu dem Kampfpreis der Berufung Gottes
nach oben in Christus Jesus.*
Philipper 3,14

Ohne Fleiß kein Preis!

Das haben uns schon die Lehrer dauernd vorgehalten, wenn wir uns eine schlechte Zensur eingehandelt hatten. Sie hatten zwar Recht; aber hören wollten wir das trotzdem nicht gern. Später haben die meisten dann doch begriffen, wie wahr dieser abgedroschene Spruch ist.

Heute, genau vor hundert Jahren, hat Dwight F. Davis, ein amerikanischer General und Tennisspieler, den Ehrgeiz und den Trainingsfleiß seiner Sportskollegen durch die Stiftung eines schweren Silberpokals (18 Kilogramm) anfeuern wollen. Und noch heute kämpfen die Tennisnationen Jahr für Jahr um diesen wertvollen Preis. Man darf ihn aber nicht behalten; es geht nur um die Ehre, ihn ein Jahr lang bei sich zu haben.

Gott hat den Christen eine Krone und ein ewig schönes, „unverwelkliches" Erbe zum bleibenden Besitz versprochen, um ihnen einen Anreiz zu geben, für ihn zu arbeiten und das Böse zu meiden. Da sollte man meinen, sie würden nun alles daransetzen, diesen Preis zu gewinnen.

Tennisprofis stehen Tag für Tag stundenlang auf dem Court und machen nebenbei noch Ausgleichssport und haben selbst ihre Essgewohnheiten auf ihr Ziel ausgerichtet: Sie wollen den Preis gewinnen.

Christen meinen nur allzu oft, der himmlische Preis würde ihnen in den Schoß gelegt, während sie sich's auf dem Fernsehsessel gemütlich machen, oder wenn sie alles andere für wichtiger und erstrebenswerter halten als den Preis, den Gott gestiftet hat.

Der Herr Jesus Christus hat gesagt, er komme wieder und bringe den Lohn mit. Man sollte das bedenken! *gr*

Was ist mir der Preis wert, den Gott ausgesetzt hat?

„Dabei sein ist alles", das wäre in diesem Fall zu wenig.

Titus 3,1-15

10. Febr. 2000
Donnerstag

... dass sie der Lüge glauben ...
2. Thessalonicher 2,11

»Wir amüsieren uns zu Tode«

Dieser Bestseller von Neil Postman, einem amerikanischen Medienwissenschaftler, weist Schritt für Schritt nach, wie unsere Gesellschaft am Ausgang des 20. Jahrhunderts ihre eigenen Fundamente unterhöhlt, weil sie ihre Kommunikationsmedien vom Wort weg auf das Bild umstellt. Wie ist das zu verstehen?

Worte - sowohl in geschriebener als auch in gesprochener Form - haben gewisse Auswirkungen auf das Denken. Sie regen an; sie fordern heraus; sie fördern eine Kultur des Diskutierens und der Auseinandersetzung mit der Welt. Fast alle unsere kulturellen Leistungen beruhen auf der Tradition des Wortes. Bilder dagegen lösen starke Emotionen aus, die das Denken überlagern (was man z.B. sofort an der Werbung erkennen kann).

Also folgert Postman messerscharf, dass unsere Kultur in Gefahr ist: anstatt zu denken, werden wir verführt; anstatt informiert zu werden, werden wir mit Gefühlen gefüttert; anstatt zu leben werden wir gelebt. Sogar unsere Demokratie gerät in Gefahr, denn die Kultur des Diskutierens und Nachdenkens gerät in Vergessenheit, und das fordert Diktatoren geradezu heraus.

Die Bibel sagt, dass am Ende der Zeit der Antichrist auftreten und eine weltweite Gewaltherrschaft aufrichten wird, indem er fast alle Menschen verführt, ihr Denken manipuliert und sich zu guter Letzt als Gott anbeten lässt. Nur wer an Jesus als seinem Herrn und Retter festhält, wird die Machenschaften dieses Diktators erkennen können; alle anderen werden verführt werden und die Gewaltherrschaft unterstützen. Wie würden du und ich uns verhalten? *as*

Unterhält man sich in Ihrer Familie oder gucken alle stumm in die Röhre?

Fangen Sie an zu reden, erst mit Gott, dann mit den Menschen!

2. Mose 1,1-22

Freitag — 11. Febr. 2000

Der Segen des HERRN, der macht reich,
und eigenes Abmühen fügt neben ihm nichts hinzu.
Sprüche 10,22

Vergebliche Bemühung

Nach einer griechischen Sage bekam Sisyphos, der Sohn des Aiolos, des Königs von Korinth, eine schier unerträgliche Strafe für seine Verschlagenheit. Er musste in der Unterwelt einen Felsbrocken immer wieder mit großer Anstrengung auf einen hohen Berg wälzen, von dem der Stein im letzten Augenblick wieder herunterrollte. So sehr er sich auch anstrengte und so oft er seinen Versuch wiederholte, das Ergebnis war immer dasselbe: Das Ziel konnte Sisyphos nicht erreichen, weil der Fels nie auf der Bergspitze liegen blieb. Genau so vergeblich sind menschliche Bemühungen, das eigentliche Ziel unseres Leben als Menschen zu erreichen. »Denn was wird es einem Menschen nützen, wenn er die ganze Welt gewönne, sich selbst aber verlöre oder einbüßte?« (Lukas 9,25).

Der Versuch, Gott zufrieden zu stellen, indem man sich anstrengt, ein guter Mensch zu sein und die Gebote zu halten, ist zum Scheitern verurteilt. Alles bleibt eine »Sisyphosarbeit«. Das Erreichen der ewigen Seligkeit hängt nicht von unserer Anstrengung ab, sondern von Gott. Er möchte uns mit seinem Heil beschenken, ohne unser Dazutun. Er möchte unser Leben für die Ewigkeit retten, wenn wir sein unverdientes Geschenk annehmen und unsere Unwürdigkeit und unser Verlorensein vor ihm eingestehen.

Es geht darum, die Tatsache zu akzeptieren, dass unser ganzes Lebensglück von Gott abhängt. Wir können ihn durch unsere Taten nicht gnädig stimmen, sondern nur dankbar annehmen, was er uns in Jesus Christus anbietet. *uhb*

Versuche ich noch selbst, den Stein hinaufzuwälzen?

Was hindert mich eigentlich daran, das Geschenk Gottes anzunehmen?

2. Mose 2,1-10

12. Febr. 2000

Samstag

Für alles gibt es eine bestimmte Stunde.
Und für jedes Vorhaben unter dem Himmel gibt es eine Zeit.
Prediger 3,1

Gibt es denn sonst weiter nichts?

Die meisten von uns sind auf einen festen Tages- und Wochenrythmus festgelegt. Von Montag bis Freitag arbeiten wir täglich acht bis zehn Stunden für unseren Lebensunterhalt. Endlich dann das Wochenende! Endlich können wir alles hinwerfen und haben Zeit für das, was wir selbst tun möchten. Einmal im Jahr gibt es dann Freizeit am Stück, den Urlaub. Für nicht wenige ist das die beste Zeit des Jahres.

Und dann? Dann arbeiten wir wieder, haben Freizeit, arbeiten wieder, haben Freizeit, arbeiten wieder und ... Besteht das Leben aus nichts anderem als aus diesem Kreislauf, der bestimmt ist von Arbeit und Freizeit? Gibt es denn sonst weiter nichts?

Wenn auch für die meisten Menschen bis zum Rentenalter das Leben diesem Kreislauf unterworfen ist, so kommt es doch entscheidend darauf an, ob man ihn als Gottes Plan für unser Leben ansieht. Oder ob man sich als unbedeutendes Rädchen in einer großen Maschine betrachtet, das sich eben drehen muss, weil andere Menschen es wollen - und weil die Verhältnisse so sind, dass man zwar gern ausbrechen will, nur nicht kann. Schön ist es, wenn man glauben kann, dass Gott niemand vergisst oder übersieht und dass es ihm daran liegt, uns wohl zu tun. Alles, was uns widerfährt - sei es bei der Arbeit oder in der Freizeit - ist dann nicht mehr ein ermüdender und sinnloser Kreislauf, sondern gehört als Baustein zu dem persönlichen Lebensplan, den Gott für unser Leben entworfen hat. Diese Sichtweise gibt dem Leben den Tiefgang, nach dem sich unser Herz sehnt. *fo*

Mit welchen Gefühlen sehe ich dem nächsten Wochenanfang entgegen?

Warum nicht konkret damit rechnen, dass Gott mit in den Betrieb, in die Schule, in die Hausarbeit geht?!

2. Mose 2,11-25

Sonntag

13. Febr. 2000

*Er (Gott) weiß, was in der Finsternis ist,
und bei ihm wohnt das Licht.*
Daniel 2,22

Licht bringt es an den Tag

Könnten andere Menschen unsere Gedanken auf der Stirn lesen, gäbe es sicher breite Stirnbänder in jeder Preislage und Ausführung zu kaufen. Aber nun heißt es hier, dass Gott alle Geheimnisse kennt, dass er jede Finsternis durchdringt.

Meine Eltern hatten mir von frühster Kindheit an Geschichten aus der Bibel erzählt und auch von der wunderbaren Herrlichkeit des Himmels. Wenn auch niemand die passenden Worte für die Großartigkeit dessen findet, was die an Christus Glaubenden dort zu erwarten haben, so hatte vor allem meine Mutter mir doch soviel Schönes davon gesagt, dass ich schon als kleiner Junge eine intensive Vorstellung von dem dort herrschenden Licht und Glanz in mir trug. Eines Nachts nun hatte ich Gelegenheit, einen klaren Sternenhimmel zu sehen, und für mich war augenblicklich klar, dass all die Sterne Löcher im »Himmelsfußboden« waren, durch die das Licht von Gottes Thronsaal zu uns herabschien.

Naturwissenschaftlich betrachtet war das natürlich Unsinn; aber wie gut wäre es doch für uns Erwachsene, wenn wir uns stets bewusst wären, dass der Himmel voller Licht ist, und dass dies Licht auch alle Finsternis um und in uns durchleuchtet. Gott ist Licht, sagt die Bibel, und Gott ist überall. Wäre uns das deutlicher bewusst, würden wir ihn bitten, unser Leben immer in seinem Licht zu führen und nichts im Dunkeln zu verbergen, was letztlich unmöglich ist. Denn Gott hat einen Tag bestimmt, an dem »alles Verborgene des Herzens ans Licht gebracht« wird. Diesen Tag brauchen wir allerdings nicht zu fürchten, wenn wir Gott schon vorher unsere Sünden bekannt und seine Vergebung in Anspruch genommen haben. *gr*

Was gibt es bei mir, das ich unbedingt verbergen will?

Bekennen und Vergebung ist ein Prinzip, das bei Gott auf jeden Fall funktioniert.

Psalm 124

14. Febr. 2000

Montag

Wenn ich mit Menschen- und Engelzungen redete und hätte die Liebe nicht, so wäre ich ein tönendes Erz oder eine klingende Schelle.
1. Korinther 13,1

Was Worte bewirken können

Kann man sich mit einer Parkuhr unterhalten? Oder vielleicht einer Litfaßsäule sein Herz ausschütten? Nein! Mit toten Gegenständen kann man einfach keine Beziehung pflegen. Aber auch zwischenmenschliche Beziehungen bleiben oft uneffektiv, weil die Liebe im Miteinander fehlt.

Statt dessen produzieren wir oft Worthülsen und Phrasen in die Ohren anderer hinein, nur um dort sofort wieder herauszufliegen. Haben wir das nicht alle schon erlebt? Sogar die Worte eines wahrhaft himmlischen Wesens wie ein Engel würden ohne echte Liebe nur tönenden und klingenden Lärm verursachen. Wie anders nun könnten selbst schlichte Worte tief ins Herz dringen, wenn sie aus der Motivation der Liebe heraus gesprochen werden. Es kommt gewiss nicht auf wohlformulierte, einschmeichelnde Worte an, sondern vielmehr auf Wahrheit, Klarheit und Mitgefühl. Manchmal kann man auch mit wenigen Worten viel sagen oder das Herz sogar wortlos sprechen lassen.

Was macht die christliche Liebe eigentlich aus? Ihr Geheimnis ist der persönliche Bezug zur wahren Quelle der Liebe. Diese Quelle ist eine Person und hat einen Namen: Jesus Christus! Gottes Sprache der Liebe hat sozusagen »Hand und Fuß« bekommen und redet heute noch zu uns. Menschen sind fähig, ihren Worten Gewicht zu verleihen, wenn sie nach dem Vorbild Jesu durch die Liebe Gottes leben, reden und handeln. Wer aus der Liebe lebt, gibt Zeugnis von Gott (1. Johannes 4,16). Und damit von einer Kraft, die unseren lieblosen Alltag von Grund auf verändern kann. *bj*

Wann habe ich zuletzt einem Menschen ein liebes Wort gesagt?

Aus uns selbst heraus können wir von der Liebe Gottes nichts weitergeben. Wir brauchen die Verbindung zu Jesus, der Quelle der Liebe.

2. Mose 3,1-22

Dienstag

15. Febr. 2000

*Ihr Väter, reizt eure Kinder nicht zum Zorn,
sondern zieht sie auf in der Zucht
und Ermahnung des Herrn!*
Epheser 6,4

Vaterpflichten

Der Vater sitzt am Fernseher und verfolgt engagiert ein Fußballspiel. Sein zehnjähriger Sohn kommt mit einem Schulheft in der Hand zu ihm, schaut eine Weile mit zu und sagt dann: »Papa, kannst du mir bei dieser Rechenaufgabe helfen?« - »Ich habe jetzt keine Zeit, geh zu Mama!«, antwortet dieser. - »Aber Mama hat mich zu dir geschickt, sie hat auch keine Zeit, sie muss jetzt deine Hemden bügeln.« - »Dann musst du selbst überlegen, eure Lehrerin hat es euch doch sicher erklärt.« Damit ist für den Vater die Sache erledigt. Langsam trottet der Sohn davon, enttäuscht, wütend und den Tränen nahe.

Gott kennt die Probleme bei uns Vätern mit der Erziehung unserer Kinder. Deshalb findet sich auch dieses Wort in der Bibel. Wir Väter sollen unsere Kinder nicht zum Zorn reizen, das heißt zugleich, sie nicht überfordern, nicht entmutigen und nicht vernachlässigen. Doch wie oft leben wir nach dem Motto: »Die Frauen haben die Kinder bekommen, nun sollen sie sich auch um sie kümmern.« Doch die Mütter sind überfordert, wenn sie allein die Erziehung bewältigen sollen. Und die Kinder brauchen die Zuwendung - sowohl der Mutter als auch des Vaters.

Noch einen wertvollen Rat gibt die Bibel: Väter sollen ihre Kinder nach den Grundsätzen Gottes erziehen. Das ist tatsächlich das Beste, was Eltern ihren Kindern mitgeben können. Dazu muss man allerdings diese Grundsätze kennen, wie sie uns in der Bibel mitgeteilt sind. Und noch wichtiger: Man sollte auch Gott selbst kennen - durch den Glauben an Jesus Christus, wie die Bibel ihn beschreibt. *wi*

Wie oft habe ich schon mein Kind ohne zwingenden Grund enttäuscht?

Sehr hilfreich bei der Kindererziehung ist es, sich an seine eigene Kindheit zu erinnern.

2. Mose 4,1-17

16. Febr. 2000
Mittwoch

Wo warst du, da ich die Erde gründete?
Teile es mit, wenn du Einsicht kennst!
Hiob 38,4

Präzise Abstimmung der Erde (Teil 1)

Die Erde zeigt in vielen Einzelheiten, dass sie eingerichtet wurde, um das Leben auf ihr zu ermöglichen. Nur drei Aspekte will ich heute einmal nennen:

1. Richtiger Abstand zur Sonne: Wir bewegen uns in einem Abstand von 150 Millionen Kilometern um unser Zentralgestirn. Bei der gegebenen Licht- und Wärmestrahlung der Sonne führt das zu jenen Temperaturen, wie wir sie auf unserem Planeten vorfinden. Wäre die Sonne heißer, dann wäre der Abstand für geeignete Lebensbedingungen auf der Erde zu klein; wäre sie kühler, dann brauchten wir für geeignete Lebensbedingungen eine größere Nähe zu unserem Energielieferanten. Bei dem vorliegenden Zustand der Sonne dürften wir weder näher noch weiter von ihr entfernt sein.

2. Richtige Drehgeschwindigkeit der Erde: Würde die Erde wesentlich langsamer rotieren, dann ergäben sich extreme Temperaturunterschiede zwischen Tag- und Nachtseite. Auf der Tagseite würde es infolge der lang andauernden Einstrahlung unerträglich heiß, was zudem eine Austrocknung der Erdoberfläche bewirken würde. Die Nachtseite kühlte dagegen zu stark aus. Die relativ schnelle Rotation unserer Erde sorgt infolge des kurz aufeinanderfolgenden Wechsels von Tag und Nacht für eine weitgehende Angleichung der Temperaturen am gleichen Ort.

3. Richtige Jahreslänge: Die Länge des Jahres ist gut abgestimmt auf unsere Lebenszyklen. Die Jahreszeiten haben eine ausgewogene Länge, so dass es zwischen Saat und Ernte genügend Wachstumszeit gibt. Andere Beispiele in unserem Planetensystem zeigen uns dagegen lebensverhindernde Zyklen (z.B. 1 Uranusjahr = 84 Erdjahre, 1 Merkurjahr = 88 Erdtage). *gi*

Worauf weist die Präzision in der Schöpfung hin?

Man muss immer auf einen Sinngeber schließen, wenn man etwas Sinnvolles entdeckt hat.

2. Mose 5,1 - 6,1

Donnerstag

17.Febr. 2000

Wer hat die Maße der Erde bestimmt, wenn du es kennst?
Oder wer hat über ihr die Messschnur ausgespannt?
Hiob 38,5

Präzise Abstimmung der Erde (Teil 2)

Weitere Aspekte dazu: 4. Richtige Neigung der Erdachse: Wissenschaftliche Berechnungen darüber, bei welchem Neigungswinkel ein möglichst großer Teil der Erdoberfläche lebensfreundliche Bedingungen erhält, führten zu dem Ergebnis, dass dies in dem schmalen Bereich von 23 bis 24 Grad der Fall ist. Ist es nicht bemerkenswert, dass die tatsächliche Neigung gerade 23 ½ Grad beträgt?

5. Einmalige Zusammensetzung der Atmosphäre: Mit 21 % besitzt die Erde im Vergleich zu anderen Planeten einen hohen Sauerstoffanteil in der Atmosphäre, der aber eine grundlegende Voraussetzung für den Stoffwechsel höherer Lebensformen ist.

6. Die Erde - ein nasser Planet: Das wichtigste Kennzeichen der Erde und die absolut notwendige Voraussetzung für das Leben ist das Wasser. Wasser finden wir darum nicht nur dort, wo die Ozeane und Meere sind, sondern überall. Die Wolken bringen es bald hier-, bald dorthin.

Zusammenfassung: Es wurden hier nur einige Voraussetzungen genannt, die erforderlich sind, damit Leben auf der Erde möglich ist. Nur die wichtigsten und augenfälligsten geophysikalischen, mechanischen, thermischen und stofflichen Bedingungen wurden kurz diskutiert. Jeder einzelne dieser Punkte lässt unsere Erde als einzigartig erscheinen. Das Bemerkenswerte aber ist, dass alle zusammen genommen gerade auf unserem Planeten gefunden werden. Nur die Kombination aller dieser Details und ihre gegenseitige Verflechtung macht das Leben auf der Erde überhaupt erst möglich. Unsere Erde ist für das Leben geradezu ideal vorbereitet. Drängt sich hier nicht auch dem unvoreingenommenen Beobachter der Schluss auf, dass alles weise und vorausschauend konzipiert ist? *gi*

Was, außer dem Wunsch, ihn loszuwerden, könnte zur Leugnung eines Schöpfers führen?

Wer wirklich mitdenkt, glaubt.

2. Mose 7,1-25

18. Febr. 2000
Freitag

Doch ich weiß: Mein Erlöser lebt;
und als der letzte wird er über dem Staub stehen.
Hiob 19,25

Buddha - der Erleuchtete

Bei einem Wettkampf im Bogenschießen gewinnt der junge Fürstensohn die Hand einer schönen Frau, die ihm einen Sohn schenkt. Er besitzt alles, um glücklich zu sein und führt ein Leben in königlichem Glanz und Luxus. Doch außerhalb seiner heilen Welt begegnet ihm das menschliche Leid in Gestalt eines Greises, eines Kranken, eines Toten und eines Asketen. Das Wissen um das Elend in der Welt erschüttert ihn so sehr, dass er mit 29 Jahren Frau, Kind und Luxus verlässt, um ein Leben als wandernder Bettelmönch aufzunehmen. Auf der Suche nach dem Sinn des Lebens kommt ihm nach wochenlanger Meditation die Erleuchtung. Die Ursache des Leids ist die egoistische Lebensgier der Menschen. Die Heilung vom Leid erfolgt durch Ausmerzung der Lebensgier. Durch eine edle und selbstlose Lebensführung erreicht man schließlich das Nirwana, den höchsten Dauerzustand der Seelenruhe, die »Meeresstille des Gemütes«.

Der Buddhismus, eine Religion der Selbsterlösung, verbreitete sich seit 500 vor Christi Geburt von Indien aus in weite Teile Asiens. Heute findet sie auch im Westen immer mehr Anklang, weil sie einerseits Ruhe und Seelenfrieden verheißt, andererseits uns das Gesetz des Handelns überlässt. Wir können gut sein, Yoga üben und höhere Bewusstseinsstufen erreichen.

Wie anders ist es im Christentum! Da wird aufgefordert, unser Versagen einzugestehen, zuzugeben, dass wir Sünder sind, die nie so rein werden können, wie Gott uns haben will. Das ist demütigend; aber jeder, der sich darauf einlässt und so demütig zu Gott kommt, erfährt, dass er den richtigen Weg geht und die ewige Ruhe tatsächlich findet. *uhb*

Versuche ich, mein Gewissen durch ein vernünftiges und sinnvolles Leben zu entlasten?

Ich will aufhören, aus eigener Kraft ein besserer Mensch zu werden, und die Erlösung durch Jesus Christus dankbar annehmen.

2. Mose 12,1-20

Samstag — 19. Febr. 2000

Freue dich, Jüngling, in deiner Jugend,
und dein Herz mache dich fröhlich in den Tagen deiner Jugendzeit.
Und denke an deinen Schöpfer in den Tagen deiner Jugendzeit.
Prediger 11,9; 12,1

Schön und gefährlich!

Immer wenn ich auf mein eigenes Leben zurückschaue, denke ich gerne an die Zeit zwischen dem 16. und 19. Lebenjahr zurück. Es waren recht unbeschwerte Jahre, ohne die Last größerer Verantwortung. Ich hatte Freunde, wir machten gemeinsame Unternehmungen; denn ich hatte viel freie Zeit für mich. Gott wünscht ausdrücklich, dass jeder diese Zeit in seinem Leben genießen soll. Jungsein kann so schön sein.

Aber er sagt auch, dass über das Unbeschwert- und Ungebundensein Wichtiges versäumt werden kann. Unser Text erinnert die jungen Leute, daran zu denken, dass Gott der Schöpfer ist, dem wir Rechenschaft schulden. Das darf niemand außer Acht lassen, wenn er sich über sein Leistungsvermögen freut, wenn er mit Entzücken wahrnimmt, welches Interesse er oder sie beim anderen Geschlecht zu wecken vermag. Jungsein kann auch sehr gefährlich sein.

In aller Lebensfreude und Lebenserwartung kann Gott glatt vergessen werden. Dann plant und lebt man sein Leben ohne Gott. In der Jugendzeit werden die Weichen für das ganze weitere Leben gestellt. Da ist es besser, seinem noch jungen Leben von Anfang an die richtige Richtung zu geben: mit Gott. Wer also heute noch jung ist, viel freie Zeit hat, unbeschwert und ungebunden ist, hat damit eine große Chance erhalten. Wo aber bei einer Chance alles zu gewinnen und nichts zu verlieren ist, sollte man sie ergreifen! Diese Chance liegt darin, ein Leben aufzubauen, das zur Ehre Gottes und zum Nutzen und Wohlgefallen unserer Mitmenschen gereicht. Auf diesem Weg werden wir vor viel Kummer bewahrt bleiben. *fo*

Nutze ich diese Chance? Oder müsste ich mein Verhalten ändern?

Besser demütig einem Lotsen gehorchen, als eigenmächtig das Lebensschiff auf ein Riff zu steuern.

2. Mose 12,21-33.51

20. Febr. 2000

Sonntag

Warum hast du mich vergessen?
Psalm 42,10

Warum?

Warum bin ich eigentlich auf der Welt? Nur um nach wenig Spaß und viel Ärger einmal alt und krank zu sterben? Sollen die paar Alltagsfreuden alles gewesen sein? Warum das alles? Woher komme ich und vor allem: Wohin geht's mit mir?

Ich wusste niemand, der mir darauf eine befriedigende Antwort geben konnte und selbst vermochte ich sie auch nicht zu finden. Außerdem kreisten in meinem Inneren noch weitere Warum-Fragen. Warum ist so viel Böses in der Welt? Warum gibt's überall Streit, Krieg und Katastrophen? Nicht einmal in der eigenen Familie kann man sich vertragen. Warum fehlt es so sehr an Verständnis und Nächstenliebe? Warum hungern so viele und werden von unsäglichen Schmerzen geplagt? Warum herrschen Neid, Egoismus und Hass unter den Menschen? Warum will immer einer den anderen unterjochen? Warum die Zukunftsängste? Warum soll ich auf ein bisschen Frieden und Freundlichkeit hoffen?

Heute, nach über fünfzig Lebensjahren, weiß ich endlich die Antwort!

Jahrelang hörte man im Radio immer wieder das Lied, in dem auf ein bisschen Frieden, ein bisschen weniger Leid gehofft wurde.

Gott wollte mir durch all das zeigen, wie verdorben und verloren ich war und alle anderen Menschen auch; aber er hat mir ebenfalls gesagt, dass er seinen Sohn gesandt hat, damit alle, die so fürchterlich verloren sind, gerettet werden und zu Gott nach Hause kommen können. Seither sehe ich alles mit anderen Augen und möchte auch meinen Mitmenschen sagen, welche Antwort ich auf meine Warum-Fragen bekommen habe. *khg*

Haben Sie schon eine Antwort gefunden, oder suchen Sie noch, mit allerlei »Action« die Warum-Fragen zum Schweigen zu bringen?

Gottes Handeln können wir nicht bis ins Letzte begreifen, aber wir dürfen ihm vertrauen.

Psalm 106,1-23

21. Febr. 2000

Montag

Vertraue auf den Herrn mit deinem ganzen Herzen und stütze dich nicht auf deinen Verstand! Auf all deinen Wegen erkenne nur ihn, dann ebnet er selbst deine Pfade.
Sprüche 3,5-6

Auf der Suche nach Alltäglichem

»Mensch, wo habe ich bloß wieder diese Beutel mit den Schrauben hin gelegt? Letzthin lagen sie doch noch ...« Kennen wir das nicht alle? Da sind wir auf der Suche nach etwas, von dem wir genau wissen, dass wir es haben, aber wo? Der Schraubenzieher, die Zange, der Kugelschreiber, die Brille, immer wieder sind wir auf der Suche.

Neulich ging es mir wieder einmal so. Ich suchte nach Material, das ich mir zum Basteln gekauft hatte. Jetzt hatte ich Zeit und wollte fertigstellen, was ich schon vor längerer Zeit angefangen hatte. Nun fehlten nur noch diese Holzkäfer. Dabei war ich mir so sicher, dass ich sie in die Schublade des Schreibtisches im Gästezimmer gelegt hatte. Aber da waren sie nicht, oder doch? Nach langem Suchen im Arbeitszimmer, im Keller, im Schreibtisch des Gästezimmers kam allmählich Verzweiflung auf. Irgendwann kam ich schließlich auf den Gedanken: »Du hast noch gar nicht gebetet. Gott weiß doch, wo du das Zeug abgelegt hast.« Und ich betete: »Herr, du weißt, wohin ich die Päckchen mit den Holzkäfern gelegt habe. Du weißt, dass ich sie unbedingt brauche. Bitte vergib, dass ich erst jetzt zu dir komme und hilf mir, die Päckchen zu finden. Danke, Amen.«

Ich saß vor der offenen Schublade des Schreibtisches und da lagen die Päckchen, genau dort, wo ich sie irgendwann abgelegt hatte. Nur waren sie nicht, wie ich geglaubt hatte, in Plastikbeuteln, sondern in Pappschachteln.

Ist es nicht überwältigend, dass wir Gott sogar mit solchen Kleinigkeiten »belästigen« dürfen? Er hat Gutes mit uns im Sinn und zeigt dies denen, die auf ihn vertrauen, auch mitten im Alltag. *fr*

Warum fragen wir erst immer dann nach Gott, wenn wir nicht weiter wissen?

Den großen Gott kann man auch in die »Kleinigkeiten« des Alltags mit hinein nehmen.

2. Mose 13,17-22

22. Febr. 2000

Dienstag

*Glückselig, die nach Gerechtigkeit hungern und dürsten,
denn sie werden gesättigt werden.*
Matthäus 5,6

Was macht den Menschen glücklich?

Heute vor 160 Jahren, am 22. Februar 1840, wurde der Mitbegründer und Führer der deutschen Sozialdemokratie (bis 1913) geboren: August Bebel. Er war der Sohn eines Unteroffiziers der preußischen Kölner Festungs-Garnison, und wie er später schrieb, wuchs er »in erbärmlichen Verhältnissen« auf. Mit 3 Jahren Halb- und mit 13 Jahren Vollwaise, ließ man ihn schließlich den Drechslerberuf erlernen.

Es war die Zeit der Industriellen Revolution, in der sich Deutschland einerseits zum Industriestaat entwickelte, andererseits aber unter der Arbeiterbevölkerung ein heute unvorstellbares Elend herrschte. Mit bis zu 16-stündiger Arbeitszeit bei nur für eine Person berechnetem Hungerlohn, ohne Kranken- und Altersversicherung war das Schicksal vieler Menschen geradezu trostlos. Bebel sah die Ungerechtigkeit dieser Ausbeutung von Menschen, und vertraut gemacht mit der marxistischen Lehre, wandte er sein Leben der Aufgabe zu, den Arbeitern bessere Lebensbedingungen zu erkämpfen. Als Sozialist war er zutiefst davon überzeugt, dass das Glück der Menschheit vom Sieg der Arbeiterklasse im Staat abhängt.

Nach hundert Jahren wird man sicherlich sagen können, dass in den sozialen Bedingungen heute mehr Gerechtigkeit herrscht als damals. Ob aber die Menschen dadurch glücklich geworden sind, mag man bezweifeln. Glücklich nennt die Bibel nur den, der nach der Gerechtigkeit vor Gott fragt und dann erfährt, dass er diese Gerechtigkeit und mit ihr ewiges Leben im Glauben an Jesus Christus erhält. *jo*

Halten Sie sich selbst für einen glücklichen Menschen?

Christen sollten sich, was die Hilfsbereitschaft angeht, von niemandem übertreffen lassen!

2. Mose 14,1-14

Mittwoch

23. Febr. 2000

*Wie einen, den seine Mutter tröstet,
so will ich euch trösten.*
Jesaja 66,13

Unersetzlicher Trost

Schon in der Küche hört die Mutter, wie ihr sechsjähriger Nico laut schreiend nach Hause kommt. Erschrocken läuft sie hinaus und fragt, was passiert ist. Doch Nico schreit nur noch lauter und streckt ihr seine rechte Hand entgegen, wo der Handballen aufgeschrammt ist und kleine Blutströpfchen hervorquellen. Die Mutter nimmt ihn mit ins Haus, säubert vorsichtig die Wunde und verbindet sie. Nico schreit nicht mehr, auch die Tränen versiegen, nur ein gelegentliches Schluchzen erschüttert noch den kleinen Körper. Die Mutter setzt sich in einen Sessel, nimmt Nico auf ihren Schoß und fragt ihn, wie es denn passiert sei. Nico erzählt, er sei hinter einer Katze hergelaufen und dabei hingefallen. Liebevoll drückt die Mutter ihn an sich und sagt, nun sei ja alles wieder gut. Und tatsächlich ebbt auch das Schluchzen ab und bald spielt Nico mit seinen Autos, als ob nichts gewesen wäre.

Der Trost und die liebevolle Zuwendung der Mutter sind für Kinder durch nichts zu ersetzen, weder durch funkferngesteuerte Autos, tanzende Puppen, Stereoanlagen, Fernseher oder Computer. Glücklich die Kinder, deren Mutter nicht die Mehrfachbelastung von Beruf, Haushalt und Kindererziehung zu bewältigen hat, sondern Zeit für ihre Kinder haben kann. Besonders glücklich die Kinder, die spüren, dass ihre Eltern sie nicht als Belastung, sondern als Bereicherung ihres Lebens empfinden, und die bei allen kleinen und großen Wehwehchen von den Eltern getröstet werden. Das ist das Schönste, was wir unseren Kindern als Erinnerung an ihre Kindheit mitgeben können. *wi*

Braucht mein Kind mich vielleicht gerade jetzt besonders?

Ich will mich häufiger daran erinnern, wie viel Freude ich durch meine Kinder schon gehabt habe.

2. Mose 14,15-31

24. Febr. 2000
Donnerstag

Erkenne doch und sieh, dass es schlimm und bitter ist,
wenn du den HERRN, deinen Gott, verlässt
und wenn bei dir keine Furcht vor mir ist! spricht der Herr.
Jeremia 2,19

Ich habe einen kleinen Busen ...

... und zeige ihn euch trotzdem ... So könnte der Titel einer dieser Nachmittags-Talkshows lauten, die seit einiger Zeit die Mattscheibe bevölkern. Die Themen werden immer verrückter, weil die Reizschwelle derart gestiegen ist, dass »Wie füttere ich meinen Kanarienvogel richtig« heute keinen mehr vom Hocker reißt. Und das ist das Problem unserer modernen Massenmedien: sie haben alle Träume schon mal geträumt, sodass sie immer merkwürdigere Träume träumen müssen. Deshalb gebrauchen sie immer stärkere Reiz-Mittel, und brechen immer mehr Tabus bis hin zur Perversität.

Nur sind wir mittlerweile soweit, dass es fast keine Tabus mehr zu brechen gibt. Man kann ja fast alles bringen, und man wird sehen, bald werden sie die ersten Geschlechtsakte live um 15 Uhr übertragen. Womit aber wird man danach noch die Zuschauer reizen können? Mit Live-Mord? Kann uns schließlich nur noch das wilde Chaos anregen? Dann wären wir mit unserer Kultur wirklich am Ende.

»Erkenne doch, dass es schlimm und bitter für dich ist, den HERRN, deinen Gott zu verlassen und keine Ehrfurcht mehr vor ihm zu haben!« (Jeremia 2,19). Ich finde, das trifft den Nagel auf den Kopf. Wenn wir nicht umkehren und Grenzen einführen, Grenzen, die im Wort Gottes, der Bibel, begründet sind, werden wir »schlimm und bitter« untergehen, weil wir durch nichts mehr zu befriedigen sind, außer durch das Chaos. Und doch gibt es dazu eine Alternative: unseren Frieden in Gott zu suchen, der allein unser Herz ausfüllen kann. Dann aber müssen wir seine Grenzen akzeptieren, denn es gibt keinen Frieden für die Gott-losen. *as*

Wo liegt bei Ihnen die Schmerzgrenze, bei der Sie den Fernseher ausschalten?

So wenig wie möglich TV!

2. Mose 15,1-21

Freitag

25. Febr. 2000

*Nun aber rühmt ihr euch in euren Großtuereien.
Alles solches Rühmen ist böse.*
Jakobus 4,16

Die Hunnenrede

Der deutsche Kaiser Wilhelm II. war ein Mann übermütiger Worte. Im Jahr 1900 gab es im fernen China einen Aufstand, bei dem auch Europäer gefangen genommen und getötet wurden. Wilhelm II. sah darin eine Gelegenheit, deutsche Großmachtpolitik zu demonstrieren. Eine 15000 Mann starke Truppe wurde aufgestellt und zur Strafexpedition nach China geschickt. Bei der Verabschiedung hielt Wilhelm II. eine mortialische Rede. Unter anderem sagte er: »Pardon wird nicht gegeben! Gefangene werden nicht gemacht! Wie vor tausend Jahren die Hunnen sich einen Namen gemacht haben, so möge der Name Deutscher auf tausend Jahre durch euch bestätigt werden ...«. Welche Überheblichkeit, welche Anmaßung, welche Brutalität spricht aus diesen Worten! Doch viele schrien damals laut »Hurra«! Mit großen Worten lassen sich eben die Massen gewinnen - und zum Bösen verführen. Die Geschichte, gerade des 20. Jahrhunderts, zeigt das vielfältig. Christen kennen und anerkennen die Größe und Allmacht Gottes, deshalb können sie alle Großtuerei der Mächtigen richtig einordnen und entlarven. Noch wichtiger aber ist, selbst frei zu werden von Großtuerei und Selbstüberhebung: Der allmächtige Gott, der allen Grund hätte, gewichtig vor den Menschen aufzutreten, machte sich selbst in Jesus Christus ganz gering und möchte so jedem Menschen von unten - nicht von oben herab - begegnen und ihn befreien vom Selbstbetrug allen Großtuns.

Als der Sohn Gottes auf die Erde kam, hatte er nur eine Krippe, und als er sie verließ, starb er den Tod eines Verbrechers am Kreuz. Wenn das nötig war, um mich vor der Verdammnis zu retten, welchen Grund sollte ich dann haben, groß zu tun und anzugeben? *dü*

Was bedeutet Ihnen die Herablassung Gottes in Jesus Christus?

Hochmut verrät, dass man Jesus Christus nicht vor Augen hat.

2. Mose 16,1-36

26. Febr. 2000
Samstag

*Der Fluch des HERRN fällt auf das Haus des Gottlosen,
doch die Wohnung der Gerechten segnet er.*
Sprüche 3,33

Zuerst kommt die Familie

Die Sphäre, die dem Himmel am nächsten ist, ist das Heim in dem Mann und Frau, Eltern und Kinder wirklich füreinander und mit dem Herrn Jesus Christus in Liebe und Frieden leben.

Im Gegensatz dazu kann ein gottloses Haus, zerrüttet durch Sünde und Ungerechtigkeit, wo Eltern streiten und zanken und ihre Kinder dem Widersacher Gottes und den bösen Mächten der Finsternis überlassen werden, zu einem Ort werden, der der Hölle sehr nahe kommt.

In Gottes Gedanken ist die Familie die kleinste in sich geschlossene Einheit in unserer Gesellschaft. So wie es der Familie geht, so geht es auch der Nation, der Zivilisation und der gesamten Welt.

Gerade weil die Familie in Gottes Gedanken einen so hohen Stellenwert besitzt, versucht der Teufel immer wieder die Familie zu zerstören.

Keine Nation ist jemals moralisch, intellektuell oder geistlich höher gestiegen, als die Familien, aus denen sich die Gesellschaft zusammensetzt.

Deswegen müssen auch alle Anstrengungen, den moralischen und geistlichen Standard in der Welt zu erhöhen und Verbrechen, Gottlosigkeit und Gewalt zu bekämpfen, in den Häusern und Familien beginnen.

Diese Probleme irgendwo anders lösen zu wollen, kann nur, wenn überhaupt, eine kurzzeitige Entspannung bringen, und das unter einem erdrückenden Kostenaufwand. Das Beste, was erreicht werden kann, ist vielleicht Linderung aber niemals Heilung.

Deswegen müssen wir erkennen, dass solange sich unsere Familien, und hier insbesondere die Eltern, nicht im Glauben zu dem Herrn Jesus Christus bekehren, unser Volk moralisch und geistlich weiter sinken wird. *js*

Wie sehen Ihre Nachbarn Ihre Familie?

Versuchen Sie nicht, familiäre Defizite durch andere Aktivitäten zu kompensieren.

2. Mose 17,1-16

Sonntag

27. Febr. 2000

Dein Wille geschehe!
Matthäus 6,10

Mein Wille? Dein Wille?

Drei Dinge wollte ich früher überhaupt nicht, ohne die ich mir das Leben heute gar nicht mehr vorstellen kann.

Erstens wollte ich keinesfalls heiraten. Zweitens wollte ich keinen Führerschein machen. - Man muss doch etwas für die Umwelt tun - Ich jedenfalls wollte das.

Und drittens wollte ich von Gott und Kirche nichts mehr hören. Von beiden war ich enttäuscht, weil sie mir nicht gaben, was ich von ihnen erwartete. Und mit diesen drei weltfremden Willensentscheidungen gedachte ich, alt zu werden.

Heute kann ich nur danken und staunen, wenn ich daran denke, was daraus geworden ist. Seit vierzig Jahren bin ich Ehemann, dann Vater, und jetzt auch schon jahrelang Großvater. Einen Führerschein besitze ich ebenfalls und habe viele Jahre unfallfrei und mit großem Vergnügen meinen Lieferwagen kutschiert.

Und drittens, was das absolut Schönste und Wichtigste ist, durch die Hinwendung zu Jesus Christus bin ich jetzt Gottes Kind und ein Erbe der ewigen Seligkeit. Aber auch mein Erdendasein hat durch den Glauben an den gekreuzigten und auferstandenen Herrn eine völlige Neuorientierung erfahren.

Wie gesagt: Ich habe das alles nicht gewollt; aber ich bin unendlich dankbar, dass Gott meine Torheiten durchkreuzte und etwas anderes mit mir vorhatte. Sein Wille hat mein unreifes Wollen einfach beiseite geschoben. Und jetzt möchte ich, dass auch in meinem täglichen Leben sein Wille maßgeblich ist. Er will nur, was für mich gut ist! *khg*

Können Sie dem zustimmen: Was Gott tut, das ist wohlgetan!?

Wer seinen Sohn für mich hingibt, meint es wirklich gut mit mir!

Psalm 106,24-48

28. Febr. 2000

Montag

*Denn richtig ist das Wort des Herrn,
und all sein Werk geschieht in Treue.*
Psalm 33,4

Gibt es mehr als Arbeit und Müh?

Gegen 4:00 Uhr ging der Wecker, aufstehen, fertig machen und dann ab zur Arbeit. Die begann um 6:00 Uhr und es hätte ja gereicht, wenn ich um 5:00 Uhr aufgestanden wäre. Doch es gab etwas, was mir sehr wichtig war. Als überzeugter Christ glaube ich, dass die Bibel Gottes Wort ist, und ich bin überzeugt, dass es wichtig ist, täglich darin zu lesen. Doch wann sollte ich das tun? Tagsüber war ich in der Fabrik und baute im Akkord Getriebe für Lkw's. Meist hatten wir wenigstens eine Überstunde zu machen, manchmal sogar zwei. Sogar am Samstag musste ich wenigstens für sechs Stunden am Arbeitsplatz sein. Der Akkord war hart und manchmal schlief ich schon beim Abendbrot ein.

Wann sollte ich mir also Zeit nehmen, in der Bibel zu lesen? Tagsüber war es kaum möglich, am Abend war ich oft müde und abgespannt. Da blieb also nur der frühe Morgen. Das hat sich immer gelohnt. Die Stärkung für den inneren Menschen war und ist bis heute eine der wichtigsten Betätigungen des Alltags. Immer wieder erfahre ich, dass Gottes Wort zu mir spricht, dass es Nahrung ist für die Seele und Kraft gibt für den Tag, der vor mir liegt. Bei aller Arbeit und Stress, der über den Menschen von heute liegt, dürfen wir täglich neu erfahren, dass sich die Beschäftigung mit Gottes Wort lohnt. Gott redet durch sein Wort zu uns, stärkt, tröstet, gibt Zuspruch. Aber Gottes Wort ermahnt auch und zeigt uns, wo wir falsch handeln. Ich bin dankbar für die Möglichkeit, täglich in der Bibel lesen zu dürfen. So erfahre ich nun über 30 Jahre immer wieder neu, wie lebendig und erfrischend Gottes Wort ist. *fr*

Welche Bedeutung hat die Bibel für mein Leben?

Nehmen wir uns doch einmal Zeit, wieder in der Bibel zu lesen!

2. Mose 18,1-27

Dienstag

29.Febr. 2000

*Siehe, der von euch vorenthaltene Lohn der Arbeiter,
die eure Felder geschnitten haben, schreit,
und das Geschrei der Schnitter ist vor den Herrn gekommen.*
Jakobus 5,4

Himmelschreiende Bosheit und Ungerechtigkeit

Ein trauriges Kapitel der Menschheitsgeschichte ist die Sklaverei im Amerika des 17. bis 19. Jahrhunderts. Man schätzt, dass etwa 20 Millionen Menschen aus Afrika in dieser Zeit als Sklaven nach Amerika verschleppt wurden. Die Sklaverei war ein Geschäft: Für Sklavenhändler, Schiffskapitäne und besonders für die Sklavenhalter, die so auf ihren Ländereien den Arbeitskräftebedarf preiswert deckten und ihren eigenen Wohlstand steigerten. Die Sklaverei in Nordamerika gehört zwar der Vergangenheit an, doch die Geschichte der Menscheit ist durchzogen von einer breiten Spur der Ausbeutung und Entrechtung. Die Verhältnisse haben sich in vieler Hinsicht geändert, die Menschen jedoch nicht. Die Methoden und Schauplätze mögen heute andere sein - doch das Unrecht der Ausbeutung und Übervorteilung ist das gleiche geblieben. Hören wir davon, so empören wir uns und in unserer Ohnmacht kann es schnell dazu kommen, Gott verantwortlich zu machen, ihn wegen Untätigkeit und Ungerechtigkeit anzuklagen.

Doch zu solchen Gedanken sollten wir uns nicht hinreißen lassen; denn die Bibel sagt unmissverständlich, dass Gott kein Unrecht übersieht und dass es einen Tag geben wird, an dem für ihn das Maß voll sein wird und er Rechenschaft fordert. Genauso unmissverständlich aber macht Gott - weil er die Menschen trotz allem liebt - jedem das Angebot, zu ihm umzukehren und frei zu werden von jeder Schuld und Ungerechtigkeit, die sie begangen haben, wenn sie sie zugeben und um Vergebung bitten; denn dafür ist Jesus Christus gekommen. Er trug die Strafe für alle Bosheit der Menschen am Kreuz von Golgatha. *dü*

Kennen Sie auch welche, die sich vor Ihnen fürchten müssen?

Regeln Sie die Sache erst mit Gott und dann mit den Betreffenden.

2. Mose 19,1-25

1. März 2000

Mittwoch

Ihr Erlöser ist stark,
HERR der Heerscharen ist sein Name.
Jeremia 50,34

Alles ist relativ (Herr Meyer 1)

Herr Meyer hat seinen Kleinwagen in den Graben gefahren, in einen richtig tiefen Graben. Zum Glück ist kein Wasser darin. Gleich macht er sich daran, das Auto wieder auf die Straße zu bringen; aber das will ihm nicht gelingen. Schließlich findet er eine große, stabile Stange. In der Schule hat er etwas über Hebelkraft gelernt. Das muss es bringen! Tatsächlich bewegt sich was, doch als er genau hinsieht, erkennt er, dass sich nur das Blech am Kotflügel kräftig verbogen hat. Er könnte heulen.

Plötzlich taucht oben am Grabenrand ein Junge auf, der ihm rät, zum nächsten Telefon zu gehen, um den Abschleppdienst anzurufen. Das ist die Idee! Beim nächsten kann er telefonieren. Er ist kaum zurückgelangt zu seinem Unglücksauto, da hält auch schon der große Kranwagen bei ihm an. Vorsichtig werden die Haltegurte befestigt, damit kein weiterer Schaden entsteht. Der Fahrer betätigt einige Knöpfe und Hebel, und das Auto kommt aus dem Graben. Alles ist so leicht wie ein Kinderspiel.

Ob ein Problem ein Problem ist, hängt davon ab, wie schwach oder wie stark die Beteiligten sind. Was für Herrn Meyer ein unlösbares Problem darstellte, war für den großen Kran so gut wie nichts.

Unsere Sorgen, Nöte und Befürchtungen drohen uns manchmal über dem Kopf zusammenzuschlagen. Wir haben keine Mittel, um ihrer Herr zu werden; aber für Gott ist all das kein Problem. Er lässt es zu, damit wir die richtige Einschätzung für unsere Kräfte bekommen. Und damit wir endlich »telefonieren« gehen. Er hat gesagt: »Rufe mich an am Tage der Not, ich will dich erretten« (Psalm 50,15). *gr*

Was tun, wenn man nichts mehr tun kann?

Sofort anrufen!

2. Mose 20,1-21

Donnerstag

2. März 2000

Durch Gnade seid ihr errettet.
Epheser 2,5

Pleite (Herr Meyer 2)

Herr Meyer ist pleite. Seine schöne Firma, für die er so hart gearbeitet hat, ist bankrott. Er hat darum viele schlaflose Nächte. Die unbezahlten Rechnungen, die leeren Kassen, die Mahnungen der Gläubiger - alles raubt ihm den Schlaf.

Immer wieder hat er versucht, sich selbst aus dem Schlamassel herauszubringen; aber alles war vergebens. Ja, ja, er hat einen reichen Freund; aber zu dem mochte er nicht gehen, weil er dann sein Versagen hätte eingestehen müssen; aber nun hilft alles nichts, er muss klein beigeben. So geht er hin und klagt ihm seine Not.

»Na, endlich kommst du. Denkst du, ich wüsste nicht, wie es bei dir aussieht? Es ist noch weit schlimmer, als du selbst bis heute weißt. Aber weil du ehrlich bist, dein Versagen eingestehst und nicht anderen die Schuld zuweist, will ich dir ein Angebot machen: Ich übernehme deine Firma mit allen Schulden und saniere sie, wie ich es für angemessen halte.«

Herr Meyer ist glücklich. Was war er doch für ein Dummkopf! Dass sein Freund reich ist, wusste er; aber dass er auch so gut ist, hat er sich nicht träumen lassen. Schon am nächsten Tag ist alles geregelt. Alle Schulden werden beglichen, der Betrieb wird in Ordnung gebracht. Der Freund versteht sich drauf. Und Herr Meyer ist frei!

So ist es auch mit uns, wenn der Herr Jesus Christus unser »bankrottes« Leben übernimmt. Alle unsere Schulden hat er längst bezahlt, als er für uns am Kreuz starb. Wir müssen nur zu ihm kommen. *gr*

Spielen Sie noch immer Münchhausen, der sich am eigenen Schopf aus dem Sumpf ziehen wollte?

Übergeben Sie ihr Leben Jesus Christus - so schnell wie möglich!

2. Mose 24,1-18

3. März 2000

Freitag

*Ihr seid gestorben,
und euer Leben ist verborgen mit dem Christus in Gott.*
Kolosser 3,3

Frei! (Herr Meyer 3)

Eines Tages läuft Herr Meyer doch wieder ganz bedrückt umher. Sein Freund trifft ihn und fragt: »Was ist denn mit dir los, neulich warst du noch so vergnügt und froh, dass du keine Schulden mehr hast, und nun dies Gesicht?«

»Ach,« antwortet er, »heute ist eine Mahnung gekommen über eine uralte Rechnung, an die ich gar nicht mehr gedacht habe. Darum habe ich sie dir auch nicht mit all den anderen übergeben, damals, als du mir alle Schulden abgenommen hast.«

»So, und jetzt sorgst du dich?«, meint sein Freund. »Weißt du nicht, dass ich dir versprochen habe, für alle deine Schulden aufzukommen? Warum übergibst du die Rechnung samt Mahnung nicht mir?«

Herr Meyer ist erneut froh. Schnell holt er das belastende Schreiben und übergibt es seinem Freund. Der sagt daraufhin: »Du hast ganz vergessen, dass ich jetzt der Firmeninhaber bin. Du hast mit allem, was mit der alten Firma zusammenhängt, nichts mehr zu tun. Wenn du noch weiter sorgenvoll herumläufst, mischst du dich in meine Angelegenheiten. Begreif das doch!«

Auch Christen werden von alten Sünden immer wieder eingeholt. Was macht man dann? Man bringt sie zu dem, der alle anderen Sünden auch für ewig ausgelöscht hat und lässt sich nicht mehr von dem alten Lügner und Verkläger ins Bockshorn jagen.

Er hat keine Ansprüche mehr an solche, die die Firma ihres Lebens Christus übergeben haben.

gr

Kennen Sie Herrn Meyers Problem?

Alles dem neuen Firmeninhaber ausliefern!

2. Mose 32,1-14

Samstag

4. März 2000

*Darum schämt sich Gott ihrer nicht,
ihr Gott genannt zu werden;
denn er hat ihnen eine Stadt bereitet.*

Hebräer 11,16

Wohnung oben! (Herr Meyer 4)

Herr Meyer macht eine Hafenrundfahrt. Dabei beobachtet er einen Taucher, der in das schmutzige, ölige Wasser steigt. Er fragt jemanden: »Was sucht der Mann da unten in dem Dreck?«

»Natürlich keine Fische«, bekommt er zur Antwort. »Er arbeitet da unten. Aber er ist von der oberen Welt nicht abgeschnitten. Er hängt an starken Seilen und seine Atemluft bekommt er durch Schläuche, die zu dem Schiff über ihm führen. Außerdem steht er in direktem Sprechkontakt mit seiner Einsatzleitung und hat Lampen und Werkzeuge für seinen Auftrag.«

Herr Meyer überlegt: »So ist das mit mir auch. Gott hat mir hier unten auf der Erde eine Arbeit zugewiesen, die ich tun muss, ob die Umstände ansprechend sind oder unangenehm; aber ich habe als Christ Verbindung nach 'oben'. Ich hänge an festen Seilen: den Verheißungen Gottes; und ich habe Atemluft: die Verbindung mit dem lebendigen Gott; und Licht: sein Wort; und Werkzeuge: die Mittel, um meine Arbeit zu tun; und ich kann jederzeit mit ihm reden im Gebet.«

Noch lange denkt er an das Gehörte und fragt sich, ob er wohl ein guter »Taucher« für seinen himmlischen Arbeitgeber war, und was er besser machen sollte. Dabei fällt ihm das verwaschene Schild eines alten Schuhmachers ein: »Werkstatt unten, Wohnung oben.« Der arbeitete nämlich in einer Kellerwerkstatt und wohnte unter dem Dach. Wenn alle Christen so dächten, würden sie ihrem Herrn viel eifriger zu Gebote stehen; denn Gott hat uns eine herrliche Wohnung bei sich bereitet.

gr

Können Sie Ihren Auftrag auch so sehen?

Beständig daran denken, dass man als Christ immer »im Dienst« ist.

2. Mose 32,15-35

5. März 2000

Sonntag

*Für die Freiheit hat Christus uns freigemacht.
Steht nun fest und lasst euch nicht wieder
durch ein Joch der Sklaverei belasten!*
Galater 5,1

Freiheit ist immer die Freiheit des anderen

Heute vor 130 Jahren wurde Rosa Luxemburg in Zamosc bei Lublin als Tochter eines jüdischen Kaufmanns geboren. Die intellektuell wie künstlerisch hochbegabte junge Frau studierte in Zürich Volkswirtschaft und promovierte auch dort. Wieder in Russisch-Polen, beteiligte sie sich an der Gründung der dortigen im Untergrund tätigen Sozialdemokratischen Partei, ging aber 1898 nach Berlin, wo sie in die SPD eintrat und 1907 Dozentin an der Parteihochschule wurde. Im Ersten Weltkrieg lehnte sie die Unterstützung der kaiserlichen Regierung in ihrer Kriegspolitik durch die SPD ab und beteligte sich an der Gründung der Kommunistischen Partei. Diese versuchte nach Kriegsende, die Macht im Staat nach Lenins Vorbild mit Gewalt zu erringen. Bei der Niederschlagung des Aufstandes wurde Rosa Luxemburg von Freikorpsoffizieren am 15. Januar 1919 ermordet. Das Verbrechen traf ausgerechnet die Frau, die das Modell Lenins, die sozialistische Gesellschaft mit diktatorischer Gewalt zu errichten und zu erhalten, immer abgelehnt hatte. »Freiheit ist immer die Freiheit des anders Denkenden«, hatte sie dem großen Vorbild des internationalen Sozialismus entgegengehalten.

Aber ist diese Freiheit tatsächlich zu verwirklichen? Für die Freiheit des anderen müssen wir immer auf ein Stück eigener Freiheit verzichten, und wer tut das schon gern! Wahre Freiheit können wir nur von Gott erhalten, weil er sie uns in Jesus Christus geschenkt hat. Aber dazu verzichtete der Sohn Gottes auf seine äußere Freiheit am Kreuz, damit wir die Freiheit der Kinder Gottes genießen dürfen. *jo*

Fühlen auch Sie sich in irgendeiner Beziehung in Ihrer Freiheit eingeschränkt? Oder schränken Sie die Freiheit anderer ein?

Die Einschränkung irdischer Freiheit kann man ertragen, wenn man die »Freiheit der Kinder Gottes« genießt.

Psalm 31

Montag — 6. März 2000 — **Rosenmontag**

> *Ich aber sage euch, dass jeder, der seinem Bruder zürnt, dem Gericht verfallen sein wird; ...; wer aber sagt: Du Narr! der Hölle des Feuers verfallen sein wird.*
> Matthäus 5,22

Jecken und Narren

»Immer mehr Männer und Frauen haben sich in den Kreis der Gilde eingereiht, um das Leben und Wirken Till Eulenspiegels zu bewahren und in aller Welt zu verbreiten.« So steht es im Originaltext einer Festschrift der Stadt Mölln in Erinnerung an diesen bekannten Narren, der einst in ihren Mauern begraben wurde. Und alle Jahre wieder lassen sich Verehrer dieses Mannes dort im »Eulenspiegelbrunnen« taufen und rufen anschließend dreimal laut und deutlich: »Ich bin ein Narr!« Sie alle sind richtig stolz darauf, Narren zu sein. Genau wie die unzähligen Karnevals- oder Faschingsnarren, die sich ihrer Narrheit rühmen.

Andererseits aber ist Vorsicht angebracht, jemanden einen Narren zu nennen, weil das eine Beleidigungsklage zur Folge haben kann. Und zwar deshalb, weil nicht nur hierzulande Narrheit mit Unvernunft oder riesengroßer Dummheit gleichgesetzt wird. Die Bibel, das Buch der Wahrheit, spricht fast zweihundert mal von Narren, Narrheit oder von Torheit, und zwar ausnahmslos negativ. Nach der oben zitierten Aussage Jesu in seiner Bergpredigt kann also die Bezeichnung »Narr« kein Ehrentitel, sondern nur eine Kränkung sein.

Dankbar und froh bezeuge ich, das ich nicht auf Till Eulenspiegel und seine Narrheit getauft bin, sondern auf den Namen des Herrn Jesus Christus! Auch möchte ich nicht das Leben und Wirken eines toten menschlichen Spaßvogels in die Welt tragen, sondern das vollkommene und ewig-gültige Erlösungswerk des lebendigen Gottes. Gehören Sie auch schon diesem großen und gnädigen Herrn? Leider wollen die selbsternannten »Narren« davon nichts hören - und auch andere nicht! *khg*

Ob wohl beim letzten Gericht jemand mit einer Pappnase auftritt?

Gott nimmt uns ernst, wir sollten es auch tun.

2. Mose 33,1-23

7. März 2000
Dienstag

Ertragt einander, und vergebt euch gegenseitig, wenn einer Klage gegen den anderen hat.
Kolosser 3,13

Ich glaub', ich krieg 'ne Krise!

»Ich halt's nicht mehr aus!« Peter knallt die Tür ins Schloss und wirft die Schultasche in die Ecke. »Der Meyer nervt mich total. Immer dieser Sarkasmus, diese bissige Ironie! Der behandelt uns wie kleine Kinder. Ich glaub' ich krieg 'ne Krise!« Wütend verschwindet er in seinem Zimmer und dreht die Musikboxen voll auf.

Nachmittags kommt Inge aus der Musikschule: »So ein Stress! Stell dir vor Mam, jetzt soll ich die langen Klavier-Etüden für die Aufführung jeden Tag 8mal durchüben. So ein Unsinn, das pack' ich nie! Ich glaub' ich krieg 'ne Krise!«

Kurz vor dem Abendessen kommt Vati mit quietschenden Reifen von der Arbeit: »Lilly, war das ein Tag! Ich glaub' ich krieg 'ne Krise! Der Chef macht mir totalen Druck. Soll alles bis zur Messe fertig sein! Dabei stecken wir sowieso schon bis zum Hals in Arbeit! Peter, mach' die Musik leiser! Du nervst mich! Inge, hör' sofort mit dem Klimpern auf!«

»Jetzt fängst du auch noch an!« tönt es stereo aus den Kinderzimmern. »Mama?«, fragt Tim leise, der sich in der Küche bis jetzt ziemlich bedeckt gehalten hat, »Darf ich auch 'ne Krise haben?« »Ja«, seufzt Mutter gedehnt, »wenn du groß bist und nicht aufpasst, kriegst du sie sicher auch.« Dann blickt sie auf den heutigen Tagesspruch, den sie heute morgen vom Kalender an die Pinnwand geheftet hat und atmet tief durch. Wie schwer fällt es oft, uns gegenseitig zu ertragen, zu vergeben, wo der andere uns nervt. »Herr Jesus gib mir die innere Ruhe dazu!«
pt

An welchen Punkten werde ich genervt und wie reagiere ich darauf?

Bevor ich meinen Ärger rauslasse, will ich lernen, im Stillen erst mit Gott zu sprechen.

2. Mose 34,1-10.29-35

Mittwoch — 8. März 2000 — **Aschermittwoch**

Ich aber, ich will nach dem HERRN ausschauen,
will warten auf den Gott meines Heils;
mein Gott wird mich erhören.
Micha 7,7

Warten

»I like Genuss sofort!« hieß vor Jahren schon ein bekannter Slogan. Immer wieder hören oder lesen wir, dass Leute »just now,« jetzt im Augenblick etwas getan haben wollen. Bei einer solchen Einstellung fällt das Warten schwer.

Nun entdecken wir aber beim Lesen der Bibel, besonders des Alten Testaments, dass Gott seine Leute immer wieder, und oft reichlich lange hat warten lassen, ehe er ihre Not linderte und ihre Wünsche erfüllte. Man kann das Alte Testament beinahe das »Buch der Wartenden« nennen.

Es scheint nicht zu Gottes Methoden zu gehören, prompt auf unsere Bitten zu reagieren, was manche gern als Beweis für die Nutzlosigkeit des Betens anführen. Wem Gott aber Verständnis für die ewigen Dinge geschenkt hat, der lernt an den biblischen Berichten, dass sich die dort beschriebenen Wartezeiten stets segensreich ausgewirkt haben.

Wozu kann denn das Warten aus Gottes Sicht gut sein? Durch Warten lernen die, die auf Gott vertrauen, ihr eigenes Unvermögen zur Selbsthilfe kennen. Sie erkennen, wie eigenmächtig und eigensinnig sie bisher versucht hatten, ihren Willen durchzusetzen. Sie lernen, sich an Gott festzuhalten, und erleben so seine durchhelfende Kraft. Sie merken, wie wenig Hilfe von dieser gefallenen Schöpfung zu erwarten ist. Ihre Hoffnung wird auf eine bessere, d.h. himmlische Erlösung gerichtet.

Wenn geistliches Wachstum etwas zählt - und ich halte es für das Entscheidende im Leben von Christen - dann gibt es nichts, was intensiver dazu beiträgt als das Warten auf den Zeitpunkt, den Gott für seine Hilfe bestimmt hat. *gr*

Wo kann ich mich heute in der Kunst des Wartens üben?

Gläubiges Wartenkönnen setzt die Überzeugung voraus, dass es Gott gut mit mir meint.

Markus 11,1-11

9. März 2000

Donnerstag

Lasst euch versöhnen mit Gott!
2. Korinther 5,20b

Prognose: »Die Krankheit führt zum Tode ...«

Gesundheit ist etwas Selbstverständliches, wenn man sie besitzt. Es ist international festgelegt worden, dass Gesundheit ein Grundrecht jedes Menschen ist, von dem er ein Höchstmaß erreichen soll. Gesundheit wird nach der Erklärung der Weltgesundheits-Organisation (WHO) definiert, als »Zustand völligen, körperlichen, seelischen und sozialen Wohlbefindens«.

Von dem Philosophen Schopenhauer stammt der Satz: »Gesundheit ist nicht alles, aber ohne Gesundheit ist alles nichts!« Daraus folgern viele Menschen: Die Hauptsache im Leben ist die Gesundheit!

Die Ärztin hat sich vorgenommen, dem Patienten die Wahrheit über seinen Zustand zu sagen. Ihre innere Betroffenheit kann sie nicht verbergen. Die Stimme zittert, als sie die hoffnungslose Situation in Worte kleidet: »Die Krankheit führt unaufhaltsam zum Tode!« »Wie lange werde ich noch leben?« will der Kranke wissen. »Zwei Tage, vielleicht noch vier Wochen -, aber entscheidend ist: Sind Sie bereit, Gott zu begegnen? Haben sie Ihre Schuldfrage vor Gott geklärt?« »Sie wären besser Pastorin geworden, Frau Doktor!« meint der Todkranke. »Auch ich muss diese Frage geklärt haben, Herr G. Wenn ich mich nach dem Dienst ins Auto setzte, um nach Bochum zu fahren, habe ich nicht die Garantie, lebend zu Hause anzukommen.«

Gott gab Herrn G. noch drei Monate Lebenszeit. Er begriff, nicht die Gesundheit ist die Hauptsache im Leben eines Menschen, sondern die Versöhnung mit Gott durch Jesus Christus! *kr*

Bin ich bereit, Gott zu begegnen?

Es gibt Lebensfragen, deren Beantwortung nicht auf die lange Bank geschoben werden darf!

Markus 11,12-19

Freitag

10. März 2000

*Ferner sah ich unter der Sonne, dass nicht die Schnellen
den Lauf gewinnen und nicht die Helden den Krieg
... sondern Zeit und Geschick trifft sie alle.*
Prediger 9,11

Sport, Spaß und Spiel?

Moderne Menschen tun deutlich mehr für ihre Fitness (früher sagte man »Kondition« und noch früher »körperliche Ertüchtigung«). Erstaunlich gegenläufig dazu ist der schwindende Ruhm verschiedener Sportarten, wie z.B. Tennis, die man schon als Volkssport bezeichnete. Wie ist's dazu gekommen? Durch die Medien war über rund zwei Jahrzehnte der Bekanntheitsgrad erhöht worden und die Helden des eigenen Landes siegten immer öfter ...

Nun sind Boris und Steffi in die Jahre gekommen. Jüngere Spieler anderer Länder sind auf der Überholspur. Und drastisch wird klar, welch starke Prägung Fernsehen und Werbesponsoring einer ganzen Sparte und damit auch den Zuschauenden geben können. Heute klagen quer durchs Land die Tennisvereine: Selbst völlig ohne Aufnahmegebühr gibt's kaum Neuaufnahmen. Private Betreiber von Tennishallen können aufgrund schwacher Einnahmenentwicklung gar keine größeren Modernisierungen finanzieren.

Ganz leise sagen einige, dass das schnelle Squash-Spiel mit dem kleinen, weichen und trägen Ball fast gar keine Buchungen mehr aufweise.

Also muss Neues her. Geprägt durch Südsee- und US-Strandgewohnheiten kommt das gute alte Volleyballspiel nun im Sand zu neuer Blüte. Also: Umbau in den deutschen Squashhallen und LKW-weise Sand hinein, dazu künstlicher Besonnung und passende Musik-Berieselung.

Unser Landarzt meinte kürzlich, dass endlich die ansteigende Schadenskurve im Bereich der Gelenke und des Rückens der Mittvierziger aktuell wieder zurückgehe: »Das kommt durch den Modetrend des Golfens«. *sp*

Lasse ich mich durch Trends in immer neue Richtungen drängen?

Es geht um mehr als Sport, Spaß und Spiel: Endlich einmal nach Gott fragen und sich rechtzeitig um die Aufnahme im himmlischen »Club« bemühen.

Markus 11,20-25

11. März 2000

Samstag

Diese Worte [...] sollen in deinem Herzen sein.
Du sollst sie auf die Pfosten deines Hauses
und an deine Tore schreiben.

5. Mose 6,6.9

Sprechende Häuser

Kurz nachdem der schottische Prediger G. Campbell Morgan geheiratet hatte, bekam das jungvermählte Paar in ihrer neu eingerichteten Wohnung Besuch von seinem Vater.

Wie es so üblich ist, zeigte man dem Vater zunächst alle Zimmer mit einem gewissen Stolz und Selbstzufriedenheit. Nach der Führung bemerkte der Vater ohne viel Umschweife: »Ja, ja, eine sehr schöne Wohnung habt ihr da, aber niemand, der sich diese Wohnung ansieht, wird wissen, ob ihr zu Gott oder zum Teufel gehört.«

Zuerst war Morgan über diese deutlichen, aber gut gemeinten Worte seines Vaters schockiert. Doch dann hatte er begriffen. Von diesem Tag an sorgte er dafür, dass in jedem Zimmer ihrer Wohnung etwas zu finden war, was auf ihren Glauben an Jesus Christus schließen ließ.

Viele Gläubige schmücken ihr Heim mit Dingen, die an die Gnade und Güte Gottes erinnern oder die auf den Wunsch der Eltern hinweisen, etwa durch die Aussage: »Ich aber und mein Haus, wir wollen dem Herrn dienen«. Einen Bibelvers auf eine Kachel gemalt oder in ein großes Brett gebrannt, ein geschmackvoller Tischschmuck mit einem christlichen Motiv genügen manchmal schon, um die Familie zu ermutigen, dem Herrn zu dienen und seinen Namen zu ehren.

Außerdem können christliche Zeitschriften oder Bücher die unerlässliche Beschäftigung mit der Bibel in der Familie fördern.

Solch stille Zeugnisse bieten auch hervorragende Möglichkeiten, mit Besuchern über die Güte Gottes ins Gespräch zu kommen.

Wir wollen uns nicht verstecken, sondern Flagge zeigen! *js*

Wie sieht das bei Ihnen aus?

Fromme Sprüche an der Wand stärken das Rückgrat.

Markus 11,27-33

Sonntag — **12. März 2000**

... die Welt kannte ihn nicht.
Er kam in das Seine
und die Seinen nahmen ihn nicht an.
Johannes 1,10.11

Erwünscht - unerwünscht

Ich fahre normalerweise mit dem Bus zum Büro - und natürlich auch nach Büroschluss wieder nach Hause. Wenn ich dann mein Zuhause wieder sehe, freue ich mich und wenn dann einige Kinder vor dem Haus spielen und einer entdeckt mich, dann laufen sie auf mich zu: »Papa ist wieder da, hallo!« Dann wird mein Herz warm. Ich bin geliebt und werde erwartet.

Diese fast alltägliche Kleinigkeit fällt mir immer ein, wenn ich obigen Vers lese. Da kam Gott selbst in seinem Sohn Jesus Christus auf diese Erde - und man erkannte ihn nicht. Und die sich das Volk Gottes nannten - das Volk Israel -, wollten ihn nicht. Das hat dem Sohn Gottes sehr weh getan. Ich hätte empört für Ordnung gesorgt, hätte auf meine Rechte und die Pflichten der anderen hingewiesen. Aber Jesus Christus sagte nichts dergleichen. Er blieb in seinem eigenen Volk ein Außenseiter. Er hielt es aus unter den Menschen, die ihn ablehnten. Er blieb einsam. Warum eigentlich?

Jesus Christus blieb auf dieser Erde, weil er die liebte, die ihn hassten. Er wusste, wie krank die Menschen in ihrer Gottlosigkeit und Sünde waren, und er wollte sie mit seiner heilenden Liebe in Verbindung bringen. Dennoch wurde er abgelehnt. Er erntete Undank, obwohl er bereit war, die Verantwortung für die Sünde zu übernehmen. Das geschah am Kreuz von Golgatha.

Aber jetzt ist er willkommen bei denen, die ihn in ihr Leben aufgenommen haben, bei denen, die zu ihm gehören. Weil ich seine Liebe erfahren habe, ist er mir lieb geworden und wenn er kommt, laufe ich ihm entgegen - wie meine Kinder es bei mir tun. *eh*

Wie willkommen ist Ihnen Jesus Christus?

Ich will heute dem Herrn Jesus danken, dass er sich durch meine Ablehnung nicht abhalten ließ, mir zu helfen.

Psalm 91

13. März 2000

Montag

*Sagt allezeit für alles dem Gott und Vater
Dank im Namen unseres Herrn Jesus Christus!*
Epheser 5,20

Gott sei Dank!

Mit Zehn fiel ich im freien Fall aus der vierten Etage eines Hauses auf das Pflaster, ohne mir die Knochen zu brechen. Gott sei Dank! Nachdem ich einmal in einen Kanalschacht kletterte, darin ausrutschte und von der Strömung fortgerissen wurde, gelangte ich völlig unversehrt wieder an die Oberfläche. Gott sei Dank! Übermütig gab ich meinen Freunden eine Kostprobe meiner Akrobatikkünste, oben auf der schmalen Fensterbank im vierten Stock, ohne Netz und doppelten Boden und ohne Gefühl für die Gefahr; zum Glück auch, ohne abzustürzen. Gott sei Dank! Während des Krieges gab es im Ruhrgebiet zuletzt täglich Fliegerangriffe. Ich überlebte alles unverletzt. Einmal wurde ich auf freiem Feld von einem Flugzeug beschossen, das im Tiefflug über mich hinwegraste. Die Kugeln schlugen unmittelbar neben mir ein, und Schafe auf der Weide nebenan wurden tödlich getroffen. Vor lauter Angst hatte ich mir nur die Hose vollgemacht. Und wieder sage ich: »Gott sei Dank!«

Es gab noch viele Anlässe, »Gott sei Dank« zu sagen, nicht nur in Gefahren, sondern auch für eine liebe Ehefrau, für vier gesunde Kinder und sieben Enkelkinder, dass wir immer satt zu essen haben und ein Dach über dem Kopf, dass wir bisher immer Arbeit und Einkommen hatten und bisher vor schweren Krankheiten und Unfällen bewahrt geblieben sind, vor allem auch vor Drogenabhängigkeit und deren schlimme Folgen. Für alles sage ich von Herzen ein »Gott sei Dank!«

Was ich früher nur so dahingeplappert habe, ohne wirklich an Gott zu denken, damit lobe ich eben diesen Gott und vergesse nicht, was er mir Gutes getan hat. *khg*

Sagen Sie »Gott sei Dank!« mehr aus Gewohnheit, oder aus dankbarem Herzen?

Gott sagt, sein Heil werde er den Dankbaren zeigen.

Markus 12,1-12

Dienstag 14. März 2000

*Ich vergesse, was dahinten,
strecke mich aber aus nach dem, was vorn ist.*
Philipper 3,13

Die einzig hilfreiche Vergangenheitsbewältigung

Im Guiness Buch der Rekorde steht von einem Mann, der einen Weltrekord im Rückwärtsgehen aufgestellt hat. Leider ist nicht vermerkt, wie oft er bei dem Versuch hingefallen ist. Als ich unserem Jüngsten davon erzähle, versucht er gleich, es wenigstens einige Meter auch zu schaffen. Doch bald gibt er auf und meint: »Papa, ich glaube, dafür hat Gott uns nicht gemacht!« Wie Recht er hat! Wir Menschen sind nun mal zum Vorwärtsgehen geschaffen. Nicht nur mit unseren Beinen, sondern auch mit unserem Leben.

Doch wie vielen Menschen macht ihre Vergangenheit zu schaffen! Da sind Dinge, die nicht bereinigt sind, die zwischen uns und anderen stehen und die zwischen uns und Gott sind. Jeder, der ehrlich gegen sich selbst ist, wird sich eingestehen, dass manches totgeschwiegen wurde in der Hoffnung, dass Gras darüber wachsen würde. Manches wurde unter den Teppich gekehrt, was eigentlich geklärt werden sollte. So läuft manch einer mit einem großen Vergangenheits-Rucksack herum, der vielfach schwer wie Wackersteine wird und das Leben in vieler Hinsicht blockiert und unsere Gedanken immer wieder den Rückwärtsgang einschalten lässt.

Gott zeigt uns in der Bibel die Möglichkeit auf, wie wir mit unserer belastenden Vergangenheit fertig werden und frei vorangehen können: Ich darf alles, was mich durch Schuld und Sünde, durch Verletzungen und Enttäuschungen belastet, am Kreuz des Herrn Jesus abladen und seine Vergebung erfahren. Es ist kaum zu beschreiben, wie befreiend solch ein Gespräch mit Gott ist. Es befreit auch dazu, andere, an denen ich schuldig geworden bin, um Vergebung zu bitten. *pt*

Wo bin ich in meinem Leben blockiert, weil ich immer mit meiner Vergangenheit beschäftigt bin?

Ich will alles, was mich belastet, bei Gott abladen und mir den Blick nach vorn öffnen lassen.

Markus 12,13-17

15. März 2000

Mittwoch

Ich will dir raten.
Psalm 32,8b

Mit dem Kopf durch die Wand?

»Rate mir gut,« sagte die Braut, »aber rate mir nicht ab!«

Das hört sich lustig an, ist aber höchst gefährlich, nicht nur für verliebte Bräute - und Bräutigame. Eine solche Haltung bringt auch in allen anderen Situationen nichts Gutes.

Wir haben uns manchmal etwas in den Kopf gesetzt, und unser Herz ist auch ganz voll davon, dass wir es uns nur ungern ausreden lassen wollen. Dann suchen wir solange, bis wir jemanden finden, der uns in unseren Absichten bestärkt, ohne zu fragen, ob man es gut mit uns meint, oder uns nur über den Tisch ziehen will. Ich weiß von einem Kollegen, dem von vielen Ärzten zu einer Gallenoperation geraten wurde. Er fürchtete aber die Narkose und suchte so lange, bis er einen Naturheilarzt fand, der eine Operation für überflüssig hielt. - Nach monatelanger Quälerei kam er dann doch auf den Operationstisch.

Weil nun »Liebe blind macht«, auch die Liebe zum Geld, zu Ruhm und Selbstverwirklichung, sollten Christen fragen, was Gott ihnen rät.

Dazu muss man sich Zeit nehmen zum Bibellesen und zum Gebet und bereit sein, die eigenen Wünsche vorbehaltlos zur Disposition zu stellen; das aber können wir nur, wenn wir glauben, dass Gott alles besser durchschaut als wir und es wirklich gut mit uns meint. Er will uns nicht »jeden Spaß vermiesen«, sondern hat zu aller Zeit unser zeitliches und ewiges Glück im Auge.

Folgen wir dann seinem guten Rat, werden wir hinterher sehen, dass Gottes Wege die besten sind. *gr*

Haben Sie auch Erfahrungen in Punkto »mit dem Kopf durch die Wand«?

»Die Weisheit von oben aber ist erstens rein, sodann friedvoll, milde, folgsam, voller Barmherzigkeit und guter Früchte ...« (Jak 3,17).

Markus 12,18-27

Donnerstag

16. März 2000

Wir alle irrten umher wie Schafe, wir wandten uns jeder auf seinen eigenen Weg; aber der Herr ließ ihn (Jesus Christus) treffen unser aller Schuld.
Jesaja 53,6

Eine »wunderbare« Krankheit

Bluthochdruck ist eine »wunderbare« Krankheit. Man spürt sie nicht, man sieht sie nicht und viele andere haben sie auch, in Deutschland etwa 15-20 Millionen Menschen. Die Dunkelziffer ist hoch. Seit mehr als zehn Jahren führe ich in einer Reha-Klinik Blutdruckschulungen durch. Das Problem ist, den Menschen ein Krankheitsbewusstsein dafür zu vermitteln, denn »es tut ja nicht weh.« Wird diese Krankheit jedoch nicht konsequent behandelt, drohen Schlaganfall oder Herzinfarkt. Mehr als die Hälfte aller Deutschen sterben durch diese beiden Krankheiten.

Gott hat bei uns Menschen auch eine Krankheit diagnostiziert, die uns nicht weh tut und die man von außen nicht sieht. Sie trägt den hässlichen Namen »Sünde«. Mit diesem so unbeliebten, verpönten Wort beschreibt Gott einen Zustand, in dem sich alle Menschen befinden. Eigentlich hatte Gott für die Menschen vorgesehen, mit ihm in Gemeinschaft zu leben. Er sollte Dreh- und Angelpunkt unseres Lebens sein. Das war uns Menschen aber zu eng. Wir gingen eigene Wege und fragten nicht viel nach Gott. Man sagt: Ich will mein eigener Herr sein. Bei mir jedenfalls war das so. Ich hatte für Gott nichts übrig, über »Sünde« konnte ich nur lachen. Aber das blieb nicht so. Irgendwann begriff ich, dass ich auch an dieser Krankheit »Sünde« litt. Diese Diagnose war zuerst sehr unangenehm und hart für mich. Groß war aber meine Freude, als ich verstand, dass es für diese Krankheit ein Heilmittel gab. Jesus Christus nämlich nahm mir die Schuld meines Lebens ab und bezahlte dafür. Deshalb hat Gott mir vergeben und mein Leben völlig neu gemacht. *ws*

Welche Diagnose würde Gott bei Ihnen stellen?

Akzeptieren Sie doch Gottes Diagnose und nehmen Sie sein Heilmittel an!

Markus 12,28-34

17. März 2000

Freitag

*Meine Seele sterbe den Tod der Aufrichtigen,
und mein Ende sei gleich dem ihren.*
4. Mose 23,10

Das Beste kommt noch

Die alte Dame war im Jahr 1900 geboren und hatte fast ein Jahrhundert gelebt. An einem Karfreitag besuchten meine Familie und ich sie, wenige Stunden vor ihrem Tod. Ihre Haare waren ergraut. Das Alter und die Härten des Lebens hatten in ihrem Gesicht viele Falten hinterlassen. Ihr Mann war vor 31 Jahren gestorben. Zwei Kinder hatte sie durch Krieg und Krankheit verloren. Harte Arbeit, Entbehrungen und Enttäuschungen waren ihr nicht erspart geblieben. Ihr Gesicht war so runzelig, dass mein 5-jähriger mir zuflüsterte: »Die alte Frau sieht ja aus wie eine Hexe.«

Ihre biologische Lebenskraft war zwar nahezu am Ende, ihre geistliche Zuversicht und ihr Gottvertrauen jedoch ungetrübt. »Der Herr Jesus kommt und holt mich nach Hause«, sagte sie voller Erwartung. Die Frühlingssonne schien auf ihr müdes Gesicht. Unvergessen bleibt mir, wie bei diesen Worten ein Lächeln ihre Züge erhellte und ihre Vorfreude und tiefe Gewissheit ausdrückte. »Das Beste kommt noch!«, meinte sie. Der Tod war für sie kein Schrecken, sondern das Tor zu ihrer Heimat und ihrem ersehnten Herrn und Heiland Jesus Christus.

In dem obigen Bibelzitat beneidet Bileam die Aufrichtigen um ihren Tod und wünscht sich, so sterben zu können wie sie. Um als Aufrichtiger sterben zu können, ist es allerdings nötig, im Leben aufrichtig zu werden, vor allem vor Gott. Offen können wir ihm unsere Todesangst, unsere Schuld und Sehnsucht nach ewiger Geborgenheit sagen. *ga*

Wird jeder so alt? Was heißt das für die übrigen?

Dann sollte man seine Angelegenheiten rechtzeitig ordnen!

Markus 12,35-37a

Samstag — 18. März 2000

Er sprach aber zu ihm: Wenn sie Mose und die Propheten nicht hören, so werden sie auch nicht überzeugt werden, wenn jemand aus den Toten aufersteht.
Lukas 16,31

Überzeugt?

Der Mann, dem obiges Wort als Antwort gegeben wurde, war der Meinung, jemand müsse aus den Toten auferstehen und die Lebenden über das Jenseits informieren. Obwohl sie die Heiligen Schriften hatten, wollte er, dass jemand von den Toten zu ihnen kommt. Er dachte, dann würden sie glauben und ihr Leben entsprechend ändern.

»Man kann nicht wissen, was nach dem Tod kommt. Es ist ja noch keiner zurückgekommen«, sagen viele, die vielleicht noch nie in der Bibel gelesen haben. Damit ignorieren sie den Anspruch der Bibel, zuverlässige Informationsquelle über das Jenseits zu sein, und zwar ohne sich ernsthaft damit auseinandergesetzt zu haben.

Warum nutzen so wenige diese Informationsmöglichkeit? Sind Vorurteile gegen die Bibel der Grund? Oder gar Angst, sie könnte uns überzeugen? Was man auch immer von der Bibel halten mag, man sollte sie zumindest erst einmal lesen. Sonst bleiben alle Ansichten über die Bibel, negative wie positive, nichts anderes als wertlose Vorurteile. Mit der Bibel ist es wie mit einer Person: Erst durch persönliche Kontakte kann man sich ein zuverlässiges Urteil bilden, denn je besser man eine Person kennt, desto zutreffender wird man sie beurteilen können. Wenn wir allerdings die Bibel gelesen haben und sie uns nicht überzeugt hat, dann werden wir auch nicht überzeugt werden, wenn jemand aus den Toten auferstehen würde. Denn warum sollte dessen Zeugnis glaubwürdiger sein als das der Bibel, die von sich sagt, das Zeugnis des auferstandenen Herrn Jesus Christus zu sein? Wer der Bibel nicht glaubt, wird auch einem Menschen nicht glauben, der von den Toten auferstanden ist. *bg*

Welche Teile der Bibel habe ich schon selbst gelesen?

Die Bibel sollte man einmal lesen, um sie kennenzulernen.

Markus 12,37b-44

19. März 2000

Sonntag

*Und er streckte die Hand aus, rührte ihn an und sprach:
Ich will, sei gereinigt!
Und sogleich wurde sein Aussatz gereinigt.*
Matthäus 8,3

Die Hände schmutzig machen?

Nach Möglichkeit versuche ich das zu vermeiden. Und wenn es doch mal nötig wird, dann nur mit äußerster Vorsicht oder mit den entsprechenden Handschuhen. Auch im übertragenen Sinn will sich keiner »die Hände schmutzig« machen. Auch Pilatus, der Statthalter in Israel zur Zeit Jesu, wollte sich bei der Verurteilung dieses Jesus von Nazareth nicht die Hände schmutzig machen und wusch sie symbolisch vor den Menschen - und verurteilte den angeklagten Jesus doch zum Tod am Kreuz (Matthäus 27,24.26). Wie schmutzig waren sie da!

Jesus Christus aber handelte ganz anders, er war bereit, sich die Hände zu beschmutzen, wenn er dadurch helfen konnte. So kam einmal ein Aussätziger zu ihm, der vor ihm niederfiel und ihn bat, ihn anzufassen, damit er geheilt würde. Dieses Ansinnen durfte er eigentlich gar nicht stellen, weil man sich nicht nur anstecken konnte, sondern auch noch das mosaische Ritualgesetz übertreten musste und selbst für unrein galt, wenn man einen Aussätzigen auch nur berührte. Doch er wurde nicht abgewiesen. Der Herr machte sich mit dem Leid des Kranken eins. Der Sohn Gottes machte sich die Hände schmutzig, rührte ihn an und heilte ihn.

Aber nicht nur während seines Wirkens im Land Israel packte er zu. Der Herr Jesus hat besonders »zugepackt«, als es um unsere Schuld ging. Da, wo Pilatus sich nicht schmutzig machen wollte, tat es gerade der Sohn Gottes. Er packte am Kreuz auf Golgatha den ganzen Schmutz der Welt an und trug ihn, als sei es seine Schuld gewesen. Dadurch, dass er seine Hände schmutzig machte, können wir ganz »sauber« werden. *eh*

Was hindert uns, mit allem zu Jesus zu kommen?

Je eher, desto besser!

Psalm 123

Montag

20. März 2000

*Er (der HERR) wird die Welt richten
in Gerechtigkeit und die Völker in seiner Wahrheit.*
Psalm 96,13

Weltgeschichte ohne Steuermann?

»Dropping the pilot (= Der Lotse geht von Bord)«, so war es am 20. März 1890 nach der Entlassung des deutschen Reichskanzlers Otto von Bismarck durch Kaiser Wilhelm II. unter einer Karikatur der britischen Zeitschrift »Punch« zu lesen. Das geschah heute vor 110 Jahren, nachdem der alte Kanzler das ihm nahegelegte Abschiedsgesuch übergeben hatte. Der junge Monarch wollte nun einmal gern selbst regieren. Aber in dem britischen Kommentar kam die allgemeine Sicht zum Ausdruck, wie man das Ende der Kanzlerschaft Bismarcks beurteilte. Mehr als 27 Jahre hatte er die Politik Preußens und Deutschlands bestimmt. Seit der Gründung des Deutschen Reiches galt er im Mit- und Gegeneinander der Großmächte als Garant des Friedens, um den er sich als »ehrlicher Makler« bemüht hatte. Was sollte aus der Welt nach seinem Rückzug werden? Ein Gefühl der Unsicherheit und des Misstrauens machte sich unter den Mächten breit, was 24 Jahre später zum Ersten Weltkrieg führen sollte. Eben das hatte Bismarck mit seiner Politik verhindern wollen. Ob er tatsächlich seine Absichten über seinen Tod hinaus hätte verwirklichen können, bleibt natürlich fraglich.

Überhaupt vergessen wir Menschen oft, dass die Weltgeschichte nicht von den großen Persönlichkeiten bestimmt wird. Gott ist der große Steuermann, er führt die Geschichte zu dem von ihm festgesetzen Ziel: Frieden, Gerechtigkeit und Wahrheit, mag auch die Welt durch den sündigen Menschen bis dahin aus Krieg, Ungerechtigkeit und Unwahrheit bestehen. Wohl dem, der schon heute durch Jesus Christus mit Gott in Frieden lebt und berechtigte Hoffnung auf das Reich des Friedens hat! *jo*

Beschleicht Sie manchmal Furcht im Blick auf die Entwicklung unserer Welt?

Wir wollen heute schon ein wenig Frieden und Gerechtigkeit verbreiten.

Markus 14,1-11

21. März 2000

Dienstag

*Ich elender Mensch,
wer wird mich retten von diesem Leib des Todes?*
Römer 7,24

Ich pack's nicht!

Mit hängenden Schultern sitzt sie vor mir. Vor etwa einem Jahr hatten wir sie kennengelernt und in unsere Familie aufgenommen. Als Kind nicht gewollt, abgeschoben, missbraucht, geschlagen, von einem Heim zum anderen gewechselt. Abgebrochene Schule, abgebrochene Lehre, Drogen, Alkohol, mehrere Selbstmordversuche, dann auf der Straße, ihre wenigen Habseligkeiten in einem Schließfach am Bahnhof. Stationen eines jungen Lebens ohne Perspektive, ohne Hoffnung und Ziel.

Dann hört sie zum ersten Mal, dass es einen gibt, der sie liebt, der Schuld vergibt, der Hoffnung schenkt. Und sie ergreift die helfende Hand, vertraut sich Jesus Christus an. Ihr Leben verändert sich radikal, ein lebendiges Zeugnis für die verändernde Kraft des Evangeliums. Doch jetzt sitzt sie vor mir. Ein Häufchen Elend. Was ist geschehen? Wo ist die überschäumende Freude des neuen Lebens geblieben?

Endlich bricht es aus ihr heraus: »Ich schaff es nicht. Es ist zum Verzweifeln! Ich versage ständig. Kleinste Erfolge im Leben als Christ werden von großen Misserfolgen gleich im Keim erstickt. Ich habe nur gute Vorsätze - aber anscheinend sind meine alten Gewohnheiten stärker.« Wir lesen den Bibelabschnitt, dem unser Tagesvers entnommen ist. »Ja«, sagt sie, »Das bin ich! Ich elender Mensch, wer wird mich retten von diesem Leib des Todes?« »Ja wer?« frage ich sie. Sie schaut mich erstaunt an. Plötzlich huscht ein Hoffnungsschimmer über ihr Gesicht. Sie schaut mich noch einmal fragend an und es wird ihr zur frohen Gewissheit. Sie faltet ihre Hände: »Herr Jesus, bitte vergib, dass ich dich aus den Augen verloren habe!« *pt*

Bin ich mir bewusst, dass ein verändertes Leben nicht das Ergebnis guter Vorsätze ist?

Ich will mein Leben Jesus Christus anvertrauen.

Markus 14,12-16

Mittwoch

22. März 2000

Wenn Gott das Gras, das heute auf dem Felde steht und morgen in den Ofen geworfen wird, so kleidet, wie viel mehr euch, Kleingläubige!
Lukas 12,28

Kleinglaube

Stellen Sie sich vor, Sie hätten einen Freund; nicht irgendeinen, sondern einen ganz reichen, einen Multimillionär. Und dieser Freund würde Ihnen sagen: »Wenn du in Not gerätst, dann wende dich getrost an mich. Und damit dir das nicht zu schwerfällt, schreibe ich dir zwanzig Blankoschecks aus. Wenn du mal Geld brauchst, setzt du nur die benötigte Zahl ein und bringst den Scheck zur Bank. Da bekommst du dann das Geld, weil du mein Freund bist.«

Nun stellen Sie sich vor, Sie nähmen das Scheckheft mit nach Hause und gerieten einige Zeit später in Schwierigkeiten. Sie hätten hier Schulden und da Schulden und schließlich sogar Hunger. Da würde Ihnen dann das Scheckheft einfallen. Sie nähmen einen davon heraus und schrieben drauf: »Achtundneunzig Pfennige an Fa. Albrecht & Co. Für ein Schwarzbrot.« Anschließend vereinbarten Sie einen Termin bei der Schuldnerberatung.

Einige Zeit später wird dann der reiche Freund diesen Scheck auch zu sehen bekommen. Was meinen Sie, wie der darauf reagiert, wenn er wirklich auf Ihre Freundschaft, auf Ihr Vertrauen Wert gelegt hat?

Und so ist es mit uns und Gott. Wer ihn als Vater angenommen hat, der weiß, dass er gesagt hat: »Bittet, so wird euch gegeben.« Es wäre nun töricht, anstatt ihn um all das zu bitten, was nur er geben kann, sich selbst abzumühen oder alles gehen zu lassen wie es geht. Da würden wir geistlich völlig verarmen, obwohl wir doch einen reichen Vater im Himmel haben. Wir lebten wie Bettler und sind doch Söhne des Herrn aller Reichtümer dieser und der zukünftigen Welt. *gr*

Schreiben Sie auch Kleckerbeträge auf Blankoschecks?

Nehmen Sie die Verheißungen (Blankoschecks) Gottes ernst!

Markus 14,17-25

23. März 2000
Donnerstag

Böse Menschen und Betrüger aber werden zu Schlimmerem fortschreiten, indem sie verführen und verführt werden.
2. Timotheus 3,13

Warum ist nicht alles so gut wie ein »Fürstenberg«?

»Du träumst von dieser Frau, sie steht vor dir, sie sieht dich an, und du spürst, wie es dir kalt den Rücken herunterläuft und du weißt - nie wirst du aufhören, diese Frau zu lieben!« - »Warum ist nicht alles so gut wie ein Fürstenberg?«

Wie blöd muss Werbung eigentlich noch sein? Welche Instinkte können noch ausgenutzt werden, um ein paar Eurodollars mehr zu verdienen? Wann werden sie endlich damit aufhören, unsere Assoziationen, d.h. unsere Gedankenverbindungen, schamlos auszunutzen? Werbung beruht nämlich darauf, den Namen eines Produkts im Gedächtnis zu verankern, indem man ihn mit einer starken Empfindung verbindet. Zum Beispiel kann man ein Produkt prima am Sex verankern, denn der steckt tief in uns und ist uns durchaus angenehm. Und wenn uns dann noch »Fürstenberg« einfällt - na prima! Sektdurst hat noch nie jemandem geschadet!??

»Sie verführen und werden verführt« - so urteilt das neue Testament über die Menschen dieser Zeit, die von Gott nichts wissen wollen und sich deshalb materiellen Dingen zuwenden. Die immer mehr Geld benötigen, um damit Leben zu erhaschen. Wer sich aber zum toten Geld wendet, muss, um an es heranzukommen, andere verführen. Gleichzeitig aber - und das ist das Tragische - wird er selbst verführt, weil er, ohne es zu merken, sein Leben mit toten Dingen zu erfüllen sucht. Und die Bibel nennt auch den Verführer: der Teufel selbst will uns vom eigentlichen Leben wegbringen. Da kann man nur sagen: »Holzauge, sei wachsam!«. Sollten wir nicht lieber wieder zu Gott und seinen Maßstäben umkehren? *as*

Welchen Einfluss hat Werbung auf Ihr Konsumverhalten?

Lassen sie sich nicht von der Werbung manipulieren!

Johannes 14,1-7

Freitag

24. März 2000

*Denn es kommen nur noch wenige Jahre,
und ich werde einen Weg gehen,
von dem ich nicht zurückkomme.*
Hiob 16,22

Unaufhaltsam

Alles ist im Fluss, ob man's wahrhaben will oder nicht. Und alle Flüsse fließen bergab. Seit dem Sündenfall herrschen Tod, Untergang und Verderben über allem Geschaffenen. Alles, was wir sind und was uns umgibt, steht sozusagen auf einer ständig weiter abwärts fahrenden Rolltreppe. Man braucht gar nichts zu tun, unentwegt geht es bergab. Die Leute blicken gewöhnlich in Fahrtrichtung, in die immer dichter werdende Finsternis; denn mit jedem vergangenen Tag kommt das Unausweichliche näher.

Solche Gedanken sucht man auf vielerlei Art zu verdrängen. Davon lebt eine ganze Multimedia-Industrie.

Wenn Gott einen Menschen »bekehrt«, so bedeutet das, Gott dreht ihn um, damit der Mensch nach oben, ins Licht blickt. Selbstverständlich stößt er dann bei seinen Mitfahrern auf der Rolltreppe auf Unverständnis, besonders, wenn er anfängt, von seinem neuen Ziel zu erzählen. Und ganz ärgerlich werden sie, wenn er beginnt, gegen den allgemeinen Trend nach oben zu laufen. Da tritt er ungewollt dem einen auf die Füße und den anderen bringt er aus dem Gleichgewicht; kein Wunder, wenn sie sich gegen ihn zusammenrotten!

Der Apostel Paulus bezeichnet sich als Läufer in »Himmelsrichtung« (vgl. Philipper 3,13-14), und er beschreibt auch, wie die Umwelt darauf reagiert hat, nämlich mit Hass und Schlägen. Die Kirchengeschichte ist deshalb eine Leidensgeschichte. Wer selbst noch nichts davon gemerkt hat, sollte sich fragen, warum niemand etwas von einer Kehrtwendung bei ihm bemerkt hat, oder ob sie überhaupt stattfand! *gr*

In welche Richtung geht's bei mir?

Eine Kehrtwendung beginnt mit einem veränderten Denken und einer neuen Gesinnung.

Johannes 14,8-14

25. März 2000

Samstag

Das Gras ist verdorrt, die Blume ist verwelkt,
aber das Wort unseres Gottes besteht in Ewigkeit.
Jesaja 40,8

Ist die Bibel Gottes Wort?

Kritiker haben immer wieder behauptet, durch das über viele Jahrhunderte hinweg erfolgte Abschreiben der biblischen Texte sei die Bibel derart verfälscht worden, dass man heutzutage deren Originalwortlaut nicht mehr nachvollziehen könne. Auch seien Manipulationen am Text vorgenommen wurden, um historische Ereignisse im Nachhinein als »Vorhersagen« darzustellen oder aber um die eigene religiöse Meinung im Bibeltext festzuschreiben.

Allerdings kann niemand als Gott selbst einen Menschen von der ewigen Gültigkeit der Bibel überzeugen. Und er hat es immer wieder getan. Außerdem hat es noch keine geschichtlichen oder archäologischen Fakten gegeben, die mit der Bibel unvereinbar wären. Widersprüche entstehen nur da, wo Menschen die wissenschaftlichen Fakten auf ihre, d. h. auf Gott-lose Weise deuten.

Obwohl es eine Unzahl von Angriffen auf die Bibel gegeben hat, konnte sie bis heute weder vernichtet, noch so verändert werden, dass der ursprüngliche Sinn einzelner Aussagen verloren gegangen wäre. Ein Beispiel: Im Jahr 1947 fand man in einer Höhle am Toten Meer unter einigen alten Schriftrollen auch eine Jesajarolle, die über 1000 Jahre älter ist als alle anderen bis dahin verfügbaren hebräischen Bibelhandschriften. Beim Textvergleich entdeckte man, dass unser heutiger Jesajatext gegenüber dem vor 2100 Jahren in Qumran aufgeschriebenen fast unverändert ist. Aber nicht nur das, sondern ca. 200 Jahre später, nämlich zur Zeit Jesu, sind viele der Vorhersagen des Jesaja eingetroffen. Hätte man sie nachträglich in den Text eingefügt, müssten sie in der Qumranrolle fehlen. *bg*

Sollte ein Buch bedeutungslos sein, für das schon Millionen freiwillig in den Tod gegangen sind?

Die Bibel »öffnet« sich nur aufrichtig Suchenden.

Johannes 14,15-26

Sonntag

26. März 2000

Die Diener antworteten:
»Niemals hat ein Mensch so geredet wie dieser Mensch«.
Johannes 7,46

Gut gesagt

Manche Sätze werden so gut formuliert, dass ich sie direkt aufschreiben muss. Auf jeden Fall will ich sie mir merken. Manche Sätze sind wegen ihrer Einprägsamkeit berühmt geworden und man gebraucht sie heute als Sprichwörter. Manchmal trifft auch ein Satz so genau eine Situation, dass damit alles gesagt ist.

Aber hier ist es noch ganz anders. Die Diener der Geistlichkeit sollten eigentlich diesen Wanderprediger Jesus von Nazareth greifen und mitbringen. Als sie aber zu ihm kamen, waren sie so fasziniert von dem, was sie hörten, dass sie unverrichteter Dinge wieder zurückkehrten. Auf die Frage der Hohenpriester, warum sie ihn nicht gefasst haben, antworteten sie mit unserem Eingangswort. Eigentlich ist das keine Antwort auf die Frage.

Aber Jesus war einer, der nicht nur klug redete, der nicht nur schöne Sätze formulierte, er war einer, der ins Herz traf, der genau wusste, was der einzelne Zuhörer brauchte. Etwas derartiges hatten sie noch nicht erlebt. Sie hatten sicher vielen theologischen Erörterungen der gelehrten Geistlichkeit zugehört, aber dass einer so klar verständlich von Gott sprach und die Liebe Gottes erfahrbar darstellte, das machte ihnen ihr eigentliches Vorhaben unmöglich.

Er kennt auch uns heute, und wenn wir uns auf sein Wort in der Bibel einlassen, werden wir erfahren, dass er uns ins Herz gesehen hat und wir ihm nichts vormachen können. Wer sich dann von ihm etwas sagen lässt, wird bleibenden Nutzen für diese Zeit und für die Ewigkeit daraus ziehen. *eh*

Interessiert mich Gottes Ansicht über das, was ich tue?

Ich will heute auf ihn hören.

Psalm 127

27. März 2000

Montag

Ein Freund liebt zu jeder Zeit,
und als Bruder für die Not wird er geboren.
Sprüche 17,17

Der Therapeut

Als ich Hilfe suchte, um mit mir und dem Leben besser zurechtzukommen, fand ich einem Psychotherapeuten. Zwei Jahre lang legte ich ihm in Einzel- und Gruppengesprächen mein Leben offen, und zwar von Geburt an. Während der Therapie habe ich meinen ganzen Lebenslauf mit allen Erlebnissen aufgeschrieben. Ein Manuskript von 240 Seiten. Falls es einmal veröffentlicht würde, sollte es meinem Therapeuten gewidmet sein, der mir schon ziemlich früh das »Du« angeboten und den ich in den Jahren wie einen Freund schätzen gelernt hatte. »Meinem Freund und Helfer Rolf gewidmet«, - so oder ähnlich. Als ich mir dazu seine Zustimmung holen wollte, reagierte er ziemlich heftig. »Ich bin doch nicht dein Freund, sondern dein Therapeut, und eine Freundschaft zu einem Patienten kann nie echt sein oder gut werden!«

Ein paar Jahre später lernte ich dann einen anderen »Therapeuten« und »echten« Freund kennen. Durch ihn erfuhr ich sofort spürbare Hilfe und zwar von heute auf morgen, nachdem ich ihm mein verpfuschtes Leben mit all meiner Schuld anvertraut hatte. Durch ihn wurde ich ein ganz neuer Mensch und er blieb bis heute der allerbeste Freund, den es gibt. Immer ist er für mich da und keine Stunde möchte ich ihn missen! Sein Name lautet: Jesus Christus! Der redet nicht nur von Hilfe, er ist die Hilfe persönlich! Denn niemand hat größere Liebe als die, dass er sein Leben lässt für seine Freunde. Das hat der Herr Jesus am Kreuz für mich getan.

Als ich Rolf von meinem neuen »Freund und Therapeuten« erzählte, sagte er: »Ja, damit hast du ausgesorgt!« Das wünsche ich auch ihm von ganzem Herzen! *khg*

Haben Sie einen echten Freund, einen, der sie wahrhaft liebt?

Vielleicht müssen auch Sie den Therapeuten wechseln.

Johannes 14,27-31

Dienstag

28. März 2000

Wer sich rühmt, rühme sich dessen:
Einsicht zu haben und mich zu erkennen,
dass ich der HERR bin.

Jeremia 9,23

Der erste Schritt

Beim Besuch der Buchmesse fiel es nicht nur mir auf, wie erstaunlich viele Predigten gehalten und Bücher geschrieben werden, die sich ausschließlich mit Techniken und Möglichkeiten beschäftigen, Menschen zu helfen, mit ihren Problemen, Beziehungskrisen, Schmerzen und Kämpfen fertig zu werden.

Natürlich ist es wichtig über Alltagsdinge zu predigen und »Wie-mach-ich's-richtig« Bücher zu schreiben. Aber ohne den Menschen die großen biblischen Wahrheiten über Gott, seine Macht, seine Souveränität, seine Gnade und seine Erlösung in Jesus Christus nahezubringen, werden sie kein solides geistliches Fundament für das betreffende Leben legen können.

Erst wenn wir die Realität dieser großen biblischen Wahrheiten akzeptieren, haben wir eine gesunde Basis, um ein erfülltes Leben zu führen.

Wenn wir einmal den Herrn so erkennen, wie es Jesaja tat, der ihn »den Hohen und Erhabenen« nannte (Jesaja 57,15), dann werden wir genügend Festigkeit im Leben finden um jeder Schwierigkeit zu begegnen.

Was wird in der Regel geraten, wenn eine Ehe auseinanderzufallen droht? Sprich mit einem Eheberater, besuche eine Therapie oder lies ein bekanntes Buch über glückliche Ehen. Diese Vorschläge mögen in gewisser Hinsicht bestimmt ihre Berechtigung haben, aber der erste Schritt um Probleme zu lösen ist: wir müssen sicher stellen, dass wir eine richtige Beziehung zu Gott haben und seine Weisheit suchen.

»Herr, hilf uns, auf dich und auf dein Wort als ersten Schritt zur Lösung unserer Probleme zu schauen.« *js*

Wie reagieren Sie, wenn ihre Beziehung zu Ihrem Ehepartner in eine Krise gerät?

Viele Bücher können informieren, aber nur die Bibel kann transformieren (verändern).

Johannes 15,1-8

29. März 2000
Mittwoch

Ihr sollt euch nicht zu den Totengeistern und zu Wahrsagern wenden; ihr sollt sie nicht aufsuchen, euch an ihnen unrein zu machen. Ich bin der HERR, euer Gott.
3. Mose 19,31

Totalschaden

Da ich schon immer ziemlich neugierig war und gern wissen wollte, was alles auf mich zukommt, suchte ich eines Tages eine Wahrsagerin auf. Die sah in meinen Händen und in den Karten ganz erstaunliche Dinge. Unter anderem, dass ich ein ziemlich unerschrockener, ja rücksichtsloser Autofahrer war, was ich auch kleinlaut zugeben musste. Daraufhin setzte die alte Frau ihren übrigen »Vorhersagen« die Krone auf, indem sie mir drohend einen Totalschaden innerhalb der nächsten sechs Wochen prophezeite. In einer Linkskurve würde es geschehen, wobei ich aber mit leichten Blessuren und dem Schrecken davonkäme.

In der folgenden Nacht erlitt ich den Unfall mehrfach im Traum, und am nächsten Morgen habe ich mein Auto sofort Vollkasko versichert. Sechs Wochen lang sah ich den Unfall immer wieder auf mich zukommen, besonders, wenn es in eine Linkskurve ging. Und jeden Morgen dachte ich: Heute passiert's! Aber seither sind mehr als zwanzig unfallfreie Jahre vergangen. Gott sei Dank!

Als ich Christ wurde, habe ich Gott um Vergebung für diesen Gang zur Wahrsagerin gebeten, und er hat mir diese und alle anderen Sünden vergeben.

Der Herr, unser Gott, warnt uns sehr eindringlich davor, Hilfe und Rat bei Wahrsagern zu suchen, weil wir uns dadurch dem Teufel ausliefern. Das führt dann, wenn's dabei bleibt, zu einem Totalschaden der Seele, der in alle Ewigkeit nicht mehr repariert bzw. rückgängig gemacht werden kann. *khg*

Haben Sie schon Wahrsager befragt oder gar Tote rufen lassen?

Auch »aus Spaß« sollte man derlei Dinge nicht tun!

Johannes 15,9-17

Donnerstag

30. März 2000

*Vater, ich will, dass die, welche du mir gegeben hast,
auch bei mir seien, wo ich bin, damit sie meine Herrlichkeit schauen,
… denn du hast mich geliebt vor Grundlegung der Welt.*
Johannes 17,24

Cocktail der Religionen

Heute vor 75 Jahren starb in Dornach bei Basel in der Schweiz Rudolf Steiner. Er ist der Begründer der Anthroposophie. Seine Lehre beruft sich auf christliches, indisches und kabbalistisches (jüdische Geheimlehre und Mystik) Gedankengut. Mit seiner in den Waldorfschulen praktizierten Pädagogik, in der die Kreativität einen besonderen Stellenwert genießt, übt Steiners Ideologie bis heute einen gewissen Einfluss auf die Erziehung aus. Einer seiner Leitsätze war: »Anthroposophie ist ein Erkenntnisweg, der das Geistige im Menschenwesen zum Geistigen im Weltenall führen möchte. Sie tritt im Menschen als Herzens- und Gefühlsbedürfnis auf.«

Steiner sprach damit ein Grundbedürfnis an, das schon immer im Menschen vorhanden war: ein geistiges Zuhause außerhalb dieser sichtbaren Welt zu finden, in dem unsere Seele Ruhe findet. Gefährlich ist allerdings, wenn man dazu ein Gedankengebäude aufbaut, das seine Quellen nur auf menschlicher Seite oder gar im Bereich des Okkulten hat, und damit Menschen an etwas bindet, das sie letztlich doch das ersehnte Ziel verfehlen lässt.

Die Bibel sagt uns, dass Gott Sehnsucht nach uns hat und deshalb von sich aus eine Verbindung von oben nach unten aufgebaut hat. Keine »Stehleiter«, die an die Wolken gestellt wird, um Gott dort zu suchen, sondern eine »Strickleiter«, die Gott selbst heruntergeworfen hat. Ihm ist an uns gelegen. Er liebt uns. Er schickt seinen Sohn, weil er uns bei sich haben will. Was wir selbst zustande bringen, hat keinen Wert, weil es ins Leere stößt. Diese Einsicht hilft, Gottes »Strickleiter« dankbar anzunehmen. *es*

Suche ich auch dieses Zuhause bei Gott?

Jesus ist der Weg zum Vater im Himmel. Nur über ihn findet man sicher zu diesem Zuhause.

Johannes 15,18-21

31. März 2000
Freitag

*So demütigt euch nun unter die mächtige Hand Gottes,
damit er euch erhöhe zur rechten Zeit.*
1. Petrus 5,6

Hohe Schule

Damit meine ich nicht die Künste der Lipizzaner in der Wiener Hofreitschule, sondern das, was uns Menschen so schwerfällt, weil wir uns so wichtig nehmen. Wir meinen, wenn wir Schwierigkeiten, Behinderungen oder Zurücksetzungen erfahren, dass wir Grund zu Missmut und Groll haben. Selbst Christen meinen oft, sie könnten doch, wenn Gott nur ein paar Brocken aus dem Weg räumte, viel mehr für ihn und seine Sache tun. Auch würde dann das Loben und Danken viel leichter fallen.

Gott fordert aber von uns, ihm tatsächlich zu glauben, dass »denen, die Gott lieben, alle Dinge zum Besten dienen« (Röm 8,28). Alle Dinge! Auch die unangenehmen, die unserer Selbstverwirklichung im Wege stehen.

Wer Schwierigkeiten hat, besonders solche, die er nicht verantworten muss, sollte doch einmal überlegen, ob der Gott, der seinen Sohn für unsere Rettung sterben ließ, uns wohl irgendetwas Schädliches zufügen wird. Er hat nie verlangt, dass wir alle seine Maßnahmen durchschauen sollen - wer das versucht, wird nur frustriert und unglücklich dabei - aber er will, dass wir seinen Zusagen vertrauen. »Trauen,« »treusein« und »glauben« sind in der Ursprache des Neues Testaments ein und dasselbe Wort. Wenn wir so auf ihn warten, lernen wir ihn als den kennen, der allen Mangel ausfüllt und unser Herz darüber hinaus mit der Hoffnung des ewigen Lebens tröstet. So ehren wir ihn, weil wir alles aus der eigenen Hand legen und in seine starken Hände übergeben. Das ist die Hohe Schule des Glaubens. Wer sie gelernt hat, wird auch bei rauhem Seegang sichere Schritte tun. *gr*

Was könnten unsere Sorgen der Fürsorge Gottes hinzufügen?

Gottes Wege getrost annehmen. Sie führen alle nach oben.

Johannes 15,22 - 16,4a

Samstag

1. April 2000

Dein Wort ist Wahrheit.
Johannes 17,17

Ist die Bibel wahr?

Da gibt es doch tatsächlich Leute - und ich muss bekennen dazuzugehören -, die behaupten, alles sei Wahrheit, was in der Bibel, dem Buch der Christen, steht. Ganz schön mittelalterlich, wer das heutzutage noch glaubt, oder? Viele unserer Zeitgenossen halten die Bibel über weite Strecken für ein altes Märchenbuch, für ziemlich realitätsfremd und von den Erkenntnissen der modernen Wissenschaft längst überholt. Wen wundert's, wenn inzwischen sogar viele Theologen nicht mehr überzeugt sind, mit der Bibel Gottes Wahrheit in Händen zu halten. Bestenfalls gesteht man noch ein, dass die Bibel manche tiefen Gedanken enthält, keinesfalls lässt man jedoch ihren Anspruch gelten, in allen ihren Aussagen wahr zu sein.

Warum eigentlich? Immerhin hat uns bislang noch keine einzige archäologische Entdeckung zum Umschreiben der Bibel genötigt, sondern im Gegenteil: Gerade die Archäologie hat oft die Wahrheit der Bibel durch entsprechende Ausgrabungsfunde bestätigt. Auch stehen die gesicherten Erkenntnisse der Wissenschaft nicht im Widerspruch zur Bibel. Deshalb gibt es heute eine wachsende Zahl führender Wissenschaftler, die auf Grund ihrer Forschungen zutiefst von der Wahrheit der Bibel überzeugt sind.

Warum ist man trotzdem so negativ gegen die Bibel eingestellt? Weil man mit der Bibel auch ihren Autor, Gott, anzuerkennen hätte. Und dann müsste man sein Leben ändern, und zwar so, wie Gott sich das für uns Menschen gedacht hat. Aber das will man nicht und ist dann von solchen Theologien begeistert, die uns diese »Demütigung« ersparen. *bg*

Habe ich Angst vor unangenehmen Wahrheiten?

Niemand meint es besser mit uns Menschen als Gott!

Johannes 16,4b-15

2. April 2000
Sonntag

*So ist auch der Glaube,
wenn er keine Werke hat, in sich selbst tot.*
Jakobus 2,17

Tätiger Glaube

Heute vor genau 90 Jahren starb der evangelische Theologe Friedrich von Bodelschwingh (der Ältere). Er hatte die Betheler Anstalten zu einer der größten sozialen Einrichtungen der Welt ausgebaut. Sie wurden unter seiner Leitung bekannt als »Stadt der Barmherzigkeit« für Kranke und Behinderte, aber auch für Arbeits- und Obdachlose sowie für schwererziehbare Jugendliche. Als Abgeordneter im preußischen Landtag setzte er sich für die Arbeitslosen und die Rechte der Arbeiter ein. Seine vielfältige diakonische und missionarische Tätigkeit wurde getragen von einem starken Glauben.

Das Wesensmerkmal biblischen Glaubens ist das feste Vertrauen auf eine Person, und zwar auf Gott, und auf das, was er in seinem Wort, der Bibel, sagt. »Schwierig« wird dieser Glaube nur durch die Tatsache, dass man Gott nicht sieht und eigentlich keinen »Beweis« für seine Existenz hat. Andererseits ist Glauben leicht, denn wenn Gott mächtiger als alles ist, so wird sich das, was er sagt, ganz sicher bestätigen. Eine allmächtige Person kann ja ihren Willen auf jeden Fall durchsetzen. Sie ist daher absolut zuverlässig und vertrauenswürdig.

Wer sich zum Vertrauen auf Gott entschließt, bei dem äußert sich dies in konkreten Taten. Sie entstehen aus dem Erkennen, was man mit dem großen Gott zusammen alles wagen kann. Im Falle Bodelschwinghs bedeutete dies, dass er auf Grund der barmherzigen Liebe Gottes es wagte, sein eigenes Leben nach dem Prinzip der Liebe zu leben. Das beinhaltete Verzicht auf die eigenen Wünsche und Privilegien, statt dessen Einsatz und Hinwendung zu den Armen und Bedürftigen. *uhb*

Bin ich bereit, den Glauben an Gott mit allen Konsequenzen zu wagen?

Gott persönlich kennenlernen, verändert das Leben zum Guten - für mich selbst und für andere.

Psalm 132

Montag — 3. April 2000

> *Er lässt Schlingen, Feuer*
> *und Schwefel regnen auf die Gottlosen.*
> *Glutwind ist ihres Bechers Anteil.*
>
> Psalm 11,6

Der Feuerlöscher

Drei Gewissensfragen: Haben Sie einen Feuerlöscher? Wenn ja, wissen Sie genau, wo er steht oder hängt? Und: Wissen Sie, wie er funktioniert? Es gibt eine Menge Mitmenschen, die meinen, ohne so ein Gerät auszukommen. Dabei haben Feuerlöschgeräte schon so manches Menschenleben vor dem sicheren Tod bewahrt.

Was das alles mit dem Gewissen zu tun hat? Nun, wenn Sachwerte oder gar Menschen verbrennen, nur weil Sie im Falle eines Falles keinen Feuerlöscher zur Hand haben oder damit nicht umgehen können, wird das Ihr Gewissen doch belasten, nicht wahr? Oder sagt Ihnen Ihr Verstand: »Ist ja alles Quatsch, man hat doch Wasser im Haus.« Oder: »Die Feuerwehr ist doch immer schnell zur Stelle.« »Feuerlöscher - den kann man doch wirklich vergessen ...!«

So oder ähnlich denken viele Leute. Aber nicht nur über einen Feuerlöscher, sondern ebenso über Gott! Mit dem Unterschied, dass Gott kein Brandbekämpfungsgerät ist, wozu ihn leider viele Menschen missbrauchen. In großer Not und Bedrängnis, also bei einem Großbrand, da suchen, rufen und schreien sie nach ihm. Sonst, wenn keine Gefahr droht, wollen die meisten Leute überhaupt nichts davon wissen, dass es einen Gott gibt. Oder sie lassen ihn völlig »links liegen« wie einen vergessenen Feuerlöscher.

Sie müssen Gott ernst nehmen und Jesus Christus in Ihrem Dasein einen festen Platz geben. Er ist der Weg, die Wahrheit und das Leben. Wer ihn ablehnt, geht unwiderruflich dahin, wo man dringend einen Feuerlöscher braucht, es aber weit und breit keinen mehr gibt.   *khg*

? Kaufen Sie vielleicht dann erst einen Feuerlöscher, wenn es brennt?

! Vorbeugung ist die beste Brandbekämpfung. Jesus Christus hat am Kreuz das Feuer unserer Sünden gelöscht - für immer und ewig!

Johannes 16,16-24

4. April 2000

Dienstag

Wer seine Frau liebt, liebt sich selbst.
Denn niemand hat jemals sein eigenes Fleisch gehasst,
sondern er nährt und pflegt es.
Epheser 5,28-29

Ein Tag ist nicht genug

Warum gehen wir manchmal so verbohrt nachlässig mit einer Beziehung um, die uns eigentlich das größte Glück bringen könnte? Es ist kein Geheimnis: Abgesehen von unserer Beziehung zu Gott, gibt es keine andere Beziehung, die auch nur annähernd so lebensbestimmend ist wie die Beziehung zu unserem Ehepartner. Gerade deswegen möchte ich fragen: Wie oft geben wir dieser Beziehung die Aufmerksamkeit, die sie verdient?

Als Gott damals im Garten Eden die Ehe einsetzte, bot er uns eine gewaltige Möglichkeit an. Wenn wir sie nähren und pflegen, dann empfangen wir aus dieser Beziehung Glück, Frieden, Erfüllung und Sinn. Der tragische Umkehrschluss ist aber: Wenn diese Beziehung nicht genährt und gepflegt wird, dann kann sie Frustration, Schmerz, Kummer, Zorn und Bitterkeit bringen. Deswegen kann man sich nur wundern, warum so viele Menschen so nachlässig in einer so wichtigen Angelegenheit sind. An bestimmten Tagen im Jahr erwartet man von uns, in besonderer Weise dem Geliebten unsere Aufmerksamkeit zu zeigen. An solchen Tagen fällt es uns gewöhnlich nicht schwer, die Qualitäten herauszustellen, die eine Ehe hell erstrahlen lassen. Sollten wir das aber nicht jeden Tag machen?

Sollten wir unseren Ehepartner nicht jeden Tag lieben, ehren, erheben, mit ihm kommunizieren, ihm vergeben, ihn respektieren und die Beziehung zu ihm schützen, nähren und pflegen?

Wenn das unser Ziel ist, dann werden wir die Freude und Erfüllung finden, die Gott für unsere Ehe geplant hat und die er uns schenken möchte. *js*

Wann habe ich meiner Frau zuletzt gesagt (und gezeigt), dass ich sie liebe?

Nähre deine Ehe und du nährst deine Seele.

Johannes 16,25-28

Mittwoch

5. April 2000

Wenn sie zu euch sagen: Befragt die Totengeister und die Wahrsager, ... so antwortet: Soll nicht ein Volk seinen Gott befragen?
Jesaja 8,19

Der Reiz des Übersinnlichen

Übersinnliches ist »in«. Immer mehr Menschen beschäftigen sich mit »okkulten Phänomenen«. Der Vorstoß in geheimnisvolle, verbotene Bereiche reizt. Von Natur aus sind wir neugierig. Um diese Neugier zu befriedigen, wird nicht nur das Pendeln angeboten, sondern auch Tischerücken, Wahrsagerei, Horoskope und vieles mehr.

Warum sehnen sich so viele Menschen nach solchen Erfahrungen? Zunächst stellen wir fest, dass viele heute enttäuscht sind. Die starke Diesseitsorientierung in der Aufbau- und Wohlstandsgesellschaft hat eine innere Leere zurückgelassen, die nach Erfüllung schreit. Auf einen kurzen Nenner gebracht: Enttäuschung im Diesseits lockt ins Jenseits. Nun könnte man meinen, dass die große Ratlosigkeit Menschen zu Gott bringt. Aber wer gottlos lebt und Gott los ist, sucht nach Alternativen. Wer nicht mehr an Gott glaubt, verfällt dem Aberglauben. Wer Gott von vornherein ausklammert, klammert sich an »andere« übersinnliche Mächte.

Die meisten Menschen finden das harmlos. Aber Gott warnt uns davor. Er will nicht, dass wir in unser Unglück laufen. Er weiß, dass der Teufel eine ernstzunehmende Person ist, die die Menschen verführen will. Der Teufel wendet viele Tricks an, um Menschen von Gott wegzuziehen. Er zerstört und bringt alles durcheinander. Wer meint, mit ihm spielen zu können, kommt in seine Abhängigkeit. Und so begegnen wir immer wieder Menschen, die beim Vorstoß in okkulte Bereiche schreckliche Erfahrungen gemacht haben. Gott will, dass wir ihn befragen. Er ist unser Schöpfer. Er weiß, was am besten für uns ist. *hj*

Bei welcher Gelegenheit habe ich mich auf übersinnliche Erfahrungen eingelassen?

Ich will Gott im Gebet meine Schuld bekennen und künftig ihn allein und keine übersinnlichen Mächte befragen.

Johannes 16,29-33

6. April 2000

Donnerstag

... er aber schrie um so mehr.
Lukas 18,39

Kannst du denn nicht lauter schreien?

So fragt in einer Kalendergeschichte Brechts ein Mann einen still vor sich hinweinenden Jungen, dem ein anderer einen von zwei Groschen gestohlen hatte. Der Junge schüttelt verneinend den Kopf, darauf nimmt ihm der Mann auch noch den zweiten Groschen; eine erbarmungslos eindringliche Lehre! - Der obige Bibelvers stammt aus einer Geschichte, in der ein Blinder gehört hat, dass Jesus vorbeikommt. Auch er beginnt zu schreien: »Jesus, Sohn Davids, erbarme dich meiner!« Das aber stört die Menschen am Straßenrand, die Jesus voraneilen, statt ihm nachzufolgen. Sie fordern ihn auf, gefälligst den Mund zu halten und die Stimmung nicht zu stören. »Er aber schrie um so mehr«, heißt es dann. Und Jesus wendet sich ihm zu. Er weiß, da ist einer, der randaliert nicht, weil es ihm Spaß macht. Der wünscht sich intakte Augen, und darüber hinaus eine heilbringende Begegnung mit ihm. Der Blinde seinerseits weiß: Wenn dieser Jesus hier vorbeikommt, dann ist das meine Chance, sehend zu werden. Wenn ich diese Chance nicht wahrnehme, kann mir nichts mehr helfen, jetzt oder nie. Er weiß, die Verantwortung für sein Heil kann ihm niemand abnehmen. Deshalb lässt er sich das Schreien auch von niemandem verbieten. Er ist das genaue Gegenteil des hilflosen Knaben, den Brecht darstellt. Je mehr die Leute dem Blinden den Mund verbieten, desto lauter schreit er. Das gefällt Jesus, er wendet sich ihm zu, macht ihn sehend und schenkt ihm ewiges Leben.

Rettung ist da für alle, die wirklich gerettet werden wollen, damals wie heute.

koh

Wie viel ist mir Jesu Hilfe wert?

Schreien - bis er hört!

Johannes 17,1-5

Freitag — 7. April 2000

Gott, der uns mit sich selbst versöhnt hat, durch Christus.
2. Korinther 5,18

Polen, nein niemals!

50 Jahre - Israel! Das war schon was. Ohne daran zu denken, waren wir gerade zu der Zeit in Tiberias. In unserem Hotel gab es Gäste, die den Holocaust überstanden hatten. Immer wieder wurden wir auf Deutsch angesprochen; man spürte, wir, Deutsche und Juden, leiden doch irgendwie gemeinsam an dem schrecklichen Geschehen in der Nazizeit.

Eines Morgens standen plötzlich alle im großen Esssaal auf. Wir schauten uns fragend um und hatten uns, wohl vernehmbar, gefragt, was denn nun los sei, so dass uns eine Frau vom Nachbartisch zuraunte: »Heute ist der Gedenktag an unsere Gefallenen - über 20.000 sind es.«

Nach den Gedenkminuten ergab sich sofort ein Gespräch von Tisch zu Tisch, - aus Polen stamme sie, Deutsch habe sie in der Schule gelernt ... Ich sagte: »Ahh, aus Polen - ich habe einen lieben Freund in Kanada, der ist auch Pole« ... da platzte es aus der Frau heraus: »Gehen sie mir weg mit den Polen, die haben uns verraten und ans Messer geliefert. Als die Gestapo in die Schulklasse kam und erklärte, Juden dürften nicht mehr zum Unterricht kommen, da kicherte meine beste Freundin und zeigte mit dem Finger auf mich, meine beste Freundin! Mit Polen wollen wir nichts zu tun haben.« (Diese Geste konnte unter Umständen schon das Todesurteil gewesen sein.)

Wir waren ganz erschrocken. Was wäre aber, wenn es nur die Spirale von Hass und Vergeltung gäbe?! Wir brauchen Vergebung und Versöhnung, genauso wie Gott sie uns gibt. Der Mann meiner Gesprächspartnerin war fast ein bisschen ärgerlich aufgestanden und ging. Aber seine Frau hatte noch so viele Fragen, man spürte, es arbeitete in ihr. *gs*

Wie kann man Hass überwinden?

Jesus betete: »Vater vergib ihnen, denn sie wissen nicht, was sie tun.«

Johannes 17,6-8

8. April 2000

Samstag

Gott ist Liebe.
1. Johannes 4,8

All you need is love

Tja, die Liebe ... Wundersames Rätsel des Universums ... Grund fast aller Torheiten, die die Menschen je begingen ... Gefühl aller Gefühle ... Königreiche wurden ihretwegen aufgegeben, Völker ausgerottet, Monumente gebaut und Ringe geschmiedet ... Merkwürdiges Ding, ohne das unser Leben nichts wert wäre ... Süße Gewalt, stärker als der Tod ...

Tatsächlich ist Liebe das, was wir brauchen und wonach wir uns im tiefsten sehnen.

Gehen wir z.B. der Frage nach, warum wir Minderwertigkeitsgefühle haben. Wenn ich nicht so perfekt bin, wie es mir mein innerer Maßstab sagt, mache ich mir nur etwas daraus, wenn ich denke, dass andere mich verachten könnten. Das sieht man beispielsweise an Leuten, die etwas fülliger sind. Während sich die Einen überhaupt nichts daraus machen, weil sie sich nicht fürchten, ärgern sich andere bei jedem halben Kilo mehr: Sie könnten deshalb nicht mehr geliebt werden.

Und das ist letztlich der Grund für unsere Unsicherheit, für Minderwertigkeitsgefühle, Geltungsbedürfnis und das Streben nach Anerkennung. Interessant, nicht wahr? Die erlösende Botschaft der Bibel ist nun, dass Gott, der Schöpfer, Liebe ist und alle seine Geschöpfe liebt, so wie sie sind. Das heisst nicht, dass sie immer so bleiben müssen. Das Bewusstsein, geliebt zu werden, verändert uns und gibt uns Kraft, das zu lassen, was dem Liebenden missfällt. Was wir aber nicht zu verantworten haben, können wir dann ertragen, weil wir wissen, dass nichts uns von Gottes Liebe trennt. *as*

Womit plage ich mich heute herum?

Der Gott der Liebe liebt mich mit allen meinen »Webfehlern«.

Johannes 17,9-13

9. April 2000

Sonntag

Niemand ist hinaufgestiegen in den Himmel als nur der, der aus dem Himmel herabgestiegen ist, der Sohn des Menschen.

Johannes 3,13

Hölle oder Himmel?

»Ich brauche nicht zu beten und werde es auch nie tun!«, sagte ein amerikanischer Farmer im vorigen Jahrhundert. »Top!«, antwortete ihm darauf der Evangelist, der in dem Dorf predigte. »Hier sind 10 Dollar, die bekommen Sie, wenn Sie versprechen, nie wieder zu beten.«

»So leicht habe ich noch nie 10 Dollar verdient«, meinte der Bauer auf dem Heimweg. Doch abends, im Bett, kamen ihm Bedenken: »Wenn´s nun aber brennt, oder meine Kühe sterben oder meine Frau oder die Kinder werden krank? Oder wenn ich alt bin und Angst kriege, dass ich in die Hölle komme?« Er konnte nicht wieder einschlafen.

Nach mehreren Tagen kam der Evangelist in das Dorf zurück und der Bauer stürzte mit dem Geldschein in der Hand auf ihn los: »Hier nehmen Sie das, nehmen Sie das, ich muss beten, damit ich nicht in die Hölle komme!« Beide beteten und wieder war einer für den Himmel gewonnen.

Im ersten Augenblick mag einer denken: »Der war aber gottlos!« Aber heute, wo selbst von vielen Kanzeln die ewige Verdammnis als mittelalterliches Drohmärchen dargestellt wird, ist die Gottlosigkeit noch viel größer. Die meisten hätten sich heute für das Geld Bier und Zigaretten gekauft, und damit wäre die Sache für sie erledigt gewesen. Gottes Sohn, Jesus Christus, aber hat mehr vor der Hölle gewarnt als alle seine Apostel im Neuen Testament zusammen genommen. Und er muss es wissen. »Augen zu und weitermachen!« ist keine brauchbare Methode, um durchs Leben zu kommen, und noch viel weniger, wenn es darum geht, wo man die Ewigkeit zubringt.

gr

Welche sachlich begründeten Argumente könnte man gegen Himmel und Hölle anführen?

Schönreden, Verdrängen und Ignorieren helfen nicht. Besser ist: Den Tatsachen ins Auge sehen!

Psalm 102

10. April 2000

Montag

*Betet ihr nun so: Unser Vater,
der du bist in den Himmeln,
geheiligt werde dein Name ...*
Matthäus 6,9

Vater ist ein toter Mann

An den Mann, dessen erstgeborener Sohn ich bin und dessen Name ich trage, erinnere ich mich kaum. Denn ich war erst vier, als Vater Soldat wurde, und ich kenne ihn fast nur von Fotos und Mutters Erzählungen. Während des Krieges war er nur ganz selten auf Urlaub und danach in russischer Gefangenschaft. Später galt Vater als verschollen und auch das Rote Kreuz konnte keine Auskunft geben. Seine Spuren hatten sich in den unendlichen Weiten Russlands verloren und er teilte das Schicksal von unzähligen Opfern des Zweiten Weltkrieges. Wir beteten viel für ihn und hofften immer auf das Wunder, dass er eines Tages vor der Tür stehen würde. Doch mein Vater blieb verschollen und wir erhielten weder irgendein Lebenszeichen noch eine Todesnachricht.

Weit über fünfzig Jahre nach Ende des Krieges habe ich durch amtlichen Bescheid erfahren, dass mein Vater schon lange tot und bereits 1946 in russischer Kriegsgefangenschaft verstorben ist. Er wurde nur siebenunddreißig Jahre alt. Ich selbst bin inzwischen im 63. Lebensjahr und habe also viel mehr Jahre auf Vaters Heimkehr gehofft, als er überhaupt gelebt hat. Trotzdem hat sich mein Dauergebet aus Kindheits- und Jugendtagen erfüllt, wenn auch ganz anders, als ich mir das vorgestellt habe. Ich durfte Gottes Liebe und die Vergebung aller Schuld in Jesus Christus erkennen und annehmen. Dieses Gnadengeschenk machte mich zu einem glücklichen Gotteskind, womit meine Sehnsucht nach einem Vater mehr als gestillt wurde. Am Ende meines Erdenlebens erwartet mich der, mit dem ich schon heute alle Tage im Gebet sprechen darf, nämlich mein Vater im Himmel! *khg*

Wissen Sie, dass Gott auch Ihr ewiger Vater sein möchte?

Im Namen seines Sohnes, Jesus Christus, dürfen Sie ihn so nennen und anrufen!

Johannes 17,14-19

Dienstag — 11. April 2000

Ihr Männer, liebt eure Frauen! [...] die Frau aber, dass sie Ehrfurcht vor dem Mann habe!
Epheser 5,25.33

Realitätssinn und Romantik

Gute Ehen zeigen eine gute Ausgewogenheit zwischen Realitätssinn und Romantik. Die praktische Realität des täglichen Lebens wird verschönert durch die Freude und Spontaneität des sich immer wieder neuen Verliebens ineinander.

Realitätssinn kann dem Ehemann unter anderem helfen zu erkennen, dass er sich seiner Frau wie selbstverständlich »bedient«, ohne für ihre Empfindungen empfänglich zu sein. Realitätssinn kann aber auf der anderen Seite auch der Frau zeigen, dass ihre kritischen Kommentare das Selbstwertgefühl ihres Mannes verletzen.

Realitätssinn ist aber nicht genug für eine intakte Beziehung. Romantik, leider allzu häufig nach der Eheschließung aus den Augen verloren, verhindert, dass die Ehe langweilig wird. Romantik trägt dazu bei, in immer neuen Worten und Taten die gegenseitige Zuneigung anzufachen und zu erneuern. Sprachlosigkeit zeigt, dass man nicht mehr weiß, was man am anderen hat. Können Sie es auch nicht sagen, weil Sie es nicht mehr wissen? Die Worte des Apostel Paulus ermutigen zu einer Liebe zwischen zwei Personen die etwas von der selbst-aufopfernden Liebe des Christus zu seiner Gemeinde wiederspiegelt. Eine solche Liebe ist außerdem erfüllt mit Freundlichkeit und Zärtlichkeit.

Egal ob Sie erst ein halbes Jahr oder schon ein halbes Jahrhundert verheiratet sind, Jesus Christus kann Ihnen helfen, Ausgewogenheit zwischen Realitätssinn und Romantik in Ihrer Ehe zu finden. Nehmen Sie einfach seine Liebe an und Sie werden sehen, wie diese Liebe auch Ihre Ehe verändern wird.

js

Was schätze ich besonders an meinem Ehepartner?

Eine Ehe gedeiht in einem ausgewogenen Klima von Realitätssinn und romantischer Liebe.

Johannes 17,20-23

12. April 2000

Mittwoch

*... die ihr nicht wisst,
wie es morgen um euer Leben stehen wird.*
Jakobus 4,14

Westdeutsche Zeitung, Mittwoch, 9. Dez. 1998:

Matthiesen strebt nach der Milliarde. - Der Politiker ist jetzt Chefmanager in der Wertstoff-Verwertungsindustrie und hat viel vor. Matthiesen spielt seine neue Rolle mit allem Können: »Wir peilen die Milliarden-Grenze beim Umsatz an. Das ist ein Markt mit einem Riesenpotential.« Seinen strategischen Blick lässt er in die Ferne schweifen. In Frankreich, England und China sieht er riesige Chancen. Eine Frage bleibt offen: Wieviel verdient der Wirtschaftsboss ...?

Westdeutsche Zeitung, Donnerstag, 10. Dezember 1998:

Politiker tot im Bett gefunden - Bestürzung bei allen Parteien. Klaus Matthiesen ist im Alter von 57 Jahren gestorben. Seine Frau fand ihn in der Nacht zu gestern tot im Bett. Erst tags zuvor hatte Matthiesen seine erste Pressekonferenz als neuer Vorstandschef gegeben. Noch an seinem Todestag präsentierte er sich in guter Form. Fragen nach seinem Wohlergehen beantwortete er mit »sehr gut«. Wenig später lebte er nicht mehr. Erschütternd: Er strebt nach der Milliarde, aber er stirbt vor der Milliarde! Wie drastisch wird uns die Unerbittlichkeit des Sterbens deutlich. Er hat mit vielem gerechnet, aber nicht mit einem: diesem plötzlichen Tod. Am Tag zuvor blieb nur eine Frage offen: Wie viel verdient er? Heute ist diese ganz und gar bedeutungslos.

Die Bibel: »Ihr sagt: Wir wollen in die und die Stadt gehen und dort ein Jahr zubringen und Handel treiben und Gewinn machen - die ihr nicht wisst, wie es morgen um eurer Leben stehen wird; denn ihr seid ein Dampf, der eine kleine Zeit sichtbar ist und dann verschwindet« (Jakobus 4,13-14).　*fe*

Welche Frage bleibt angesichts unseres todsicheren Sterbens wirklich offen?

»Bereite dich vor, deinem Gott zu begegnen« (Jesaja 38,1b).

Johannes 17,24-26

Donnerstag

13. April 2000

Aber Jona machte sich auf, um ... zu fliehen, ... Und er ging nach Jafo hinab, fand ein Schiff, ... gab den Fahrpreis dafür und stieg hinein, um ... nach Tarsis zu fahren, weg vom Angesicht des HERRN.
Jona 1,3

Alles hat seinen Preis

In Zeiten, wo Kinder schon viel Geld in den Händen haben, gehört ein Ausspruch wie dieser zu den Allerweltsweisheiten. Was »Marktwert« ist, weiß jeder, der schon einmal einen Gebrauchtwagen gekauft oder verkauft hat. Angebot und Nachfrage gehören zum Alltagswortschatz. Vielleicht konnte auch Jona, der Prophet, an der Höhe des Fahrpreises erkennen, ob die Nachfrage für Überfahrten nach Spanien groß war oder nicht. Er bezahlte die Passage und zeigte uns, dass ihm der Preis nicht zu hoch war für den Zweck, Gott zu entkommen, ihm davonzulaufen.

Auf welches Abenteuer er sich einließ, war ihm da noch nicht bewusst. Er hatte vergessen, dass bei Gott die Preise anders berechnet werden. Für Jona addierte Gott noch etwas dazu, einen Sturm, das Verschlucktwerden von einem Fisch, drei Tage Dunkelheit mit fortwährendem Fasten und Beten, dann Zurückbeförderung in die Heimat zur Ausführung des Auftrages.

Wie Jona versuchen die Menschen immer wieder, Gott zu entkommen und sind bereit, einen hohen Preis dafür zu zahlen. Zu ihrem Verderben vergessen sie bei der Berechnung, den Preis ihrer Seele hinzu zu addieren. Aber gerade das macht den Hauptposten bei der Preiskalkulation aus.

Gott hat auch einen Preis gezahlt, einen überaus hohen sogar. Er hat seinen Sohn sterben lassen, damit wir, anstatt von ihm weg, ganz nahe zu ihm kommen können; und er vergibt uns unsere Sünden und macht uns zu seinen Kindern und Erben. Wenn das Nichts ist?! *koh*

Habe ich alle Posten für meine Kalkulation beisammen?

Die bezahlte Fahrkarte nach Hause ist besser als die selbstfinanzierte Karte in die Gottesferne.

Markus 14,26-31

14. April 2000

Freitag

*Jesus spricht zu ihm: Ich bin der Weg,
die Wahrheit und das Leben.*
Johannes 14,6

Wer oder was ist Wahrheit?

Wer oder was ist Wahrheit? Eine nicht ganz einfache Frage! Philosophen, Theologen und Denker aller Zeiten haben sich mit dieser Frage auseinandergesetzt und allzuoft keine oder nur unbefriedigende Antworten gefunden.

Jeder, der sich mit diesem Thema befasst, müsste eigentlich einsehen, dass unsere »menschliche« Wahrheit immer begrenzt ist. Nehmen wir als Beispiel die Wissenschaft. Was heute noch als Wahrheit gilt, kann morgen schon durch neue Erkenntnisse überholt sein. Unsere Ansichten, Meinungen und Überlegungen, die wir Menschen als Wahrheit anpreisen, sind eben immer von unserem begrenzten Wissensstand, unserer Prägung und auch von unseren menschlichen Motiven abhängig. Das gilt auch im Blick auf die vielen Religionen, Sekten, religiösen Gruppen und Bewegungen. Alle vertreten unterschiedliche Lehren und Theorien. Die einen sagen, es gibt viele Götter, andere sagen, wir selber werden Gott, wieder andere sagen, es gibt nur einen Gott und manche sagen, alles ist Gott. Und die meisten sind überzeugt: »Was wir lehren, ist die reine Wahrheit.«

Dies ist natürlich unmöglich! Die Wahrheit kann nicht gegensätzlich sein. Aber wo finden wir die Wahrheit? Wer sagt uns die Wahrheit? Wer hat recht? Die Antwort gibt uns unser Bibeltext. Die Wahrheit ist keine Lehre, keine Philosophie, keine Kirche, keine Theologie, kein menschliches Gedankengebäude - die Wahrheit ist eine Person, die Wahrheit heißt Jesus Christus! Nur in ihm und bei ihm finden wir die richtige Antwort und echte Hilfe auf unsere Fragen und Nöte! *emb*

Bin ich überzeugt davon, dass Jesus Christus vertrauenswürdig ist?

Ich kann mehr über Jesus Christus erfahren aus der Bibel, z.B. in den vier Evangelien Matthäus, Markus, Lukas und Johannes.

Markus 14,32-42

Samstag — 15. April 2000

Jeder tat, was recht war in seinen Augen.
Richter 21,25

»Der Mensch ist, wozu er sich macht.«

Das war für den heute vor genau 20 Jahren gestorbenen französischen Philosophen Jean-Paul Sartre der erste Grundsatz des Existentialismus, den er vertrat. Was meinte er nun genau damit?

Für ihn steht die Existenz des Menschen an allererster Stelle. Von diesem Punkt geht er aus. Der Mensch begegnet sich dann selbst, indem er sich seiner bewusst wird, worauf als dritter Schritt sein »Auftauchen« in der Welt folgt, indem er sich als Teil von ihr begreift. Schließlich schafft er sich durch sein freies Handeln selbst einen Lebenssinn (siehe Überschrift).

Daraus folgt erstens, dass der Mensch eine große Verantwortung trägt, sich und die Zukunft durch engagiertes Handeln zu gestalten, und zweitens, dass es keine zeitlos gültigen Werte gibt. Auf eine Formel gebracht heißt das, der Mensch ist sein eigener Maßstab; er selbst setzt die Werte durch sein Handeln.

Wie ganz anders als der Atheist Sartre schreibt doch die Bibel über die Bestimmung des Menschen: Am Anfang ist Gott und er gibt dem Menschen sein Wesen vor. Gottes Plan war es, zu dem Menschen eine vertraute Beziehung zu haben. Diese Vorstellung hatte er und daraufhin schuf er ihn. Erst kam die Bestimmung, dann die Existenz. Wir, seine Geschöpfe, wollten uns aber nicht bestimmen lassen, sondern zogen es vor, unser Leben selbst in die Hand zu nehmen. Daraus ist dann eine endlose Menge von Gewalttätigkeiten und Ungerechtigkeiten hervorgegangen, unter der die Menschheit seither seufzt. Wie gut, dass es für den Einzelnen eine Möglichkeit zurück zu Gott gibt. *mü*

Wovon leite ich meine Handlungsweisen ab?

Ich will mir einmal Gedanken darüber machen, ob es nicht doch besser ist, im täglichen Tun auf Gott zu hören.

Markus 14,43-52

16. April 2000

Palmsonntag — **Sonntag**

*Trügerisch ist das Herz, mehr als alles,
und unheilbar ist es. Wer kennt sich mit ihm aus?*
Jeremia 17,9

Pol Pot hat ein reines Gewissen

Das 20. Jahrhundert hat unvorstellbar grausame, in diesem Ausmaß bislang unbekannte Massenmorde erlebt. Heute vor zwei Jahren berichteten die Medien über den Tod Pol Pots. Unter seiner dreieinhalbjährigen Schreckensherrschaft fanden bis zu 2 Millionen Menschen den Tod, ein Fünftel der damaligen Bevölkerung Kambodschas. Der Besitz einer Brille oder die Zugehörigkeit zu einer akademischen Berufsgruppe konnte ausschlaggebend für die Ermordung sein. In immer neuen gesellschaftlichen Experimenten von Pol Pots »Steinzeitkommunismus« wurden die Menschen durch Zwangsumsiedlungen, Arbeitslager, Gehirnwäschen und Nahrungsentzug terrorisiert.

In einem Interview im Jahr 1997 erklärte der Massenmörder, er habe ein »reines Gewissen«. »Alles was ich tat, tat ich für mein Land«, behauptete er zum Entsetzen vieler Landsleute, die unter seinen Verbrechen zu leiden hatten. Er deutete an, für die Schädelberge, die nach seinem Sturz gefunden und fotografiert wurden, könnten die Vietnamesen verantwortlich sein.

Wenn es noch eines Beweises für die Arglist des menschlichen Herzens bedurft hätte, hier wurde er geliefert. Wir hintergehen nicht nur andere, wir betrügen uns selbst und reden uns nur zu schnell ein, dass unsere Motive in Ordnung und die der anderen schlecht sind. Auf die Frage, ob seine Tochter stolz sein werde, wenn sie einst erfahren wird, wer ihr Vater gewesen sei, antwortete er: »Ich weiß nicht. - Es ist Sache der Geschichte zu urteilen.« Auch hier irrte Pol Pot. Denn in letzter Instanz »werden wir alle vor den Richterstuhl Gottes gestellt werden« (Römer 14,10). *ga*

Was steckt in meinem Herzen außer der guten Meinung von mir selbst noch alles drin?

Ehrlichkeit führt zur Buße und Buße zur Seligkeit.

Psalm 88

Montag

17. April 2000

*Darum fahren alle unsre Tage dahin durch deinen Zorn,
wir bringen unsere Jahre zu wie ein Geschwätz.*
Psalm 90,9

Inflation der Worte

Meine Redelust hat mich schon mehrfach in ziemlich unangenehme Situationen gebracht, weil ich bei den falschen Leuten die falschen Äußerungen machte. Mit Fünfzehn habe ich einmal etwas ausgeplappert, was ich besser für mich behalten hätte. Man verdonnerte mich, dem, der durch meine üble Nachrede verletzt worden war, zehn Wochen lang mein ganzes Taschengeld zu bringen. Sonntag für Sonntag; je zehn Kilometer hin und zurück bei Wind und Wetter.

Aus Erfahrung weiß ich, dass ein rechtes Wort zur rechten Zeit wirklich eine Kunst ist. Reden ist Silber, aber Schweigen manchmal wirklich Gold wert. Wer bei bestimmten Gelegenheiten schweigt, der sagt oft mehr, als es viele Worte vermocht hätten. Leider aber erleben wir fast überall eine Inflation der Worte, denen so gut wie keine Taten folgen. Ob in Familie, Arbeitswelt oder Politik, überall diskutiert man pausenlos über Gott und die Welt. Ein typisches Zeichen unserer redseligen Zeit ist die weltweite Telekommunikation. Wie viel Unfug wird allein mit dem Handy getrieben! Da ist fast jeder Zeitgenosse sein eigener Manager und findet nirgendwo Ruhe zum Nachdenken oder zu sich selber.

Es ist, als wolle der Teufel uns auf alle mögliche Art davon abhalten, dass wir zur Ruhe kommen. Dabei sagt die Bibel, dass es da, wo viele Worte gemacht werden, nicht ohne Sünde abgeht und dass der Kluge seine Lippen im Zaum hält. Wissen Sie, dass es Gottes Wille ist, dass wir zur Ruhe kommen, auch mit unserer Zunge? Jesus Christus hat gesagt: Die Menschen müssen Rechenschaft geben am Tage des Gerichts von jedem unnützen Wort, das sie geredet haben! *khg*

Was fällt leichter: zu reden oder zuzuhören?

Erst denken - dann reden, nicht umgekehrt.

Markus 14,53-65

18. April 2000
Dienstag

*In jener Stunde aber heilte er viele von Krankheiten
und Plagen und bösen Geistern,
und vielen Blinden schenkte er das Augenlicht.*
Lukas 7,21

Warum geht es den anderen besser als mir?

»Für alles gibt es eine Stunde. Und für jedes Vorhaben unter dem Himmel gibt es eine Zeit.« So hat es vor Jahrtausenden schon der weise Salomo gewusst. Die erwähnte Stunde in unserem Tagesspruch bezieht sich auf eine bestimmte Stunde im Leben des Täufers Johannes. Er war in Zweifel darüber geraten, ob Jesus wirklich der ersehnte Retter war, an den er doch so fest geglaubt hatte. Er befand sich seit geraumer Zeit unschuldig im Gefängnis, und nichts deutete darauf hin, dass er jemals wieder herauskommen würde. Konnte der Herr Jesus ihn denn nicht befreien? - Es war vielleicht die dunkelste Stunde im Leben dieses großen Mannes.

Auf der anderen Seite war es eine Stunde, in der viele Menschen durch das Wirken Jesu von Not, Leiden und tiefer Dunkelheit befreit wurden. Und gerade dies verstärkte noch die Verzweiflung des Johannes. Anderen wurde geholfen, ihm aber nicht! Können wir seine Zweifel nicht gut verstehen? Ja, wenn Jesus uns nicht so begegnet und so hilft, wie wir es uns vorstellen, dann fällt es uns schwer, an ihn zu glauben. Für andere scheint es leicht zu sein, an ihn zu glauben; für sie ist er ja da!

Wir ahnen gar nicht, wie gut der Herr Jesus uns gerade in solchen Stunden versteht! Wie seinen Freund Johannes will er uns vor allem aus dem »Gefängnis« unserer falschen Vorstellungen befreien. Darin liegt die Rettung, wenn wir es ihm überlassen, wann und wie er uns seine Hilfe erweist. Insbesondere in den Stunden, da er sich scheinbar nur um die Nöte anderer müht, lernen wir zu glauben, dass er uns versteht, auch wenn er nicht so handelt, wie wir es von ihm erwarten. *mö*

Was habe ich für eine Erwartung an Jesus Christus, den Retter der Welt?

Ich will heute anfangen, ihm ganz zu vertrauen, auch wenn er meine Erwartungen nicht erfüllt.

Markus 14,66-72

Mittwoch — 19. April 2000

*Für die Freiheit hat Christus uns freigemacht.
Steht nun fest und lasst euch nicht wieder
durch ein Joch der Sklaverei belasten.*
Galater 5,1

Freiheit von jeglichem Zwang!

Wir wollen selbst entscheiden! Wir lassen uns nicht fremdbestimmen! »Macht kaputt, was euch kaputtmacht!«
Immer nachdrücklicher werden diese Forderungen gestellt. Weil aber große Unsicherheit über den Weg dahin und über das Ziel der damit verbundenen Erwartungen besteht, nutzen clevere Leute dies aus, um »ihr Süppchen darauf zu kochen« und den Durchblick der anderen zu vernebeln. Durch aggressive Werbung gaukeln sie ihnen dann Freiheiten vor und wollen sie in Wirklichkeit von sich abhängig machen.

Dreiunddreißig Jahre war ich an das Laster des Rauchens gefesselt und alles andere als frei! Immer und überall musste ich das tun, was die Werbestrategen als Freiheit und Selbstverwirklichung suggerierten.

Mit vielen anderen Dingen ist es ähnlich. Wie sehr kann man zum Sklaven der Mode, des Essens und des Trinkens werden. Ganz schlimm wird es, wenn man glaubt, durch bewusstseinsverändernde Drogen von den Zwängen des Daseins befreit werden zu können. Der Zeitgeist sieht auch nicht ein, warum wir nicht die Freiheit zu Steuerbetrug und Ehebruch haben. Aber Gott nennt das Sünde. Und die Bibel sagt an vielen Stellen, dass wer Sünde tut, ein Sklave der Sünde, also überhaupt nicht frei ist. Anfangs mag alles sehr verlockend aussehen; aber dann verwandelt es sich schnell in Zwang und Tyrannei.

Niemand kann sich selbst aus solchen Fesseln befreien. Aber Gott zeigt uns den Weg aus diesen Gebundenheiten: »Wenn nun der Sohn (der Herr Jesus Christus) euch frei machen wird, so werdet ihr wirklich frei sein« (Johannes 8,36). *khg*

Kennen Sie auch Dinge, die Sie lieber los wären?

Reden Sie dann mit Menschen, die auch frei geworden sind!

Markus 15,1-15

Gründonnerstag — 20. April 2000 — **Donnerstag**

> *Und eine andere Generation kam ... auf,*
> *die den HERRN nicht kannte und auch nicht das Werk,*
> *das er für Israel getan hatte.*
> Richter 2,10

Gedächtnisschwund

Immer wieder wird in den Medien auf die immer stärker säkularisierte Gesellschaft verwiesen, wenn nach den Ursachen von Erscheinungen gefragt wird, die das öffentliche Leben belasten. Ob es sich nun um verwahrloste Kinder handelt, Drogenkonsum, Ehescheidung oder was auch immer. Wir leben in einer Gesellschaft, der die Grundwerte zunehmend abhanden kommen und die ihre Verantwortung vor Gott nicht mehr sieht, und das führt zwangsläufig zu einer Haltung wie beim Catch-as-catch-can.

Der obige Bibelvers zeigt uns, dass Verweltlichung auch schon ein Thema für das Volk Israel war. Und ebenso kurz wie treffend nennt uns die Bibel Ursachen. Einer ganzen Generation war Gott abhanden gekommen. Was die Vorfahren mit Gott erlebt hatten, war ihr nicht mehr bekannt. Sie lebte nur noch im Hier und Jetzt, ohne Vergangenheit und ohne Zukunft. Kein Wunder, dass schon im folgenden Vers gesagt wird, dass Israel tat, was böse war in den Augen des Herrn. Die Menschen waren Gott zwar los geworden, aber sie dienten jetzt anderen Göttern. - Ist das nicht auch das Problem unserer Zeit? In dem Maße wie die Menschen Gott vergessen, unterwerfen sie sich den Göttern der modernen Welt: Konsum, Gier, Selbstverwirklichung, und die moralische Orientierung geht verloren. Es zeigt uns aber auch die gewaltige Verantwortung, die wir z. B. als christliche Eltern haben. Unendlich viele der heute lebenden »Gott-losen« Menschen haben irgendwann christliche Voreltern gehabt, die nicht mehr imstande waren, ihren Kindern die großen Taten Gottes zu verkündigen. *koh*

Welchen Stellenwert haben Gottes Gebote in meinem Leben?

Gehorsam lohnt sich!

Markus 15,16-23

Freitag — **21. April 2000** — **Karfreitag**

Und er (Jesus) selbst trug sein Kreuz und ging hinaus nach der Stätte, genannt Schädelstätte, die auf hebräisch Golgatha heißt, wo sie ihn kreuzigten, ...
Johannes 19,17.18

Das Kreuz von Golgatha

Die Karthager haben es erfunden: das Kreuz als grausames Hinrichtungsinstrument. Nachdem die Römer die Karthager besiegt hatten, übernahmen sie das Kreuz von ihnen. Es war die schlimmste Hinrichtungsart der gesamten antiken Welt. Für die Römer war das Kreuz etwas so Abstoßendes, dass einer ihrer berühmten Staatsmänner, Cicero, es am liebsten aus dem Sprachschatz verbannt hätte. Das Kreuz war immer für andere bestimmt, niemals für Römer. Diese entehrende Strafe war für Nichtrömer und Sklaven vorgesehen.

Wieder einmal zehrt man einen Todeskandidaten durch die Gassen Jerusalems. Der schwere Balken des Kreuzes drückt auf die schmerzenden Schultern. Endlich gelangt man zur Hinrichtungsstätte, einem kahlen, schädelförmigen Hügel - Golgatha! Hammerschläge erfüllen die Luft. Nägel werden dem Verurteilten in die Hände getrieben. Mit einem Ruck wird das Kreuz in die Erde gehievt. Dort hängt er nun - zwischen Himmel und Erde. Blut fließt von seinen durchbohrten Händen und Füßen herab. Eine aufgesetzte Krone aus Dornen sticht in sein Haupt. Und unter dem Kreuz, wird gelacht, gespottet und gehöhnt.

Wer ist dieser Mann, der so gedemütigt und verlacht wird? Es ist Jesus Christus, der Sohn Gottes. Vom Himmel kam er, gesandt von Gott. Nun hängt er dort zwischen Himmel und Erde, zwischen Gott und Menschen. Er hängt und blutet dort für Sie und mich, einsam und verlassen. Die Last der Sünde, die ganze Last einer schuldig gewordenen und verlorenen Menschheit liegt auf ihm. Er bezahlt am Kreuz mit seinem Leben für Ihre und meine Schuld, damit wir Frieden mit Gott bekommen. *ju*

Ist mir das eigentlich klar, wofür Jesus am Kreuz gestorben ist?

Nicht einstimmen in das Lachen und Spotten, sondern ernst nehmen, was da geschehen ist!

Markus 15,24-41

Ostersamstag — **22. April 2000** — **Samstag**

Wenn jemand nicht geschrieben gefunden wurde in dem Buch des Lebens, so wurde er in den Feuersee geworfen.
Offenbarung 20,15

Ein Mann, zwei Faden tief

Bekannt wurde er weltweit durch die besondere, bissige Art von Humor, der sein ganzes Werk wie ein roter Faden durchzieht: Gestern vor neunzig Jahren starb der amerikanische Schriftsteller und Pazifist Samuel Langhorne Clemens, den heute fast jeder in unserem Land unter dem Pseudonym »Mark Twain« kennt. Wer hat nicht »Tom Sawyers Abenteuer« gelesen oder die »Abenteuer und Fahrten von Huckleberry Finn« mitverfolgt! Vom Standpunkt der Literaturwissenschaft gilt Twain als bedeutendster Vertreter des amerikanischen Realismus' und als Begründer der modernen amerikanischen Erzählliteratur.

Mark Twains Lebensgeschichte ist weniger bekannt. Er lebte ein bewegtes Leben voller Höhen und Tiefen. Als Zwölfjähriger verließ er nach dem Tod des Vaters die Schule und ernährte die Familie vom Lohn eines Schriftsetzerlehrlings. Zehn Jahre später war er Lotse auf dem Mississippi (»Mark Twain« = zwei Faden Wassertiefe), kämpfte dann im amerikanischen Bürgerkrieg auf der Seite der Südstaaten und wurde anschließend erst Silberschürfer in den Bergen Nevadas, dann Journalist. Er bereiste die USA, Europa und Palästina. Ein Verlag, den er gründete, musste zehn Jahre später Konkurs anmelden: Twain hatte sich mit dem Kauf der Maschinen übernommen. Er überlebte Frau und Töchter, sah das Leben zunehmend pessimistischer und starb, 75-jährig, völlig vereinsamt.

Twain hat Bücher geschrieben, die ihn in den Augen vieler Menschen unsterblich machen. Unsterblich sind wir jedoch alle. Es fragt sich nur, wo wir die Ewigkeit zubringen. *svr*

Wie kann ich sicher sein, dass mich Gott in sein Buch des Lebens eingeschrieben hat?

Es gibt einen Weg, der zu Gott führt. In Johannes 14,6 wird er beschrieben.

Markus 15,42-47

Sonntag   **23. April 2000**   **Ostersonntag**

Ihr kennt die Gnade unseres Herrn Jesus Christus, dass er, da er reich war, um euretwillen arm wurde, damit ihr durch seine Armut reich würdet.
2. Korinther 8,9

Durch Gewalt ins Paradies?

Gestern vor 130 Jahren wurde Wladimir Iljitsch Uljanow geboren, der sich als Revolutionär später Lenin nannte. Schon als junger Jurist setzte er sich im zaristischen Russland für die in Armut lebenden Arbeiter ein und schloss sich den marxistischen Sozialisten an. Als er erkannte, dass sich durch die Vereinigung der Arbeiter allein die Klassenverhältnisse nicht ändern ließen, entwickelte er den Leninismus, d. h. er setzte auf eine elitäre Partei von Berufsrevolutionären, die die Herrschaft im Staat mit Gewalt erringen sollten. Moralische Skrupel kannte er dabei nicht.

1917 gelang ihm dies mit der Oktoberrevolution in Russland, und die Aufrechterhaltung der Macht kostete dann in dem Riesenreich Ströme von Blut, Millionen von Opfern, besonders als nach Lenins Tod (1924) Stalin an seine Stelle trat. Was ein Arbeiter- und Bauernparadies werden sollte, war zum größten Zwangsarbeitslager der Weltgeschichte geworden, in dem Angst und Terror regierten.

Aber dies ist das Ergebnis, wenn der Mensch selbst das im Sündenfall verlorene Paradies wiederherstellen will. Er wird dabei über Leichen gehen. Wie anders handelt Gott, wenn er sich selbst in seinem Sohn Jesus Christus am Kreuz in den Tod gibt, um uns von unserer Sünde zu reinigen. Damit schenkt er uns die Möglichkeit, ewiges Leben in Gemeinschaft mit ihm zu bekommen. Die Leninisten haben 75 Jahre später die Macht verloren, doch während der ganzen Zeit ein Paradies nie geschaffen; Christus aber hat uns durch sein Opfer das Paradies für alle Ewigkeit errungen. *jo*

Was habe ich bisher unternommen, um in dieses Paradies hineinzukommen?

Vertrauen Sie ja keinem, der ein Paradies verspricht, das er errichten will.

Markus 16,1-8

Ostermontag   **24. April 2000**   **Montag**

> *Danach erschien er (Jesus) mehr als fünfhundert Brüdern auf einmal, von denen die meisten bis jetzt übriggeblieben, einige aber auch entschlafen sind.*
>
> 1. Korinther 15,6

Was wäre wenn ...

... Christus nicht auferstanden wäre? Würde das etwas ausmachen? Einige Theologen meinen heute, das Christentum könne auch ohne die Auferstehung Jesu bestehen. Sie argumentieren etwa so: »Andere Religionen bestehen auch noch, obwohl die Begründer verstorben sind. Buddha und Mohammed haben ebenfalls Lehren gestiftet, denen viele Millionen bis zum heutigen Tag folgen!« Sie reduzieren damit das Christentum auf eine bloße Lehre oder Lebensmaxime. Das biblische Christentum ist jedoch allein aus dem Grund entstanden, weil Jesus Christus auferstanden ist und lebt. Er selbst hat nach seiner Auferstehung alles weitere in Gang gesetzt und bis heute seine Gemeinde aufrecht erhalten. An der Einstellung zu Jesus Christus entscheidet sich, ob man seiner lebendigen Gemeinde oder nur einem erstarrten Lehrsystem angehört.

Was war die Auferstehung Jesu nun? Entweder war sie der größte Schwindel, der dem menschlichen Geist jemals zugemutet wurde oder sie ist die großartigste Tatsache der Geschichte. Entweder war sie die genialste Täuschung oder ist sie das größte Wunder. Entweder war sie Unsinn oder ist sie Realität.

Zweifel an der Auferstehung sind nicht neu. Schon ca. 20 Jahre nach diesem Ereignis wurde sie in Korinth in Frage gestellt. Paulus gibt Antwort darauf. Über 500 Augenzeugen haben den auferstandenen Jesus Christus tatsächlich gesehen! Eine Befragung dieser Augenzeugen war damals noch möglich. Die Frage ist: Sind sie vertrauenswürdig? Wenn ja, dann müssen auch wir uns heute ihrem Zeugnis stellen und - ihnen hoffentlich Glauben schenken! Davon hängt auch für uns alles ab! *ju*

Geht es mir nur um Lehre und Moral oder um den lebendigen Christus?

Nur wer Jesus hat, hat das Leben!

Markus 16,9-20

Dienstag — 25. April 2000

> *Jesus aber spricht zu ihm: Folge mir nach,
> und lass die Toten ihre Toten begraben!*
> Matthäus 8,22

Tot und tot ist nicht dasselbe

In dem heutigen Leitvers antwortet Jesus Christus auf die Bitte eines Mannes. Dieser Mann war bereit, sein Schüler zu werden. Er bat aber darum, zuvor seinen verstorbenen Vater begraben zu dürfen. Und dann bekommt er diese zugleich merkwürdige und harte Antwort: Folge du mir, und lass die Toten ihre Toten begraben. Sollte ein Sohn seinem Vater etwa diese letzte Liebe nicht erweisen?

Die Bibel ist kein Buch, das den respektlosen Umgang mit den Toten fordert. Christus lehrt an dieser Stelle nicht, dass Gläubige ihre toten Angehörigen nicht begraben sollten. Er will dem Mann durch diese provozierende Antwort nur deutlich machen, dass es noch etwas viel Wichtigeres gibt, als das eigene Leben so zu leben wie alle anderen. Der Gott der Bibel ist Mensch geworden. Ihn zu kennen und ihm nachzufolgen ist das Wichtigste im Leben eines Menschen, sogar wichtiger, als seine Angehörigen zu ehren und zu lieben. Wie soll es aber möglich sein, dass Tote andere Tote begraben? In der Bibel wird zwischen dem Tod des Körpers und dem Tod des menschlichen Geistes, der in die ewige Verdammnis führt, unterschieden. Der Vater des Mannes war den Tod des Körpers gestorben. Die Verwandten und Bekannten, die ihn begraben wollten, waren dagegen in den Augen Gottes geistlich tot, obwohl ihr Körper noch lebte.

Wenn Sie solch ein Toter sind, der mit einem Bein in der ewigen Verdammnis steht, dann sollten Sie zu Jesus Christus kommen. Er will Ihnen Ihre Schuld gegenüber Gott vergeben; dann werden auch Sie ewig leben. *lr*

Wo würden Sie sich einordnen?

Nur der heutige Tag gehört Ihnen!

1. Petrus 1,1-12

26. April 2000
Mittwoch

Man hat dir mitgeteilt, o Mensch, was gut ist.
Und was fordert der HERR von dir, als Recht zu üben
und Güte zu lieben und demütig zu gehen mit deinem Gott?
Micha 6,8

Die Gebrauchsanweisung

»Wie funktioniert das nun?«, so fragt man sich vielleicht, wenn man ein neues technisches Gerät aus der Verpackung herausholt, um es in Betrieb zu setzen. Zum Glück gibt es eine Bedienungsanleitung! Sie ist vom Hersteller geschrieben, damit der Verbraucher die Ware nutzbringend und sinnvoll verwenden kann. Je komplizierter ein Gerät ist, desto besser ist es, sich genau an diese Gebrauchsanweisung zu halten. Sie dient zum Schutz des Gerätes und nicht zuletzt zur Absicherung des Herstellers. Wer die schriftliche Anleitung achtlos beiseite legt, darf sich, wenn er durch falsche Handhabung einen Schaden angerichtet hat, nicht bei dem Hersteller beschweren.

Gibt es auch eine Bedienungsanleitung für unser Leben? Das wäre doch sehr hilfreich! Niemand hat die Umstände, in denen er lebt, selbst geplant und ausgesucht. Außerdem gibt es viel zu viel, was man falsch anfangen, ja, was man unreparierbar kaputt machen kann - bei sich selbst und bei anderen! Aber Gott sei Dank, es gibt eine Gebrauchsanweisung für das Leben! Es gibt einen Planer und Konstrukteur, der uns Hinweise mitgegeben hat, wie wir das Leben sinnbringend gebrauchen können. Gott, der Schöpfer, hat uns das Leben geschenkt und uns in der Heiligen Schrift mitgeteilt, wie wir mit ihm, mit uns selbst, aber auch mit unseren Mitmenschen umgehen sollen. Aber auch wenn das Leben eines Menschen durch die Missachtung der Gebote Gottes »kaputt« geht, zieht dieser sich nicht unbeteiligt zurück. Er bietet uns unentwegt an, unser verpfuschtes Leben bei ihm in »Reparatur« zu geben. *mö*

Gibt es Bereiche in meinem Leben, die vielleicht schon »kaputt« sind?

Ich will Gott konkret um Rat bitten in den Lebensfragen, in denen ich selbst nicht weiter weiß!

1. Petrus 1,13-16

Donnerstag   27. April 2000

Dort wird eine Straße sein ...
und er wird der heilige Weg genannt werden ...
selbst Einfältige werden nicht irregehen.
Jesaja 35,8

Voller Tücke: eine Lücke statt der Brücke

Hochachtung vor modernen Navigations-Systemen im Auto! Sie sind wahrscheinlich wirklich ihr Geld wert. Aber trotz hoher Anschaffungskosten und technischer Ausgereiftheit sind sie doch noch unvollkommen.

Am zweiten Weihnachts-Feiertag 1998 erlebte ein Autofahrer den Schrecken seines Lebens. Er hatte sich in seinen Wagen ein hochmodernes Navigations-System installieren lassen. Dieser satellitengestützte Wegweiser leitete ihn mit erstaunlicher Präzision und Zuverlässigkeit. Anscheinend vertraute er der Technik allmählich blind, denn in der Nähe von Potsdam raste er mit hoher Geschwindigkeit auf eine Ufermauer der Havel zu und stürzte in die Fluten des Templiner Sees. Sein elektronischer Navigator hatte nämlich eine folgenschwere Wissenslücke: Statt einer gewöhnlichen Brücke über die Havel gab es an dieser Stelle nur eine Fährverbindung. Das wusste der Navigator nicht - und eine Fähre stand dummerweiser nicht am Kai. GPS-gestützte Navigationssysteme mögen prächtig sein, aber sie bleiben trotz ständiger »Updates« unvollkommen.

Zur Orientierung auf unserem Lebensweg ist und bleibt die Bibel der erprobteste und zuverlässigste Wegweiser. »Ja, das Wort, das Gott gegeben, es ist Wahrheit, Geist und Leben. Unsers Weges helles Licht, wer ihm folgt, der irrt nicht« (Andreas Stoll). Im obigen Bibelvers sagt Jesaja von dem Weg, den die Heilige Schrift uns zeigt, etwas Erstaunliches: Selbst naive Menschen werden ihn sicher finden. Wer vom Kurs auf's Ziel abweicht, kann in der Bibel Korrektur erhalten und die richtige Route herausfinden. (Lesen Sie dazu auch Jesaja 30, Vers 21.) *fe*

Wie ist es möglich, dass die Bibel ohne »Updates« noch heute »up to date« ist?

»Keiner wird zuschanden, welcher Gottes harrt. Sollt ich sein der erste, der zuschanden ward?«

1. Petrus 1,17-21

28. April 2000
Freitag

Wenn Tote nicht auferweckt werden,
so lasst uns essen und trinken,
denn morgen sterben wir!
1. Korinther 15,32

Ein Risiko, das viele Menschen übersehen

Wir lassen es uns viel kosten, gegen alle möglichen Risiken versichert zu sein. Haben Sie aber schon einmal darüber nachgedacht, welche Risiken mit einer Fehlentscheidung bei der Frage nach der Auferstehung der Toten verbunden ist?

Der französische Mathematiker und Philosoph B. Pascal verdeutlichte dieses Risiko folgendermaßen: Es gibt zwei Möglichkeiten, entweder treffen die Prognosen der Bibel über ein Leben nach dem Tod zu oder sie sind falsch. Ebenso lassen sich die Menschen bezüglich ihres Glaubens oder Unglaubens an die Prognose der Bibel in zwei Gruppen einteilen. Pascal verglich nun die Vor- und Nachteile beider Gruppen beim Zutreffen bzw. Nichtzutreffen der biblischen Prognose.

Gibt es kein ewiges Leben, so haben die Gläubigen während dieses Lebens einen Nachteil. Sie leben hier in der falschen Hoffnung auf eine ewige Welt, während die Ungläubigen im Recht sind und einen Vorteil für die Dauer ihres Lebens haben. Weitere Nachteile gibt es bei dieser Alternative ohne ewiges Leben nicht. Es sei denn, Christen würden wegen ihres (unnützen) Glaubens geächtet oder isoliert. Trifft dagegen die biblische Prognose eines ewigen Lebens zu, so führt der Glaube zu einer unerschütterlichen Hoffnung auch in aussichtslosen Situationen und damit schon während dieses Lebens zu einem Vorteil. Dazu kommt noch der unermesslich große Vorteil in der Ewigkeit. Die Fehlentscheidung der Ungläubigen ist in diesem Fall ungleich folgenschwerer als der Irrtum der Gläubigen im ersten Fall, denn sie führt zum ewigen Gericht.

is

Ist es zu verantworten, das Risiko einer Fehlentscheidung mit solchen Konsequenzen in Kauf zu nehmen?

Gegen das Risiko, in der Hölle zu landen, sollte man versichert sein.

1. Petrus 1,22 - 2,3

Samstag

29. April 2000

*Alles, was ihr wollt,
dass euch die Menschen tun sollen,
das tut ihr ihnen auch!*
Matthäus 7,12

Die größte Herausforderung unseres Lebens

Mir war der Kragen geplatzt. Das Verhalten meiner Tochter hatte das Fass überlaufen lassen. Dabei hatte ich völlig überreagiert. Mit einer Kanone hatte ich auf den Spatz des Fehlverhaltens meiner Tochter geschossen.

Da meldete sich in mir mein Gewissen. Diese leise Stimme kannte ich. Eine Stimme, über die sich nicht selten Gott bei mir innerlich zu Worte meldet, wenn ich mich falsch verhalten habe. Ungeduldig, aufbrausend, zornig hatte ich reagiert, keinesfalls so, wie Gott sich mir gegenüber verhält, wenn ich ihm gegenüber uneinsichtig, murrend und unwillig bin.

Gottes Art ist es, gütig, langmütig und geduldig den Uneinsichtigen zu einer neuen Einstellung und anderem Verhalten zu bewegen. Gott hat einen langen Geduldsfaden. Das bedeutet aber nicht, dass er fünf gerade sein lässt und falsches Verhalten übersieht oder gar gut heißt. Er ist bereit, menschliches Fehlverhalten mit langem Atem zu ertragen. Gott setzt angemessene Mittel und Möglichkeiten ein, die darauf abzielen, dass jemand freiwillig sein Fehlverhalten eingesteht und zu neuen Verhaltensweisen kommt.

Und so, wie sich Gott uns gegenüber verhält, und wir uns wünschen, bei Versagen behandelt zu werden, so sollen wir uns auch anderen Menschen gegenüber verhalten. Das ist für viele impulsive Menschen die größte Herausforderung ihres Lebens. Und nirgends tritt sie dringlicher in Erscheinung als im Zusammenleben innerhalb des engen Familienkreises. Denn wo erleben wir häufiger, wie unzulänglich wir Menschen sind, als da, wo wir täglich auf engem Raum miteinander zu tun haben? *fo*

Was müssten Sie ablegen, nachlassen, ändern?

Lesen Sie die Geschichte vom unbarmherzigen Knecht in Matthäus 18!

1. Petrus 2,4-10

30. April 2000
Sonntag

Hörer des Gebets!
Psalm 65,3

Niemals enttäuscht!

Georg Müller (1805-1898) hat sein Glaubenswerk mit dem Vorsatz begonnen, seinen Zeitgenossen zu zeigen, dass der Gott der Bibel noch heute wirkt und Gebet erhört. Daraus sind im Laufe der Zeit große Waisenhäuser entstanden, in denen zu seinen Lebzeiten 20.000 Kinder aufwuchsen und die heute noch bestehen. Auch unterstützte er in erheblichem Umfang Bibelgesellschaften und Missionswerke.

All das geschah, indem er die Anliegen intensiv und vertrauensvoll vor Gott brachte, während er niemals einen Menschen um Geld gebeten hat. Als es einmal finanziell sehr kritisch aussah, gab er nicht einmal den Jahresbericht heraus, weil dessen Bilanzen als Hilferuf verstanden werden konnten. Erst als die Geldquellen wieder flossen, wurde der Bericht nachgereicht.

Einmal hatte er buchstäblich nichts für die Kinder zu essen. Trotzdem ließ er sie sich an die Tische setzen, während er Gott um Hilfe anflehte. Da kam der Bäcker. Er habe nicht schlafen können und deshalb sei er um zwei Uhr aufgestanden, um für die Waisenkinder Brot zu backen. Gleich danach hielt der Milchmann vor der Tür. Weil ihm eine Achse gebrochen war, wollte er den Kindern die Milch schenken, um sein Gefährt zu erleichtern. Wir erfahren Gottes Durchhilfe vielleicht nicht so spektakulär. Aber wir haben den gleichen Gott, der uns viel bequemer durch die Welt kommen lässt als einen Georg Müller. Leider nehmen wir alles Gute wie selbstverständlich hin, anstatt ihm für seine Wohltaten zu danken. Und auch bei Schwierigkeiten will er uns helfen, wenn wir unser Vertrauen auf ihn setzen. *gr*

Worum kann ich Gott heute bitten, um seine Durchhilfe zu erfahren?

Das Danken nicht vergessen! Es erfreut Gottes Herz.

Psalm 122

Montag

1. Mai 2000

Und alles, was ihr tut, im Wort oder im Werk, alles tut im Namen des Herrn Jesus ...
Kolosser 3,17

Tag der Arbeit!

Ob wir heute auch einmal ein Wort über den »Tag der Arbeit« verlieren dürfen? Schließlich stehen wir alle mit beiden Beinen mitten in der Welt. Ob Berufstätiger, Azubi oder Rentner, ganz gleich - für alle gilt: Ob ihr esst oder trinkt oder sonst etwas tut, tut alles zur Ehre Gottes (1. Korinther 10,13). Ein Wort an Christen! Nun sind tatsächlich die Berufsjahre die aktivste Zeit unseres Lebens. Mit ihnen füllen wir weit über die Hälfte unseres Lebens aus. Leider finden heute immer weniger ein positives Verhältnis zu Arbeit und Beruf, obwohl die Bibel in Kolosser 3,23 sagt: »Was ihr tut, das tut von Herzen!« Arbeit Herzensangelegenheit? Oder Würgerei von morgens bis zum langersehnten Feierabend? Das sei deutlich: Gott unterstützt Faulheit nicht! Das gilt auch für Schüler! Paulus ist bienenfleißig gewesen. Er schreibt: »Seine Gnade mir gegenüber ist nicht vergeblich gewesen, ... ich habe mehr gearbeitet als sie alle!« (1. Korinther 15,10)

Man kann also durch Faulheit die Gnade Gottes nutzlos machen! Wer also als Christ kein rechtes Verhältnis zur Arbeit findet, sollte sein Verhältnis zu Gott einmal überprüfen. Natürlich ist es nicht einerlei, unter welchen Bedingungen ich arbeite. Das wirft gewiss manche berechtigte Frage auf. Allerdings kennt die Bibel kein Doppeldenken, etwa auf der einen Seite die Alltagsarbeit und die tägliche Plackerei im Beruf, und auf der anderen Seite die Arbeit für Gott. Arbeit ist in jedem Fall Bewährungsfeld. Wer nicht lernt, im Namen Jesu zu arbeiten, dessen Dienst ist auch auf anderen Gebieten sinnlos! *mp*

Wo muss ich meine Grundeinstellung zur Arbeit und zu meinen Alltagspflichten vor Gott korrigieren?

Wer seine Arbeit im Namen Jesu tut, wird großartige Entdeckungen machen.

1. Petrus 2,11-17

2. Mai 2000

Dienstag

*Und er wird ... die Vertriebenen Israels zusammenbringen,
und die Verstreuten Judas wird er sammeln
von den vier Enden der Erde.*
Jesaja 11,12

Altes, neues Land

Heute vor 140 Jahren wurde in Budapest Theodor Herzl geboren. Er sollte der Begründer des politischen Zionismus werden, einer Bewegung, die die Juden über eine religiöse und kulturelle Gemeinschaft hinaus auch als nationale und damit geographisch auffindbare Einheit sehen möchte. Denn Ende des 19. Jahrhunderts waren die Juden immer noch in alle Welt zerstreut und hatten fast überall mit Benachteiligungen oder sogar Aggressionen von Seiten der jeweiligen Länder zu tun.

Theodor Herzl, dessen Vater ein wohlhabender Bankier war, erhielt eine gute Ausbildung und lernte 6 Sprachen. In Wien studierte er Jura und schrieb nebenbei Geschichten, Romane und Theaterstücke. Mit 33 Jahren ging er nach Paris und arbeitete als Berichterstatter für eine Zeitung. 1896 erschien sein Buch »Der Judenstaat«. In einer Zeit, in der in vielen europäischen Ländern erneut eine gegen die Juden gerichtete Stimmung aufkam, suchte er die Judenfrage politisch zu lösen.

Sie sollten wieder als ein Volk einen eigenen Staat haben und ihre Kultur erhalten. Und zwar in Palästina, von wo aus sie vor 1800 Jahren vertrieben worden waren; nur lebten dort jetzt Araber, die von solchen Ideen alles andere als angetan waren. 1909 gründeten die ersten jüdischen Familien am Mittelmeer eine Stadt und gaben ihr den Namen nach einem Roman Herzls: »Altneuland«, auf Hebräisch Tel Aviv. Nach den zwei Weltkriegen wurde dann 1948 der Staat Israel gegründet. Wir sehen daran, wie Gott Menschen benutzt und die Dinge so lenkt, wie er es in seinem Wort, der Bibel, lange vorher hat aufschreiben lassen. *mü*

Bin ich mir bewusst, wie viele Aussagen die Bibel macht, die mein eigenes Leben betreffen?

Ich will im Johannesevangelium anfangen, nach solchen Aussagen zu suchen.

1. Petrus 2,18-25

Mittwoch

3. Mai 2000

> *Das Törichte der Welt hat Gott auserwählt,
> damit er die Weisen zuschanden mache; und das Schwache der Welt
> hat Gott auserwählt, damit er das Starke zuschanden mache.*
>
> 1. Korinther 1,27

Die kleinen Dinge ...

... finden bei uns wenig Anklang. In der Zeitung oder in den Fernsehnachrichten werden uns die großen und sensationellen Dinge vorgestellt. - Heute beim Frühstück war der Honig etwas zäh. So geschah es, dass mein Butterbrot mit einer dicken Honigauflage bestrichen wurde. Konnte mir nur recht sein; denn ich esse sehr gern Süßes. Doch dann stutzte ich einen Augenblick, als mir bewusst wurde, welcher Fleiß von den kleinen Honigbienen allein für mein Butterbrot aufgewandt wurde:

Eine Biene trägt in ihrem winzigen Transportgefäß, dem Magen - klein wie ein halber Stecknadelkopf - den gesammelten Nektar nach Hause, den sie von den Blüten eingesammelt hat. Einen Teil davon verbraucht sie unterwegs als Treibstoff. Zwei Drittel des Nektars sind Wasser. Nur ein Drittel wird schließlich als Honig deponiert. Ein winziges Tröpflein! Zu gering, um es zu beachten und wertzuschätzen? Doch Gottes Weise ist es immer wieder, durch viele kleine Dinge etwas Großes und Schönes zu schaffen. So lässt er unermüdlich viele Honigbienen fliegen. Um uns ein einziges Kilogramm des leckeren Honigs zu geben, steuern diese kleinen Insekten ca. 6 Millionen Blüten an, auf einer Strecke, die 7-mal um die Erde reicht!

Vielleicht denken Sie: Ich bin unbedeutend, in dieser großen Welt. Mein Bisschen nützt doch nichts. Lernen Sie von der Biene: Eine kleine Liebestat, ein freundliches Wort, ein dankbarer Aufblick zu Ihrem Gott im Himmel. Er wird alles einsammeln und bewahren, was seine Kinder zu seiner Ehre zusammengetragen haben. Im Himmel werden wir einmal staunen über die vielen Geringen, die Gott hier in Treue dienten. *la*

Wie könnte ich heute ein wenig »Honig eintragen«?

Ich fange bei dem Nächsten an, der mir begegnet.

1. Petrus 3,1-7

4. Mai 2000
Donnerstag

*Denn Esra hatte sein Herz darauf gerichtet,
das Gesetz des HERRN zu erforschen und zu tun
und in Israel die Ordnung und das Recht des HERRN zu lehren.*
Esra 7,10

Warum ist die Bibel so schwer zu verstehen?

Wer schon einmal eine Bibel in der Hand hielt, wird festgestellt haben, dass es sich - je nach Größe und Material - um ein Buch mit beachtlichem Gewicht handelt. Wer aber schon einmal eine Bibel in die Hand genommen und aufgeschlagen hat, um darin zu lesen, der wird in einem weit höheren Sinne wissen, dass es ein »schweres« Buch ist. Die Heilige Schrift ist keine »leichte« Lektüre, die man so nebenbei zur Entspannung lesen kann. Dabei enthält sie nicht einmal nur schwierige Fachgebiete und Sonderthemen. Die Bibel ist für jeden Menschen geschrieben, der lesen kann, und ihr Inhalt ist so lebensnah und weitreichend, dass sie jeden etwas angeht. Jedoch das Wenigste ist leicht an der Oberfläche abzuschöpfen. Sie lädt uns ein, ihren tiefen Gehalt zu erarbeiten und ist darauf angelegt, »erforscht« zu werden.

Um das Buch des HERRN zu erforschen muss man aber kein Wissenschaftler oder Akademiker sein. Das große Geheimnis dieses Buches besteht darin, dass es am besten verstanden wird, wenn es gehorsam »ausgelebt« wird. Zu Josua wurde gesagt: »Dieses Buch des Gesetzes soll nicht von deinem Mund weichen, und du sollst Tag und Nacht darüber nachsinnen, damit du darauf achtest, nach allem zu handeln, was darin geschrieben ist« (Josua 1,8). Ähnliches sagt das bekannte Sprichwort aus: »Probieren geht über Studieren!« Der Wahrheitsgehalt und die verändernde Wirkung der biblischen Aussagen wollen im praktischen Alltag - Tag und Nacht, im Arbeiten oder Ruhen - geprüft und erlebt werden. Keiner, der sein ganzes Leben nach den Gedanken der Bibel ausrichtet, hat es bisher bereut. *mö*

Was hat der Bibeltext, den ich heute lese, mit meiner persönlichen Situation zu tun?

Das, was ich aus der Bibel verstanden habe, will ich in meinem Alltag umsetzen und »ausprobieren«!

1. Petrus 3,8-12

Freitag

5. Mai 2000

Glaube an den Herrn Jesus und du wirst errettet werden.
Apostelgeschichte 16,31

Der Menschenfischer

Wer Israel besucht, macht sicher auch Station am See von Tiberias. Klima und Landschaft, alte und neue Kultur, die einmalige Lage im Jordantal, machen den besonderen Reiz aus. Am Nordufer findet man einsame Strände, wo die Seele zu Ruhe kommen kann. Man schaut herüber nach der Stadt Tiberias. Rechts, hoch oben, flimmern die Lichter von Sfat. Abends ist die Stimmung unbeschreiblich schön. Am anderen Ufer leuchten im letzten Abendlicht die Hügel herüber, da muss es gewesen sein, wo Jesus seine Jünger zu Menschenfischern berufen hat.

Wir schlendern auf der Promenade von Tiberias entlang. Dabei passieren wir eine Reihe von guten Fischrestaurants. Ein junger Mann fällt uns auf, er ist weniger aufdringlich als die anderen, höflich erklärt er uns die Gerichte. Als der Tisch gedeckt wird, fragen wir, was das nun sei, - arabisches, drusisches oder jüdisches Essen? Er lacht und sagt: »Von allem etwas.« Und so kommen wir ins Gespräch. Araber ist er, - kein Moslem, sondern Christ. »Ja, und was verstehen sie unter christlichem Glauben?« Seine Augen werden groß. »Ich weiß«, sagt er. »Die meisten Christen haben nur Tradition, aber ich war in einem christlichen Heim, da hab ich gespürt, da ist Jesus, da ist echter Glaube. Aber ich bin mir nicht sicher, ob ich den Glauben habe.«

Nach zwei Tagen essen wir wieder am See und fragen nach dem jungen Mann. »Der ist in ein christliches Heim gegangen«, wird uns geantwortet ... Der Mann vom See - Jesus - ist immer noch da und ruft Menschen zum Glauben. Er ist kein Gott der Tradition und nicht veraltet, sondern er ist noch heute aktuell.

gs

Was verstehen Sie unter christlichem Glauben? - Prüfen Sie sich mal.

Wer den Glauben hat - der weiß es!

1. Petrus 3,13-17

Samstag

*Der Tor spricht in seinem Herzen:
Es ist kein Gott.*
Psalm 14,1

Imagine there's no heaven

Stell dir vor es gäb keinen Himmel über uns, keine Hölle unter uns, keine Religion, die den Menschen Angst macht. Wäre das nicht schön? Wenn alle Menschen einfach so unbelastet leben könnten, alle das Jetzt auskosten würden und sich nicht auf das Jenseits vertrösten ließen. Kein Gott, der Vorschriften macht, keine lästige Einschränkung, keine Komplexe mehr, alles wäre locker. Das war jedenfalls die Meinung John Lennons, als er in den 70er Jahren dieses Lied mit der wunderschönen Melodie sang. Problematisch wäre das aber trotzdem. Natürlich würden viele freien Gebrauch von ihren Ellenbogen machen, frei Radfahren (nach oben buckeln und nach unten treten), und frei den Lebensabschnittspartner wechseln, auch wenn der das nicht will. Es gäbe keinen Platz, an dem Verbrecher und menschliche Schweinehunde gerichtet werden. Hitler wäre einfach nur tot und müsste nicht in die Hölle, Milosevic hätte keine Verantwortung für die frauenschändenden Lager in Bosnien oder im Kosovo. Und niemand würde deinen Kollegen zur Verantwortung ziehen, der dich gerade durch Anschwärzen um einen besseren Job gebracht hat. Und keiner den Unbekannten fragen, der mit einem Schlüssel einen Kratzer quer über dein neues Auto gezogen hat.

In Wirklichkeit wollen wir, dass es den Himmel und die Hölle gibt. In den Himmel wollen wir möglichst selbst hinein, und in der Hölle würden wir gerne diejenigen sehen, die böse handeln. Und genau das ist Gottes Meinung: Gerechte in den Himmel, Böse in die Hölle. Bloß - wer ist schon gerecht? Die Bibel sagt, das sei keiner; nur der wird für gerecht erkannt, der an Jesus Christus als Retter und Herrn glaubt. *as*

Wenn das stimmt, wohin geht meine Reise?

Man sollte auf Gottes freundliche Einladung hören!

1. Petrus 3,18-22

Sonntag — **7. Mai 2000**

Die Erde bringe lebendige Wesen hervor nach ihrer Art.
1. Mose 1,24

Leben überall

Gott ist Leben, und Jesus Christus stellt sich selbst als das Leben in Person vor: »Ich bin das Leben« (Johannes 14,6). Wenn der Schöpfer seine Genialität und Kraft in der Schöpfung offenbart hat, ist es nicht verwunderlich, dass wir überall auf der Erde das Leben in unvorstellbarer Vielfalt und Schönheit antreffen.

Auch die unwirtlichsten Gebiete dieser Erde sind nicht frei von Leben. Selbst in den Wüstengebieten der Erde finden wir vollständige Ökosysteme mit zahlreichen, den dortigen Bedingungen angepassten Lebewesen. Walt Disney drehte vor Jahren einen Film mit dem treffenden Titel »Die Wüste lebt«. In der heißen Namibwüste z.B. gibt es die Welwitschia Mirabilis, eine Pflanze, die trotz sengender Sonne und Wassermangel 1500 Jahre alt werden kann. Steigen wir mit einer Tauchkugel 10.000 Meter in die Tiefsee hinab, so finden wir selbst in 10.000 Meter Tiefe noch Fische, die für ein Leben in dieser ewigen Nacht und unter äußerst hohem Druck ausgestattet sind. Die »Lampen« an ihren Körpern verwandeln mit 100-prozentigem Wirkungsgrad chemische Energie in Licht. Unsere Lampen kommen höchstens auf ein Fünftel dieser Ausbeute.

Aber auch in unseren Gebieten wimmelt es nur so von Leben. In einem Quadratmeter Ackerboden finden wir durchschnittlich: 1 Billiarde Bakterien, bis zu 10 Milliarden Strahlenpilze, 23.000 Springschwänze, 18.000 Milben, 800 Käfer und Käferlarven, 550 Tausendfüßler, 320 Ameisen, 300 Asseln, 240 Fliegenlarven, 230 Spinnen und 108 Regenwürmer. Wer weiß schon, dass in einem Kubikmeter Meerwasser mehr Lebewesen enthalten sind als es zur Zeit Menschen auf dieser Erde gibt? *gi*

Wäre das nichts, wenn dieser Schöpfergott mein Vater würde?

Heute noch ihn darum bitten!

Psalm 136

8. Mai 2000

Montag

*Ich erinnere mich des ungeheuchelten Glaubens in dir,
der zuerst in deiner Großmutter Lois
und deiner Mutter Eunike wohnte, ich bin aber überzeugt, auch in dir.*
2. Timotheus 1,5

Das Vorbild der Mütter

Viel Gutes wird am Muttertag über die Mütter gesagt und einiges Gute auch getan. Doch an den anderen 365 Tagen dieses Jahres ist es weit stiller um sie. Und viele Mütter wollen es auch gar nicht anders. Sie wissen ohnehin: »Ohne Mutter läuft es nicht!« Wie manche Väter und wie viele Kinder haben das leidvoll erfahren, wenn die Mutter einmal »ausgefallen« war! Mancher Vater hat dann kleinlaut gefragt: »Wie machst du das bloß?« Tatsächlich können wir Männer nur staunen, was Mütter alles bewältigen, ohne viel Aufhebens davon zu machen.

Dennoch: Etwas Anerkennung, Rücksichtnahme und Hilfe wünscht sich so manche Mutter nicht nur am Muttertag. Oft ist es nur Gedankenlosigkeit der anderen Familienglieder, die Mutter fast die ganze Last der Haus-»Wirtschaft« alleine tragen zu lassen. Ein wenig Aufmerksamkeit und Verzicht auf die eigene Bequemlichkeit können schon dazu beitragen, die Mutter zu entlasten. Und das kommt letztlich allen zugute.

Doch eine Mutter führt ja nicht nur den Haushalt, sondern erzieht und prägt entscheidend ihre Kinder! Wie die Kinder sich entwickeln und was aus ihnen wird, darauf haben Mütter den größten Einfluss. Und mit das Beste, was Mütter ihren Kindern vorleben und mitgeben können, ist der Glaube an den ewigen Gott der Bibel. Nach unserem heutigen Bibelwort war es dem Apostel Paulus unvergesslich, in welchem Glauben die Großmutter und die Mutter des Timotheus standen, so dass auch der Enkel und Sohn Timotheus diesen Glauben bewusst annahm. Auch heute ist es das Beste, was Mütter ihren Kindern mitgeben können, wenn sie sie beten und glauben lehren. *wi*

Wie kann ich als Vater meine Frau entlasten?

Als Eltern wollen wir uns auch um die seelische und geistliche Entwicklung unserer Kindern kümmern.

1. Petrus 4,1-11

Dienstag

9. Mai 2000

Vielleicht wird das Haus Juda auf all das Unheil hören, das ich ihnen zu tun gedenke, dass sie umkehren, jeder von seinem bösen Weg, und ich ihre Schuld und ihre Sünde vergebe.
Jeremia 36,3

Die Bibel - ein Buch voller Blut und Grausamkeit?

Viele Menschen haben Vorurteile gegenüber der Bibel, weil sie meinen, sie enthalte allzu viele Gerichtsandrohungen. Es sei zu viel von Mord und Kriegen darin die Rede. Man bekommt den Eindruck, der zornige Gott sei immer nur böse mit den Menschen und hätte die größte Freude daran, irgendwelche Verbote zu verhängen. Und er warte förmlich nur darauf, dass er die Menschen bestrafen kann.

Betrachtet man aber die Berichte der Heiligen Schrift genauer, bekommt man einen ganz anderen Eindruck von Gott. Sicher enthält die Bibel manche Äußerung über Gottes gerechten Zorn. Er verschweigt darin nicht sein Urteil über die Sünden der Menschen. Aber dürfen wir daraus schließen, dass der Allmächtige grausam und böse ist?

Ist der Nachrichtensprecher ein böser Mensch, wenn er uns von den derzeitigen Terroranschlägen, Kriegen und Umweltkatastrophen in Kenntnis setzt? Oder lässt die Verkehrsbehörde manche Warnschilder an den Straßen aufstellen, weil sie die Autofahrer ärgern will?

Die Bibel zeigt letztendlich ein realistisches Bild von Gott, der Welt und der Menschheit. Und dies wiederum tut sie, um die Menschen zu warnen, um sie vor Unheil zu bewahren. Die Heilige Schrift drückt darin die Liebe Gottes zu uns Menschen aus. Gott zeigt uns, er hat die Menschen noch nicht aufgegeben: »Vielleicht werden sie auf all das Unheil hören.«

Darüber hinaus redet die Bibel viel mehr davon, wie Gott die Strafe, die er selbst über die Sünde verhängt hatte, auf seinen eigenen Sohn Jesus Christus kommen ließ, um uns zu retten. *mö*

Welche Vorurteile habe ich gegenüber der Bibel?

Ich will die schwierigen Abschnitte noch einmal genau nachlesen und mit einem erfahrenen Bibelleser darüber sprechen!

1. Petrus 4,12-19

10. Mai 2000

Mittwoch

*Da ließ der HERR den Söhnen Israel
einen Retter erstehen,
der rettete sie.*
Richter 3,9

»... nichts ..., außer Blut, Schweiß und Tränen!«

Das waren schwere Zeiten für England. Großdeutschland hatte einen »glorreichen« Sieg über Polen errungen. Jetzt standen Hitlers Armeen an Frankreichs Grenzen. Da wurde Churchill zum Premierminister gewählt. In seiner berühmt gewordenen Antrittsrede sagte er mit frappierender Ehrlichkeit: »Ich habe euch nur Blut, Schweiß und Tränen zu bieten.« Auch in aussichtsloser Lage verfolgte er mit unerschütterlicher Beharrlichkeit und mit Weitblick das Ziel, England zum Sieg über einen aggressiven Feind zu führen und wurde dafür mit Erfolg belohnt.

Churchill war übrigens auch ein begabter Schriftsteller - sein Werk »Der Zweite Weltkrieg« überschreibt er folgendermaßen: Im Krieg: Entschlossenheit; in der Niederlage: Trotz; im Sieg: Großmut; im Frieden: Guter Wille. Von den Männern, die seine Weggenossen waren, schreibt er: »Es möge niemand auf sie herabsehen, ohne sein eigenes Herz zu erforschen.« Churchill wollte nichts sagen und schreiben, was man gerne hört, er wollte Zeugnis ablegen. Als Präsident Roosevelt ihn fragte: »Wie würden Sie den Krieg nennen«, erwiderte er ohne Zögern: »Den unnötigen Krieg«.

Zweifellos zählt Sir Winston zu den großen Persönlichkeiten dieses Jahrhunderts. Gott gibt Völkern solche Männer. Aber das Größte ist doch, dass Gott uns seinen Sohn sandte, Jesus Christus. Er hat mit größter Beharrlichkeit und Mut einen Krieg gegen einen mächtigen Feind geführt. Er hat im Krieg alles gegeben - sein Leben; in der Niederlage den größten Sieg errungen; im Sieg an uns Sünder gedacht; im Frieden uns mit Gott versöhnt. *gs*

Welchen Retter wählen wir für unser Leben?

Nur einer kann uns von dem größten Feind und dem ewigen Tod retten!

1. Petrus 5,1-7

Donnerstag

11. Mai 2000

Er hat mich heraufgeholt aus ... Schlick und Schlamm, und er hat meine Füße auf Felsen gestellt.
Psalm 40,3a

Kennen sie den Freiherrn Karl Friedrich Hieronymus?

Nein? Sicher nicht? Vermutlich doch, denn dies sind nur seine drei Vornamen. Und, lebte er noch, würde er zum heutigen Datum seinen 280. Geburtstag feiern. Sein Familienname ist vielen vertrauter: Von Münchhausen. Der sogenannte »Lügenbaron« ist keineswegs eine Märchengestalt, sondern eine reale Person der deutschen Geschichte. Geboren und gestorben im Weserland, aber zwischenzeitlich weit herumgekommen. In jungen Jahren diente er als Page am russischen Zarenhof. Während der Türkenkriege wurde er durch die Gunst der Zarin zum Rittmeister befördert. 1750, gerade mal 30 Jahre alt, quittierte er seinen Dienst und kehrte auf sein Landgut in der Nähe Hannovers zurück. Fortan führte er ein ausgelassenes Reit- und Jagdleben und schwelgte in Erinnerungen. In abendlicher Runde erzählte er seinen Gästen angeblich selbsterlebte Abenteuer und seltsam angeberische Anekdoten. Zum Beispiel die Schilderung, wie er sich als Versinkender am eigenen Schopf aus dem Moor zog ...

Hin und wieder trifft man noch heute auf ähnliche »Münchhausens«. Sie sind von der Möglichkeit derartiger Selbst-Rettung überzeugt. Ihre Lebensphilosophie lautet: »Hilf dir selbt, dann hilft dir Gott!« Oder: »Ich schaffe das schon allein, da brauche ich Gott nicht.« Wer aber tief in Sündenschlamassel geraten ist und ahnt, dass dies den sicheren Untergang bedeutet, der wende sich an den, der helfen kann - Jesus Christus! Er ist der Halt und Helfer, der sich tief in unsere Not hineingebeugt hat. Er streckt uns seine Hand zur Rettung entgegen. Schlagen wir ein?

fe

Fällt uns nicht gerade das am schwersten: andere um Hilfe zu bitten?

»Eine besonders törichte Form der Lüge ist die Prahlerei.« August Lämmle

1. Petrus 5,8-14

Freitag

Wir lieben, weil er uns zuerst geliebt hat.
1. Johannes 4,19

Das Lächeln der Zukunft

betitelt ein deutsches Nachrichtenmagazin Claudinnes Geschichte. Ihre schreckliche Traumatisierung trägt sich 1994 bei einem Massaker in Ruanda zu: Alle Familienangehörigen des sechsjährigen Tutsi-Mädchens werden auf bestialische Weise umgebracht. Claudinne erlebt mit, wie ihre Eltern und neun Geschwister den Buschmessern der Hutu-Rebellen zum Opfer fallen. Ein Machetenhieb durchtrennt die Nase des Kindes und dringt tief in die Wangen und Kiefernknochen ein. Claudinne überlebt nur deshalb, weil die Mörder das Mädchen totglauben. Sie kann trotz großen Blutverlusts gerettet werden. In einer Foto-Reportage wird später über das Schicksal Claudinnes berichtet.

Der Anblick des vernarbten Kindergesichtes lässt einem Leser dieses Beitrags keine Ruhe. Der 77-jährige Rentner aus Karlsruhe verzichtet auf einen Neuwagen, um Claudinne eine plastische Gesichtsoperation zu ermöglichen. Er möchte sich auch weiter um die Waise kümmern, die mittlerweile in einem SOS-Kinderdorf lebt ... Zu einem Radiobeitrag anlässlich des Weltkindertages reisen erneut Reporter in das ruandische Kinderheim. Sie wollen über die erfolgreiche Gesichtskorrektur berichten. Es wird ihnen gestattet, ein behutsames Interview zu führen. Als sie das Zimmer betreten, hört man ein Stimmchen Unverständliches singen. »Was singt sie da?«, fragt der Reporter den einheimischen Betreuer. »Das heißt: Jesus, ich liebe dich, denn du hast mich zuerst geliebt ...« Als der Beitrag gesendet wird, kann ich meine Tränen nicht zurückhalten. Eine schrecklich vernarbte Kinderseele kann heil werden durch die Liebe, die stärker ist als Hass und Tod. *fe*

Welche Auswirkung hat Gottes unfassbare Liebe auf uns? - Gegenliebe?

»Hölle bedeutet: die Unfähigkeit zu lieben.« Fjodor M. Dostojewskij

1. Korinther 1,1-9

Samstag

13. Mai 2000

Herr, ich habe keinen Menschen.
Johannes 5,7

Ich habe keinen Menschen!

An einem grauen Montag komme ich in das Großraumbüro eines Konzerns. Ich treffe Menschen, denen im Gesicht geschrieben steht, wie sehr sie es bedauern, dass das Wochenende mal wieder vorbei ist. Einer, mit dem ich geschäftlich zu tun habe, sieht besonders traurig aus. Ich spreche ihn an, frage, was er hat, und nehme mir Zeit für ihn. Ein langes Gespräch beginnt, in dem er mir alle seine Sorgen und Nöte mitteilt, die er mit seiner 18-jährigen Tochter hat. Bisher war das Verhältnis Vater-Tochter pima, aber plötzlich ist sie wie umgewandelt. In ihrem Äußern, ihrem Verhalten in allem kommt die Opposition gegen alles Bisherige zum Ausdruck. Die Frage des Vaters an mich:»Was habe ich falsch gemacht, dass meine Tochter jetzt so reagiert?« - Plötzlich hält er inne und fragt mich: »Sagen Sie mal, Sie haben doch heute etliche Termine, wieso nehmen Sie sich für mich Zeit? Sie sind der erste Mensch, der mir zuhört, mich nicht unterbricht, keine oberflächlichen Redewendungen und Ratschläge gibt.«

»Ja, wissen Sie, ich bin Christ«, antworte ich ihm, »und ich weiß, dass es kaum noch Menschen gibt, die zuhören wollen. Aber ich kenne jemanden, dem ich alles sagen darf, das ist mein Herr und der heißt Jesus Christus. Der hat immer, Tag und Nacht, Zeit für mich. Er versteht mich. Er gibt mir auch nicht immer gleich ein Patentrezept für alle meine Probleme. Aber dass es jemanden gibt, der mir in meiner Situation zuhört, ist großartig!« Wie oft klingt es heimlich im Herzen: »Ich habe keinen Menschen!« Und doch gibt es einen Heiland und Herrn, der um alle meine Nöte weiß und zu dem ich immer kommen darf. *kei*

Wer ist mein Ratgeber?

Ein Versuch mit dem Gebet zu Jesus Christus lohnt sich.

1. Korinther 1,10-17

14. Mai 2000
Sonntag

Kommt schaut die Großtaten des HERRN.
Psalm 46,9

»Das menschliche Erbgut«

Wussten Sie, dass die menschliche Erbsubstanz (das Genom des Menschen) drei Milliarden »Buchstaben« enthält? Da die Maschinerie einer Zelle auf chemischer Basis arbeitet, handelt es sich hier auch um chemische Buchstaben. Würde man alle diese Buchstaben in eine einzige Zeile schreiben, so reichte die Buchstabenkette vom Nordpol bis zum Äquator. Eine Sekretärin, die mit 300 Anschlägen pro Minute an 220 Tagen pro Jahr bei einem Achtstundentag ununterbrochen daran schreibt, käme mit ihrem gesamtes Berufsleben nicht aus, um diese Buchstabenmenge zu tippen. Sie wäre nämlich 95 Jahre damit beschäftigt! Als Speichermaterial verwendet der Schöpfer ein Makromolekül, das an eine doppelgängige Wendeltreppe erinnert und als DNS bezeichnet wird. Diese Speichertechnik ist so genial ausgeführt, dass für die o. g. Buchstabenmenge nur drei milliardstel Kubikmillimeter von diesem speziellen Molekül benötigt werden. Die Chips in unseren modernen Computern sind noch um den Faktor 10 Billionen von dieser Speichertechnik entfernt.

Ein anderer Vergleich zur Veranschaulichung: Rechnet man die Informationsmenge, die im menschlichen Genom enthalten ist, in Taschenbücher mit 160 Seiten Umfang um, so entspricht das einem Berg von 12.000 Exemplaren. Fragt man gar, wie viele solcher Taschenbücher im Volumen eines Stecknadelkopfes gespeichert werden können, wenn dieser aus DNS-Material bestünde, dann ist das Ergebnis kaum noch vorstellbar. Ein solcher Bücherstapel wäre noch 500-mal höher als die Entfernung der Erde vom Mond, und das sind 384.000 Kilometer. *gi*

Welchen Zweck hätte es, vor einem Gott, der solche Schrift lesen kann, etwas zu verbergen?

Gar nicht erst versuchen!

Psalm 148

Montag

15. Mai 2000

*Lass deine Augen geradeaus blicken
und deine Blicke gerade vor dich gehen!*
Sprüche 4,25

Konzentration

Es war der letzte Arbeitstag vor meinem Urlaub und früh morgens um Sieben. Auf halbem Weg zur Arbeitsstelle gab es plötzlich einen gewaltigen Ruck. Aufgeschreckt aus meiner Gedankenlosigkeit merkte ich, dass ich mit dem Auto durch die Luft flog. Dann ein ziemlich harter Aufschlag. Aber: Mir war nichts passiert. Ich stieg aus und sah die Bescherung: Rinnsale aus Öl, Benzin und Wasser schlängelten sich unter dem demolierten Fahrzeug hervor und mündeten in einen nahen Gully. Ich war samt Wagen etwa fünfzehn Meter weit ohne Bodenberührung durch die Luft gesaust. Mein Auto hatte Totalschaden, ich einen leichten Schock. Der Urlaub konnte beginnen ...!

Wie war das nur alles so plötzlich passiert? Ein Werbeplakat am Straßenrand hatte mich für einen Moment abgelenkt. Ich weiß nicht einmal, um was es da ging, aber der kurze Augen-Blick hat genügt, um mich vom Weg abzubringen. Und genau das ist auch die große Gefahr auf unserem Lebensweg. Viele visuelle und akustische Botschaften konkurrieren um unsere Aufmerksamkeit. Jedes Schild, Plakat oder Bild und alle sonstige Signale lenken uns ab und schwächen unsere Konzentration. So kann sogar harmlose Werbung zur Gefahr werden.

Unser Erdenlauf hat ein himmlisches Ziel und davon will uns Satan, der »Durcheinanderbringer« und »Mörder von Anfang« abbringen, sowohl durch leuchtende und verlockende Angebote als auch durch irgendwelche Nebensächlichkeiten oder irreführende Botschaften. Da ist es ganz wichtig, sich auf das Wesentliche zu konzentrieren. *khg*

Welches Ziel steuern Sie heute gerade an?

Für den Fahrer ist allein die Straße wichtig. Für Christen ist nur Gottes Wille richtig.

1. Korinther 1,18-25

Dienstag

*Ich bitte dich für Onesimus, der dir einst unnütz war,
jetzt aber dir und mir nützlich.*
Philemon 10.11

Kurswechsel im Leben eines Taugenichts ...

Das ist beinahe eine filmreife Geschichte, die uns da in der Bibel berichtet wird. Ort der Handlung ist eine ziemlich unbedeutende Stadt im Tal des Lycus, einem Nebenfluss des Mäander in den Kadnischen Bergen der kleinasiatischen Landschaft Phrygien. Bizarre Kalksteinberge bilden die Hintergrundkulisse des Städtchens, in der eine kleine christliche Gemeinde entstanden ist. Sie versammelt sich im Haus eines bescheidenen Unternehmers, der mit einigen Arbeitern und Sklaven einen kleinen Familienbetrieb führt. Eines Tages ist einer seiner Sklaven verschwunden. Er wird zwar kaum vermisst, da er ohnehin ein Taugenichts ist. Doch das Leben eines entlaufenen Sklaven ist gefährlich. Wenn er erwischt wird, wird er gebrannmarkt. Ein »F« auf der Stirn macht allen klar: ein »Fugitivus«, ein Entlaufener, ist vogelfrei. Onesimus gelingt es jedoch, sich bis zur Weltmetropole Rom durchzuschlagen. Ob er hier untertauchen oder sich freikaufen kann?

Aber es kommt anders. Er lernt den Missionar Paulus kennen und durch ihn die Botschaft von Jesus Christus. Und diese Botschaft verändert sein Leben. Aus dem Taugenichts wird einer, der nützlich wird, einer, der seine Vergangenheit klärt, einer, der selbst auf die Gefahr hin, bestraft zu werden, bereit ist, zu seinem Herrn zurückzukehren (nachzulesen in der Bibel im Brief des Paulus an Philemon).

Der Glaube an Jesus Christus bewirkt die Vergebung unbewältigter Schuld und den Kurswechsel zu einem sinnerfüllten Leben. Dieser Kurswechsel ist auch heute - nicht nur für Taugenichtse - erlebbar. *pt*

Welche Perspektive hat mein Leben, und was würde sich verändern, wenn Jesus Christus das Sagen bekäme?

Wenn ein Kurswechsel nötig ist, dann sofort!

1. Korinther 1,26-31

Mittwoch

17. Mai 2000

*Denn Gott ist nicht ein Gott der Unordnung,
sondern des Friedens.*
1. Korinther 14,33

Frieden durch Ordnung

Es herrscht Unordnung auf der Werkbank, auf dem Schreibtisch, in der Küche! Du suchst nach einem Werkzeug. Vergeblich! Du wirst nervös, weil du einen wichtigen Brief verlegt hast. Du stößt etwas um, weil es im Wege stand. Schnell ist die Laune verdorben und andere bekommen es zu spüren. Wir alle wissen um den engen Zusammenhang zwischen Ordnung und Frieden. Als Gott die Welt schuf, ordnete er: Er trennte Licht von Finsternis und das Wasser vom Land. Von den großen Dimensionen der Sternenwelt bis zu den kleinsten Lebewesen und Atomen bewundern wir die vielfältige Ordnung in Gottes Schöpfung. Dies tat er, weil es seinem Wesen entspricht. Denn er ist ein Gott der Ordnung und des Friedens. Und er blieb es auch dann, als ihm der Mensch in seiner Rebellion das Chaos der Sünde in die Welt brachte. Sein Friede fließt unaufhaltsam wie ein mächtiger Strom durch die Zeiten bis heute.

Doch es schmerzte ihn tief, dass die Krone seiner Schöpfung, der Mensch, so tief gefallen war. Als heiliger und gerechter Gott hat er einen wunderbaren Weg zur Ordnung und zum Frieden erfunden: Um den gefallenen Menschen aus den Fesseln des Durcheinanderwerfers (Diabolos), des Teufels zu befreien, sandte er seinen Sohn Jesus Christus. Er stellte sich freiwillig als Opfer für unsere Sünde zur Verfügung und ließ das Strafgericht Gottes am Kreuz an sich vollstrecken. Dabei hat er uns wieder in die Gemeinschaft mit Gott gebracht. Ein unauflöslicher Friedensbund wurde durch sein Blut geschaffen. Jetzt liegt es an uns, diesem Angebot Gottes zuzustimmen und es Gott zu erlauben, unser Leben neu zu ordnen. Frieden mit Gott haben! *la*

Konnte Gott schon bei mir aufräumen?

Ein Chaos wird nicht dadurch besser, dass man eine hübsche Decke darüber breitet.

1. Korinther 2,1-5

18. Mai 2000

Donnerstag

Diese aber, die eine Tochter Abrahams ist,
die der Satan gebunden hat, siehe, achtzehn Jahre lang,
sollte sie nicht von den Fesseln gelöst werden am Tag des Sabbats?
Lukas 13,16

Warum lässt Gott das zu?

Woher kommen eigentlich Krankheiten in unserem Leben? Diese Frage kann man ganz bestimmt nicht pauschal beantworten. Es gibt die unterschiedlichsten Ursachen, die den Körper oder die Seele eines Menschen erkranken lassen. In vielen Fällen überfällt den Menschen ein Leiden, ohne dass er etwas dazu beigetragen hat oder auch dagegen unternehmen kann. Manchmal sind Krankheiten aber auch selbst verschuldet. Wer sich z.B. übermäßig dem Nikotin- oder Alkoholgenuss hingibt, darf sich über die schädlichen Folgen, die diese Giftstoffe im Körper anrichten, nicht beklagen. Ob selbst verschuldet oder nicht, in jedem Fall sollten wir uns nicht an der falschen Stelle; nämlich bei Gott über Krankheit und Leid beschweren.

In unserem Tagesspruch erwähnt der Herr Jesus eine Realität, die wir bei der Entstehung von Krankheit und Leid immer in Betracht ziehen müssen. Es ist der Satan! Alle Not, alle Gebrechen und Schmerzen rühren letztendlich von ihm, dem Bösen, her. Der Teufel ist keine Märchenfigur, er ist der grausame Gegenspieler Gottes. Allerdings ist Gott immer größer und lässt ihn nur so weit gewähren, wie er es für richtig und erträglich hält. Die Bibel zeigt die bösen Machenschaften des Satans nicht auf, um uns in Angst und Schrecken zu versetzen. Wir lesen vielmehr darin, wie Jesus Christus kam, um ihm die Macht zu nehmen. Gerade den Leidenden und mit Schmerz geplagten bietet Christus an, auf ihn zu vertrauen. Er nimmt uns nicht immer sofort das Leiden ab, aber ganz gewiss will er uns begleiten und hindurchtragen! *mö*

Wo und wann habe ich erfahren, dass Gott das Beste für mich im Sinn hat?

Wenn Jesus Christus mich auch nicht von meinem Problem, meiner Krankheit, meinen Schmerzen befreit, so will ich ihm doch vertrauen!

1. Korinther 2,6-16

Freitag

19. Mai 2000

*Jesus spricht zu ihm: Ich bin der Weg,
die Wahrheit und das Leben.*
Johannes 14,6

Geh auf dem richtigen Weg!

Viele Wege führen nach Rom - so heißt ein altes Sprichwort, das sagt, man könne mancherlei Dinge und Ziele auf mancherlei Weise erreichen. Dies hat sicher in vielen Bereichen Gültigkeit, doch bei der Frage: »Wie komme ich zu Gott?« gilt es nicht! Wenn Jesus Christus sagt: »Ich bin der Weg«, dann sagt er damit auch unmissverständlich: »Ich bin der einzige Weg, es gibt keinen anderen Weg zu Gott!« Alle Bemühungen der Hinduisten, Buddhisten, Islamisten, Mormonen, Zeugen Jehovas und der vielen anderen Menschen, die ohne Jesus Christus versuchen Gott zu erreichen, sind von vornherein zum Scheitern verurteilt. Es gibt nur einen einzigen Weg zu Gott, und dieser Weg heißt Jesus Christus.

Religionen versuchen durch menschliches Bemühen wie Fasten, Meditationen, Wallfahrten und Geldopfer, bestimmte Kulte, Trancetechniken und vieles andere zu Gott zu gelangen. All dieses Tun ist jedoch vergeblich. Zwischen Gott und dem Menschen steht die Sünde des Menschen. Diese Sünde trug Jesus Christus am Kreuz von Golgatha. Er starb für uns, für unsere Schuld und machte dadurch den Weg zum Vater frei. Kein Mensch und keine Religion kann Sünde hinwegtun. Nur durch die Kraft der Erlösung, die der Herr Jesus am Kreuz erworben hat, haben wir Zugang zu Gott. Wenn wir diese Erlösung für uns in Anspruch nehmen, sind wir auf dem rechten Weg! Viele ehemalige Mitglieder der verschiedensten Religionen machten diese Erfahrung. Als sie sich von ihren alten Religionen lossagten und ihr Leben Jesus anvertrauten, bekamen sie inneren Frieden und fühlten sich in und bei Jesus geborgen und wussten, dass sie einmal bei Gott sein würden. *emb*

Bin ich auf dem richtigen Weg?

In den Evangelien kann man nachlesen, wie der Herr Jesus war. Das ermutigt zur Nachfolge.

1. Korinther 3,1-4

20. Mai 2000

Samstag

Ich preise dich darüber, dass ich auf eine erstaunliche, ausgezeichnete Weise gemacht bin.
Psalm 139,14

Identitätskrise

Sabine ist zwölf Jahre. Die Gerichtsverhandlung erlebt sie wie einen Alptraum. Von den Eltern wurde sie nicht gefragt, ob sie mit der Scheidung einverstanden sei. Wenn sie entscheiden dürfte, müssten die Eltern sich wieder versöhnen. Sabine liebt Mutter und Vater. Heute wird entschieden, welcher Elternteil das Sorgerecht für sie erhält. Wie ein Keulenschlag trifft sie die Aussage des Vaters: »In der Zeit, in der ich das Kind gezeugt habe, hätte ich besser zehn Salatköpfe gepflanzt!« Enttäuscht errechnet sie ihren Wert, der je nach Jahreszeit 10 bis 20 DM beträgt.

Die Fragen: »Wer bin ich und wozu lebe ich?« verfolgen Sabine bis in die Nächte. Bin ich nur per Zufall oder gar als unerwünscht auf die Welt gekommen, dass man mich wie eine heiße Kartoffel einfach fallen lässt? Darf man mich einfach so lieblos wegstoßen? Oder bin ich tatsächlich nicht wert, dass mich jemand liebhat? Immer tiefer versinkt sie ins Grübeln und in ein Loch der Einsamkeit und des Unwertgefühls. Ach, wäre ich doch tot!

Claudia und Nadine besuchen wie Sabine das Städtische Gymnasium. Sie erleben hautnah diese Identitätskrise mit und sind tief betroffen über die notvolle Situation. In Gesprächen weisen sie Sabine auf Gott hin. Zaghaft beginnt Sabine zu begreifen, dass sie nicht Produkt des Zufalls, sondern von Gott gewollt ist (Psalm 139). Als ihr Schöpfer hat Gott sie auf erstaunliche, ausgezeichnete Weise gemacht. Ihre verletzte, wunde Seele beginnt langsam zu heilen, als ihr klar wird: Gott hat mich lieb!

kr

Habe ich offene Augen für die Not meiner Mitmenschen?

Warum nicht heute einem Menschen zeigen, dass man sich für ihn interessiert!

1. Korinther 3,5-8

Sonntag — **21. Mai 2000**

*Die Himmel erzählen die Herrlichkeit Gottes,
und das Himmelsgewölbe verkündet seiner Hände Werk.*
Psalm 19,2

Wie groß ist das Weltall?

Aufgrund der riesigen Entfernungen zu den Sternen ist es wohl unmöglich, sich eine rechte Vorstellung von den Größenverhältnissen unseres Universums zu machen. Schon die Distanz zu den nächsten Sternen ist nicht mehr mit irdischen Objekten anschaulich vergleichbar. Anhand eines Modells wollen wir uns darum einen Eindruck nur von der näheren Umgebung unseres Universums verschaffen:

Die unermessliche Ausdehnung wird uns klarer, wenn wir uns einmal vorstellen, wir könnten mit einem Raumschiff mit 100.000 km/h (das wäre schon die doppelte Geschwindigkeit der am 20. August 1977 gestarteten Raumsonde Voyager 2, aber dennoch nur ein Zehntausendstel der Lichtgeschwindigkeit) zum nächsten Fixstern Proxima Centauri fliegen. Für diese Reise wären 46.000 Jahre hin - und 46.000 Jahre zurück erforderlich. So weit entfernt und von Menschen nie erreichbar ist also schon der erdnächste Fixstern (außer der Sonne) mit 4,28 Lichtjahren Distanz. Die weitesten Objekte unseres Universums sind jedoch noch 2800 Millionen mal weiter von uns entfernt!

Die unvorstellbaren Sternentfernungen und Abmessungen in unserem Universum führen uns an die Grenzen unseres Denkens und Erfassens. Hiob 11,7-8 weist uns voller Demut auf den Gott der Bibel hin: »Kannst du die Tiefen Gottes erreichen oder die Vollkommenheit des Allmächtigen ergründen? Himmelhoch sind sie - was kannst du tun? - tiefer als der Scheol - was kannst du erkennen?« So können wir uns nur voll Ehrfurcht und Bewunderung dem Psalmisten anschließen: »Wie groß sind deine Werke, HERR. Sehr tief sind deine Gedanken« (Psalm 92,6). *gi*

Warum haben auch viele Christen so wenig Zutrauen zu einem so mächtigen Schöpfer?

Danken wir doch dem Schöpfer, dass er so groß und mächtig ist!

Psalm 149,1-5

22. Mai 2000

Montag

*Als Jesus diesen daliegen sah und wusste,
dass es schon lange Zeit so mit ihm steht, spricht er zu ihm:
Willst du gesund werden?*
Johannes 5,6

Gesundheit - das höchste Gut?

Es gibt tausend Krankheiten, aber nur eine einzige Gesundheit! Einer von den unendlich vielen kranken Mitmenschen, die auf Hilfe und Heilung hoffen, war ich. Zweiundfünfzig lange Jahre meines Lebens, von Geburt an. Doch das spürte und wusste ich überhaupt nicht. Obwohl ich anderen und mir selbst meistens eine Last war und abwechselnd depressiv oder aggressiv, immerzu auf der Suche nach Liebe, Glück und Geborgenheit und dem Sinn des Lebens. Dabei ging ich viele Irrwege und geriet in manche Sackgasse: Alkohol, Psychopharmaka und Esoterik, allesamt vergebliche Anstrengungen, und alle meine Hoffnung versank. Es ging immer mehr bergab mit mir.

Doch dann geschah das Wunder meines Lebens: »Willst du gesund werden?«, las ich in der Bibel. Was für eine Frage! Ich fühlte mich persönlich angesprochen und sagte: »Ja, ich will!«, und wurde im gleichen Moment heil und froh, sozusagen »heilfroh«. Das war vor zehn Jahren. Seitdem bin ich ein neuer, dankbarer und glücklicher Mensch. Wenn es Ihnen geht, wie mir damals, dann möchte ich Ihnen Mut machen, den Anfang von Johannes 5 zu lesen und für sich selbst die Frage des Herrn Jesus positiv zu beantworten. Dann kann das auch Ihre Geschichte werden.

Zwei Dinge müssen Sie unbedingt noch wissen: meine Krankheit, die mich an Körper, Geist und Seele quälte und die ich loswerden wollte, hieß Sünde. Und nur der Glaube an den für mich gestorbenen und auferstandenen Herrn Jesus macht davon gesund. Er will auch Ihnen diese »Gesundheit« schenken. Sie ist das höchste Gut auf Erden und reicht bis in die Ewigkeit hinein. *khg*

Wollen Sie sich wirklich helfen lassen?

Weil man nicht weiß, ob man noch einmal gefragt wird, sollte man gleich darauf antworten.

1. Korinther 3,9-17

Dienstag

23. Mai 2000

*Und ihr sollt erkennen,
dass eure Sünde euch finden wird.*
4. Mose 32,23

Mordgehilfe im Millionenmaßstab

Sein Lebensweg verlief ganz unauffällig. Von der Kinderstube in Solingen bis zum Galgen in Israel. Niemals hätte er geglaubt, dass er buchstäblich die Weichen für den Tod Hunderttausender stellen würde. Aber in den Kriegsjahren sitzt er im Judenreferat des Sicherheitsdienstes in Berlin. Vom Schreibtisch aus hat er die Bahnrouten der Judendeportation in die Vernichtungslager zu organisieren. Und er erfüllt seine Pflicht mit der Pedanterie eines deutschen Beamten. 1945 schlüpft er in eine falsche Identität und bringt es fertig, vier Jahre in der Lüneburger Heide unterzutauchen. Weil er nie ein Mensch des öffentlichen Lebens war, erregt sein Gesicht keinen Verdacht. Erst 15 Jahre später, am 23.5.1960, stellt ihn ein Spezialkommando in Argentinien. Sein Name: Adolf Eichmann. Ein Mensch wie du und ich?

»Ich weiss, dass mir die Todesstrafe bevorsteht. Ich bitte auch gar nicht um Gnade, denn es steht mir nicht zu ... Obgleich an meinen Händen kein Blut klebt, werde ich sicherlich der Beihilfe zum Mord schuldig gesprochen werden ... aber ich habe mit der Tötung der Juden nichts zu tun ... Vielleicht gibt mir das auch eine gewisse innere Ruhe«, rechtfertigt sich Eichmann vor seinem israelischen Vernehmungsoffizier. Er war nie etwas anderes als ein kleiner Befehlsempfänger - pflichtbewusst, gründlich, meinungslos - aber er machte sich unzählige Male schuldig. Und wir? Meinen auch wir, die Verantwortung für unsere Sünden einfach abschieben und ihre Folgen vernachlässigen zu können? Unsere Sünde wird uns finden! Es sei denn, dass wir uns in Reue an Gott wenden, um Gnade zu finden! *fe*

Werden uns die Folgen unserer Sünde oder Gottes Gnade finden?

Es stimmt: Die »Sonne« bringt es an den Tag!

1. Korinther 3,18-23

24. Mai 2000

Mittwoch

> *Gedenke deines Schöpfers in den Tagen deiner Jugendzeit,*
> *bevor die Tage des Übels kommen.*
> Prediger 12,1

(K)eine Frage des Alters?

Wir leben in einer aufgeklärten Zeit und Welt - wie wir meinen. Gott als Schöpfer anzuerkennen, fällt heute vielen Menschen schwer. Sie vertrauen ihrer Kraft, ihrem Verstand und den Errungenschaften der Wissenschaft. Es geht uns gut. Wozu Gott? »Ich bin mir selbst mein Gott«, so hört man hin und wieder und viele leben auch nach diesem Motto. Die Natur lehrt uns - ohne hörbare Stimme - dass hinter all den herrlichen sichtbaren und unsichtbaren Dingen ein genialer Schöpfer steht. Die Unendlichkeit des Universums und die unerforschten Tiefen des Makro-Kosmos rufen uns zu: »Gib Gott, deinem Schöpfer, doch die Ehre!« Den modernen Menschen wird dies Überwindung kosten, schließlich hat es weitreichende Konsequenzen.

Denn es geht um mehr, als Gottes Existenz anzuerkennen: Gott sucht Menschen, die bereit sind, ihm ihr ganzes Leben zu unterstellen. Gerade junge Menschen, die ihr Leben noch vor sich haben, sind im Tagesvers angesprochen und herausgefordert, nach Gottes Maßstäben zu leben und ihm zu dienen. Gott möchte mit ihnen liebevoll Gemeinschaft pflegen. Dafür zahlte er den höchsten Einsatz: Das Leben seines einzigen Sohnes Jesus Christus. Gott hat einen herrlichen Plan und ein unüberbietbar lohnendes Ziel für jeden im Auge. Doch drängt er sich nicht auf. Er wirbt um uns in Liebe. Im Alter fällt es sehr viel schwerer, noch eine Wende hin zu Gott zu vollziehen. Viele eingefahrene Gewohnheiten und Denkweisen bilden eine hohe Barriere. Wenn sich ein Mensch ein Leben lang gegen Gottes Liebesangebot gesperrt hat, wird er vielleicht zu später Stunde nicht mehr umdenken können. *la*

Erkenne ich die Chance zur Wende in meinem Leben?

Gott hält die Tür noch offen - für jeden, der lebt!

1. Korinther 4,1-8

Donnerstag

25. Mai 2000

(Die Liebe) sie freut sich nicht über die Ungerechtigkeit, sondern sie freut sich mit der Wahrheit, sie erträgt alles, sie glaubt alles, sie hofft alles, sie erduldet alles.
1. Korinther 13,6.7

Der Liebende und der Nützliche

Es ist ein verhältnismäßig kurzer Brief, den der Apostel Paulus an einen Mann namens Philemon schreibt. Der Apostel verlangt viel, sehr viel von diesem Mann, aber er vertraut darauf, dass dieser Philemon seinem Namen Ehre macht. Philemon heißt »der Liebende«.

Der Apostel gibt seinen Brief als eine Art Empfehlungsschreiben einem Mann mit, der Onesimus heißt. Das bedeutet übersetzt »der Nützliche«. Und Paulus erwartet von Philemon, dass der seinen Boten nicht nur freundlich aufnimmt; er soll ihn gar behandeln wie einen lieben Bruder! Nun mag man denken, das sei nichts so sehr Besonderes. Weit gefehlt!

Paulus schreibt über Onesimus an Philemon: »Der dir einst unnütz war, jetzt aber dir und mir nützlich ist, den habe ich zu dir zurückgesandt.« Und nun erfahren wir: Onesimus war einst Sklave des Philemon, sein unumschränktes Eigentum. Und er war seinem Herrn bei Nacht und Nebel entflohen, nicht ohne ihm das zur Flucht nötige Geld zu stehlen. Und jetzt verlangt Paulus von Philemon, er soll ihn wieder aufnehmen - nicht als Sklaven, sondern als Bruder im Glauben. Er soll ihm alles Gewesene vergeben und alles, was Onesimus vielleicht noch schuldig sei, ihm, Paulus, in Rechnung stellen. Wir wissen, dass Paulus sich nicht in der Liebe und im Gehorsam des Philemon getäuscht hat.

Eine wunderbare Geschichte, die viele Fragen aufwirft. Hätte ich mich an der Stelle des Paulus getraut, jemand ein solches Ansinnen zu unterbreiten? Hätte ich mich an der Stelle des Onesimus getraut, zu Philemon zu gehen? Hätte ich an der Stelle des Philemon Nachsicht geübt? *svr*

Wo werde ich solch eine Liebe finden, die sich so selbstlos für mich einsetzt?

Ich will mich jeden Tag aufs Neue fragen, wen von all denen, die ich kenne, ich so lieb hätte.

1. Korinther 4,9-16

26. Mai 2000

Freitag

Ein Mann, der trotz Ermahnungen halsstarrig bleibt, wird plötzlich zerschmettert werden ohne Heilung.
Sprüche 29,1

Drei Minuten haben bis zur Ewigkeit gefehlt

Am 26. Mai 1999, heute vor einem Jahr, fand in Barcelona das denkwürdige Champions-League-Finale zwischen Manchester United und Bayern München statt, im Vorfeld als Jahrhundert-Spiel bezeichnet. Die meisten Fußball-Fans werden sich an das dramatische Ende der Partie erinnern. Die Bayern schossen in der 6. Minute das 1:0 und sahen bis zur 90. Minute wie der sichere Sieger aus - dann geschah, was keiner mehr erwartet hatte: Die Engländer erzielten in der Nachspielzeit binnen zwei Minuten den Ausgleich und das Endergebnis von 2:1! Die folgenden Bilder der Bayern-Spieler sprachen für sich - Schock und Entsetzen saßen tief. Am nächsten Tag konnte man ihre Kommentare in den Zeitungen lesen: »Was hier gelaufen ist, ist unvorstellbar.« - »Ich fasse es nicht ... Mir fehlen die Worte ...« und »Drei Minuten haben bis zur Ewigkeit gefehlt«. Wer einmal Ähnliches erlebt hat, konnte sich wahrscheinlich gut in die Akteure hineinversetzen. - Das Leben lief rund, man »führte 1:0« und sah wie der klare Sieger aus, bis plötzlich ... etwas Unerwartetes ins Leben hereinbrach. Entsetzen machte sich breit; man war fassungslos.

Gott möchte die Führung unseres Lebens übernehmen, um uns ein weitaus größeres Schockerlebnis zu ersparen - die ewige Gottesferne. Deshalb starb sein Sohn für unsere Sünde am Kreuz von Golgatha. Damit letzten Endes nicht »drei Minuten zur Ewigkeit fehlen«, ruft Gott heute dazu auf, an Jesus Christus zu glauben und ihm die Schuld zu bekennen - erst dann steht man wirklich auf der Seite des Siegers. Jesus Christus verspricht: »Jeder, der da lebt und an mich glaubt, wird nicht sterben in Ewigkeit. Glaubst du das?« (Johannes 11,26). *pm*

Wo heißt es doch so häufig: »Plötzlich und unerwartet ...«?

Nicht die Akteure, der Schiedsrichter »pfeift ab«.

1. Korinther 4,17-21

Samstag

27. Mai 2000

*In meinem Herzen überlegte ich,
und es forschte mein Geist.*
Psalm 77,7

Nicht beim Erreichten stehen bleiben!

Heute vor neunzig Jahren starb Robert Koch, der große Bakteriologe und Entdecker mehrerer gefährlicher Krankheitserreger, wie den der Schlafkrankheit, der Cholera und der Tuberkulose. Auch entwickelte er Heilungsmethoden gegen Infektionskrankheiten. 1905 erhielt er dafür den Nobelpreis. Was Robert Koch zu dem großen Entdecker machte, war vor allem seine Beharrlichkeit und seine Entdeckerfreude. Bis tief in die Nächte saß er am Mikroskop und suchte und suchte, was er in den sorgfältig vorbereiteten Präparaten vermutete, bis er es gefunden hatte.

Er hätte sicher ein geruhsameres und vor allem ungefährlicheres Leben führen können, wenn er sich mit den Erkenntnissen eines Louis Pasteur begnügt, für Hygiene in seinem Krankenhaus gesorgt und die bis dahin bekannten Heilmittel angewendet hätte. Aber nie wäre er auf diese Weise zum Retter vieler Millionen, ja, Milliarden Menschenleben geworden.

Beharrlichkeit kann zur Entdeckung wichtiger Zusammenhänge und lebensrettender Details führen. Beharrlichkeit sollte auch uns Christen kennzeichnen, nicht nur in unseren irdischen Aufgaben, sondern vor allem, wenn wir in die Tiefen des göttlichen Wortes einzudringen versuchen. Dort geht es allerdings nicht um todbringende Mikroben, sondern um die Weisheit Gottes, die uns hilft, so zu leben, wie es ihm wohlgefällig ist.

Welche Schätze dort den demütigen Forscher erwarten, bleibt den Hochmütigen und den Trägen für immer verborgen; aber alle, die sich darauf einlassen, bestätigen unisono, dass es nichts vergleichbar Schönes gibt. *gr*

Ist mir klar, dass bei der Bibel mehr dahinter steckt, als man auf den „ersten Blick" erkennen kann?

Einer, der's begriffen hat: „Ich freue mich über dein Wort wie einer, der große Beute macht" (Psalm 119,162).

1. Korinther 5,1-8

28. Mai 2000

Sonntag

Ist Gott nicht so hoch wie die Himmel?
Schau an die höchsten Sterne wie hoch sie sind!
Und du sagst: Was weiß denn Gott?
Hiob 22,12.13

Wie groß ist Gott?

Jedesmal, wenn ich in den Bergen bin, wird mir die Sternenwelt so faszinierend groß, weil man sie bei klarem Himmel so erstaunlich gut sehen kann. Andererseits wird mir auch die Kleinheit des Menschen bewusst, wenn ich auf einem Berg stehe. Wenn die Menschen im Tal wie Ameisen herumlaufen, denke ich oft: Wie klein sind wir eigentlich in den Augen Gottes, der ja noch viel höher wohnt.

Die Größe Gottes zu beschreiben ist für uns Menschen unmöglich. Wir müssen uns das in Bildern aus dem täglichen Leben klarmachen. Wie schnell haben wir eine störende Fliege gefangen oder einen Käfer totgetreten, der im Weg war. Wieviele Millionen Insekten enden an den Windschutzscheiben unserer Autos. - Und es rührt uns kaum, weil wir aus unserer Überlegenheit und unserer vermeintlichen Größe diese kleine Welt geringschätzen.

Zum Glück ist Gott anders. Trotz seiner Überlegenheit, trotz seiner Größe ist ihm das Kleinste wichtig genug, um sich darum zu kümmern. Er hat jedes Lebewesen sorgfältig konstruiert und alles zum Leben Notwendige mitgegeben. Und das betrifft auch uns Menschen. Gott hat nichts gegen uns, im Gegenteil. Wir hatten immer etwas gegen ihn. Seine ganze Größe erweist uns Gott darin, dass er sich nicht beleidigt von so undankbaren Geschöpfen abwendet, sondern seinen Sohn sterben lässt, damit er uns unsere Gottlosigkeit vergeben kann. Wahre Größe ist, dass Gott »nicht den Tod des Menschen will, sondern dass er von seinen Wegen umkehrt und lebt« Hes 18,23. *eh*

Ist Gott auch mir groß?

Ich will heute in seiner Schöpfung bewusst die Größe Gottes wahrnehmen.

Psalm 96

Montag

29. Mai 2000

*Dieses Volk ehrt mich mit den Lippen,
aber ihr Herz ist weit entfernt von mir.*
Matthäus 15,8

Bischof und Bettler

Der bekannte und beliebte Bischof selbst hielt die Weihnachtspredigt. Ich war enttäuscht, seine Predigt war weder Genuss noch geistliche Nahrung. Auf den verlesenen Bibeltext ging er praktisch mit keinem Wort ein. Vielmehr war es ein Vortrag zur Lebenshilfe; mehr sozialpsychologisch als biblisch, aber ohne wirklichen Nutzen. Und überhaupt: der ganze Gottesdienst war ein in Tradition und Liturgie erstarrtes frommes Gepränge. Als ich hinterher gefragt wurde, wie mir Gottesdienst und Predigt gefallen hätten, sagte ich, dass ich das Evangelium, die frohmachende Botschaft von der Erlösung in Jesus Christus, vermisst hätte. »Das kann man doch heute so deutlich nicht mehr sagen, dann kommen noch weniger Leute in die Kirche«, bekam ich zur Antwort. »Verkehrte Welt«, dachte ich bei mir.

Man kann nur das weitergeben, was man selber hat, und der Bischof kannte den Herrn Jesus nicht. Alles war nur einstudiert. Wem aber das Herz voll ist, dem geht der Mund über, und das von Herz zu Herzen gehende Wort Gottes wirkt Umkehr, Erlösung und Frieden.

Draußen vor der Kirche stand ein Bettler mit seinem Hut. An Bischof und Predigt war er nicht interessiert, sondern ausschließlich an seiner privaten »Kollekte«. Diesem Mann erzählte ich von meiner Befreiung, sowohl vom Alkohol und auch von der Sünde durch den Herrn Jesus und dass der Herr auch ihn liebte. »Wer den Namen des Herrn anruft, der wird gerettet!«, zitierte ich ihm die Bibel. Zu Hause habe ich für Bischof und Bettler gebetet, doch für den Bischof habe ich wenig Hoffnung.

khg

Sind Sie auf der Suche nach dem richtigen Weg, der Wahrheit und dem Leben?

Jesus Christus ist gekommen, zu suchen und selig zu machen, was verloren ist!

1. Korinther 5,9-13

156

30. Mai 2000

Dienstag

Ich freue mich über dein Wort wie einer,
der große Beute macht.
Psalm 119,162

Bücher sind eine Welt für sich

Bücher - jeden Tag kommen Hunderte neu auf den Markt und man mag sich getrost fragen, wer denn das alles liest. Du und ich und Herr Meier von nebenan, wir gehören wohl nicht dazu. Es müssen schon ganz besondere Menschen sein, Leseratten, Bücherwürmer, die all diese vielen neuen Bücher nicht nur kaufen, um sie dann irgendwo sich selbst zu überlassen, sondern auch den geistigen Kampf mit ihrem Inhalt aufnehmen. Dabei ist nicht ein Buch wie das andere. Es gibt solche mit harmlosem Inhalt, andere sind interessant, langweilig oder schlecht, ja geradezu schädlich. Es gibt Bücher, die mich erfreuen, die einfach schön sind und dann wieder solche, die ich hässlich finde und vor deren Inhalt mich geradezu ekelt. Von manchem Buch lasse ich die Finger, weil ich die geistige Auseinandersetzung mit dem Autor scheue.

Doch ein Buch gibt es, von dem kann und will ich nicht lassen. Ich lese darin jeden Tag. Wenn ich es aufschlage, dann ist es, als begänne ich eine Unterhaltung mit einem alten Freund, der es immer gut mit mir meint. In diesem Buch hole ich mir Rat für den Alltag und für meine Pläne, meine Ziele. Dieses Buch hat mich noch niemals im Stich gelassen. Jedes Kapitel, jeder Abschnitt, jede Zeile darin atmet die höchste Weisheit, tiefste Erkenntnis, die größte Liebe, die umfassende Wahrheit. Darum nennt man es auch »Das Buch der Bücher«. Es ist die Bibel, das geschriebene Wort Gottes. Wer bereit ist, sich auf die Bibel einzulassen, der findet unbezahlbare Schätze und einen Reichtum, der sich nicht nur auf das Geistliche beschränkt, und den kein anderes Buch auf der ganzen Welt geben kann. *svr*

Kenne ich Bücher, die ich lieber nicht gelesen hätte?

Das Johannesevangelium eignet sich als »Einstieg« zum Bibellesen.

1. Korinther 6,1-11

Mittwoch

31. Mai 2000

*Der Glaube aber ist eine Verwirklichung dessen,
was man hofft, ein Überführtsein von Dingen,
die man nicht sieht.*
Hebräer 11,1

Was ist »Glaube« in der Bibel?

In unserer Gesellschaft herrscht die Meinung vor: »Glauben heißt: nicht wissen.« Nun, was sagt aber die Bibel dazu?

Unser Text macht über den Glauben zwei grundlegende Aussagen. Die erste richtet sich in die Zukunft und wird auch »Hoffnung« genannt. Gott sagt etwas voraus, z.B. was er zu tun plant. Für jemanden, der in biblischem Sinne »glaubt«, ist diese Aussage Gottes nun so klar und fest, dass er sein Leben daraufhin ausrichtet. Nehmen wir z.B. Hebräer 11,7: Gott hatte zu Noah gesagt, er werde die Erde richten. Noah nahm Gott beim Wort und baute ein großes Schiff mitten auf dem trockenen Land, als von dem angekündigten Flutgericht noch nichts zu sehen war. Aber es kam! Und Noah war mit seinen Angehörigen in dem Schiff sicher. Nein, man geht kein Wagnis ein, wenn man sein Leben nach Gottes Aussagen ausrichtet. Im Gegenteil: Es ist unsere einzige Rettung!

Die zweite Auswirkung ist das gegenwärtige Bewusstsein, dass es Dinge gibt (vor allem Gott selbst), die wir nicht sehen oder sonstwie mit stofflichen Mitteln wahrnehmen können. Z.B. Hebräer 11,5.6: Bei Henoch führte dieses Bewusstsein zu einem Lebenswandel, der Gott gefiel. Gott belohnte dies, indem er Henoch vor dem Tod bewahrte. Allgemein könnte man sagen, dass der Tod seinen Schrecken verliert, wenn ein Mensch so lebt, wie es Gott gefällt. Doch das setzt »Glauben« voraus, d.h. das Bewusstsein, dass Gott wirklich existiert.

Wie wir sehen, hat »glauben« oder »hoffen« in der Bibel nicht die geringste Spur von Ungewissheit. (Noch) nicht sehen, aber trotzdem absolut sicher wissen, lautet das Motto. *us*

Sollten wir nicht öfter mal unsere überkommenen Meinungen anhand der Bibel überprüfen?

Wer an der Existenz Gottes zweifelt, sollte einfach einen Test machen: Ihn ernsthaft darum bitten, die Zweifel wegzunehmen.

1. Korinther 6,12-20

Himmelfahrt — **1. Juni 2000** — **Donnerstag**

> *... wo der Christus ist,*
> *sitzend zur Rechten Gottes!*
> Kolosser 3,1

Himmelfahrt

Ich fürchte, die meisten können mit »Himmelfahrt« nicht das geringste anfangen. Auf Fragen dazu bekäme man sicherlich die dümmsten Antworten. Für viele ist einfach »Vatertag«. Doch da fällt mir ein, dass Gott nun tatsächlich »Vatertag« hatte, denn sein geliebter Sohn, Jesus Christus, kam nach Hause. Das schwere Werk der Erlösung hatte er vollbracht. Was muss das für ein Jubel im Himmel gewesen sein! Bestimmt werden die Engel diesen »Himmelfahrtstag« nie vergessen. Schließlich ist der Platz an Gottes Seite lange Zeit leer gewesen. Und nun hat der Sieger über Sünde, Tod und Teufel endgültig seinen Ehrenplatz zur Rechten Gottes eingenommen.

Aber was bedeutet uns Christi Himmelfahrt? Ein Liederdichter bringt es auf den Punkt: »Das was mich singen macht, ist, was im Himmel ist!« Wie kann sich einer, der mit beiden Beinen auf der Erde steht, darüber freuen, dass Christus in den Himmel geht? Macht uns das auch so froh? Ist es uns noch bewusst, dass der Sohn Gottes tatsächlich unsere Erde betreten hat und darum weiß, wo wir wohnen, wie wir fühlen, wie sehr wir seine Rettung brauchen? Ohne ihn sind und bleiben wir verlorene Leute. Seine Himmelfahrt ist der krönende Abschluss einer erfolgreichen Mission auf der Erde. Sie ist der Beweis, dass Gottes Rettungsmanöver funktioniert. Deshalb kann sie uns eigentlich nicht unberührt lassen.

Haben wir unser Herz schon dort oben auf ewig festgemacht? Bei Jesus? Gott will gerne noch weitere Kinder im Himmel aufnehmen. Er gibt uns die Chance, seine Kinder zu werden. Wie? Durch den Glauben an Jesus Christus als Retter und Herrn unseres Lebens. *mp*

Geht meine Perspektive schon über das Dasein auf dieser Erde hinaus?

Warum diesen Himmelfahrtstag nicht einfach nutzen, um bei Jesus »festzumachen«?!

Philipper 2,6-11

Freitag

2. Juni 2000

*Dann werden sie ihre Schwerter
zu Pflugscharen umschmieden
und ihre Speere zu Winzermessern.*
Micha 4,3

Die totale Abrüstung

Es ist schon ein besonderes Wunder, dass die Großmächte begonnen haben, ganze Waffenarsenale zu vernichten; aber totale Abrüstung, - das ist wohl undenkbar ... »Weniger Masse, dafür aber Klasse«, scheint die Parole heute zu sein ... Lasergesteuerte Bomben, Sattelitenüberwachung jeder Bewegung, ferngesteuerte, zielgenaue Raketen, sowas braucht jede moderne Armee. Auch Israels Armee zeigte am 50. Jahrestag der Staatsgründung, mit welchen Waffen man sich verteidigen will, oder auch angreifen kann. Wir sitzen auf unserem Balkon, schauen auf den See Tiberias, - herrlich der Anblick der Golan-Höhen, mit dem darüber glänzenden Hermon, in strahlendem Weiß.

Plötzlich ein Donnern in der Luft; Ketten von Jagdbombern sausen im Formationsflug über den See, dann ein Großflugzeug, das ein Jagdflugzeug in der Luft betankt, dann Transportmaschinen aus denen sich Fallschirmspringer lösen und mitten über dem See herniederschweben.

Schnellboote flitzen heran und nehmen die Schwimmenden auf. Beeindruckend, wirklich! Meine Gedanken gehen zu dem Messias Israels, - er wird kommen, sein Volk zu retten und zu beschützen. Panzer, Kanonen und Raketen, all das wird dann nicht mehr gebraucht ...

Derselbe Mann von Nazareth, der so still und bescheiden an dem See, der vor uns im Sonnenlicht liegt, wanderte, - er wird den Frieden bringen, für Israel, für alle Völker. Aber wo er anerkannt wird, da kehrt auch heute schon Frieden ein, nicht unter den Völkern, sondern in den Herzen derer, die ihn als den Retter von Sünde, Tod und Hölle annehmen und dadurch zu seinen Nachfolgern und zu Gottes Kindern werden. *gs*

Was sind unsere Waffen?

Gott will uns seinen Frieden schenken!

1. Korinther 7,1-16

3. Juni 2000
Samstag

Alle haben gesündigt und erlangen nicht die Herrlichkeit Gottes und werden umsonst gerechtfertigt durch seine Gnade, durch die Erlösung, die in Christus Jesus ist.
Römer 3,23-24

Der Reichste und der Ärmste

Er ist wohl der reichste Mann der Welt. Dabei ist er kaum vierzig Jahre alt, und es ist noch keine zwanzig Jahre her, dass er als nahezu mittelloser Student in einer eilig renovierten Garage den Grundstein zu seinem heute fast unabsehbar großen Firmenimperium legte. Heute ist Bill Gates Herr über einige tausend Mitarbeiter und alleiniger Besitzer eines Weltreichs, dem alle Staaten in Ost und West, in Nord und Süd Tribut zollen: Ohne das Know-How der Firma Microsoft kann schon heute keine öffentliche Verwaltung mehr ihre Arbeit erledigen.

Gates hat früh begriffen, wie man die Welt von sich abhängig macht, und er nutzt dieses Wissen weidlich zu seinem persönlichen Vorteil aus. Wenn er nicht gerade die Aktienkurse und die Gewinne an der Börse verfolgt, denkt er darüber nach, wie er wieder einen unliebsamen Konkurrenten endgültig aus dem Felde schlagen kann oder wie eine neu entwickelte Software aussehen soll, die dann von allen Computer-Benutzern gekauft werden muss und so seine Machtposition in aller Welt weiter stärkt. Dabei werden die aus seinem Unternehmen kommenden Programme zumeist übereilt auf den Markt geworfen. Sie sind fehlerhaft und teilweise mit unnützem Beiwerk überfrachtet. Darüber hinaus werden sie viel zu teuer verkauft.

Bill Gates ist ein Bild für das genaue Gegenteil des Heilandes, Jesus Christus. Der nahm nicht täglich 40 Mill. Dollar ein, sondern wurde arm um der Menschen willen. Auf diesem Weg aber hat er alles vollbracht, was zur Erlösung der Menschen nötig war, und seine Vergebung und unsere Erlösung sind frei und kostenlos! *svr*

Wem ist mehr zu trauen?

Um die himmlische Software (den Glauben) benutzen zu können, braucht man eine neue Hardware (ein Herz, in dem der Heilige Geist wohnt).

1. Korinther 7,17-24

Sonntag

4. Juni 2000

Denn der Herr ist ein Gott des Wissens und von ihm werden die Taten gewogen.
1. Samuel 2,3

Big brother ist watching you

Die Zukunftsvison »1984« von George Orwell hat mich immer stark beeindruckt. Da ist überall das Auge des großen Bruders und nimmt jede Handlung zur Kenntnis. Da wird jede individuelle Regung eines Menschen unterdrückt und alles auf das große Machtziel des Herrschers ausgerichtet. Willenlose Menschen sind das Ergebnis. Marionetten, die nach den Wünschen dessen tanzen, der die Fäden in der Hand hält.

Bei Gott ist das ganz anders. Ja, und er weiß alles und ihm entgeht noch weniger als dem »großen Bruder«. Nichts bleibt ihm verborgen. Jede Tat, jedes Unternehmen wird von ihm »gewogen«, d.h., in Beziehung zu dem göttlichen Maßstab gesetzt. Da kann einem schon heiß und kalt werden, wenn man darüber nachdenkt. Nichts, aber auch gar nichts geht dem großen Gott durch die Lappen. Und doch reagiert Gott nicht direkt mit Strafe auf Handlungen, die gegen ihn gerichtet sind. Die Bibel sagt, Gott will nicht den Tod des Menschen.

Deshalb hat er sich so einen wunderbaren Plan ausgedacht, der zum Ziel die Versöhnung des Menschen mit Gott hat. Und diesen Plan hat der Sohn Gottes erfüllt. Ganz. Vollständig.

Es gilt nur einzusehen, dass Gott auch alle meine Taten gewogen hat und sie für unbrauchbar und sündig erklärt hat. Das zuzugeben fällt nicht leicht, ist aber der einzige Weg, Gottes Vergebung zu finden.

Dann hört das Versteckspiel auf und ich kann Gott unter die Augen treten. Das Leben hat jetzt seinen Sinn gefunden. Mit Gott haben meine Taten auch endlich Gewicht. *eh*

Denke ich daran, dass Gott nichts entgeht?

Ich will Gott danken, dass er sein Wissen nie missbraucht.

Psalm 131

5. Juni 2000

Montag

*Was ihr auch tut, arbeitet von Herzen als dem Herrn
und nicht den Menschen, da ihr wisst,
dass ihr vom Herrn als Vergeltung das Erbe empfangen werdet ...*
Kolosser 3,23-24

Ein ganz normaler Arbeitstag?

Um 5 Uhr beginnt für mich die Fahrt zum Automobilwerk. Nach drei Stunden bin ich am Ziel. Ein neues Projekt steht an. Termin: 10. August. Bis dahin sind noch viele Probleme zu lösen, denn es soll ja Qualität produziert werden. Jeder, der mir begegnet, ob Ingenieur, Kostenanalytiker, Einkäufer, alle haben Fragen an mich. Technische Lösungen sind gefordert, Termine müssen eingehalten werden. Sind die Papiere und Unterlagen in Ordnung? Welche Kosten entstehen, wenn wir das so oder so lösen? Manchmal denke ich, ich müsste ein wandelndes Lexikon sein. Am Nachmittag geht die Fahrt zurück nach Hause ins Büro. Während der Fahrt löse ich gedanklich Probleme. Endlich bin ich daheim. Feierabend? Weit gefehlt. Ab ins Büro! Die Post und der Stapel Papier am Telefax frustrieren mich. Die Arbeit muss dennoch getan werden! -

Endlich! Um 21 Uhr mache ich Schluss mit der Arbeit. Ich lehne mich zurück in meinen Schreibtischsessel. Eine kurze Zeit zum Relaxen. Macht das alles Sinn? Warum lass ich mich so hetzen? Jeder stellt nur unbequeme Fragen, jeder erwartet auf Anhieb eine Antwort, eine Lösung von mir. Jeder meint er wäre der Wichtigste in meinem Leben. Ich denke nach, stelle in Gedanken die Frage: »Herr Jesus, wo kamst du eigentlich heute bei mir vor?« - Doch, zwischendurch, wenn die Probleme über mir zusammenbrachen, da hab ich innerlich gerufen: »Herr Jesus hilf mir!« Und jetzt in der Stille fällt mir auf, er hat mir geholfen. Irgendwie hat doch alles wieder einmal geklappt. »Herr Jesus, ich danke dir!«

kei

Wie komme ich mit der täglichen Hetze klar?

Niemals die Verbindung nach oben abreißen lassen!

1. Korinther 7,25-40

Dienstag

6. Juni 2000

Leidet jemand unter euch? Er bete.
Jakobus 5,13

Rufe, die kein Mensch hören kann

Die Glieder sind schwer und jede Bewegung schmerzt. Die Eingeweide ziehen sich krampfhaft zusammen und der Kranke krümmt seinen Leib. Das hohe Fieber lässt nur das Liegen im Bett zu und es fällt schwer, die Augenlieder offen zu halten. Heiserkeit und Atemnot lassen die Stimme nur flüsternd raunen. Die enge Brust und das pochende Herz schüren die Angst.

So und auf viele andere Weise können Krankheiten die Glieder unseres ganzen Körpers beeinträchtigen oder gar lähmen. Unsere Sinne, die uns die Teilnahme an der Außenwelt ermöglichen, sind getrübt. Daher ist mancher Kranke nicht mehr in der Lage, seine Beschwerden mitzuteilen. Oft ist es nicht möglich, selbständig zu einem Helfer hinzugelangen. Eine akute Krankheit kann so plötzlich oder heftig einen Menschen überfallen, dass nicht einmal mehr ein Hilferuf den Mitmenschen erreicht.

Doch die Bibel zeigt gerade im Krankheitsfall immer noch eine Möglichkeit auf, uns in vielleicht unhörbarer Weise zu äußern. Es ist das Gebet! Ein Helfer ist immer da, der uns versteht! Gebete können daher auch ganz unterschiedlicher Gestalt sein: kurz oder lang; ein Gebet kann aus nur gedachten Worten bestehen, es kann aber auch lautes Schreien sein; manchmal ein Weinen, ein Seufzen, ein Stottern. Es gibt Situationen, in denen eine Seele nur kurz »Gott, hilf mir!« herausbringen kann. Die leiseste Regung unseres Gemüts nimmt Gott wahr. Gott wartet auf unser Rufen! »Rufe mich an am Tag der Not; ich will dich erretten, und du wirst mich verherrlichen!« (Psalm 50,15) Manchmal gebraucht Gott Leiden, um uns dieses Gebet zu lehren. *mö*

Wann habe ich das letzte Mal richtig bewusst gebetet?

Ich will Zeiten der Krankheit und Schmerzen nutzen, um in der Stille Gott kennenzulernen!

1. Korinther 8,1-6

7. Juni 2000

Mittwoch

Denn ich schäme mich des Evangeliums nicht ...
Denn Gottes Gerechtigkeit wird darin geoffenbart ...
»Der Gerechte aber wird aus Glauben leben.«
Römer 1,16.17

Göttliche Gerechtigkeit

Sicher haben Sie auch schon einmal das Wahrzeichen der Gerichtsbarkeit gesehen: die Göttin Dike, die eine Balkenwaage in der Hand hält. Damit soll symbolisch dargestellt werden, was ein Richter normalerweise tut: Er vergleicht eine Situation, z.B. eine Tat, mit dem Rechtsmaßstab, dem Gesetz. Genauso, wie man ein Kilogramm Äpfel mit einem 1-Kilogramm-Gewichtsstein abwägt oder vergleicht.

Dieses Prinzip findet man auch in der Bibel. Nur muss man folgendes bedenken: Leider glauben viele, die guten und die schlechten Taten müssten sich die Waage halten, um vor Gott gerade noch mit einem blauen Auge davonzukommen. Doch das ist ein fataler Irrtum. Es geht nicht um das Abwägen unserer Taten, sondern dass sie mit der absoluten Gerechtigkeit Gottes verglichen werden. Liegt nur eine einzige Sünde - das kann eine Lüge oder auch nur ein schlechter Gedanke sein - auf »unserer« Seite, dann haben wir keine Chance mehr, dass unsere Waagschale sich senkt, auch wenn wir uns noch so sehr bemühen, Gutes zu tun. Unser »Gewicht« ist immer kleiner als das Normmaß, die Gerechtigkeit Gottes.

Das macht uns klar: Unsere Lage ist hoffnungslos, wenn nicht die frohe Botschaft, das Evangelium Gottes, da wäre. Dieses beinhaltet nämlich nicht weniger, als dass uns durch den Glauben an Jesus Christus Gottes Gerechtigkeit zugerechnet wird. Damit ist die Waage im Gleichgewicht. Fortan bestimmt dieser Glaube auch das Leben der Menschen, die diese Botschaft angenommen haben. Dies ist der Kern des Evangeliums von Jesus Christus und das große Thema in dem Brief an die Römer, aus dem unser Tagestext stammt. *us*

Ist diese Botschaft nicht wirklich großartig?

Der Versuch, mit guten Taten vor Gott aufwarten zu wollen, ist vergeblich.

1. Korinther 8,7-13

Donnerstag — 8. Juni 2000

Ihr könnt nicht Gott dienen und dem Mammon.
Matthäus 6,24

Zehn Jahre Währungsunion

Mit der Wirtschafts- und Währungsunion waren die Tage der DDR schon gezählt, denn dieser politische Schritt bedeutete eigentlich schon Vereinigung. Es ging ja nicht nur darum, dass die D-Mark nun auch im Osten galt. Übernommen wurden damit auch die politischen Rahmenbedingungen dieser Währung. Das eine war ohne das andere nicht zu haben. Die Wiedervereinigung Deutschlands war greifbar nahegerückt. - Was die Menschen im Osten neben anderem auf den Transparenten äußerten, war die Absicht, zur DM zu gehen, wenn diese nicht zu ihnen komme. Das war unzweideutig und sogar verständlich. Doch hier werden die dunklen Seiten der sonst so freudigen Vorgänge erkennbar. Natürlich ging es den Menschen um Freiheit, aber es ging auch darum, an der Tag für Tag im Fernsehen präsentierten westdeutschen Warenwelt teilnehmen zu können. Auch wenn die meisten das Wort aus dem Buch Prediger noch nie gelesen hatten, wussten sie bis tief ins Herz hinein: »Und das Geld gewährt alles«.

Im Laufe der Zeit zeigte sich, dass die vierzig Jahre Marxismus materiell kaum etwas gebracht hatten. Um so erfolgreicher aber hatte das Regime Verwüstungen in den Köpfen und Herzen der Menschen angerichtet. In den Kernländern der Reformation bekennt sich heute die Mehrzahl der Einwohner offen zum Atheismus.

Ist es eigentlich verwunderlich, dass der Mensch, der nicht mehr nach Gott fragt, nach dem Geld trachtet wie nach einem Gott? - Das gilt übrigens nicht nur für »die da drüben«, sondern auch für uns hier. Auch hier dient man dem »Mammon«, wenn man Gott nicht dienen will. *koh*

Wem gilt mein oberstes Interesse?

Überall auf dem Globus, wo man den wirklichen Christen Freiheit gewährt, segnet Gott auch die Ungläubigen.

1. Korinther 9,1-18

9. Juni 2000

Freitag

Kommt her zu mir, alle ihr Mühseligen und Beladenen, und ich werde euch Ruhe geben. ... lernt von mir, denn ich bin sanftmütig und von Herzen demütig, und ihr werdet Ruhe finden für eure Seelen.
Matthäus 11,28-29

Endlich Urlaub!

Sonne, Meer, Strand, schöne Landschaften, ausspannen, den leeren Akku wieder aufladen, Zeit haben, sich Zeit nehmen für Dinge oder Menschen, die sonst zu kurz kommen. All das verbinde ich mit dem Wort Urlaub. Wie nötig ist es, ab und zu mal rauszukommen aus dem Alltagstrott, wie gut tut es, sich körperlich zu erholen! Aber ist es nicht auch wichtig für unsere Seele, zur Ruhe zu kommen und erfrischt zu werden? Das passiert nämlich nicht automatisch, wenn unser Körper zur Ruhe kommt. Wie pflegen wir unsere Seele? Kennen wir einen Ort, wo unsere Seele neu gestärkt wird? Vielleicht tragen wir ja allerhand Ballast mit uns herum, ohne dass es uns jemand ansieht.

Von Jesus Christus heißt es einmal: »Als er aber die Volksmenge sah, wurde er innerlich bewegt über sie, weil sie erschöpft und verschmachtet waren wie Schafe, die keinen Hirten haben (Matthäus 9,36). Gehören Sie vielleicht auch zu denen, die sich erschöpft fühlen, innerlich ausgebrannt, irgendwie orientierungslos? Es gab eine Zeit, wo diese Aussage voll auf mich zutraf. Nach außen hin war ich total cool, ließ keinen in mich reinschauen. Aber ich war innerlich zerrissen, konnte keine Ruhe oder Geborgenheit finden, fühlte mich wie ein Tropfen Wasser im Ozean. Wissen Sie, zu wem ich gegangen bin mit meinem kaputten Inneren? Genau zu dem, der behauptet, unserer Seele Ruhe geben zu können. Es war ein langer Weg für mich dorthin, aber eines Tages bin ich zu ihm gekommen und ich habe es nie bereut. Was ich vorher an allen möglichen Stellen suchte, habe ich bei Jesus gefunden, Ruhe für meine aufgewühlte Seele. *ws*

Wo suchen Sie Ruhe für Ihre Seele?

Nehmen Sie das gnädige Angebot Jesu Christi an und kommen Sie zu ihm!

1. Korinther 9,19-23

Samstag

10. Juni 2000

*HERR, lehre uns zählen unsere Tage,
damit wir ein weises Herz erlangen.*
Psalm 90,12

The Show Must Go On

So sang Freddie Mercury, der Leadsänger von Queen, kurz vor seinem AIDS-Tod. Ich frage mich immer, wer eigentlich damals diesen Text zusammengestellt hat, er ist nämlich erschreckend. Freddie sang im vollen Bewusstsein seines bevorstehenden Todes: »Die Show muss weitergehen - die Show muss weitergehen - mein Makeup könnte zwar verschmieren, aber mein Lächeln muss auf meinem Gesicht bleiben.«

Im Angesicht des Todes wird jede Show zur Farce. Das schillernde Leben, das Freddie führte - er war Star, hatte Geld, Frauen, Popularität, alles, was er wollte - ließ ihn dennoch im Innersten allein. Er hatte wenige Freunde; und als er wusste, dass er sterben musste, wollte er weiterspielen, denn das hatte er sein ganzes Leben lang getan.

Mose sagte einmal in einem Gebet: »HERR, lehre uns zählen unsere Tage, damit wir ein weises Herz erlangen.« Ich finde, das ist eine bessere Einstellung. Der Tod wird in unserer Gesellschaft und in unserem eigenen Leben zwar verdrängt, aber er ist da, er wird kommen, und keiner kann ihm entkommen. Und dann zählt nur das, was auch nach dem Leben Bestand hat. Das ist es dann, wofür es sich zu leben gelohnt hat. Manchmal denke ich, was die Leute wohl denken, wenn sie sterben müssen: Umsonst gelebt? Halt, ich brauche noch Zeit? Ich würde alles noch einmal genauso machen? Gut, dass es vorbei ist? oder vielleicht: Gott, jetzt trete ich aus meinem sichtbaren Leben heraus zu dir in deine unsichtbare Ewigkeit? Nimm mich auf, dass ich dich endlich sehen kann?

So spricht dann einer, der ein weises Herz bekommen hat. *as*

Was würden Sie sagen, wenn's heute soweit wäre?

Ein weises Herz berücksichtigt die Komponente »Ewigkeit!«.

1. Korinther 9,24-27

Pfingstsonntag   **11. Juni 2000**   **Sonntag**

Wie hören wir sie von den großen Taten Gottes in unseren Sprachen reden?
Apostelgeschichte 2,11

Gott und sein Wort verstehen

Die Stadt Jerusalem war überfüllt. Die Juden feierten ein Erntedankfest, zu dem viele Pilger aus dem ganzen römischen Weltreich gekommen waren. Auf den Straßen war ein Sprachengewirr zu hören, bei dem jeder Dolmetscher seine Freude gehabt hätte. Vor einem Haus schien es besonders interessant zu sein, denn immer mehr Leute strömten dort zusammen. Etwa ein Dutzend Männer standen verteilt in der Menge und sprachen laut zu den anderen. Und das Merkwürdige: Diese Männer kannten allenfalls Bruchstücke von Fremdsprachen, konnten jetzt aber zu den ausländischen Besuchern in deren Landessprache reden! Die Zuhörer waren verblüfft. Was geschah hier?

Die Vorgeschichte: Vor gut sieben Wochen war Jesus Christus in Jerusalem gekreuzigt worden. Zwei Tage später, vor nun 50 Tagen, war er als der Auferstandene einigen Frauen und seinen Jüngern erschienen. Und vor zehn Tagen hatte er sich von seinen Jüngern verabschiedet und war vor ihren Augen von einer Wolke aufgenommen worden. Vorher hatte er ihnen noch angekündigt, dass er ihnen vom Himmel den Heiligen Geist senden werde, der sie mit göttlicher Kraft zum Dienst für Gott befähigen würde. Das war jetzt geschehen. Die vorher ängstlichen Jünger erzählten nun unerschrocken mitten in der Menge von den großen Taten Gottes. Und alle konnten es verstehen!

Der Geist Gottes hilft, dass wir Gott und sein Wort verstehen und mutig in diese Welt hinein von ihm reden können. Das hat unsere Welt bis heute bitter nötig, an Gottes Taten erinnert zu werden. Seine größte Tat war, dass er aus Liebe zu uns seinen Sohn für uns sterben ließ. *wi*

Kenne ich solche, die mit dem Heiligen Geist erfüllt sind?

Wer sich Jesus Christus rückhaltlos anvertraut (an ihn glaubt), bekommt von Gott den Heiligen Geist.

Epheser 1,3-14

Montag   **12. Juni 2000**   **Pfingstmontag**

Lasst euch retten aus diesem verkehrten Geschlecht!
Apostelgeschichte 2,40

Was müssen wir tun?

Immer mehr Menschen strömten zusammen, als die Apostel zu Pfingsten in Jerusalem in der Kraft des gerade empfangenen Heiligen Geistes von den großen Taten Gottes erzählten. Einige Tausend Zuhörer hatten sie im Laufe der nächsten Tage. Petrus machte sich zum Sprecher der Apostel und hob besonders hervor, dass Jesus Christus der dem Volk Israel schon vor langer Zeit verheißene Retter war. Er redete seinen Zuhörern ins Gewissen, wie sie diesen Retter abgelehnt und ihn schließlich den Römern zur Kreuzigung ausgeliefert hatten. Gott aber hatte ihn am dritten Tag aus den Toten auferweckt. Petrus erzählte, wie Jesus danach den Aposteln fast sechs Wochen lang immer wieder erschienen war und dann von Gott in den Himmel aufgenommen wurde. Von dort werde er wiederkommen, um auf dieser Erde mit göttlicher Autorität zu regieren ...

Die Juden waren tief aufgewühlt. Sie erkannten: Den Gesandten Gottes haben wir umgebracht! Sie bedrängten die Apostel mit der Frage: Was sollen, was können wir denn jetzt noch tun? Und Petrus antwortete: »Lasst euch retten!« Mit anderen Worten: Wenn ihr so weiterlebt wie bisher, seid ihr im Gericht vor Gott hoffnungslos verloren. Kehrt deshalb um, glaubt an Jesus Christus, euren Retter, nehmt sein Wort ernst!

Die Antwort der Zuhörer war überwältigend. Ungefähr dreitausend folgten dem Aufruf von Petrus. Zum Zeichen ihres neuen Glaubens ließen sie sich taufen, trafen sich täglich in herzlicher Gemeinschaft und waren begierig, immer mehr über Jesus Christus zu erfahren. Das war Pfingsten - zugleich auch der Geburtstag der Gemeinde Jesu Christi. *wi*

Wie hätte ich mich verhalten, wenn ich damals dabei gewesen wäre?

Ohne den rettenden Glauben an Jesus bleibt man auf der Verliererseite.

Psalm 150

13. Juni 2000
Dienstag

Jesus Christus spricht: »Ich bin die Tür; wenn jemand durch mich hineingeht, so wird er errettet werden und wird ein- und ausgehen und Weide finden.«
Johannes 10,9

Hinter der Tür liegt ein Geheimnis ...

So singt der deutsche Rocksänger Peter Maffay. Unser Leben, so bringt er zum Ausdruck, ist ein Gang durch mancherlei Türen. Immer neue Lebensabschnitte und Erfahrungen müssen angegangen werden. Aber dann kommt eines Tages die letzte Tür. »Was liegt dahinter?«, fragt Maffay. »Wunder und Erfüllung; aber es kann auch das Ende sein!« Und dann stellt er fest: »Du weißt es erst, wenn du dort drüben bist.« Hat Peter Maffay nicht recht? Bleibt es nicht zeitlebens ein Geheimnis? Sind nicht die vermessen, die behaupten, verbindliche Antworten über das »Danach« geben zu können?

Aber es wäre doch revolutionär, wenn dieses Geheimnis der letzten Tür gelüftet werden könnte. Dieses Wissen würde meinem Leben sofort eine ganz andere Qualität geben und vielleicht auch eine andere Ausrichtung geben.

Die Bibel bezeugt uns eine Menge Einzelheiten über das, was hinter der Tür liegt. An vielen Stellen spricht sie von der Realität des Todes, aber auch mit großer Selbstverständlichkeit von dem Danach. Sie macht deutlich, dass der Tod der Übergang von der sichtbaren Wirklichkeit in die unsichtbare Realität ist. Hinter dieser letzten Tür empfängt uns entweder ewige Gottesferne oder ewige Gottesgemeinschaft. Auf den Punkt gebracht: Himmel oder Hölle. Und die Weichen werden in diesem Leben gestellt, durch unsere Haltung gegenüber Jesus Christus. Da liegt unsere große Verantwortung. Nur mit Jesus Christus kann ich zuversichtlich durch die letzte Tür gehen! *rg*

Gehe ich nicht ein Risiko ein, wenn ich der Bibel Vertrauen schenke?

Ja! Aber viele haben diesen Schritt schon gewagt und sind in ihrem Glauben von Gott bestätigt worden.

1. Korinther 10,1-13

Mittwoch

14. Juni 2000

Alle haben gesündigt und erlangen nicht die Herrlichkeit Gottes und werden umsonst gerechtfertigt durch seine Gnade, durch die Erlösung, die in Christus Jesus ist.
Römer 3,23.24

Gerichtsvorladung

Eine Gerichtsvorladung ist meist eine unangenehme Angelegenheit, und jedenfalls dann, wenn man eine Verurteilung zu befürchten hat. Dabei sind unsere heutigen Gerichte kaum mit den Autoritäten zu vergleichen, die mit einer Handbewegung über Leben und Tod entscheiden konnten, wie z. B. die römischen Kaiser. Vor deren Richterstuhl trat man nur mit Angst und Zittern. Und nun erst, wenn man vor Gottes Thron treten muss!

Doch das wird jeder Mensch einmal erleben. Jeder muss einmal vor Gott Rechenschaft über sein Leben geben. Gott als der Schöpfer hat sich das Recht vorbehalten, über unser Leben zu verfügen und die Normen für Gut und Böse festzulegen. Das große Problem dabei ist: Man weiß schon, dass man eigentlich keine Chance hat. Unser Text sagt ausdrücklich und eindeutig, dass es keinen Menschen gibt, der durch eigene Leistungen Gottes Maßstäben genügt. Nein, alle haben gesündigt. Auch noch so viele gute Taten können keine einzige Sünde wegnehmen.

Ist unsere Lage denn nun wirklich so hoffnungslos? Gott sei Dank nein! Durch Gottes große Gnade gibt es jemanden, der an unserer Stelle für die Sünden bezahlt hat: Jesus Christus. Er hat für unsere Erlösung bezahlt und das wird den Glaubenden angerechnet. So bestehen unsere Sünden vor Gott nicht mehr. Daraus folgt Rechtfertigung und Freispruch; denn es gibt nichts mehr, was angelastet werden könnte! Durch das stellvertretende Opfer von Jesus Christus steht jeder »Gläubige« vor Gott, als ob er nie gesündigt hätte. *us*

Wie wird Ihr »Prozess« vor dem göttlichen Gericht ausgehen?

Jetzt, in diesem Leben, fällt die Entscheidung,

1. Korinther 10,14-22

15. Juni 2000
Donnerstag

Die Liebe ist langmütig, die Liebe ist gütig; sie neidet nicht; die Liebe tut nicht groß, sie bläht sich nicht auf, ... sie erträgt alles, sie glaubt alles, sie hofft alles, sie erduldet alles.
1. Korinther 13,4.7

Ehescheidung - machen wir's in Freundschaft?

»Wenn man sich nichts mehr zu sagen hat, dann sollte man die Sache beenden.« Oder: »Wir sind uns einig, das Experiment nicht als 'lebenslänglich' ausarten zu lassen.« So und anders hört der Häusermakler die versuchte Versachlichung der Katastrophe. Das gemeinsame Heim steht zum Verkauf. Manchmal ächzen die Bauherren unter der Belastung, hoffen, diese nun abzuschütteln. Im Beratergespräch werden Fakten abgewogen. Zeitliche Abläufe von Verkauf und Räumung werden diskutiert. Da brüllt der Mann plötzlich: »Max, komm mal hinter der Ecke hervor. Du wirst schon nicht mit verkauft!« Schüchtern und mit verweinten Augen taucht ein etwa siebenjähriger Junge hinter der Küchentür auf.

Peinlich, diese ungeplante Unterbrechung der falschen Melodie: »Eine Trennung ist heute völlig normal und schadet niemandem.« Die Kinder sind meist hart betroffen. Viele leiden bewusst oder verdrängt lebenslang unter der elterlichen Scheidung. Seriöse Untersuchungsreihen beweisen, dass zudem deren Instabilität als Partner in späteren Ehen vorprogrammiert ist. Und zwar nicht, weil sie chronisch untreu wären, sondern ihre tiefe Sehnsucht nach verständnisvoller Zuwendung des Ehepartners zu leicht enttäuscht wird. Somit bewirkt die leichtfertige Eheauflösung in ihren Spätfolgen noch die mangelnde Krisenbelastbarkeit der Kinder. Wenn wir den obigen Bibelspruch lesen, erkennen wir, woran es so häufig mangelt. Gott will seinen Leuten diese Liebe schenken, damit sie in kritischen Situationen tun können, was Gott wohlgefällt und allen Beteiligten zum Heil und Segen gereicht. Von Natur sind wir alle Egoisten, aber Gott kann das ändern, wenn wir wollen. *sp*

Haben Sie einmal die Chance genutzt, einfach ein Pro-Ehe-Berater im konkreten Fall zu sein?

Investieren Sie in Ihre eigene Ehe! Sie ist zu wertvoll, sie wie eine Mode als Wegwerf-Beziehung zu missbrauchen.

1. Korinther 10,23 - 11,1

Freitag

16. Juni 2000

*Jesus spricht zu ihm: Ich bin der Weg,
die Wahrheit und das Leben.*
Johannes 14,6

Ich will leben!

Wer will nicht leben? Unser ganzes Leben lang sind wir bemüht, gut und möglichst lange zu leben. Viele neue Ufosekten setzen hier an und versprechen langes oder sogar ewiges Leben auf anderen Planeten. Es ist immer wieder erstaunlich, wie viele Menschen solchen Gruppen nachfolgen. Doch wie alle Religionen können auch diese neuen Ufosekten kein Leben und schon gar kein ewiges Leben vermitteln. Im Gegenteil, einige dieser Bewegungen haben Menschen in den Tod geführt. Denken wir z.B. an die Sekte »Der Volkstempel«. Ihr Gründer Jim Jones, der sich »Erbe Gottes auf Erden« nannte, riss durch einen organisierten Massenselbstmord 913 Menschen mit sich in den Tod! Weitere Beispiele wie die Davidianer oder die Sonnentempler können hier ebenfalls genannt werden.

Leben, so sagt es unser Bibelwort, kann nur der geben, der selbst das Leben schlechthin ist: Jesus Christus! Er hat seine Gewalt über Leben und Tod bewiesen, z.B. als er Menschen vom Tod auferweckte oder dadurch, dass er selbst den Tod überwunden hat und auferstanden ist. Er ist sozusagen der Garant ewigen Lebens. Wenn ich also wirkliches Leben, ewiges Leben haben möchte, muss und darf ich mich an den wenden, der selbst das ewige Leben ist. Ich darf mich an Jesus Christus wenden und ihm glauben, wenn er von sich sagt: »Ich bin das Leben!« Über den Empfang ewigen Lebens entscheidet nicht die Mitgliedschaft in irgendeiner Kirche oder eine Religionzugehörigkeit, sondern entscheidend ist, ob ich Jesus Christus persönlich kenne! Nur wer Jesus Christus hat, der hat ewiges Leben!

emb

Was ist mir lieber? Ewiges Leben oder ewiger Tod?

Nicht mit Scheinangeboten liebäugeln, sondern Jesus Christus beim Wort nehmen!

1. Korinther 11,2-6

17. Juni 2000

Samstag

Wieso gibt es denn bei euch so viel Streit, Krieg und Kampf?
Kommt alles nicht daher, dass ihr euren Leidenschaften
und Trieben nicht widerstehen könnt?

Jakobus 4,1

Müssen wir uns eigentlich immer streiten?

Jemand stellt einer Gruppe junger Menschen die Aufgabe: »Sagt mir in höchstens sechs Worten, wie es bei euch zu Hause ist!« Neben positiven Beschreibungen wie »liebevoll«, »lustig«, »wie wenn Christus dort wäre«, waren die meisten Antworten jedoch sehr viel anders: »ein Dschungel«, »Streitigkeiten zwischen den Eltern«, »Schwester gut - Bruder unmöglich - Eltern ok«, »ein Zirkus mit Geschrei«, »explodierende Bomben«, »wie im Zweiten Weltkrieg«, »elende Streitigkeiten«, »Wortwechsel und Ängste - als ob die Hölle los wäre«.

Woher kommen diese Konflikte und Zerwürfnisse, die wir beim Zusammenleben in der Familie durchleiden? An gutem Willen, miteinander auszukommen, mangelt es ja nicht, wenigstens haben wir von uns selbst diesen Eindruck. Die anderen müssten nur ein bisschen ehrlicher zugeben, dass sie sich ändern sollten. Doch bei genauerem Hinsehen stellt man fest, dass die Grundursache vieler Beziehungsprobleme häufig die eigene Person ist. In uns leben Eigenwille und Selbstsucht, die uns davon abhalten, freiwillig das Wohl der anderen zu suchen. Wir alle sind ICH-Spezialisten, die auf ihre Rechte und Ansprüche pochen. So ist es verständlich, wenn daraus im Zusammenleben mit anderen ICH-Spezialisten Konflikte entstehen, befürchtet doch jeder, zu kurz zu kommen. Die Medizin gegen die Ichsucht besteht darin, nicht allein die eigenen Interessen im Auge zu haben, sondern mit darauf zu achten, was für den anderen förderlich ist. Jesus Christus hat uns diese »goldene Regel« gegeben: »Alles nun, was ihr wollt, das euch die Leute tun sollen, das tut ihr ihnen auch!« (Matthäus 7,12). *fo*

Will ich wirklich Frieden oder Recht bekommen?

Änderungen kann man nur bei sich selbst vornehmen.

1. Korinther 11,17-27

Sonntag

18. Juni 2000

Niemand ist gut als nur einer, Gott.
Lukas 18,19

Gott ist gut

Da kam ein junger Mann aus gutem Hause zu dem Herrn Jesus. Was seine religiösen Leistungen betraf, konnte er mit sich zufrieden sein. Trotzdem war er unsicher, ob das wohl reichte, um in das Reich Gottes einzugehen. Seiner Meinung nach war Gott ein strenger Mann, der eine gewaltige Leistung forderte. Nun war er bei dem Rabbi Jesus. Von dem hatte er einiges gehört. Der konnte ihm bestimmt helfen und sagen, wie man Gott am besten zufrieden stellt. Mit ein paar netten, schmeichelnden Worten konnte man Jesus bestimmt zum Reden bringen.

Der aber reagiert anders als gedacht. Er macht klar, dass das Gottesbild des jungen Mannes nicht stimmt. Nicht Menschen sind gut, sondern Gott. Aber wir Menschen sind alles andere als gut und ganz und gar auf sein Erbarmen, auf seine Güte angewiesen. Wie gut, dass Gott gut ist; denn das hat nicht nur mit seiner Vollkommenheit zu tun. Es bedeutet auch, dass Gott aus Güte und Liebe eine Beziehung zu uns haben will, obwohl wir alles verdorben haben.

Da hat sich Gott in seiner Güte etwas besonderes ausgedacht. Er sandte seinen Sohn. Nicht, um hier aufzuräumen, sondern um selbst den Schuldpreis von uns Menschen zu zahlen. Wie? Indem er den fremden Schuldenberg zu seinem eigenen machte, damit wir frei ausgehen könnten. Das ist die Bedeutung vom Kreuz auf Golgatha. Und jetzt sage noch einer, Gott ist nicht gut. Diese Güte Gottes kann man jeden Tag erleben. In uns ist nichts Gutes zu finden. Aber unser verdorbenes Leben darf ausgetauscht werden, weil der gute Gott schon jetzt ein neues, ewiges Leben zum Austausch bereit hält. *eh*

Ist mein Gottesbild richtig?

Ich will lernen, zu verstehen, dass nicht ich, sondern Gott gut ist.

Psalm 145

19. Juni 2000

Montag

Ihr selbst wisst, dass meinen Bedürfnissen und denen, die bei mir waren, diese Hände gedient haben.
Apostelgeschichte 20,34

Schwielen an den Händen!

Da sitzt er wieder neben mir im Bus, dieser Malocher (im Ruhrgebiet abfällig für »Arbeiter«): Mit dreckigen Fingernägeln, verschwitzt in Haaren und Kleidung und schmutzigem Overall hält er sich mit großer Mühe auf seinem Platz, weil die Müdigkeit ihn alle 2-3 Minuten zum Umfallen bringen will.

Wie edel dagegen wirkt doch der gepflegte Geschäftsmann neben ihm, der mit Anzug und goldenen Manschettenknöpfen in seiner Zeitung blättert. Wenn ich wählen dürfte, ich wurde mich auch für den Beruf des »sauberen Angestellten« entscheiden. Komisch eigentlich, dass ein so gelehrter Mensch wie Paulus, der bei einem der besten Lehrer seiner Zeit studierte (heute vergleichbar mit einem Abschluss der Harvard Business School mit Traumnote), so etwas Profanes wie »Zeltmacherei« als Broterwerb hat und für seinen Lebensunterhalt mit den »Händen arbeitete«: mit Schere, Nadel und Faden alleine in einer Werkstatt, anstelle flammender Reden in einem Saal überfüllt mit begeisterten Schülern.

Merkwürdig auch, dass Jesus Christus selbst, der ewige Sohn Gottes, in seinem irdischen Leben als einfacher Zimmermann in einer Holzwerkstatt arbeitete und dabei sicher manchen Schweißtropfen geschwitzt hat. Offensichtlich haben wir als Menschen nicht das Recht, Unterscheidungen mit der Wertigkeit von Berufen zu machen und die Arbeit des Geistes über die des Körpers zu stellen. Gott wird sich schon etwas dabei gedacht haben, dass auch Adams Arbeit als erster Mensch im Garten Eden noch vor dem Sündenfall daraus bestand, einen Garten zu bebauen (1. Mose 2,15), statt Pflanzen zu mikroskopieren. *mg*

Welches Verhältnis habe ich zu körperlicher Arbeit und zu denen, die damit ihren Lebensunterhalt verdienen?

Praktische Arbeit in Haus und Garten tut nicht nur der Gesundheit gut, sondern ändert vielleicht auch die eigene Einstellung.

1. Korinther 11,28-34

Dienstag — 20. Juni 2000

Denn ich habe kein Gefallen am Tod dessen,
der sterben muss, spricht der Herr, HERR.
So kehrt um, damit ihr lebt!
Hesekiel 18,32

»They never come back!«

Heute vor 40 Jahren konnte der US-amerikanische Boxer Floyd Patterson als erster Schwergewichtler seinen Titel zurückgewinnen. In den New Yorker Polo-Grounds schlug er den schwedischen Weltmeister Ingemar Johansson in der fünften Runde k.o. und durchbrach damit als erster das Gesetz des »They never comeback«, die eiserne Regel, dass kein Boxer den Weltmeistertitel zurückerobern kann.

Was im Profiboxsport bis dahin unmöglich war, ist in vielen Lebensbereichen auch heute fast unvorstellbar oder wie oft heiraten Geschiedene den selben Partner wieder? Wie oft wird ein fristlos Entlassener wieder bei der selben Firma eingestellt?

»Und er machte sich auf und ging zu seinem Vater. Als er aber noch fern war, sah ihn sein Vater und wurde innerlich bewegt und lief hin und fiel ihm um seinen Hals und küsste ihn sehr. Der Sohn aber sprach zu ihm: Vater, ich habe gesündigt gegen den Himmel und vor dir, ich bin nicht mehr würdig, dein Sohn zu heißen. Der Vater aber sprach zu seinen Knechten: Bringet das beste Kleid her und ziehet es ihm an und tut einen Ring an seine Hand und Sandalen an seine Füße; und bringet das gemästete Kalb her und schlachtet es, und lasset uns essen und fröhlich sein; denn dieser mein Sohn war tot und ist wieder lebendig geworden, war verloren und ist gefunden worden. Und sie fingen an fröhlich zu sein« (im Lukasevagelium, Kapitel 15, die Verse 20-24).

In diesem Gleichnis lesen wir, dass der Vater dem »verlorenen Sohn« entgegenläuft. Es ist das einzige Mal in der Bibel, dass wir von Gott lesen, dass er läuft! Gott sehnt sich auch nach Ihrem »Comeback«! *ww*

Haben Sie Ihr Comeback schon gefeiert?

Heute ist viel besser als morgen!

1. Korinther 12,1-11

21. Juni 2000
Mittwoch

*Kehre um, HERR, befreie meine Seele;
rette mich um deiner Gnade willen!*
Psalm 6,5

Eine scheinbar ausweglose Situation

Das Hotel brennt lichterloh. In der vierten Etage versucht eine junge Frau den Flammen zu entkommen. Verzweifelt stürzt sie den Flur entlang. In ihrer Todesangst reisst sie eine Türe nach der anderen auf und hofft, den Notausgang zu finden. Hinter ihr kracht das Feuer. Die lodernden Flammenzungen verfolgen sie. In ihr ist nur noch schreckliche Panik, die Angst um das nackte Leben. Da nimmt sie hinten an der Tür den Feuerwehrmann wahr. Mit starker Kraft greift er nach ihr und zerrt sie zur Tür hinaus, bevor die Flammen gegen die geschlossene Tür schlagen.

In ähnlicher Weise können uns negative Gedanken, Depressionen und Ängste verfolgen. Wie lodernde Flammen greifen sie nach uns. Innere Unruhe, Verzweiflung und Ängste lassen uns nicht mehr los. In schlaflosen Nächten kommt man ins Grübeln, um sich dann durch den folgenden Tag zu quälen. Es will einfach nicht gelingen, wieder neuen Mut und festen Boden unter den Füßen zu bekommen. Ratlos und resigniert schleppen sich viele in diesem zermürbenden Kampf durchs Leben.

Auf die gleiche Weise wie der Dichter des oben zitierten Psalmwortes (David), darf man gerade in so aussichtsloser Lage mit dem lebendigen Gott ins Gespräch kommen. Trotz all unserer Not ist er der, der wirklich hört und sich der Hilfesuchenden annimmt. David wusste um diese Tatsache. Deshalb hielt er an ihm fest, auch wenn es u. U. keinen schnellen Ausweg gab. Er blieb zuversichtlich, dass Gott eine Tür zur Rettung offen hält. Bei Gott sind wir an der richtigen Adresse, wenn wir unsere Ängste loswerden wollen. Der Schlüssel dazu ist Vertrauen. *ju*

Kenne ich Gott so, dass ich ihm bedingungslos vertraue?

Weil Jesus für unsere Sünden starb, ist der Weg frei zum Herzen Gottes.

1. Korinther 12,12-26

Donnerstag

22. Juni 2000

> *Und (Mose) sagte: Wenn ich doch Gunst gefunden habe in deinen Augen, Herr, so möge doch der Herr in unserer Mitte sein! Wenn es auch ein halsstarriges Volk ist, vergib uns aber dennoch ...*
> 2. Mose 34,9

Ehekrise

Nun bin ich schon elf Jahre mit meiner Frau verheiratet und in dieser Zeit haben wir sehr viel gelernt. Zum Beispiel wurde uns beiden klar, dass Verliebtsein nicht ausreicht, um eine gesunde Ehe zu führen.

Es war von Anfang an unser Anliegen, dass Gott, dem wir beide gehorchen wollten, in unserer Mitte ist. Doch gute Vorsätze und Wünsche müssen nicht immer gelingen. So geschah es, dass wir uns unmerklich von einander entfernten und in unseren eigenen Gedanken bewegten. Im sechsten Ehejahr kam es über eine Zeitspanne von vier Jahren zu einer Krise, die von vielen als unlösbar betrachtet wurde. Irgendwie hatte ich unbewusst meiner Frau meinen Glauben übergestülpt. Sie hatte sich von mir abhängig gemacht und nun nach dem dritten Kind musste sie feststellen, dass ihr Glaube dafür nicht tragfähig genug war. Sie geriet in schlimme Depressionen und unsere Ehe wurde zu einem Chaos. Wir hatten unser Zentrum - Gott - verloren. Wir waren eigene Wege gegangen, sogar alles im christlichen Gewand. Wir waren uns fremd geworden. Ich verstand meine Frau nicht und sie mich erst recht nicht. Gesetzliche Regelungen über Kleidung, Zeiteinteilung, usw. hatten uns beide unbrauchbar füreinander und für die Menschen um uns gemacht.

Doch dann geschah etwas, was keiner mehr erwartet hatte: Gott wandte sich zu uns - Er erbarmte sich und rettete uns aus dieser Not. Er vergab uns und wir einander. Trotz unserer Halsstarrigkeit kam er wieder ganz neu, noch viel wirklicher, in unsere Mitte!

Wie gut, dass es einen Gott gibt, der Ehen wiederherstellen kann und Neuanfang schenkt!   *kü*

Wie sieht es in Ihren Beziehungen aus?

Gott vergibt nur Sünden, keine Entschuldigungen!

1. Korinther 12,27-31a

23. Juni 2000

Freitag

*Denn ich vertraue Gott, dass es so sein wird,
wie zu mir geredet worden ist.*
Apostelgeschichte 27,25

Da war guter Rat teuer!

Auf seiner Fahrt nach Rom befand sich Paulus auf einem Segelschiff, das unter schwierigen Windverhältnissen mit Mühe einen Hafen auf Kreta erreicht hatte. Nun ging es um die Frage, ob und wann man weitersegeln sollte. Wie bei allen schwierigen Entscheidungen in dieser Welt, meldete sich zunächst der Experte (der Steuermann), dann der Geldgeber (der Schiffsherr) zu Wort. Fast allen an Bord ging es darum, ein Winterquatier zu finden, das möglichst viel Bequemlichkeit und Abwechslung verhieß. Und als dann ein sanfter Südwind aufkam und so die Umstände günstig schienen, rieten die meisten dazu, die Anker zu lichten und loszusegeln (Apostelgeschichte 27,9-13).

Es war eine folgenschwere Fehlentscheidung, die die Leute im Schiff das Leben gekostet hätte, wenn nicht eben dieser Paulus dabei gewesen wäre. Der hatte von Anfang an gewarnt, aber warum hätte man gerade ihm, einem Gefangenen, vertrauen sollen? Man meinte doch bei der Entscheidungsfindung ja alle Aspekte berücksichtigt zu haben. Wirklich alle? Im Unterschied zu den anderen hatte Gott dem Paulus gezeigt, wie die Fahrt tatsächlich enden würde.

Glauben Sie auch, dass die Bibel zwar sehr gut für die Kirche ist, aber überhaupt nicht für das praktische Leben taugt? Dann ist auch Ihnen bisher der wichtigste Aspekt bei der Entscheidungsfindung entgangen! Gott hat gesagt: »Ich will dich unterweisen und dich lehren den Weg, den du gehen sollst« (Psalm 32,8). Im Lesen der Bibel und beim Beten zeigt Gott uns seine Pläne und Maßstäbe, aber er eröffnet uns auch im praktischen Leben vorbereitete Wege. *go*

Wie verhalte ich mich, wenn ich Fehlentscheidungen gefällt habe?

Gott bietet uns an, ihn um Weisheit für alle Entscheidungen des Lebens zu bitten (Jakobus 1,5).

1. Korinther 12,31b - 13,7

Samstag — 24. Juni 2000

*Die Summe deines Wortes ist Wahrheit,
und jedes Urteil deiner Gerechtigkeit währt ewig.*
Psalm 119,160

Eine vage Vermutung

Habe ich es nicht schon immer geahnt? Die Wahrheit ist relativ! Wie komme ich zu dieser Vermutung? Nun, ich habe stichhaltige Beweise aus meinem Alltag:

Wenn ich bei mir zu Hause auf die Badezimmerwaage steige, lese ich exakt 88 Kilogramm ab. Aber das ist nur ein Teil der Wahrheit. Bei einem Vergleich auf der Waage meiner Eltern, werde ich nämlich eines besseren belehrt. Das Display ihrer digitalen Waage zeigt mir satte 91 Kilo an. Aber glücklicherweise finde ich anschließend unterm Waschtisch noch die ausrangierte Alte. Flugs ziehe ich sie hervor und stelle mich darauf. Na bitte! Hier schmeichelt mir die Zeigernadel mit gerade mal 85 Kilo. Wer sagt es denn? Damit liege ich doch noch in passabler Nähe meines Idealgewichts. Selbstzufrieden setze ich meine Essgewohnheiten wie gewohnt fort - habe ich doch mindestens drei Kilo abgenommen...

Weit gefehlt. Die vage Vermutung, dass die Wahrheit über mein Gewicht relativ sei, ist nur meiner Wunschvorstellung entsprungen! Ich kann mir zwar alles so hinbiegen, dass es mir in den Kram passt, aber dann hört es auf Wahrheit zu sein. Über die Wahrheit, dass ich an die 5 Kilo Übergewicht habe, kann ich mich vielleicht hinwegtäuschen, sie aber nicht außer Kraft setzen. Wenn wir Gottes Gebote der Beliebigkeit unserer Interpretation unterwerfen, spielen wir uns dann nicht als Gesetzgeber auf? Die Wahrheit ist sehr wohl absolut. Und Gott gab sie uns schwarz auf weiß in der Bibel - »Dein Wort ist Wahrheit« (Johannes 17,17) - und aus Fleisch und Blut in Jesus Christus - »Ich bin die Wahrheit!« (Johannes 14,6) *fe*

Woran nimmt unser Gewissen Maß? Wo eichen wir unsere Moralvorstellung?

»Ich glaube fast, dass es nicht wichtig ist, ob uns das passt, was bei Gott richtig ist.« Manfred Siebald

1. Korinther 13,8-13

25. Juni 2000

Sonntag

*Jeder, der den Namen des Herrn anrufen wird,
wird errettet werden.*
Römer 10,13

Der Einzige der rettet

In einem Buch wird die Geschichte eines Marschalls in Napoleons Armee erzählt, der seinem Kaiser in besonderer Weise ergeben war.

Eines Tages wurde dieser Marschall in einer Schlacht tödlich verwundet. Als er sterbend in seinem Zelt lag, ließ er eine Nachricht zu Napoleon bringen, dass er ihn noch einmal sehen und sprechen wolle.

Napoleon kam so schnell es ihm möglich war.

Der Offizier hatte nun die Vorstellung, dass der Kaiser alles nötige veranlassen würde, um ihm das Leben zu retten. Als Napoleon aber seinen Zustand sah, schüttelte er nur seinen Kopf und drehte sich um.

Das Buch beschrieb dann diese tragische Szene so: »Als der sterbende Mann die kalte, erbarmungslose Hand des Todes spürte, die ihn gnadenlos hinter den Vorhang der unsichtbaren Welt ziehen wollte, schrie er laut auf: 'Rette mich, Napoleon, rette mich!'«. In der Stunde des Todes musste dieser Soldat erkennen, dass nicht einmal Reichtum und Macht des Kaisers Napoleon ihn zu retten vermochte. Genauso wird es jedem Menschen ergehen, der Errettung vor dem geistlichen, dem ewigen Tod, bei Menschen sucht. Er wird erkennen, dass kein Mensch die Macht hat ihn zu retten - kein Pastor, kein Evangelist, kein Priester, nicht einmal ein gewaltiger Beter. Nur Jesus Christus kann eine Seele retten.

Deswegen sagt die Bibel über den Herrn Jesus: »Es ist in keinem anderen das Heil; denn auch kein anderer Name unter dem Himmel ist den Menschen gegeben, in dem wir gerettet werden müssen« (Apostelgeschichte 4,12). Er ist der einzige, von Gott vorgesehene Weg zur Rettung.

js

Wie stellen Sie sich Ihre Begegnung mit dem großen Gott vor?

Bedingungslose Gnade gibt es - für bankrotte Sünder.

Psalm 133

Montag

26. Juni 2000

*Und Gott, der HERR, nahm den Menschen
und setzte ihn in den Garten Eden, ihn ... zu bewahren.*
1. Mose 2,15

Der Kampf gegen das Chaos

Jeden Tag die gleiche Arbeit: Da ist die Unordnung im Kinderzimmer, das Chaos in der Küche, die Wäsche der ganzen Woche oder einfach nur der Hausflur, der schon wieder dreckig ist und geputzt werden will. Immer der gleiche Kampf gegen Zerfall, Auflösung und Untergang!

Haben wir schon einmal daran gedacht, das genau das der Auftrag des Schöpfers an uns Menschen ist: Das »Ordnen und Zurechtbringen«, das »wieder Herstellen« und das »gegen den Zerfall Ankämpfen«?

Was wissenschaftlich als »das Gesetz der Entropie« beschrieben wird, meint einfach: ein System, das sich selbst überlassen wird, zerfällt.

Eigentlich brauchen wir uns nicht zu wundern, dass das Chaos die Überhand gewinnt, wenn ordnende Kräfte sich zurückziehen. Die Bibel hat nämlich einfach recht, wenn sie sagt, dass diese Welt der Vergänglichkeit, dem Zerfall unterworfen ist (Römer 8,20) und vom Widersacher Gottes, dem Zerstörer und Durcheinanderbringer, Satan, regiert wird; und dass wir Menschen selbst gegen Gottes gute und funktionierende Ordnungen opponieren.

Gottes Auftrag an uns lautet daher, seine Ordnung da zu sichern, wo wir gerade sind, gegen Zerfall, Unordnung und Sittenlosigkeit zu kämpfen, mit Gottes Leben, mit seiner Gerechtigkeit und seiner Ausdauer im Wiederaufbauen und Bewahren. Ob es sich um das Putzen des Hausflures oder das Friedensichern der politisch Verantwortlichen handelt, ist dabei gar nicht so wichtig. Jeder soll seinen Auftrag erfüllen. *mg*

Wie kann ich heute Gottes Bewahrungsauftrag erfüllen?

Mit dem Nächstliegenden anfangen!

1. Korinther 14,1-12

27. Juni 2000

Dienstag

Aus deinen Vorschriften empfange ich Einsicht.
Darum hasse ich jeden Lügenpfad! Eine Leuchte für meinen Fuß
ist dein Wort, ein Licht für meinen Pfad.
Psalm 119,104-105

Miss Marple und die Sex-Falle

Eine Frau mittleren Alters sitzt in einer Schauspielergarderobe vor einem Schminkspiegel und rasiert sich. Nein, es ist Dustin Hoffman; ah, ja, »Tootsie«! Miss Marple steigt gerade das Fallreep des Segelschiffs hinauf und wird von der Mannschaft begrüßt. Ihr misstrauischer Blick bleibt auf dem Ersten Offizier haften, Mel Smith schält sich mühsam aus seinem recht mitgenommenen Raumanzug. Die Soldaten erwarten ihn schon; sie führen ihn zum Verhör ab. Ein endloser Stau, soweit der Bildschirm sehen lässt. Michael Douglas steigt aus seinem Wagen und lässt ihn einfach stehen. Er klettert hemdsärmelig, aber mit Schlips und Aktenkoffer die Böschung hinauf, die die Autobahn vom Wohngebiet trennt. Auf einem Abbruchgrundstück gerät er in einen Zweikampf mit einem Rocker, der ihm den Aktenkoffer abnehmen will. Nachdem er den Angreifer niedergeschlagen hat, lässt er ihn einfach liegen und geht weiter. Peter Gallagher und Mare Winningham hüpfen nackt über den Bildschirm und dann miteinander ins Bett. Miss Marple sieht, wie in einem vorbeirauschenden Zug eine Frau erwürgt wird; mit einer hölzernen Radspeiche vom Ruderdeck schlägt sie auf dem Segelschiff den Rauschgifthändler nieder. Da fällt Pinocchio seinem Schöpfer Geppetto in die weit ausgebreiteten Arme: Alles wird gut!

Erlebnisse eines Zappers in seiner virtuellen Welt ohne Gott. Hastiger Tausch einer kaputten Realität gegen eine andere. Alle Maßstäbe zerbrechen und jede Regung erstirbt. Virtuelle Erfahrung ersetzt die wirkliche, wird Realität. Wer so gelebt hat - wie wird er im Tode seinem Gott begegnen? *svr*

Woher beziehe ich meine Maßstäbe und Lebensregeln? Wo suche ich Rat und Anleitung?

Heute will ich bedenken, ob ich klug bin oder ein Narr.

1. Korinther 14,13-25

Mittwoch

28. Juni 2000

*Der Weg des Narren erscheint
in seinen eigenen Augen recht,
der Weise aber hört auf Rat.*
Sprüche 12,15

Kurswechsel

Der amerikanische Flugzeugträger »USS Enterprise« ist mit 336 m Länge und 94.000 t Wasserverdrängung eines der größten jemals gebauten Kriegsschiffe. Vor einigen Jahren gab die US-Kriegsmarine ein Sprechfunkprotokoll frei, das eine der unheimlichsten Begegnungen dieses Giganten der Meere in schlechtem Wetter schildert. Der Londoner »Daily Telegraph« veröffentlichte den Wortlaut des Protokolls wie folgt: Funkstation 1 (Enterprise): »Bitte ändern Sie Ihren Kurs um 15 Grad nach Norden, um eine Kollision zu vermeiden.« Funkstation 2 (an Enterprise): »Empfehle, *Sie* ändern *Ihren* Kurs um 15 Grad nach Süden.« Station 1: »Hier spricht der Kommandant eines US-Kriegsschiffes. Ich wiederhole: Ändern *Sie Ihren* Kurs!« Station 2: »Nein! *Sie* ändern Kurs!« Station 1: »Dies ist der Flugzeugträger 'Enterprise'. Wir sind ein sehr großes Kriegsschiff der US-Navy. Ändern *Sie* Kurs - und zwar *jetzt*!« Station 2: »Wir sind ein Leuchtturm. Over to you (Sie sind dran).«

Ort und Zeit der Begegnung werden weiterhin geheim gehalten. Da die »Enterprise« aber immer noch die Ozeane befährt, wird ihr Kommandant wohl den lebensrettenden Kurswechsel in letzter Sekunde befohlen haben. Wie viele von uns mögen ihr Lebensschiff auf den Wogen einer orientierungslosen Welt auf Kollisionskurs halten, ohne sich recht der zahlreichen drohenden Gefahren bewusst zu sein. Sich von Gottes Wort raten zu lassen, löst uns aus der Verkrampfung eigener Überzeugungen, und ihm das Ruder zu übergeben, heißt sicher in den Hafen zu gelangen. *vdm*

Welchen Kurs habe ich für mein Leben?

Einsichtiges Nachgeben bewahrt vor kurzsichtigen Fehltritten.

1. Korinther 14,26-33a

29. Juni 2000

Donnerstag

Denn er ist unser Friede.
Epheser 2,14

Frieden ist möglich

Können zwei Menschen, und wenn sie sich noch so sehr lieben, wirklich immer in Frieden miteinander auskommen? Ich nehme an, dass jeder erst einmal geneigt ist, zu denken »Ja«. Aber wenn man ein wenig tiefer schürft, dann hört man doch fast überall den Satz: »Na ja, ab und zu muss es freilich mal eine Auseinandersetzung geben.« Wer ein bisschen Ahnung hat, geht davon aus, dass eine absolut friedliche Ehe ohne jeden Krach menschlich gar nicht möglich ist. Dies ist durchaus realistisch. Spätestens bei der Kindererziehung gehen oftmals die Ansichten der Eltern über das »Wie« und »Wann« auseinander. Nicht selten kommt es dann zum Krach und der Ehesegen hängt schief.

Alles im Frieden zu beschließen - das kann nur geschehen, wenn der Friede mehr ist, als was wir Menschen schaffen können. Gott will uns diesen durchtragenden, Versöhnung und Geduld stiftenden Frieden schenken. Paulus spricht von diesem Frieden und stellt ihn den Leuten in Ephesus dar als etwas, was wirklich alle Zwischenwände, alle Zäune und Mauern niederreißen kann. Er sagt: Dieser Friede ist eine Person - Jesus Christus.

Das haben meine Frau und ich ganz persönlich erfahren - Friede ist erfahrbar, wenn man ihn sich schenken lässt und Gott darum bittet. Für uns beide ist es eigentlich undenkbar, eine wirklich glückliche Ehe ohne Jesus zu führen. Hat er doch den Bauplan für unser Leben und unsere Wege für uns vorbereitet, die wir allein nicht gefunden hätten. Der Friede Gottes in Jesus Christus ist mehr als nur »ein bisschen Frieden«, wie er im Schlager besungen wird. Er trägt auch, wenn es schwierig wird. *kü*

Erkenne ich den Unterschied zwischen Friedhofsruhe und lebendigem Frieden?

Frieden im Herzen schafft Frieden im Haus!

1. Korinther 14,33b-40

Freitag

30. Juni 2000

Und die ganze Erde hatte ein und dieselbe Sprache.
1. Mose 11,1

Globalisierung

Gott hat in uns Menschen ungeheuere Potentiale hineingelegt, die vor allem dann freigesetzt werden, wenn viele Menschen mit gleichen Zielen zusammenarbeiten und sich bei unterschiedlichen Begabungen und Ideen ergänzen. Durch die Globalisierung hat das weltweite Jagen nach »Synergien« (so nennt man dieses Zusammenwirken), neuen Technologien und Märkten einen starken Schub bekommen. Man spricht dieselbe Sprache und verfügt mit dem Internet* über schnelle und weltweite Kommunikationsmöglichkeiten. Da hört sich ein uralter Text aus der Bibel (1. Mose 11,1-9) ganz aktuell an: »Wir wollen uns eine Stadt und einen Turm bauen, und seine Spitze bis an den Himmel! So wollen wir uns einen Namen machen! Und der HERR sprach: Siehe, ein Volk sind sie und eine Sprache haben sie alle ... Jetzt wird ihnen nichts unmöglich sein, was sie zu tun ersinnen.« Damals hat Gott die Sprache der Menschen verwirrt; »und sie hörten auf, die Stadt zu bauen.«

Gott trat auf die Bremse, weil der Mensch sich von seinen Visionen und Erfolgen so in Fahrt bringen ließ, dass er schließlich sogar Gott überholen wollte. Heute erleben wir erstmalig in der Geschichte eine neue weltweite Zusammenarbeit, die ungeahnte Möglichkeiten eröffnet, gleichzeitig aber tiefe moralische Defizite aufweist. Gott hat angekündigt, dass er noch einmal »auf die Bremse treten« wird. Das wird den Zusammenbruch aller gottlosen Anstrengungen der Menschen bedeuten. Wollen wir uns in diesen Sog mit Leib und Seele hineinziehen lassen oder Gott schon heute die Führung unseres Lebens überlassen? Er meint es wirklich gut mit uns, denn er hat uns lieb. *go*

Wie es wohl sein wird, wenn diese globale Hektik plötzlich zum Stillstand kommt?

Ich will mich weder von alten noch von neuen Medien beherrschen lassen!

1. Korinther 15,1-11

* Schauen Sie ins Internet: www.lebenistmehr.de

1. Juli 2000

Samstag

> *Und denke an deinen Schöpfer*
> *in den Tagen deiner Jugendzeit.*
> Prediger 12,1

Das war sein Leben

In jungen Jahren las ich obigen Bibelvers an einer schönen Berghütte in der Schweiz. Er beeindruckte mich sehr, doch vergaß ich, wo er in der Bibel stand. Ich habe damals lange gesucht, denn irgendwie lies er mich nicht los. In jungen Jahren ist man voll Tatendrang, unternehmungslustig, könnte Bäume ausreißen. Da kann man viel Gutes tun; aber auch ungeheuer viel Schaden anrichten und sich und andere unglücklich machen.

Der Mann, der obigen Vers niederschrieb, war ein weiser König. Wie recht hat er doch. Jeder Mensch sollte sich so früh wie möglich bewusst machen, dass es einen Schöpfer gibt, der einmal Rechenschaft fordern wird für das anvertraute Leben.

Was ist der Lebensinhalt? Das Auto, das Haus, die Modelleisenbahn? Der Zeitraum zwischen Geburt und Tod ist die einzigartige Möglichkeit, Gott, den Schöpfer kennenzulernen, der mich so geliebt hat, dass er seinen eingeborenen Sohn gab in das Gericht über die Sünde der Menschen am Kreuz auf Golgatha.

Wer in seiner Jugend Gott als Retter und Schöpfer kennenlernt, hat die große Chance, sein Leben zur Ehre Gottes zu führen, weil Gott für jeden Menschen einen Plan hat, nach dem er hier auf Erden Gott und Menschen dienen und danach für alle Ewigkeit in Gottes Gegenwart leben soll. Das ist Hoffnung und Gewissheit, Geborgenheit bei Gott, den wir Menschen »lieber Vater« nennen dürfen, jeder, der Jesus Christus als seinen Erlöser annimmt und an ihn glaubt. *kei*

Wo habe ich meine Sicherheit deponiert?

Man sollte loslassen, was man doch nicht behalten kann, um zu gewinnen, was man nicht verlieren darf.

1. Korinther 15,12-19

Sonntag

2. Juli 2000

Dieser aber hat ein Schlachtopfer für Sünden dargebracht und sich für immer gesetzt zur Rechten Gottes.
Hebräer 10,12

Ein einmaliges Opfer

Woran denken Sie, wenn Sie das Wort Opfer hören? Vielleicht gebrauchen wir diesen Begriff im Hinblick auf unsere Eltern, die sich aufgrund des angespannten finanziellen Budgets stark einschränkten und z. B. nur ein ganz altes Auto fuhren, um ihre Kinder studieren zu lassen.

Möglicherweise ist das Wort 'Opfer' noch besser auf den Soldaten angewandt, der sich in einem selbstlosen Akt auf die Handgranate wirft, um mit seinem Leben das Leben seiner Kameraden zu retten.

So edel solche Opfer auch sind und so heldenhaft manche dieser Opfer auch sein mögen, sie alle haben nur einem oder wenigen Menschen geholfen. Außerdem konnte ihr Einsatz nur dem Leben auf der Erde von Nutzen sein. Das Opfer aber, das der Retter Jesus Christus brachte, als er um unserer Schuld willen am Kreuz starb, hat Bedeutung für alle Menschen und zu allen Zeiten und für die Ewigkeit.

Jesus litt und starb »für unsere Sünden, nicht allein aber für die unseren, sondern auch für die der ganzen Welt.« »So sehr hat Gott die Welt geliebt, dass er seinen eingeborenen Sohn gab, damit jeder, der an ihn glaubt, nicht verloren geht, sondern ewiges Leben hat« (Johannes 3,16).

Die Bibel spricht von den vielen Tieropfern und vergleicht sie mit dem Tod des Herrn Jesus und kommt zu dem Schluss: »Unmöglich kann Blut von Stieren und Böcken Sünden wegnehmen« (Hebräer 10,4).

Diese Opfer im Alten Testament weisen auf die Notwendigkeit des Todes Christi hin, aber nur das stellvertretende Opfer Jesu Christi bietet Errettung für jeden, der sich ihm anvertraut. Wie schade, dass selbst erlöste Menschen so wenig begeistert von diesem Erlöser sind! *js*

Haben Sie ihm schon Ihr Leben anvertraut?

Glauben, dass Christus gestorben ist - das ist Geschichte; Glauben, dass er für mich gestorben ist - das ist Erlösung!

Psalm 36

3. Juli 2000
Montag

*Verflucht ist der Mann, der auf Menschen vertraut
und Fleisch zu seinem Arm macht ...
Gesegnet ist der Mann, der auf den HERRN vertraut ...*
Jeremia 17,5.7

Gut versichert!

Zwanzig Jahre war ich in der Versicherungsbranche beschäftigt und selbst weit und breit der beste Kunde. Rundum abgesichert gegen die Risiken des Lebens. Jedenfalls theoretisch. Die Praxis jedoch sah leider ganz anders aus: Eines Tages entließ mich mein Arbeitgeber, eben diese große Versicherung, als sogenanntes »Sicherheitsrisiko«, und zwar fristlos. Dagegen war ich leider nicht abgesichert. Zwar konnte ich beim Arbeitsgericht eine ansehnliche Abfindung erfolgreich einklagen, doch meinen »krisensicheren« Arbeitsplatz war ich los.

Heute bin ich nur noch versichert, wo es gesetzlich erforderlich ist. Also in der Sozial- und der Kfz-Haftpflichtversicherung, obwohl der Alltag nach wie vor voller Risiken und Gefahren und das ganze Leben eine einzige Todesgefahr ist. Trotzdem kann ich nachts ruhig schlafen und fürchte mich vor keinem Unglück. Denn ich habe mein Sicherheitsbedürfnis Gott anvertraut, der mich auf allen meinen Wegen behütet und beschützt. Er ist mein Rundum-Versicherer, sogar gegen jede »höhere Gewalt«!

Vor Jahren habe ich Jesus Christus mein armseliges Leben mit meiner Schuld und allen Ängsten übergeben. Seitdem ist der Herr meine Sicherheit an Leib und Seele. Das kann mir keine Versicherung der Welt bieten. Die Bibel ist meine ewig gültige Versicherungspolice. Darin heißt es u.a.: »Fürchte dich nicht, ich bin mit dir! Wasserströme sollen dich nicht ersäufen und im Feuer sollst du nicht brennen und die Flammen dich nicht versengen. Denn ich bin der Herr, dein Gott. Dein Heiland, weil ich dich lieb habe.« *khg*

Können Sie auch sagen: »Der Herr ist mein Hirte. Nichts wird mir fehlen«?

Gott hat uns ewige Sicherheit versprochen, lassen wir uns darauf ein!

1. Korinther 15,20-28

Dienstag

4. Juli 2000

*Wenn einer den Schall des Horns hört,
sich aber nicht warnen lässt, ...*
Hesekiel 33,4

Der Mann mit der goldenen Trompete

Am 04.07.1900 wurde Louis Armstrong in New Orleans an der Mississippi-Mündung geboren, wo den Menschen die Musik im Blut zu liegen scheint. Hier entwickelte sich ein besonderer Stil des Jazz und hier machte Louis Armstrong seine ersten Schritte in seiner so glänzenden künstlerischen Laufbahn.

Die Trompete war Armstrongs bevorzugtes Instrument, - wer kennt sie nicht, die unnachahmlichen Soli mit soviel Virtuosität und Herz zugleich; auch seine - oft immitierte, aber nie erreichte - Einmaligkeit der Stimme?! Das zeigte sich besonders bei dem Gesang von Spirituals, deren Inhalt er mitzuerleben schien. Er beeinflusste eine ganze Generation von Musikern und Sängern - mich übrigens auch.

Nicht dass ich ein Künstler bin, aber dennoch ... Bei uns zu Hause wurde viel musiziert - geistliche und klassische Musik. Jazz war ganz fremd für meine Ohren, bis ein Freund mich in die Geheimnisse des Jazz wie »Dixiland«, »Soul« und natürlich auch des »New Orleans« einführte.

Zu gern hätte ich diese Musik zu Hause gehört, - und so schenkte ich meinem Vater eine Schallplatte von Louis Armstrong. »Nowbody knows ...« und »Oh when the Saints ...«, das waren meine Lieblings-Spirituals. Man spürt sein Mitfühlen bei jedem einzelnen Lied, so z.B. die Freude im »Last Train« zu sitzen.

Ich wünsche von Herzen, dass Louis Armstrong es auch selbst erlebt hat, wovon er so oft gesungen hat, - die Gewissheit des Glaubens, dass er den letzten Zug nach Drüben bekommen hat. *gs*

Wie heißt der Refrain des Liedes vom »Last Train«?

So: »Beeile dich, du hast nicht mehr viel Zeit, sonst fährt der Zug auch ohne dich, ab in die Ewigkeit!«

1. Korinther 15,29-34

5. Juli 2000

Mittwoch

> » Jeder, der von diesem Wasser trinkt, wird wieder dürsten. Wer aber von dem Wasser trinken wird, das ich ihm geben werde, den wird nicht mehr dürsten in Ewigkeit!«
> Johannes 4,13.14a

Sitze ich an der richtigen Quelle?

»An irgendetwas glaubt doch jeder Mensch. Meine Religion ist der Fußball. Ich bin bei jedem Spiel dabei und auf der Steuerkarte für das Finanzamt trage ich bei 'Religion' FC Schalke 04 ein!«, so hörte ich es von einem Fan. Das klingt eigentlich ganz witzig, aber verbirgt sich nicht dahinter eine große Leere? Es war für die Anhänger der »Königsblauen« sicher ein Jubel, als die Mannschaft 1997 sogar einen europäischen Cup gewann. Danach aber ging die Leistungskurve wieder nach unten und mit ihr die Stimmung der Fans. Und noch etwas finde ich merkwürdig: Was hat der einzelne Fan davon, wenn er Woche für Woche sein hart erarbeitetes Geld ins Stadion trägt? Dort erlebt er dann gut bezahlte Profis, die ihm manchmal Fußball zum Abgewöhnen präsentieren.

Nein, ich möchte niemandem die Freude verderben, aber wer solch eine Freizeitbeschäftigung zum Mittelpunkt seines Lebens macht, steht am Ende als Verlierer da. Natürlich ist das Leben bunt und vielgestaltig. Hin und wieder braucht vielleicht jeder einmal eine Ablenkung. Doch als Grundnahrungsmittel für die Seele ist das zu wenig. Dazu ist eine Quelle erforderlich, die auch dann noch fließt, wenn um uns herum schon alles trocken und leblos ist. Wir brauchen einen Halt, wenn sonst alle Stricke reißen. Jesus Christus, der Sohn des lebendigen Gottes, bietet uns echtes Lebenswasser an. Er hilft uns unsere Vergangenheit zu bewältigen. Für das Heute erleben Menschen, die ihm vertrauen, inneren Frieden und Freude am Leben. Und auch über unseren Tod hinaus ist der Herr Jesus eine unversiegbare Quelle. Es lohnt sich, auf sein Angebot einzugehen.

kdz

Wie krisenfest sind meine Ideale, an denen ich mich festhalte?

Ich will meine »Energiequellen« auf ihr Haltbarkeitsdatum hin überprüfen und fragen, was mich dem lebendigen Gott näherbringt.

1. Korinther 15,35-49

Donnerstag

6. Juli 2000

Fürchte dich nicht, denn ich bin mit dir! Habe keine Angst, denn ich bin dein Gott! Ich stärke dich, ja, ich helfe dir, ja, ich halte dich mit der Rechten meiner Gerechtigkeit.
Jesaja 41,10

Wenn die Angst sich breit macht

Wer kennt sie nicht? Manchmal überkommt sie uns - die Angst! Sie läuft uns eiskalt über den Rücken. Stirn und Hände werden feucht. Das Herz rast. Der Blick bleibt starr. Ja, sie ist Teil unseres Lebens. Manche von uns geben sie zu, andere vertuschen sie. Wegdiskutieren ist sinnlos. Unter den Teppich fegen - vielleicht - aber damit ist sie nicht weg - nur versteckt! Sie kommt wieder. Sie holt uns wieder ein. Sie bleibt uns auf den Fersen. Sie begleitet uns durch unser Leben.

Die Angst steckt in uns, aber auch der Wunsch, ohne sie durchs Leben zu kommen und statt dessen Befreiung und Geborgenheit zu erleben. Geborgenheit ist das Gegenteil von Angst. Doch wo finden wir Geborgenheit? Wo sollen wir nach ihr suchen? Können wir Geborgenheit bei dem lebendigen Gott finden?

Ja! Denn Jesus Christus, der Sohn Gottes, hat durch sein Sterben am Kreuz unsere ganze Schuld, die uns von Gott trennt, auf sich genommen, damit wir Vergebung in Anspruch nehmen und ein neues Leben bekommen können. Wir sind dann nicht mehr getrennt von Gott, sondern er nimmt uns als seine Kinder an. Jesus Christus ist deshalb der einzige, der uns Trost und Geborgenheit geben kann. Er schenkt uns ein wirkliches Zuhause und übernimmt das Sorgerecht über unser Leben - auch über unsere Ängste. Voraussetzung dazu ist, dass wir sein Angebot der Vergebung annehmen und unser Leben unter seine gute Herrschaft stellen. Dann brauchen wir uns nicht mehr von uns selbst und unserer Angst bestimmen lassen, sondern von dem, der uns versteht und das Beste für uns im Sinn hat. *ju*

Sollte man nicht besser, statt mit der Angst zu leben, Befreiung von der Angst suchen?

Geborgen, weil man sich von Gott angenommen weiß - das ist die beste Grundlage für's Leben!

1. Korinther 15,50-58

7. Juli 2000

Freitag

Und ich sah einen neuen Himmel und eine neue Erde. ...
Und ich hörte eine laute Stimme vom Thron her sagen: Siehe,
das Zelt Gottes bei den Menschen!
Offenbarung 21,1.3

Der schöne Tag

Unter dem obigen Motto begann die Bundesbahn vor vielen Jahren, Tagesausflüge zum kleinen Preis anzubieten. Städtetouren etwa, zu Orten, die drei bis vier Fahrtstunden entfernt lagen. Sich einfach mal geballt etwas gönnen, zu dem kein gesonderter Urlaubsblock notwendig ist. Eine Bierwerbung dröhnt seit einiger Zeit mit dem Ohrwurm: »... welch ein Tag!« und möchte unsere geballten Erinnerungen an große Augenblicke wecken. Als Kind hatte ich allerdings eher ein wenig Angst vor derartigen Höhepunkten. Ein solcher Tag sauste mir zu schnell durch, er war einfach nicht festzuhalten ...

Verblüfft erkenne ich heute beim Ansehen eigener Urlaubsfotos, dass meist kein Querschnitt der Reisewochen, sondern ein bestimmter Tagesausflug oft mehrere Filme wert war. Offenkundig reizte die Umgebung des Ortes oder das Umfeld eigenen Faulenzens in der Sonne nicht aus, um auf Zelluloid gebannt zu werden. Dagegen konnte man sich nicht sattsehen an jener mittelalterlichen Stadt, an jenem Flussufer, eben jenem schönen Ausflugstag. Wie gern wollte man nicht nur Objekte vor Augen haben, sondern das ganze Gefühl eines solchen Tages für immer festhalten.

Auf dem letzten Blatt der Bibel malt uns Gott das herrliche Bild eines unvorstellbar großartigen Tages, der nicht in der Vergangenheit lag, sondern der die Zukunft aller Gläubigen bis in alle Ewigkeit beschreibt. Den werden wir dann in allen Einzelheiten, aber auch in seiner unvorstellbaren Ganzheitlichkeit genießen. Vor allem werden wir bei dem sein, der schon immer die einzige große Freude des allmächtigen Vaters war. Sollten wir nicht in gespannter Erwartung dessen leben? *sp*

Wie balancieren Sie zwischen Alltag und den ganz besonderen Tagen?

Planen Sie mit Ihren Lieben bewusst schöne Tage und denken Sie dennoch an die Vergänglichkeit des Lebens!

1. Korinther 16,1-12

Samstag

8. Juli 2000

Wenn ihr in meinem Wort bleibt ...,
werdet ihr die Wahrheit erkennen,
und die Wahrheit wird euch frei machen.
Johannes 8,31.32

Freiheit - ist das einzige, was zählt

Zur Zeit des Mauerfalls wurde oft dieses Lied von Müller-Westernhagen gespielt. Marius sang es mit seinen begeisterten Zuhörern und man sah geradezu im Radio die Wunderkerzen aufflammen - eine tolle Stimmung. Ja, die Freiheit kam zu den vom Kommunismus Unterdrückten! - Natürlich entdeckte man auch im Osten schnell, dass die anscheinend völlige Freiheit eine Illusion ist. In Wirklichkeit ist nur der frei, der die Freiheit zur Selbstbeschränkung besitzt. Denn wer alles tut, was er gerade will und keine Grenzen akzeptiert, wird zu einem Sklaven seines Gefühls und Egos. Er muss immer alles sofort haben und kann nicht mehr um eines höheren Zieles willen verzichten. Das sagt die Bibel schon lange: der Mensch dient immer irgendjemandem, entweder Gott (der ihm gewisse Grenzen auferlegt) oder seinen Lüsten (und damit letztlich dem Satan, der ihn in seine Fesseln legt).

Nur der, der um Gottes willen, um Jesu willen, um der Liebe und der Gerechtigkeit willen auf sein eigenes Recht verzichten kann, ist wirklich frei und kein Sklave seiner Gefühle. Und das hat uns Jesus vorgelebt: Er war unendlich frei, nahm aber die Dimensionen von Zeit und Raum an, indem er Mensch wurde und mit uns in unseren Grenzen lebte. Und er ließ sich sogar für uns töten, um unsere Schuld vor Gott zu bezahlen. Also war er wirklich frei - denn er verzichtete um seiner Liebe willen auf sein Lebens-Recht. Und er wartet darauf, dass wir aus Liebe zu ihm frei-willig werden, uns ihm unterzuordnen und ihm zu gehorchen, dem großen Dienenden. Jawohl, Freiheit ist das, was zählt - aber nur in der Hingabe an Jesus. *as*

Kennen Sie etwas von der Freiheit, die im Opfer liegt?

Machen Sie Gebrauch von der »Freiheit der Herrlichkeit der Kinder Gottes«! (Römer 8,21)

1. Korinther 16,13-24

9. Juli 2000

Sonntag

> *Es ist in keinem anderen das Heil; denn auch kein anderer Name unter dem Himmel ist den Menschen gegeben, in dem wir gerettet werden müssen.*
> Apostelgeschichte 4,12

Supermarkt der Religionen?

Es ist erstaunlich wie viele verschiedene Sorten von Frühstück-Müslis man in einem Supermarkt findet. Unabhängig von dem Werbeaufwand jedes einzelnen Produkts und davon, wie sehr es seinen Nährwert gegenüber der Konkurrenz hervorhebt, sind eigentlich alle Sorten vergleichbar gesund und stillen den Hunger.

Ist es bei der Frage um die Erlösung der Seelen ähnlich? Sind nicht alle Glaubensvorstellungen im »Supermarkt der Religionen« gleichermaßen nahrhaft und wahr? Wenn es nur darum ginge, für die persönliche Lebenszeit ein mehr oder weniger gutes Erklärungsmodell dafür zu haben, wieso man überhaupt da ist, vielleicht. Aber es geht um mehr! Es geht darum, wo wir nach unserem Tod sein werden. Deshalb wäre es fatal, auf eine Mogelpackung hereinzufallen, die uns über den Tod hinaus nicht das Leben garantieren kann. Sogar Theologen behaupten heute: »Es gibt viele richtige Wege zu Gott und keine Religion kann von sich behaupten, die einzig richtige Erkenntnis zu besitzen.« Damit widersprechen sie aber dem Wort Gottes, das klar bezeugt, dass der Glaube an Jesus Christus und an sein Opfer am Kreuz die einzige Möglichkeit ist, mit Gott versöhnt zu werden. Das Geschenk des ewigen Lebens ist umsonst für jeden, der Jesus Christus im Glauben aufnimmt.

Die Wahrheit zu suchen und zu finden ist nicht mit einem Besuch des Supermarkts zu vergleichen, um Müsli einzukaufen. Bei der Frage der ewigen Errettung gibt es nur eine Wahl! Deshalb muss man alles daran setzen, um die richtige Entscheidung zu treffen. Und das sollte man keinen Tag länger aufschieben!

js

Ist mir schon klar geworden, dass der Glaube an Jesus Christus der einzige Weg ist, um errettet zu werden?

Persönliche Aufrichtigkeit ist kein Ersatz für Wahrheit!

Psalm 128

Montag

10. Juli 2000

Haus und Habe sind ein Erbteil der Väter,
von dem HERRN aber ist eine einsichtsvolle Frau.
Sprüche 19,14

Jeden Tag der gleiche Trott ...

Das könnte mit Sicherheit jede Hausfrau und Mutter sagen. Das Versorgen der Familie, das ja schon mit dem Frühstück beginnt, zwingt die meisten Mütter schon früh morgens aus dem Bett. Kaffee kochen, Brote schmieren, dabei immer lieb und freundlich sein. Dann Betten machen, Geschirr spülen, kochen, dazwischen aufräumen, putzen, einkaufen, waschen und bügeln. Die Kinder müssen zum Kindergarten, in die Schule, dann wieder abgeholt werden. Manche zerrissene Hose muss geflickt und mancher abgerissene Knopf angenäht werden. Auch die Pflege der Großeltern, die mit viel Liebe und Geduld geschieht, und viele ungenannte Tätigkeiten beschäftigen seit jeher unsere Frauen und Mütter.

Alltag einer Hausfrau heißt, als Erste aufstehen und als Letzte ins Bett gehen. Für die Familienangehörigen ist es leider allzuoft selbstverständlich, dass »Muttern« alles macht, für alles und für alle da ist. Dabei sollen unsere Frauen immer gleich lieb sein, immer freundlich und ausgeglichen. Manchmal ist das kaum zu schaffen.

Unsere Großmütter und deren Vorfahren machten diese Arbeit von jeher, ohne die vielen Hilfsmittel, die wir heute haben, und dabei hatten sie noch Arbeit im Stall, auf dem Feld und sie hatten mehr Kinder als heute. Erstaunlicherweise fanden sie meistens doch ein wenig Zeit zur Stille und Besinnung. Sie gingen treu zum Gottesdienst und fanden Zeit zum Gebet und zum Lesen in der Bibel.

Heute nehmen sich wenige Mütter noch Zeit für diese wichtige Beschäftigung. Dabei würde es uns allen gut tun, Gott wieder in unseren Alltag mit hineinzunehmen. *fr*

Ist es für uns etwa auch selbstverständlich, dass die Frauen alleine für alles im Haus zuständig sind?

Danken wir Gott einmal wieder für unsere Frauen und Mütter und helfen wir ihnen nach Kräften in ihrem schweren Dienst.

Markus 3,7-12

11. Juli 2000
Dienstag

*Doch der feste Grund Gottes steht und hat dieses Siegel:
Der Herr kennt, die sein sind; und: Jeder,
der den Namen des Herrn nennt, stehe ab von der Ungerechtigkeit!*
2. Timotheus 2,19

»Ich kenne Gerhard Schröder, ...

... ich unterstütze auch einige seiner Projekte (als Steuerzahler). Aber - er kennt mich nicht!« Wie anders ist da unser Gott. Keiner ist dem Schöpfer des ganzen Weltalls egal. Nur die wenigsten Menschen werden jemals den Bundeskanzler persönlich treffen, aber jeder Mensch kann Gott kennenlernen. Jeder kann mit dieser wichtigsten Person im Universum persönlich Bekanntschaft machen. Noch großartiger aber ist: Gott kennt uns! Der amerikanische Theologe J.I. Packer schreibt im Blick auf seine Identität als überzeugter Christ: »Worauf es hauptsächlich ankommt, ist letzten Endes nicht die Tatsache, dass ich Gott kenne, sondern die größere und grundlegendere Tatsache, dass er mich kennt. Ich stehe in den Linien seiner Handfläche und bin nie aus seinem Sinn verschwunden. ... Ich kenne ihn, weil er zuerst mich erkannt hat und fortfährt, mich zu kennen. Er kennt mich wie ein Freund, der mich liebt. Es gibt keinen Augenblick, in dem seine Augen nicht auf mir ruhen oder in dem seine Aufmerksamkeit von mir abgelenkt wäre, und daher auch keine Sekunde, in der seine Sorge um mich schwankend würde.«

Die »Großen« dieser Welt kennen kaum einen ihrer Untergebenen. Und nicht wenige dieser Mächtigen suchen nur ihren eigenen Vorteil. Gott ist ganz anders. Er kam in Jesus Christus in diese Welt, der am Kreuz für unsere Schuld starb, von den Toten auferstand und jetzt lebt, um unseren Vorteil zu suchen. Menschen, die diesen Gott kennen, Menschen, die dieser Gott kennt - sind zu beneiden. Sehen Sie deshalb zu, dass auch Sie Gott kennen lernen und sich in dem Bewusstsein sicher fühlen können, dass er Sie kennt! *kae*

Kann man noch mehr von Gott erwarten, als er schon getan hat?

An Gott kommt man leichter heran als an die Mächtigen dieser Welt.

Markus 3,13-19

Mittwoch — 12. Juli 2000

Der Mensch gleicht dem Hauch.
Seine Tage sind wie ein vorübergehender Schatten.
Psalm 144,4

Plötzlich und unerwartet!

Sicher, meine Sammlung ist schon außergewöhnlich. Ich interessiere mich nämlich für Todesanzeigen. Auch wenn es gelegentlich neue Formulierungen gibt, so wiederholen sich doch die meisten Anzeigen. Neben »Gekämpft, gehofft, verloren« ist »Plötzlich und unerwartet« so ein Satzbeginn in Traueranzeigen. »Plötzlich und unerwartet«, diese Formulierung kann im Blick auf den Tod Angst machen. Bringt sie doch zum Ausdruck, dass niemand damit gerechnet hatte. Keine Vorzeichen, keine Vorwarnung, dann kam plötzlich der Herzinfarkt oder der Autounfall. Oft ist uns nicht bewusst, dass wir ständig in Lebensgefahr schweben. Wir können uns nicht restlos absichern. Würde uns das Schreckliche dieser Lage immer gegenwärtig sein - wir wären nicht lebensfähig.

Aber auf der anderen Seite ist die Frage nach dem Tod und dem Danach zu wichtig, um in dieser Angelegenheit gleichgültig zur Tagesordnung überzugehen. Hilft uns das Wissen, dass ja schließlich alle sterben? Natürlich nicht! Was macht uns in diesem Zusammenhang unsicher und ängstigt uns? Wir spüren, der Tod ist mehr, als das Ende unserer Existenz. Was uns Schwierigkeiten macht, ist die Frage, ob wirklich mit dem Tod alles aus ist, und wenn nicht, wohin die Reise dann geht.

Warum vertrauen wir nicht Jesus Christus, der in Johannes 11,25 sagt: »Ich bin die Auferstehung und das Leben; wer an mich glaubt, wird leben, auch wenn er gestorben ist; und jeder, der da lebt und an mich glaubt, wird nicht sterben in Ewigkeit«? Aber dann stellt Jesus noch die die alles entscheidende zweite Frage: »Glaubst *du* das?« *rg*

Wohin ginge meine Reise?

Verdrängen ist keine gute Methode.

Markus 3,20-30

13. Juli 2000

Donnerstag

Verschlungen ist der Tod in Sieg ...
Gott aber sei Dank, der uns den Sieg gibt
durch unseren Herrn Jesus Christus!
1. Korinther 15,54.57

Stets gesiegt und doch verloren

Er führte ein kämpferisches und risikoreiches Leben, dieser Gajus Julius Cäsar, der heute vor 2100 Jahren geboren wurde. Mehrmals geriet er an den Rand des Untergangs, aber immer konnte er die Dinge zu seinen Gunsten wenden. Dabei entwickelte er sich in dem gewaltigen, den ganzen Mittelmeerraum umfassenden Römischen Weltreich vom listigen Politiker und erfolgreichen General zum auf Ausgleich bedachten Staatsmann. Nebenbei wurde er auch noch der an Schulen meistgelesene Schriftsteller in lateinischer Sprache, und alle Kaiser und Zaren nannten sich nach seinem Namen. Länder wie das heutige Frankreich und Ägypten eroberte er für das römische Imperium, und aus dem Orient konnte der siegGewohnte Mann nach Rom das berühmte »Telegramm« senden: »Veni, vidi, vici!« (Ich kam, ich sah, ich siegte!) Als er mit dem Titel »Vater des Vaterlandes« praktisch die Alleinherrschaft in dem riesigen Reich errungen hatte, wurde er von Neidern und vermeintlichen Freunden, die um ihre Freiheit bangten, am 15. März 44 v.Chr. ermordet.

Wie so manche Größe der Weltgeschichte hatte er zwar stets gesiegt, aber schließlich doch alles verloren. Ganz anders da jener Mann, der ca. 70 Jahre später am Kreuz hingerichtet wurde: Sein Tod stellte sich als der größte Sieg in der Menschheitsgeschichte heraus, denn auf Golgatha bei Jerusalem starb Jesus Christus, der Sohn Gottes, für uns Menschen, die als Sünder vor Gott zu ewiger Verdammnis verurteilt waren. Tod und Auferstehung Jesu Christi schenken jedem an ihn Glaubenden ewiges Leben. Gibt es einen größeren Sieg? *jo*

Welche eigenen Erfolge verdecken mir immer wieder den Wert des Sieges Jesu Christi?

Der wahre Sieger ist, wer die letzte Schlacht gewinnt!

Markus 3,31-35

Freitag

14. Juli 2000

*Verwüstung und Elend ist auf ihren Wegen,
und den Weg des Friedens haben sie nicht erkannt.*
Römer 3,16-17

Alles geht den Bach runter!

Am 14. Juli 1900 begannen in Paris die zweiten Olympischen Spiele der Neuzeit. Damals wurden Wettkämpfe ausgetragen, über die wir uns heute wundern mögen, wie das Schießen auf lebendige Tauben und den Hoch- und Weitsprung aus dem Stand, die beide Ray Ewry mit 1,65m bzw. 3,21m gewann. Die Sportler aber kämpften als reine Amateure. Es ging nur um die Ehre, mitgemacht oder gar einen Sieg errungen zu haben, um das Ideal der die Kontinente verbindenden fünf Ringe.

Was ist daraus geworden? Ungeheure Summen sind heute im Spiel, und man versucht, auf alle Weise, auch auf Kosten der Gesundheit der Athleten, ans große Geld zu kommen.

Vieles, was die Menschen angefangen haben, war von hohen Idealen getragen; aber nach einiger Zeit fiel und fällt alles solchen Leuten in die Hände, die ein Geschäft daraus zu machen verstehen oder die als Gewaltmenschen eine Idee an sich reißen, um sie zu einem Unterdrückungsmittel zu missbrauchen.

Dass es immer diesen Weg gehen muss, braucht uns nicht zu wundern, wenn wir der Bibel Glauben schenken. Sie sagt, dass die Menschen von Natur aus böse sind und weder Gott, noch ihren Nächsten lieben, sondern nur sich selbst. Alles verdirbt unter unseren Händen, die Natur, die Gemeinschaft unter den Völkern, die Familie - alles.

Weil wir uns selbst nicht aus diesem Elend retten können, hat Gott uns seine Liebe gezeigt, indem er durch seinen Sohn uns unversöhnlichen Geschöpfen Versöhnung anbot. *gr*

Gibt es eine von Menschen verwirklichte schöne Idee, die nicht im Laufe der Zeit korrumpiert wurde?

Gott hat die Kraft, uns aus unserem Elend zu sich nach oben zu ziehen. Wir müssen es nur auch wollen.

Markus 4,1-9

15. Juli 2000

Samstag

Begnügt euch mit dem, was vorhanden ist!
Denn er hat gesagt: »Ich will dich nicht aufgeben,
und dich nicht verlassen.
Hebräer 13,5

Urlaub, endlich!

Wir hatten es wieder einmal geschafft, die Koffer gepackt, das Auto beladen und die Fahrräder auf dem Dach. Jetzt konnte es in den wohlverdienten Urlaub gehen. Die bayerischen Berge und Seen waren unser Ziel. Wohlbehalten kamen wir in Oberammergau an. Das Wetter war phantastisch. Die Sonne ließ die Gegend noch herrlicher aussehen. Die Berge luden zum Wandern ein und wir genossen die Ruhe und die Gemeinschaft. Nach ein paar Tagen wurde es schwül und dunkel. Ein Gewitter meldete sich an und die Regenwolken hüllten die Berge in trostloses Grau. Die Kinder murrten, sie hatten sich ihre Ferien anders vorgestellt. Dass es die ganze Zeit vorher schön war, hatten sie schnell vergessen. Wir ermutigten unsere Kinder, die eingekauften Postkarten jetzt zu schreiben, um Freunde zu grüßen. Zunächst missmutig merkten sie bald, dass auch der Regen seine guten Seiten hat, und außerdem war die Luft nach dem Gewitter viel besser als vorher. Die Abkühlung tat so richtig gut. Als gegen Abend die Wolken verschwanden, hob eine kleine Wanderung durch das Ammertal die Stimmung der Kinder merklich.

Später saßen wir gemütlich in unserer schönen Ferienwohnung und lasen zusammen in der Bibel. Dabei stießen wir auf den oben angegebenen Vers. Uns wurde neu bewusst, dass wir alles aus der Hand unseres Gottes nehmen dürfen und dass er es gut mit uns meint. Wir können Gott vertrauen, weil er Gedanken der Liebe und des Friedens mit uns hat. Zuletzt dankten wir ihm für alles Gute, das er uns geschenkt hatte. Und wir hatten gelernt, auch das aus Gottes Händen anzunehmen, was uns nicht so gefällt. *fr*

Warum sind wir Menschen so oft unzufrieden?

Überlegen wir einmal, wofür wir heute Gott danken können.

Markus 4,10-12

Sonntag

16. Juli 2000

Er hat die Erde gegründet auf ihre Grundfesten.
Psalm 104,5

Ein überholtes Weltbild?

»Also, ihr Christen behauptet doch immer wieder, in der Bibel stehe nichts, was mit den Erkenntnissen der Naturwissenschaften unvereinbar ist. Nun sieh dir diesen Vers aus Psalm 104 an! Das wussten schon die alten Griechen besser, die sowohl den Erdumfang als auch den Abstand zur Sonne erstaunlich genau berechnet hatten, und hier wird die Erde mit einer Tischplatte auf stabilen Beinen beschrieben!«

»Ja, Psalmen sind Lieder, in denen in poetischer, gleichnishafter Weise etwas deutlich gemacht werden soll. Wenn Matthias Claudius sagt: ›Der Winter ist ein harter Mann, kernfest und auf die Dauer ...‹, kommt kein Mensch auf die Idee, daraus das naturwissenschaftliche Weltverständnis dieses Dichters abzuleiten, das darf man dann aber bei biblischen Liedern auch nicht tun.«

»Und was soll dann damit gesagt sein? Ich meine: Wovon ist diese Aussage denn ein Bild?« »Nicht nur unsere Lebensbedingungen auf dieser Erde sind von erstaunlicher Beständigkeit, auch die Techniker konnten ihre großartigen Schöpfungen nur deshalb konstruieren, weil sie sich auf die sogenannten Naturgesetze verlassen dürfen. Sie versagen nie, und deshalb kann man unbedingt auf sie bauen und mit ihnen planen. Diese Naturgesetze nun halten wir Christen für einen Teil der Versprechungen Gottes, die er uns unverbrüchlich hält. So hat Gott dem Noah nach der Sintflut verheißen: 'Von nun an, alle Tage der Erde, sollen nicht aufhören Saat und Ernte, Frost und Hitze, Sommer und Winter, Tag und Nacht!' Das sind sichere 'Grundfesten', auf denen unsere Erde steht, wie du zugeben musst. Aber es gehören noch viel mehr dazu.« *gr*

Wer, wenn nicht Gott, könnte diese so überaus zuverlässigen Grundlagen gelegt haben?

Betrachten Sie einmal die Naturgesetze als Ausdruck der Treue des Schöpfers!

Psalm 144

17. Juli 2000

Montag

Wer mein Wort hört und glaubt dem, der mich gesandt hat, der hat ewiges Leben und kommt nicht ins Gericht, sondern er ist aus dem Tod in das Leben übergegangen.
Johannes 5,24

Die Eselsbrücke

Geboren und aufgewachsen bin ich ganz in der Nähe der mit 107 m höchsten Eisenbahnbrücke Deutschlands. Als Kind schaute ich einmal aus dem fahrenden Zug von der Brücke aus in den Abgrund darunter und bekam Angst. »Wenn die Brücke nun einstürzt«, sagte ich zur Mutter, »dann ist unser Leben kaputt!« Lauthals lachte man über mich kleinen Esel.

Viel später habe ich als »alter Esel« noch eine ganz andere Brücke entdeckt und überquert, nämlich die Brücke des Lebens! Gott selbst hat sie für uns alle gebaut: Das Kreuz Jesu Christi ist diese lebenswichtige Brücke. Sie führt direkt in das ewige Leben! Wenn ich an die »Eselsbrücke« meiner Kindheit denke und an den tiefen Abgrund darunter, spüre ich heute noch die Angst von damals. Alle Angst aber kommt aus der Sünde. Die aber hat der Herr Jesus durch sein freiwilliges Sterben und seine Auferstehung ein für allemal besiegt! Und im Glauben an sein vollkommenes Erlösungswerk am Kreuz hat mein Leben, das mir schon damals als Kind so überaus kostbar war, eine garantierte Ewigkeit.

Durch den Glauben bin ich über die göttliche Lebensbrücke ›Jesus Christus‹ vom Tode zum Leben »hinübergegangen«, wo mich am anderen Ufer eine nie endende Herrlichkeit erwartet. Wie jede Brücke eine Verbindung ist über natürliche oder künstliche Hindernisse hinweg, so ist der Glaube an Gottes Erlösungswerk die einzige Brücke über den Abgrund des Todes zur ewigen Rettung. Nicht »über sieben Brücken muss man gehn ...«, sondern nur über diese eine: Jesus Christus. *khg*

Haben Sie die »Brücke zum ewigen Leben« auch schon gefunden und überquert?

Man muss über die »Brücke« gehen; von ihr zu wissen, genügt nicht.

Markus 4,13-20

Dienstag 18. Juli 2000

Indem sie sich für Weise ausgaben,
sind sie zu Narren geworden.
Römer 1,22

Unfehlbar?

Kann ein Mensch unfehlbar in seinem Urteil sein? Kann ein Mensch so vom Geist Gottes durchdrungen sein, dass der Geist Gottes ihn befähigt, »ex cathedra«, sozusagen »kraft seines Amtes«, fehlerfreie Entscheidungen zu fällen, die das Leben aller Christen betreffen? Wenn man dem 1. Vatikanum folgt, dann ist das so, und zwar heute auf den Tag genau seit 130 Jahren. Da nämlich unterwarfen sich 572 der 574 Teilnehmer des 1. Vatikanischen Konzils dem Dogma der Unfehlbarkeit.

Ist eine solche Frage überhaupt demokratisch zu lösen? Kann eine Mehrheit darüber beschließen, ob ein Mensch falsch oder richtig denkt? Und weiter: Wenn der römische Papst »kraft seines Amtes« unfehlbar entscheidet, war dieses Amt dann nach dem Konzil ein anderes als zuvor? Anders gefragt: War die Entscheidung, die Papst Klemens VIII. 1616 fällte, auch unfehlbar richtig: »Die Lehre von einer im Weltall bewegten Erde ist als absurd in der Philosophie und mindestens irrgläubig in der Theologie zu bezeichnen«? Oder leitet der Heilige Geist Gottes den Papst in seinem Amt erst seit 1870? Wie sind dann die vorher gefällten päpstlichen Entscheidungen zu werten? Die blutigen Kreuzzüge? Die grausame Verfolgung beispielsweise der französischen Hugenotten? Die Morde und Folterungen der Inquisition? Fragen über Fragen.

Gott selbst sagt in seinem Wort, in der Bibel, dass wir es nötig haben, uns von Gottes Geist und anderen gläubigen Christen immer von neuem korrigieren zu lassen (1. Korinther 14,29)! *svr*

Wie kann ich erkennen, ob ein Mensch nach dem Willen Gottes fragt?

Indem ich selbst Gottes Willen erforsche und tue!

Markus 4,21-25

19. Juli 2000

Mittwoch

Jesus Christus spricht: »Wenn ihr in meinem Wort bleibt, so seid ihr wahrhaftig meine Jünger; und ihr werdet die Wahrheit erkennen, und die Wahrheit wird euch frei machen.«
Johannes 8,31.32

Knapp daneben ist auch vorbei!

Finale der Fußball-WM 1994 zwischen Brasilien und Italien: Nach 120 Minuten hieß es »unentschieden« - das bedeutete: Elfmeterschießen! Beim Stand von 3:2 für Brasilien hing dann alles vom brasilianischen Torwart Taffarel und dem Italienischen Star Baggio ab. Und Baggio schoss straff, mit guter Schusshaltung und ziemlich genau auf das Tor, aber eben nicht ganz genau. Der Ball landete nicht im Netz, sondern pfiff über die Querlatte. Damit war Brasilien Weltmeister.

Nur haarscharf verfehlt und doch verloren. Für den glücklosen Schützen geht das Leben natürlich weiter. Es gibt Schlimmeres, als einen Elfer zu versieben. Den schlimmsten Fehlschuss, den wir uns im Leben leisten können, ist der, wenn wir an der Wahrheit vorbeigehen.

Im Fußball gibt es nur eine Wahrheit: Der Ball muss ins Tor! Die Wahrheit für unser Leben können wir nur bei dem finden, der uns geschaffen hat. Und Gott, der Schöpfer, hat uns die maßgebende Wahrheit schriftlich vorgelegt in der Bibel. Heute geben nicht mehr viele etwas auf Gottes Wort und sie pflegen nur eine gewisse religiöse Tradition. Es ist modern, dass jeder seine Privatmeinung hat und damit stehen gelassen werden will. Aber auch wenn es veraltet klingt, gilt immer noch: Die absolute Wahrheit kommt nur von Gott und lautet: Ohne den Glauben an den Sohn Gottes Jesus Christus ist der Mensch für ewig getrennt von Gott. Doch zur Wahrheit Gottes gehört auch seine unbegreifliche Liebe zu uns. Denn er hat seinen Sohn stellvertretend für uns bestraft. Wer sein Leben dem Herrn Jesus anvertraut, der schießt nicht vorbei, sondern darf ewig bei ihm leben. *kdz*

Welche Wahrheit ist für mich maßgebend? Nach welchen Kriterien stelle ich meine Wertmaßstäbe zusammen?

Ich will die Wahrheit an ihrem Ursprung suchen!

Markus 4,26-29

Donnerstag

20. Juli 2000

*Siehe, die Hand des HERRN ist nicht zu kurz,
um zu retten ...*
Jesaja 59,1

Bitte keine leeren Versprechungen!

Erst wenn man krank ist, weiß man die Gesundheit zu schätzen. Plötzlich ist alles anders gekommen, als man erwartet hat. Herausgerissen aus dem »normalen« Leben liegt man nun da. Die Nachtstunden schleichen endlos dahin. Die Zeit scheint stehen zu bleiben. Ob Gott mein Gebet hört? Warum bleibt der Himmel verschlossen, obwohl ich Gott fortwährend in den Ohren liege? Warum antwortet er nicht? Das Stimmungsbarometer schwankt zwischen Ungeduld und Resignation.

Wie viele leere Versprechungen muss Gott sich da oft anhören. Wenn wir in der Klemme sitzen, beteuern wir: »Gott, wenn du mich wieder auf die Beine bringst, dann will ich ein anderes Leben führen. Dann hab' ich endlich Zeit für dich!« Und dann hat Gott eingegriffen. Doch was ist aus den vielen Versprechungen geworden? Nichts! Alles ist beim Alten geblieben! Bin ich mir eigentlich bewusst, was ich Gott manchmal zumute?

Wie gut, dass Gott da ganz anders ist. Er hält seine Versprechen. Auch in Zeiten der Krankheit. Aber es geht um mehr als körperliche Krankheit. Gott will unsere Seele retten. Wenn wir uns nur mal in Gottes Licht stellen würden! Wieviel Unheil wird da deutlich. Unsere Schuld und Sünde zieht uns ins Verderben, in den ewigen Tod. Dabei will Gott doch gar nicht unser Verderben. Er will unsere Rettung, unser Heil. Und zwar für ewig. Ist alles klar zwischen Gott und mir? Weiß ich um Vergebung und Gnade? Nur dann kann ich auch in Zeiten der Krankheit Gottes Trost in Anspruch nehmen. *mp*

Gibt es ein Versprechen, das ich Gott gegenüber einlösen sollte?

Entscheidender als unsere Versprechen Gott gegenüber ist allerdings, was Gott für uns schon längst getan hat.

Markus 4,30-34

21. Juli 2000
Freitag

Sei nicht weise in deinen Augen,
fürchte den HERRN und weiche vom Bösen!
Sprüche 3,7

Hätte man das bloß vorher gewusst!

Endlich war das Jahrhundertwerk, der Assuan-Staudamm, fertig! Heute vor 30 Jahren wurde die letzte von zwölf Kraftwerksturbinen in Anwesenheit des Sowjetbotschafters Serge Winogrado angeschaltet. Von jetzt an würde es mit der landwirtschaftlichen und industriellen Entwicklung Ägyptens vorangehen ...

Seit vielen Jahren schon weiß man, dass die Schäden den Nutzen des Staudammes bei weitem übertreffen. Zwar werden jetzt bisher unerreichte Gebiete bewässert; aber das uralte Kulturland versalzt allmählich, weil die jährliche Flutwelle ausbleibt, die auch die Überträger der Wurmkrankheit Bilharziose immer wieder ins Meer spülte. Jetzt leiden 80% der Bevölkerung an dieser Krankheit. Die Kleinbauern können die Kosten für Elektropumpen und Kunstdünger nicht aufbringen, und die meisten leben seither arbeitslos in Kairo. Früher düngte der Nilschlamm die Felder in ausreichendem Maße. Heute lagert er sich vor dem Staudamm ab (50 Mill. m³ jährlich). Der Stausee erreicht bei weitem nicht die errechnete Höhe, weil das Wasser in dem porösen Untergrund versickert. Im Nildelta fängt man nur noch 500 t Fische, früher waren es 20.000 t usw.

Manches, auch im Leben der Einzelnen, war gut gemeint; aber man hat die Folgen nicht übersehen können. Der Tagesvers fordert dazu auf, in allen Belangen des Lebens Gottes weisen Rat mit einzubeziehen. Niemand sollte so vermessen sein, ohne ihn etwas zu beginnen. Mit ihm aber darf man getrost etwas wagen, weil er alles überblickt und denen, die ihm vertrauen, mit seiner Allmacht zur Seite steht. *gr*

Beziehe ich Gott in meine Lebensplanung mit ein?

Im Gebet kann man Gott alles mitteilen und durch sein Wort teilt er seine Gedanken mit.

Markus 4,35-41

Samstag

22. Juli 2000

Vor grauem Haar sollst du aufstehen und die Person eines Greises ehren, und du sollst dich fürchten vor deinem Gott. Ich bin der HERR.
3. Mose 19,32

Tätige Achtung

Eine ältere behinderte Dame erzählt: »Neulich habe ich etwas erlebt! Das zeigt mir wieder mal, wie verschieden die Leute uns Alte behandeln. Ich war im Kaufhaus. Beim Verlassen der Rolltreppe rutschte mir mein Stock aus der Hand und ich fiel hin. Hinter mir fuhr ein Ehepaar ebenfalls abwärts, beide nicht viel jünger als ich. Beim Ende der Rolltreppe angekommen, sagte die Frau ärgerlich: 'Muss die sich nun gerade hier hinlegen!' Beide stiegen über mich hinweg und gingen eilig weiter. Nach ihnen kamen drei Jugendliche, ein Mädchen und zwei junge Männer. Sie blieben stehen, halfen mir auf und führten mich zu einer Bank, wo ich mich setzen konnte. Einer der jungen Männer sammelte meine verstreuten Sachen wieder in meine Tasche, der andere lief los, um mir ein Glas Wasser zu holen. Das Mädchen nahm mich in den Arm und fragte, ob sie den Notarzt rufen solle. Ich winkte ab, bat aber, mir ein Taxi zu besorgen. Alle drei warteten, bis der Wagen kam, brachten mich dort hin, verabschiedeten sich dann und wünschten mir gute Besserung. Solche jungen Leute gibt es also auch heute noch!«

Wie gut, dass es solche Hilfsbereiten auch heute noch gibt, junge, aber auch ältere. Menschen, die sich um die Alten kümmern, weil diese Hilfe, Zuwendung und Achtung brauchen, auch wenn sie nicht behindert sind. Gott liegt es sehr am Herzen, dass die Alten nicht als lästige Mitbürger angesehen werden, die man notgedrungen betreuen muss. Sie sollen vielmehr geehrt werden, nicht nur gelegentlich mit ein paar wohltönenden Worten, sondern mit liebevoller Zuwendung. *wi*

Was wünsche ich mir für meine alten Tage, wie andere mich dann behandeln sollen?

Ich will so bald wie möglich einen Älteren spüren lassen, dass er mir etwas bedeutet.

Markus 5,1-20

23. Juli 2000

Sonntag

*Meine Urform sahen deine Augen.
Und in dein Buch waren sie alle eingeschrieben, die Tage,
die gebildet wurden, als noch keiner von ihnen da war.*
Psalm 139,16

Klein, kleiner, am kleinsten

Suchen Sie einmal einen i-Punkt auf dieser Seite. Drei von seiner Sorte passen auf einen Millimeter. 27 Kügelchen von dieser Größe hätten in einem Kubikmillimeter Platz. Aber in eine dieser Kugeln passen etwa 40.000 menschliche Genome hinein. Ein Genom ist die Summe aller Erbinformationen, die wir von unseren Eltern mitbekommen haben. Darin ist unsere ganze körperliche und psychische Ausstattung aufgeschrieben. Ausgedruckt wären das 5.000 Lexikon-Bände.

Heute weiß man, wie in den Zellen nach der Erbvorschrift Eiweiße gebildet werden. Wie aber in der Erbschrift der Bau und der Sitz des Auges notiert wurden, oder gar, wie dort Musikalität oder Aggressivität aufgeschrieben sind, wird uns sicher immer ein Rätsel bleiben. Und doch steht alles darin.

Das Wort »Urform« im obigen Bibelwort bedeutet eigentlich »Ungeformtes« oder »Knäuel.« Hier ist also von dieser Erbschrift die Rede. Und Gott hat sie geschrieben und liest darin sogar, wie wir durch unsere körperlichen und seelischen Fähigkeiten oder Defizite das Leben gestalten werden.

Welchen Zweck sollte es dann haben, vor einem solchen allwissenden Schöpfergott etwas verbergen zu wollen, noch dazu, wo er uns versichert hat, dass er uns liebt!

Darum ist es das Beste, sich der Barmherzigkeit dieses Gottes anzuvertrauen und rückhaltlos alles beim Namen zu nennen. Er hat versprochen, um seines Sohnes willen uns alles zu vergeben und nie wieder darauf zurückzukommen. *gr*

Oder meinen Sie, doch noch ein Geheimfach vor Gott zu haben?

Wo Allwissenheit mit Liebe gepaart ist, mündet sie in Fürsorge und nicht in Unterdrückung.

Psalm 73

Montag

24. Juli 2000

*Gott widersteht den Hochmütigen,
den Demütigen aber gibt er Gnade.*
Jakobus 4,6

Der Strafzettel

Alles auf einmal: Ich hatte keine Zeit, es regnete und weit und breit war kein Parkplatz. Dabei wollte ich aus dem Rathaus nur einen Brief abholen. Höchstens drei Minuten. Also parkte ich kurzentschlossen mitten im Halteverbot. Meine Berechnung hatte ich aber ohne den Wirt, sprich: die Behörde gemacht.

Als ich nach zehn Minuten endlich fertig war, stand bei meinem Auto ein schreibender Mitmensch in Uniform und überreichte mir ein »Knöllchen«. Kleinlaut gab ich meinen Ungehorsam gegen die Straßenverkehrsordnung zu. Die dreißig Mark Bußgeld taten mir trotzdem weh. Entsprechend heftig gab ich Gas um loszufahren. Da stoppte mich der Ordnungshüter plötzlich. »Geben Sie den Wisch mal wieder her«, sagte er, was ich prompt tat. Er zerriss den Strafzettel und meinte: »Sagen Sie es keinem.« Diese Amtshandlung verwirrte mich. Mit einem kaum hörbaren »Danke« und aufbrausendem Motor fuhr ich davon. Hundert Meter vom »Tatort« entfernt kam mir ein kurzes Dankgebet über die Lippen für das unverdiente und unverhoffte Wohlwollen der Obrigkeit.

Diese Begebenheit machte mir das ganze Geheimnis des Evangeliums deutlich, den Inhalt der Frohen Botschaft. Nicht dass Gott Ungehorsam belohnt, das nicht. Doch wenn wir ohne Ausreden oder ein Wenn und Aber unsere Schuld vor Gott bekennen, dann wird uns seine unendliche Liebe und Gnade zuteil. »Wo die Sünde mächtig ist, ist die Gnade noch viel mächtiger«, sagt die Bibel. Der Gott aller Gnade hat sich in Jesus Christus am Kreuz über uns Sünder erbarmt und den Schuldbrief zerrissen. So wie der Polizist meinen »Strafzettel«. *khg*

Haben Sie das völlig unverdiente Geschenk des Lebens schon angenommen?

Gott vergibt Sünden, keine Entschuldigungen.

Markus 5,21-34

25. Juli 2000

Dienstag

*Für die Freiheit hat Christus uns frei gemacht.
Steht nun fest und lasst euch nicht wieder
durch ein Joch der Sklaverei belasten!*
Galater 5,1

Ich bin auch abhängig

»Medien« ist die Mehrzahl des lateinischen Wortes Medium und bedeutet Mitte, Mittler. Informations- und Unterhaltungsmedien wie Radio, Fernseher - mit Kabel oder Sat-schüssel-Anschluss - und Internet sind (Hilfs-)Mittel, die verschiedene Menschengruppen miteinander verbinden. Die heutige Multi-Media-Gesellschaft teilt sich in zwei Gruppen auf: Die Einen sind die Anbieter, die Anderen die Nachfrager. Was so aussieht wie ein Gleichgewicht, ist heute zu einer Abhängigkeit der Konsumenten von den Produzenten verkommen. Letztere sind mit allen psychologischen Wassern gewaschen, um die Radiohörer, Fernsehgucker und Internetsurfer* immer wieder in ihren Bann zu ziehen.

Das ist äußerst gefährlich, weil dadurch Abhängigkeiten zwischen Menschen entstehen. Eigentlich ist der Mensch als Geschöpf Gottes auf die Abhängigkeit von Gott angelegt. Diese wird aber zu einem großen Teil durch die abhängigkeitsschaffenden und machtgierigen Medien-Produzenten in den Hintergrund gedrängt. Durch geschickte Programm-Abwechslung halten sie ständig das Interesse ihrer Kunden wach. Wir wollen durchaus nicht der Uninformiertheit das Wort reden. Die Medien sind im modernen Berufsleben unentbehrlich. Die Frage ist nur, ob ich über sie verfüge oder ob sie über mich verfügen, ob ich sie als Hilfsmittel oder als Süchtiger benutze.

Wir Menschen sind auf die Abhängigkeit von Gott angelegt. Wenn wir das anerkennen, gewinnen wir gleichzeitig eine große Freiheit gegenüber jeglichem Unterdrückungs-Instrument der Menschen. *sw*

Welche Medien und Medienprogramme werden nicht von mir kontrolliert, sondern kontrollieren mich?

Den persönlichen Gebrauch der Medien sollte man ab und zu kritisch prüfen.

Markus 5,35-43

* Schauen Sie ins Internet: www.lebenistmehr.de

Mittwoch — 26. Juli 2000

Am Morgen säe deinen Samen und am Abend lass deine Hand nicht ruhen! Denn du weißt nicht, was gedeihen wird: ob dieses oder ob jenes oder ob beides zugleich gut werden wird.
Prediger 11,6

Johnny Appleseed

Im Jahre 1792 verließ der achtzehnjährige John Chapman die amerikanische Ostküste Richtung Westen. In seinem Rucksack befanden sich neben dem spärlichen Reisegepäck eine Fülle von Apfelkernen und seine Bibel. Barfuß und ärmlich gekleidet zog John von Farm zu Farm. Längs seines Weges pflanzte er unermüdlich Apfelkerne in den Boden. In den Häusern der Siedler fand Johnny Appleseed (Johannes Apfelkern), wie man ihn inzwischen nannte, liebevolle Aufnahme. Nach dem Abendessen pflegte er seine Bibel herauszuholen, um den Siedlern und ihren Kindern daraus vorzulesen. Bis zu seinem Tode im Jahre 1845 hatte er Tausende und Abertausende von Apfelkernen in mehreren Staaten des jungen Amerika vergraben und zahlreiche Apfelplantagen ins Dasein gerufen. Noch heute wird die Fruchtbarkeit und Reichhaltigkeit des Ohio Valleys auf Johnny Appleseeds unermüdliche Arbeit zurückgeführt.

Ebenso unermüdlich aber und mindestens genauso fruchtbar war die andere Saat, die Johnny ausstreute. Sein Biograph David Collins stellte treffend fest, dass er nicht nur die kleinen Apfelkerne überall in den Boden pflanzte, sondern als ein Bote Gottes eine Fülle von Bibelworten in die Herzen der einsamen Pioniere legte.

Gottes Prinzip von Saat und Ernte gilt bis heute (1. Mose 8,22) und gibt uns die Gelegenheit, in Johnny Appleseeds Fußstapfen zu treten. Ein gütiges Lächeln hier, eine helfende Hand dort und ein tröstendes (Bibel-)Wort an anderer Stelle - selbst empfangen oder gegeben - werden langfristig zu einer reichhaltigen Ernte führen. *vdm*

Welches Saatkorn könnte ich heute wo pflanzen?

Die Lektüre der täglichen Bibellese kann zu einer bleibenden Frucht im Leben werden.

Markus 6,1-6

27. Juli 2000
Donnerstag

Die Sonne gehe nicht unter über eurem Zorn.
Epheser 4,26

Nichts anbrennen lassen!

Zu den Fernsehprogrammen, die erstaunlich gut beim Publikum ankommen, gehören auch die Auftritte von Fernsehköchen bzw. vom gemeinsamen Kochen mit Prominenten. Nichts scheint reizvoller in der Küche zu sein, als zusammen Lieblingsrezepte auszuprobieren und auszutauschen. Unvorstellbar, dass eine Frau ihrer Freundin ihr bestes Kochrezept aus Angst vor Konkurrenz verschweigt - im Gegenteil, gerne wird sie dieser die Gaumenfreuden ihrer eigenen Entdeckung gönnen und sich mitfreuen, wenn es geklappt hat.

Paulus hat im Brief an die Leute in Ephesus zwar kein Kochrezept anzubieten, aber ein ganz wichtiges Lebens-Rezept mitzugeben, das leider nur wenige ausprobieren: Lasst die Sonne nicht untergehen, ohne euch vorher versöhnt zu haben! Würden viele Ehen nicht ganz anders aussehen, wenn dieses Rezept angewandt würde? Dabei ist dieses Rezept absolut ein Volltreffer - es hilft immer! Was für ein schönes Gefühl ist es, in Frieden mit seinem Ehepartner im Bett zu liegen und zu wissen: Nichts ist zwischen uns - das Rezept von Paulus hat funktioniert! Ich genieße es, diese praktischen Tipps aus der Bibel anzuwenden und immer wieder staunend zu beobachten, was dabei alles an positiven Nebenwirkungen noch zusätzlich herauskommt. Wie gut, dass uns Gott in seinem Wort solche Heilmittel und Rezepte aufzeigt! Doch noch besser, wenn wir sie auch anwenden und wirken lassen.

So wünsche ich allen, die dies betrifft, von Herzen, dass sie Gottes wunderbare Rezepte für das Leben und den Alltag ausprobieren und aus dem Staunen nicht mehr herauskommen. *kü*

Warum immer so lange warten, bis gar nichts mehr geht?

Wer göttliche Regeln befolgt, kommt im Leben besser zurecht.

Markus 6,7-13

Freitag

28. Juli 2000

Aber ein Samariter ... kam zu ihm hin ... trat hinzu und verband seine Wunden und ... setzte ihn auf sein eigenes Tier und führte ihn in eine Herberge und trug Sorge für ihn.
Lukas 10,33.34

Solidarität - ein Fremdwort in unserem Land?

Gerade in Wohlstandszeiten grassiert Egoismus förmlich wie eine Epidemie. Neu ist offenbar das selbstbewusste und scheinbar sachlich untermauerte Fordern ganzer Gruppen. Ob sie damit die vorhandene soziale Ausgewogenheit torpedieren, ist ihnen ebenso egal wie ein völliges Überfordern der Gemeinschaft. So hat jahrzehntelang in unserer Republik der Länderfinanzausgleich gut funktioniert: Die reichen Regionen hatten dabei die industriell schwächeren Länder unterstützt. Nun wird energisch die Geldbörse geschlossen mit dem scheinheiligen Argument: »Die subventionierten Länder würden derzeit keine Anreize haben zu lernen, sich stärker auf eigene Kräfte zu besinnen!«

Kaum waren 1998 die Bundestagswahlen vorüber, erklärte die neue Regierung den europäischen Nachbarn, dass man nicht daran denke, weiterhin der große Nettozahler und damit Haupt-Subventionierer im EG-Haushalt zu bleiben. Man nahm in Kauf, auch notfalls als geizig zu gelten: Hauptsache, die eigene Kasse stimmt!

Schon zu Zeiten Jesu auf Erden wichen hochstehende Leute beim Thema Nächstenliebe aus mit der Gegenfrage: »Wer ist denn mein Nächster überhaupt?« Diese überhebliche Rückfrage hat uns die Beispielgeschichte vom barmherzigen Samariter gebracht. Scheinfromme und die Führerschaft der damaligen Zeit gingen vorbei an dem von Straßenräubern überfallenen Mann und wendeten den Blick von der Not ab. Erst der sprichwörtliche Samariter versorgte den Verletzten und setzte sich für seine Genesung ein. Die Lehre daraus: Alles fromme Reden nützt nichts. Gottesliebe geht mit praktischer Nächstenliebe einher! *sp*

Wo könnte ich an einem Hilfs-Projekt praktisch oder finanziell mithelfen?

Vielleicht wird meine persönliche Zuwendung schon lange erhofft von Menschen, die unbedingt Hilfe brauchen.

Markus 6,14-29

29. Juli 2000

Samstag

Sagt allezeit für alles dem Gott und Vater Dank im Namen unseres Herrn Jesus Christus!
Epheser 5,20

Endlich Urlaub!

Die Tage eilten nur so dahin. Es war wieder an der Zeit, die Sachen zu packen und den Weg nach Hause anzutreten. Der Urlaub war fast zu Ende und es gab zu Hause noch eine Menge zu tun. Wir waren 14 Tage in Oberammergau gewesen und Gott hatte uns reich beschenkt. Es hatte nur zweimal kurz geregnet und sonst zeigte sich der bayrische Himmel traditionsgemäß weißblau. Die Sonne tat uns gut und wir konnten täglich etwas unternehmen: etliche Bergwanderungen, fast täglich Baden in einem der warmen Seen Oberbayerns, ein paar Radtouren in der Umgebung, das war schon echt super. Eigentlich wollten unsere Kinder ja nach Südfrankreich fahren, wegen Sonne und Meer. Nun war ihre anfängliche Enttäuschung totaler Begeisterung gewichen: »Nächstes Jahr fahren wir doch wieder hin, oder?« Das tat gut. Wir Eltern hatten mit Bayern die richtige Entscheidung getroffen und begeistert traten wir fünf die Rückreise an.

Zu Hause angekommen lernten wir eine Lektion, die wir nicht so leicht vergessen werden. Freunde unserer Kinder waren in den Urlaub nach Südfrankreich gefahren. Aber von wegen Sonne und Strand. Es regnete dort fast die ganze Zeit und sie konnten kaum den Wohnwagen verlassen. Ihre Enttäuschung war groß. Die weite Reise, das schlechte Wetter, der Matsch auf dem Campingplatz, da war nicht viel mit Erholung.

So lernten unsere Kinder: Nicht immer ist das Erträumte auch das Beste. In der nächsten Familienandacht dankten sie dem Herrn Jesus, dass er es gut mit uns gemeint hatte. Aber sie lernten auch, dass man auch in punkto Urlaub auf den lebendigen Gott vertrauen darf. *fr*

Bin ich mir bewusst, dass auch der Urlaub ein Geschenk Gottes ist?

Ob verregnet oder gesegnet mit Sonne satt, mit Gott im Leben kann man immer aus dem Vollen schöpfen.

Markus 6,30-44

Sonntag

30. Juli 2000

*Betrachtet die Lilien des Feldes ... Ich sage euch aber,
dass selbst Salomo in all seiner Herrlichkeit
nicht bekleidet war wie eine von diesen.*
Matthäus 6,28-29

Das Wort des Fachmanns

Seit ich selbst mit dem Mikroskop umzugehen lernte, ist mir dieser Bibeltext immer sehr eindrücklich erschienen. Damals, vor zweitausend Jahren, als der Herr Jesus Christus diese Worte sprach, war kein Mensch in der Lage, Salomos Kleider für weniger herrlich zu halten als ein Lilienblütenblatt (viele meinen, es handle sich hier um die Anemona coronata). Darum sagt er ausdrücklich: »Ich sage euch!« »Ich, der Schöpfer aller Lebewesen will euch etwas verraten, was ihr ohne mich nicht wissen könntet ...!«

Betrachtet man ein noch so feines Baumwollgewebe unter dem Mikroskop, so erblickt man ein sackartiges Geflecht aus verdorrten Pflanzenfasern. Auch Seide, die Salomo schon damals aus China einführte, ergibt unter dem Mikroskop ein ähnlich tristes Bild. Sieht man sich aber ein Blütenblatt an, so entdeckt man bei jeder Vergrößerung neue lebendige Strukturen und schöne, farbige Gebilde, die in ihrer Vielzahl den seidigen oder fetten Glanz der Blütenblätter ausmachen. Ja, in mancher Oberflächenstruktur bricht sich in völlig farblosen Elementen das Sonnenlicht auf solche Weise, dass schillernde, irisierende und changierende Farben entstehen.

Der Herr offenbarte damals seine Allwissenheit und uns macht er auf diese staunenswerten Tatsachen aufmerksam und er fügte gleich hinzu, diese Pracht sei nur für wenige Stunden gedacht, um danach zu verdorren und verbrannt zu werden. Wie verschwenderisch kann doch unser Gott mit solchen Kostbarkeiten umgehen! Wie reich ist er! Wenn er aber mit den Lilien solchen Aufwand treibt, wird er dann weniger Aufmerksamkeit auf uns verwenden? *gr*

Was sind wir Menschen Gott wert? (Siehe Johannes 3,16)

Wer auf den allmächtigen, liebenden Gott setzt, liegt nicht verkehrt.

Psalm 139,1-18.23f

31. Juli 2000

Montag

Und der HERR sprach zu mir: Dieses Tor soll verschlossen sein, es soll nicht geöffnet werden, und niemand soll durch es hineingehen! Denn der HERR, der Gott Israels, ist durch es hineingegangen.
Hesekiel 44,1.2

Einmal kommt der König wieder

Hesekiel lebte im 6. Jahrhundert vor Beginn unserer Zeitrechnung und war Israelit. Seine Geschichte und das, was Gott ihm in Visionen zeigte, schrieb er in ein Buch der Bibel.

In einer Art Traum sah Hesekiel, wie Gott ihn zum Osttor Jerusalems führte. Jetzt war Gott aus Jerusalem gewichen, doch wann würde der Gott Israels zurückkehren? Zur Zeit Hesekiels lag Jerusalem in Trümmern.

Mehrfach noch wurde die Stadt erobert und zerstört und wieder aufgebaut, bis Gott in der Person Jesus Christus auf einem Esel von Osten her in die Stadt einritt, wie der Prophet es geweissagt hatte. Und wieder fiel die Stadt mehrfach in Trümmern, bis die Türken Jerusalem eroberten. Sultan Suleimann der Prächtige begann - so wissen es manche Geschichtsschreiber - den Wiederaufbau.

Er muss von den Vorhersagen der Juden gewusst haben, wonach ihr König »am Ende der Tage« durch das Tor im Osten einziehen sollte. Der Sultan ließ es darum zumauern. Ein Friedhof an der Mauer soll jüdische Priester abschrecken. So hofften Suleimann und seine Zeitgenossen möglicherweise, das Kommen des »Messias« zu verhindern.

Das wird aber weder den Moslems noch irgendeinem anderen Feind des Christus etwas helfen; denn der Prophet Jesaja hat gesagt, der Herr werde am Ende der Tage auf dem Ölberg stehen, um seinen Leuten im tödlich bedrohten Jerusalem zur Hilfe zu eilen. Dann kommt er erneut von Osten her, um sein Reich aufzurichten. *hü*

Wie habe ich mich auf den Einzug des großen Königs eingestellt?

Nehmen Sie die Bibel beim Wort! Sie spricht auch von Ihrer Zukunft!

Markus 6,45-52

Dienstag

1. Aug. 2000

Ich will dich unterweisen und dich lehren den Weg,
den du gehen sollst!
Psalm 32,8

Wer gibt mir die Orientierung?

Auf einem schneebedeckten Abhang erfreuen sich viele Abfahrtsläufer eines herrlichen Wintertages. Auf einmal sieht man ein eigenartiges Läuferpaar hinunterbrettern. Sie fahren kurz hintereinander. Dabei ruft der Vordere dem Hinteren immer wieder zu: »Jetzt rechts, nun links, wieder rechts!« Der Hintere befolgt diese Anweisungen ganz genau. Und so kommen sie gemeinsam sicher die Piste hinunter. Andere Freizeitsportler bleiben stehen und wundern sich. Am Ziel sieht man den Grund: Der hintere Fahrer war blind!

Oftmals rennen wir im Leben wie blind drauflos und wissen überhaupt nicht, woran wir uns orientieren sollen. Wer sagt uns im täglichen Lebenskampf, welche Richtung stimmt? Nun gibt es viele »Pistenführer«, die uns eine sichere Begleitung versprechen. Was verbirgt sich aber jeweils dahinter? Meinen sie es wirklich gut mit uns oder wollen sie nur Profit aus unserer Orientierunglosigkeit schlagen?

Weil Gott unser Schöpfer ist, weiß er, woher wir kommen und wohin wir gehen sollen. Er selbst hat einen Rahmen gesteckt, in dem Sie und ich wirklich sinnerfüllt leben können. Doch wir wollen oft lieber eigene Wege gehen. Dabei riskieren wir eine Bruchlandung, die uns und unsere Umwelt zerstört. Gottes Weg für uns hat einen konkreten Namen: »Jesus Christus«!

Wenn wir uns an ihn halten und uns nicht weigern, ihm zu folgen, kommen wir so sicher ans Ziel wie der Blinde, der dicht hinter seinem Führer herfuhr und genau und gleich tat, was dieser ihm sagte. Wo wäre der gelandet, wenn er gemeint hätte, solch ein strikter Gehorsam sei gegen seine Ehre? *kdz*

Woran orientiere ich mich, um glücklich zu werden?

Ich will versuchen, meinen Standort aus Gottes Sicht zu bestimmen und fragen, welche Ratschläge er mir für mein Leben gibt.

Markus 6,53-56

2. Aug. 2000
Mittwoch

Der Teufel geht umher wie ein brüllender Löwe und sucht, wen er verschlingen kann.
1. Petrus 5,8

Ein dreister Überfall

Heute vor 10 Jahren überfielen Armee-Einheiten des irakischen Präsidenten Saddam Hussein den Nachbarstaat Kuwait, nahmen dessen Ölfelder in Besitz und sicherten sich den strategisch wichtigen Zugang zum Persischen Golf. Die Invasoren erklärten Kuwait zum irakischen Verwaltungsbezirk.

Nach Ablauf eines UN-Ultimatums, das u. a. den irakischen Truppenabzug forderte, begannen 5 Monate später multinationale Streitkräfte unter Führung der USA die »Operation Wüstensturm« zur Befreiung Kuwaits, das seine Souveranität daraufhin wiedererlangte.

Es gibt immer führende Politiker oder Herrscher in diktatorischen Regimen, die nicht mit sich reden lassen, sondern einfach auf eine raffinierte und rücksichtslose Weise losschlagen, um ihren Machtbereich zu erweitern. In diese Reihe gehören neben Hitler und Saddam Hussein noch viele andere. Solche Leute können immer nur durch einen noch Stärkeren zurückgeschlagen werden. Durch die Bibel wissen wir, dass wir Menschen es auch mit einem Aggressor zu tun haben, dem Teufel, und zwar ganz besonders wütend in der heutigen Zeit. Die Bibel bezeichnet diese Zeit als Endzeit, in der alle Werte auf den Kopf gestellt werden und die Gottesfurcht rapide abnimmt. Man sollte dazu einmal 2. Timotheus 3,1-5 lesen. Auch wenn es heute viele »Christen« gibt, die meinen, den Teufel gäbe es nicht, geht die Bibel ganz schlicht von seiner Existenz aus und beschreibt ihn als den Seelenmörder, der alles ins Verderben reißen will. Um ihn zu besiegen, musste Christus am Kreuz sterben. *mü*

Warum gibt es bei allen Anstrengungen weder Frieden noch Gerechtigkeit auf der Erde?

Denken Sie nicht, der Teufel sei eine Comicfigur mit 2 Hörnern, die nur in der Phantasie existiert.

Markus 7,1-15

Donnerstag

3. Aug. 2000

*Bis wann soll ich Sorgen hegen in meiner Seele,
Kummer in meinem Herzen bei Tage?
Bis wann soll sich mein Feind über mich erheben?*
Psalm 13,3

Ein lästiger Brummer

Haben Sie schon einmal einen Brummer beobachtet, der plötzlich durch einen Fensterspalt ins Zimmer gelangt ist? Unruhig umkreist er Ihren Kopf. In rasendem Tempo fliegt er umher, landet auf Ihrer Stirn und krabbelt herum. Nervös schlagen Sie nach ihm, doch ohne ihn zu treffen. Der Brummer versucht nun, durch das Fenster zu entkommen, doch er knallt gegen das Glas. Nur knapp verfehlt er den offenen Fensterspalt, der die Freiheit bedeutet. Wieder versucht er es, doch ohne Erfolg. Inzwischen haben Sie Mitleid bekommen und öffnen das Fenster ganz. Mit einer Zeitung versuchen Sie, den Eindringling hinaus zu treiben. Der Brummer lässt sich jedoch nicht helfen. Vollends auf Touren gebracht prallt er gegen die Zimmerdecke - das war des Guten zuviel - benommen liegt er rücklings auf dem Teppich, brummend, kreisend bis zur Erschöpfung ...

Haben Sie Ähnlichkeiten entdeckt? Geht es dem Menschen nicht oft genauso? Da ging so lange alles gut im Leben. Doch plötzlich gerät man in eine Sackgasse. Schnell nisten sich Sorgen im Kopf ein. Man wird sie nicht mehr los, dreht sich im Kreis herum und sucht verzweifelt nach einem Ausweg. Doch wo ist dieser Ausweg? Der Versuch, diesen selbst zu finden, scheitert. Man vertraut sich einem lieben Menschen an, doch eine annehmbare Lösung bietet dieser auch nicht. Wer kann helfen? Wer weiss einen Ausweg? »Kommt her zu mir alle, die ihr mühselig und Beladen seid, ich will euch Ruhe geben!«, sagt Jesus Christus. Jesus Christus bietet Hilfe an. Er ist bereit, unsere Sorgen zu tragen. Er will sich ganz persönlich um uns kümmern! Aber nicht nur, wenn wir Sorgen haben! *ju*

Müssen erst Sorgen bewirken, dass wir mit Jesus einen Anfang wagen?

Eigensinn bringt nichts, lieber bereit sein, Hilfe anzunehmen!

Markus 7,17-23

4. Aug. 2000

Freitag

> ... *ich sage dir: wenn jemand nicht von neuem geboren wird, kann er das Reich Gottes nicht sehen. Was aus dem Fleisch geboren ist, ist Fleisch, und was aus dem Geist geboren ist, ist Geist.*
>
> Johannes 3,3.6

Reinkarnation kontra Wiedergeburt

Die Bibel redet doch auch von Reinkarnation, sagt mein Gesprächspartner und verweist auf den Vers aus dem Johannesevangelium. Doch obwohl anscheinend die gleichen Worte verwendet werden, zeigt der Kontext, dass der biblische Begriff mit einem anderen Inhalt gefüllt ist.

Wiedergeburt oder besser gesagt Reinkarnation, wie er im Hinduismus, Buddhismus oder in der Esoterik verstanden wird, besagt, dass die Seele eines Lebewesens während eines Zyklus von Sterben und Geborenwerden sich selber erlöst. Die unzähligen neuen Chancen geben vielen die Hoffnung, ihr Ziel zu erreichen. In unseren Übersetzungen kommt nun auch das Wort »Wiedergeburt« oder »von neuem geboren werden« vor. Im Urtext steht aber »von oben geboren werden«. Wir müssen von Gott her, von oben ein neues Leben bekommen. Wenn das nicht geschieht, bleibt alles immer beim Alten; denn »was aus dem Fleisch geboren ist, ist Fleisch«! Das bedeutet: Auf diese Weise sind die Unfähigkeit des Menschen Gott wohlzugefallen und seine Unzulänglichkeiten nicht zu überwinden.

Die Lösung ist nicht Reinkarnation, sondern neues Leben von Gott. Gott ist Geist und der Mensch muss durch den Geist Gottes völlig verändert werden, damit er Gemeinschaft mit Gott haben kann. Im Gegensatz zur verbreiteten Meinung ist dies nicht der Lohn von guten Werken und einem »christlichen Leben«, sondern ein Geschenk, eine Gabe Gottes, die durch die Bekehrung zu Jesus Christus erlangt wird. Der Schlüssel der Bekehrung ist der Glaube, dass Jesus Christus der Sohn Gottes ist und für mich und wegen meiner Sünden am Kreuz gestorben ist. *gn*

Wovon zeugt es, wenn man Reinkarnation und Wiedergeburt einfach in einen Topf steckt?

Wichtige Fragen wollen ernstgenommen sein!

Markus 7,24-30

Samstag

5. Aug. 2000

Ich bin der Weg, die Wahrheit und das Leben.
Niemand kommt zum Vater, als nur durch mich.
Johannes 14,6

Take me home, country road

... to the place where I belong - West Virginia ... (Bring mich heim, Weg durchs Feld, zu dem Ort, wohin ich gehör', West Virginia ...) John Denver's amerikanischer Heimatsong ist zur Hymne der Country-Fans geworden. Man muss »beloooong« möglichst lange ziehen, um das rechte Feeling zu bekommen, dann stimmt es. Wie bei John Denver eben.

Interessant, dass man gerade in Amerika, wo das Land nie aufhört und der Westen unendlich ist, sich immer wieder nach einem Ort zurück sehnt, den man Heimat nennt. Für uns Deutsche ist dieser Begriff etwas suspekt; er ist von den Nazis missbraucht worden, andere wieder verbinden damit nur die Vorstellung des Heimatfilms der 50er Jahre.

Aber hat Denver nicht einfach recht? Gehört der Mensch nicht an einen Ort, wo er zu Hause sein kann? Wo er Menschen hat, denen er vertraut und vor denen er ehrlich sein darf? Wo man ihn lieb hat? Im Tiefsten sehnen wir uns doch danach, einen solchen Ort zu haben. Wir sind wurzellos, wenn wir nicht wissen, wo wir hingehören und finden keine Ruhe, sondern schweifen endlos sehnsüchtig umher.

Augustinus sagte: »Unruhig ist unser Herz, bis es ruht, o Gott, in dir«. Das ist zwar kein Country-Song, aber trotzdem zutiefst wahr: Unsere Heimat ist bei Gott. Wir sind von ihm ausgegangen und gehen nach unserem Tod zu ihm hin. Er hat uns gemacht und uns einen Sinn zugedacht. Aber wenn wir Gott nicht haben, streifen wir unruhig auf der Erde umher. Wir werden erst dann Frieden finden, wenn wir unsere Heimat bei Gott wiederentdeckt haben. »Take me home, to the place, where I beloooong ...« *as*

Sind Sie auf der Heimreise?

Gott schaut nach Ihnen aus, gehen Sie hin!

Markus 7,31-37

6. Aug. 2000

Sonntag

*Ich mache die Gnade Gottes nicht ungültig;
denn wenn Gerechtigkeit durch Gesetz kommt,
dann ist Christus umsonst gestorben.*
Galater 2,21

Alles umsonst gewesen?

Die Vorstellung, dass ein Menschenleben buchstäblich umsonst gelebt wurde, lässt mich erschaudern. Wir sind technisch und elektronisch top ausgerüstet, schaffen es, durch wissenschaftliche Forschung die Lebenserwartung beständig hochzuschrauben - und dann soll alles umsonst gewesen sein? Ich kann einfach nicht glauben, dass wir erst auf dem Sterbebett anfangen, darüber nachzudenken, was es mit dem Sinn und Zweck unseres Lebens auf sich hat. Wir sind doch intelligent und wollen nicht am Schluss die Rechnung ohne den Wirt gemacht haben!

Paulus denkt im Galaterbrief ebenfalls über ein »Umsonst« nach. Es geht dabei um Jesus, der sein Leben opferte, damit Menschen mit Gott versöhnt und gerechtfertigt werden können: Wenn Gerechtigkeit durch gute Werke kommt, dann ist Christus umsonst - vergeblich - gestorben, dann war sein ganzer Einsatz sinnlos. Sein Leben und Sterben geschah aber unter einer richtigen Voraussetzung und war deshalb nicht umsonst: Bei Gott kann man sich Gerechtigkeit nicht verdienen, die Schuld ihm gegenüber ist nur zu tilgen, wenn einer sie voll übernimmt. Das hat Jesus Christus getan. Deshalb waren sein Leben und sein Tod nicht umsonst, denn dadurch wurde bewirkt, dass Gott Menschen nun gnädig sein kann.

Wenn also einer sein Leben dafür geopfert hat, damit Menschen mit Gott versöhnt werden, dann ist es entscheidend, welche Rolle Gott in meinem Leben spielt. Mit Gott versöhnt zu sein bedeutet, über den Tod hinaus ewiges Leben zu erhalten. Und für das Leben jetzt bedeutet es, zu der Bestimmung zurückzufinden, für die der Mensch überhaupt geschaffen wurde. *kü*

Wussten Sie, dass Jesus einen so hohen Einsatz für Sie erbrachte?

Der Gegenwert für Jesu Tod ist Ihr Leben - geben Sie es ihm!

Psalm 134

Montag

7. Aug. 2000

> *Jesus Christus spricht: »Ich bin gekommen,*
> *dass sie Leben haben und es im Überfluss haben.«*
> Johannes 10,10

Tu, was du willst!

Die Sau rauslassen. Sich von keinem etwas vorschreiben lassen, weder von Eltern, Lehrern noch Ausbildern. Das Leben genießen: Hier und jetzt. Nur kein Spießer sein, der nichts kennt als aufstehen, essen, arbeiten, essen und schlafengehen. Das war lange Zeit Günters Lebensstil. »Wenn mir das Leben öde, trist und leer erschien, dann nahm ich Drogen. So entfloh ich dem grauen Alltag«, schildert er seine Situation.

Die Heilige Schrift, die Bibel, nennt den Teufel den Fürsten dieser Welt. Er redet den Menschen ein: Tue, was du willst. Lass dir von niemand etwas sagen. Lass dich nicht fremdbestimmen, auch nicht von Gott. Du bist autonom, d.h. völlig selbständig! Diese Lebensregel scheint vernünftig zu sein. Wenn ich glücklich sein will, muss ich das tun, was mir Spaß macht. Dabei merken die Leute gar nicht, dass sie zwar gegenüber Gott und den Mitmenschen Unabhängigkeit zeigen, aber dafür vom Teufel dirigiert werden, der dadurch Streit, Missgunst, Neid und Isolierung erzeugt. So berichtete Günter: »Mein Lebensstil führte mich in die Einsamkeit und ich war gebunden an meine Drogengewohnheiten.«

William Penn, einer der Gründerväter Amerikas, hat gesagt: »Die Menschen haben die Wahl, Gott zu gehorchen oder von Tyrannen beherrscht zu werden.« Ich habe nur die Wahl zu entscheiden, in welcher Verbindung ich leben will, entweder mit Gott oder mit dem »Fürsten dieser Welt«. Das Leben mit Gott ist kein Spießer-Leben. Ich trete damit in eine Lebensbeziehung zu Jesus Christus ein, dem alle Macht im Himmel und auf der Erde gegeben ist. Er sagt von sich: »Ich bin das Leben« (Johannes 14,6). *kr*

Nach welchem Lebensstil lebe ich? Welche Wahl habe ich getroffen?

Jetzt ist der richtige Zeitpunkt - wenn nötig - »umzusteigen«.

Markus 8,1-10

8. Aug. 2000

Dienstag

Denn ihr wisst, dass ihr nicht mit vergänglichen Dingen, mit Silber oder Gold, erlöst worden seid ..., sondern mit dem kostbaren Blut Christi ...
1. Petrus 1,18-19

Kann ein geöffneter Safe den Himmel aufschließen?

Im Jahre 1860 blickte ein 21-jähriger junger Mann von einem kleinen Hügel in Ohio auf das Bild, das sich unter ihm am Oil Creek bot. Raubeinige Gestalten mit Schaufeln, beweglichen Bohrgeräten und Plattformen bevölkerten das Tal. Bald wurde dem jungen Mann klar, dass die dickflüssige schwarze Masse, die aus dem Boden brach, eine Quelle unermesslichen Reichtums werden könnte. Mit der Investition seiner gesamten Ersparnisse von $4000 gelang es ihm, in nur wenigen Jahren ein Monopol aufzubauen, die Standard Oil Company zu gründen und den gesamten amerikanischen Ölmarkt an sich zu reißen. Denn die schwarze Flüssigkeit war Erdöl und hatte aus John Davison Rockefeller den ersten Milliardär der Geschichte gemacht.

Trotz seines immensen Reichtums wurde er jedoch mit steigendem Alter zunehmend unruhiger. Es wird berichtet, dass sich in seinem New Yorker Haus neben seinem Bett immer eine Bibel in Reichweite befand. Sie lag dort auf einem großen, stabilen Safe. Aber anstatt die Bibel aufzuschlagen, öffnete Rockefeller in seiner inneren Unsicherheit den Geldschrank und spendete mehrere hundert Millionen Dollar für wohltätige Zwecke. Als er 1937 als 98-Jähriger die Augen schloss, blieb die zugeklappte Bibel auf dem offenen Safe zurück. Gute Werke und Geld schließt die Bibel als Möglichkeit, sich den Himmel zu verdienen, aus. Stattdessen bietet sie uns an, den Reichtum der Vergebung Gottes im Glauben umsonst in Anspruch zu nehmen, denn »Christus wurde, da er reich war, um euretwillen arm, auf dass ihr durch seine Armut reich würdet« (2. Korinther 8,9).   *vdm*

Warum können gute Taten und wohlgemeinte Spenden die Kluft der Sünde zwischen Gott und Mensch nicht überbrücken?

Jesus Siegesruf am Kreuz »Es ist vollbracht!« macht jedes eigene Tun zur Erlangung des Heils überflüssig.

Markus 8,11-13

Mittwoch

9. Aug. 2000

*Alle sind abgewichen, sie sind alle verdorben;
da ist keiner, der Gutes tut, auch nicht einer.*
Psalm 14,3

Bitte keinen Trost!

Als freier Beerdigungsredner komme ich in viele Trauerhäuser. Bei diesen Besuchen erfahre ich viel über den Menschen, der verstorben ist, und bekomme Informationen, die seine Persönlichkeit ausmachten. Oft wird dann vieles rosa-rot ausgemalt. Schwachstellen werden, wenn überhaupt, vorsichtig umschrieben. Mit diesen »Erfahrungswerten« saß ich einmal Angehörigen gegenüber, deren Vater verstorben war. Nachdem die Trauerfeier geplant und die nötigen Informationen, was das Leben des Verstorbenen ausgemacht hatte, von mir notiert waren, stand plötzlich eine Aussage im Raum, die mich schockierte: »Bitte sprechen sie uns bei ihrer Predigt und den Worten am offenen Grab keinen Trost zu. Wir sind letztlich froh, dass er tot ist. Er war uns in den letzten Jahren in seiner Art nur noch eine Belastung.«

Auf der Fahrt nach Hause überlegte ich, welchen Predigttext ich bei der bevorstehenden Trauerfeier wählen sollte. Der Vater war wirklich ein Mensch mit Ecken und Kanten gewesen. Und dazu kam, dass sich die Angehörigen in diesem Vergleich mit dem Vater für weit bessere Menschen hielten. Ich predigte dann über zwei Blumen. Die eine völlig verblüht, verwelkt und unansehnlich. Die andere in voller Schönheit, wunderbar anzusehen mit einem atemberaubenden Duft. Aber eines hatten beide Blumen gemeinsam. Sie waren beide tot. Abgeschnitten. Ein Bild des Menschen ohne Gott. Nicht das Äußere zählt, sondern einzig und alleine, ob ich eine lebendige Beziehung zu Jesus Christus habe!

rg

Würden unsere Angehörige über unseren Tod weinen oder aufatmen?

Je leichter wir anderen das Leben machen, umso schwerer machen wir ihnen den Abschied - und umgekehrt.

Markus 8,14-21

10. Aug. 2000

Donnerstag

Aber ich schäme mich nicht, denn ich weiß, wem ich geglaubt habe.
2. Timotheus 1,12

Outen um jeden Preis?

Im 1. Jahrhundert unserer Zeitrechnung beauftragten die römischen Herrscher einen begabten griechischen Baumeister mit der Errichtung eines großen Amphitheaters, dessen Dimensionen alles bisher Dagewesene in den Schatten stellen sollten. Das Ergebnis seiner Arbeit war das Kolosseum in Rom. Es wird berichtet, dass sich bei der offiziellen Eröffnung des Theaters im Jahre 80 n. Chr. etwa 50000 Menschen auf den Rängen drängten, um den Feierlichkeiten beizuwohnen. Der Baumeister erhielt einen Ehrenplatz neben dem Kaiser. Als der Imperator sich erhob, kehrte augenblicklich Ruhe ein. Mächtig erscholl seine Stimme bis hinauf zum letzten Platz: »Volk von Rom und verehrte Gäste. Das Werk des Kolosseums ist vollendet! Wir sind hier zusammengekommen, um dieses Ereignis miteinander zu feiern und dem Baumeister, der für die Ausführung verantwortlich ist, unsere Hochachtung zu erweisen. Zu seiner Ehre werden wir damit beginnen, einige Christen den Löwen vorzuwerfen.« Unter dem Gejohle der Menge öffneten sich die Tore der Arena, und eine Gruppe von Christen wurde hineingetrieben. Da erhob sich der Baumeister von seinem Sitz, sah dem Kaiser in die Augen und sagte: »Auch ich bin ein Christ!« Nachdem sich die anfängliche Irritation gelegt hatte, ergriff man den gerade noch hochgelobten Mann und warf ihn in die Arena, wo er mit den dort Wartenden bald darauf von den Löwen zerrissen wurde.

Wer sich heute bei uns zum Christsein bekennt, läuft nicht Gefahr, dafür sein Leben lassen zu müssen, muss aber durchaus damit rechnen, bemitleidet, verlacht oder verspottet zu werden. *vdm*

Schäme ich mich aufgrund möglicher Zurückweisungen, Christ zu werden oder mein Christsein zuzugeben?

Weil Gott mit seinem Sohn alles gab, was er hatte, möchte ich mir den Mut schenken lassen, mich heute zu ihm zu stellen.

Markus 8,22-26

Freitag — 11. Aug. 2000

Im Anfang schuf Gott die Himmel und die Erde.
1. Mose 1,1

Evolution ist Religion

Seit Jahrzehnten wird einer Schülergeneration nach der anderen beigebracht, man wisse, wie die Welt und das Leben entstanden seien, es gehe nur noch um Klärung der Details. Mit großem Hurra wird dann jedes Forschungsergebnis gefeiert, das sich als Mosaiksteinchen in diesem gewaltigen Puzzlespiel verwenden lässt. Passt es dann doch nicht, lässt man es einfach unter den Tisch fallen, und wenn es den bisher gedachten Rahmen sprengt, zögert man nicht, diesen anders zu gestalten. Dieser Rahmen ist die Theorie, alles sei ohne Plan und Absicht entstanden.

Den meisten Menschen bleibt verborgen, dass die Einzelergebnisse der Forschung und der Rahmen, in den sie gestellt werden, Dinge völlig unterschiedlicher Natur sind. Ihnen wird suggeriert, der Rahmen sei ebenfalls Naturwissenschaft. Und gegen Beweise aus der Naturwissenschaft kann man nichts machen, man will ja weder als Dummkopf noch als ideologisch verbogen gelten.

Der Grund, weshalb man sich selbst und andere täuscht, liegt darin: man hätte nur allzu gern, dass es so sei. Seit dem Betrug der Schlange im Paradies wollen die Menschen sein wie Gott. Der Gedanke ist ihnen unerträglich, sie seien einem Höheren verantwortlich und nicht die Herren ihres Schicksals. Christen wissen, dass es der Teufel ist, der die Augen der Erkenntnis verblendet, damit ihm seine Beute nicht entrinnt, sondern bis zuletzt im Aufstand gegen den Schöpfer verharrt und so ewig verloren geht. Der Rahmen also ist nicht Naturwissenschaft, sondern Religion, Religion ohne Gott, den Schöpfer; aber mit dem sich selbst vergottenden Menschen als Mittelpunkt. *gr*

Wie stehe ich zu dieser Sache?

Schon mancher konnte an Gott glauben, als er das hier beschriebene Problem erkannte.

Markus 8,27-33

12. Aug. 2000
Samstag

Auch bis in euer Greisenalter bin ich derselbe, und bis zu eurem grauen Haar werde ich selbst euch tragen.... ich selbst werde heben, und ich selbst werde tragen und werde erretten.
Jesaja 46,4

Ausdauernde Tragkraft

Wöchentlich besuche ich die inzwischen 90-jährige Frau M. im Altenheim. Sie kann nicht mehr sehen und nicht mehr gehen, muss an- und ausgezogen und gefüttert werden und kann den ganzen Tag nur in ihrem Sessel sitzen. Über ihren Zustand seufzt sie fast jedes Mal, wenn ich bei ihr bin, und sie klagt auch, dass das Personal zu wenig Zeit habe und auch nicht immer freundlich sei. Aber das Wichtigste bei jedem Besuch ist: Ich muss von ihrem christlichen Abreißkalender, der an der Wand hängt, das Tagesblatt abreißen und vorlesen. Für jeden Tag ist dort ein Bibelvers mit einer kurzen Auslegung abgedruckt. Dann beten wir miteinander, sagen Gott dabei, was Frau M. besonders schwer fällt, vergessen aber auch nicht, Gott dafür zu danken, dass sie und alle Heimbewohner noch so versorgt werden können, reichlich zu essen und ihr eigenes sauberes Bett haben - Vorzüge, die viele, viele Menschen in dieser Welt entbehren müssen. Stets aber danken wir Gott besonders dafür, dass auch für Frau M. einmal alle Mühe und alle Not dieses Lebens aufhören wird und sie dann für immer in der für uns noch unvorstellbaren Herrlichkeit des Himmels sein wird: bei ihrem Erlöser Jesus Christus, an den sie hier glaubt, und bei Gott, ihrem himmlischen Vater. Solches gemeinsame Gebet gibt uns beiden jedes Mal Trost und Freude.

Niemand außer Gott weiß, wie bei jedem von uns der letzte Lebensabschnitt aussehen wird. Eines darf aber jeder wissen, der an Jesus Christus glaubt: Der Gott, der mich bisher durch gute und weniger gute Tage getragen hat, wird mich auch bis zum letzten Atemzug tragen. *wi*

Wovon erhoffe ich mir im Alter Trost und Kraft?

Warum nicht jetzt mit Gott beginnen, bevor man am Ende von allen verlassen wird?

Markus 8,34 - 9,1

Sonntag

13. Aug. 2000

Ich habe euch geliebt, spricht der HERR.
Maleachi 1,2

Der Liebestest

Es wurde immer später und sie kam und kam nicht nach Hause! Wo mochte unsere dreizehnjährige Tochter stecken!? Wir telefonierten herum und suchten sie überall - nichts! Die Polizei wollte erst nach 24 Stunden aktiv werden, so standen meine Frau und ich schließlich am Fenster und starrten weinend und betend in die Dunkelheit hinaus. An Schlaf war nicht zu denken und in quälender Ungewissheit verrannen die Stunden. Doch plötzlich, gegen vier Uhr in der Frühe, stand unsere Cordula nass und frierend vor der Haustür. Erleichtert und dankbar schlossen wir sie in unsere Arme. Sie hatte sich beim Radfahren verspätet. Weil wir auf Pünktlichkeit großen Wert legten, hatte sie sich gefürchtet, nach Hause zu kommen, und die Heimkehr immer weiter hinausgeschoben.

Das gleiche Drama erlebten wir dann ein paar Wochen später noch einmal. Diesmal war unser Sohn verschwunden. Er ist noch zwei Jahre jünger als seine Schwester, und selbst am nächsten Morgen hatten wir noch kein Lebenszeichen von ihm erhalten. Erst am Mittag kam Berni heim und erzählte seelenruhig, er hätte bei einem Freund übernachtet. Wir waren viel zu froh, um ihm Vorwürfe zu machen, und drückten ihn an uns. Auf die Frage, warum er uns nicht vorher Bescheid gesagt habe, meinte er ganz ernsthaft: »Ich wollte testen, ob ihr mich genauso lieb habt wie Cordula.« Uns blieb die Spucke weg. Später fragten wir uns, ob wir diesen Liebestest wohl bestanden haben. Eltern sind ja beileibe nicht fehlerlos.

Wie oft singen und sagen Christen, dass sie Gott lieben. Wie gut, dass Gott sie nicht jedesmal daraufhin testet! Wie würden wir abschneiden?

khg

Haben Sie schon einmal die Liebe eines Menschen auf die Probe gestellt?

Tun Sie das niemals!

Psalm 53

14. Aug. 2000
Montag

*Fürchte dich nicht, denn ich habe dich erlöst!
Ich habe dich bei deinem Namen gerufen, du bist mein.*
Jesaja 43,1

Gesucht und gefunden

Ich möchte einmal von der wirklich findigen Post erzählen. Die hat mir nämlich schon mehrmals Briefe zugestellt, die nur sehr unvollständig adressiert waren, entweder in Eile und oberflächlich, unleserlich oder mit einer ganz hellen Tinte geschrieben. Falsche Straßenbezeichnung, verkehrte oder sogar fehlende Hausnummer und Postleitzahl waren noch die geringsten Mängel. Den absoluten Höhepunkt stellte ein Brief dar, der lediglich mit meinem Vornamen und dem Wohnort adressiert war. Er wurde mir tatsächlich zugestellt, obwohl ich immerhin in einer Großstadt zu Hause bin, in der es ganz gewiss unzählige andere Einwohner mit meinem Vornamen gibt. Da hat man bei der Post offensichtlich besonders gut recherchiert, logisch gedacht, einen findigen Zusteller und das nötige Glück gehabt.

Als ich über das Zusammentreffen dieser Umstände nachdachte, kam ich auch auf Gott. Denn was die Post kann, das kann Gott schon lange. Und sogar ohne Recherche, ohne Zusteller und Glück, allein auf Grund seiner schöpferischen Weisheit und Allmacht. Gott ist nämlich gar nichts unmöglich. Schade um meine vielen verlorenen Lebensjahre ohne Freude und Frieden, denn ich ließ mich erst sehr spät von ihm finden. Erst dann erkannte ich meine Schuld und Verlorenheit sowie seine unendliche Liebe, und die Versöhnung und Rettung in Jesus Christus.

Der Herr Jesus Christus beschreibt sich selbst als guten Hirten, der solange das Verirrte sucht, bis er es gefunden hat. In seiner Weisheit lässt er bei manchen viele Jahre darüber vergehen, vielleicht, damit wir selbst erfahren, wie nötig wir ihn brauchen. *khg*

Wollen Sie sich überhaupt von Gott finden und retten lassen?

Wenn Ihnen heute etwas Unangenehmes widerfährt, so denken Sie daran, dass dies der Stab des guten Hirten ist, der Sie wachrütteln will.

Markus 9,2-10

Dienstag

15. Aug. 2000

*Jesus Christus spricht: »Wer zu mir kommt,
den werde ich nicht hinausstoßen!«*
Johannes 6,37

Auch die Schwachen haben eine Chance!

Als Kinder spielten wir oft Fußball oder Völkerball. Zunächst mussten wir zwei Mannschaften wählen. Die beiden besten Spieler wurden als Teamchefs bestimmt und stellten sich eine Truppe zusammen. Natürlich waren dabei die Sportlichsten zuerst gefragt. Aber dann gab es auch noch jene, die kaum mal den Ball trafen und eigentlich nur im Wege standen. Für sie war es immer eine Demütigung zu spüren, dass sie eigentlich unerwünscht waren. So manches Kind ging dann weinend wieder nach Hause. Kinder können gelegentlich ganz schön gemein sein.

Das Gefühl, abgelehnt zu werden, weil jemand mit unserer Leistung nicht zufrieden ist, kennen wir auch als Erwachsene. Unser Lebensalltag gleicht mitunter dieser Teamwahl, wobei die Besten, die Schönsten oder die Klügsten die besten Chancen zum Bleiben oder sogar zum Aufstieg haben. Wer wenig zu bieten hat, der kann schnell durchfallen.

Jesus Christus, der Sohn Gottes, sagt uns, dass wir bei ihm keine Vorleistungen bringen müssen. Er nimmt uns so an, wie wir sind und hilft uns neu zu erkennen, was das Wichtigste im Leben ist.

Wir Menschen finden die innere Ruhe nur dann, wenn wir wieder heimkehren zu Gott, unserem Schöpfer. Jesus Christus ist der Weg dahin. Wer sich zu ihm hält, der sitzt deswegen nicht unbedingt ganz oben auf in dieser Welt, sondern er findet bei Jesus Geborgenheit und Annahme, auch wenn ihn seine Umwelt belächelt oder sogar ablehnt.

Gott meint es gut mit uns. Sein Ziel für uns heißt ewiges Leben in Gottes neuer Welt. Wer mit Jesus lebt, spürt heute schon den Frieden, der diese neue Welt ausmacht. *kdz*

In wie weit ist mein Selbstvertrauen abhängig von meiner Leistung? Wer oder was bestimmt mein Selbstwertgefühl?

Ich möchte mich als von Gott geliebten Menschen verstehen, der den Plan Gottes für sich akzeptiert.

Markus 9,11-13

16. Aug. 2000

Mittwoch

*Was wird es einem Menschen nützen,
wenn er die ganze Welt gewönne,
aber sein Leben einbüßte?*
Matthäus 16,26

»Wo ich bin, ist es einsam.« (Elvis)

Am Nachmittag des 16. August 1977 unterbrachen Amerikas Fernseh- und Rundfunksender ihr Programm für die Meldung: Elvis Presley ist im Alter von 42 Jahren gestorben. Autos bremsten ruckartig. Es kam zu zahlreichen Auffahrunfällen. Menschen fingen auf offener Straße an zu weinen. Vor dem Luxusanwesen 'Graceland' bildete sich in kürzester Zeit eine unübersehbare Menge von Trauernden.

Seither treffen sich alljährlich Tausende von Fans aus aller Welt am Vorabend seines Todestages, um mit brennenden Kerzen und Elvis-Portraits zu dem Grab des erfolgreichsten Sängers der Rock-Geschichte zu pilgern. Und auch 23 Jahre nach seinem Tod ist der Elvis-Kult ungebrochen.

Die letzten Jahre des bewunderten und vergötterten Superstars waren nach Aussagen engster Vertrauter entsetzlich. Einsamkeit, Lebens- und Todesangst wurden für ihn immer unerträglicher. Die Freiheit, alles tun zu können, worauf der steinreiche »König« Lust hatte, entwickelte sich zur Sklaverei. Er konsumierte Unmengen von Kuchen und Süßigkeiten. Zur Fresssucht gesellte sich die Drogenabhängigkeit: Aufputschmittel und Tranquilizer, Appetitzügler und Schlaftabletten sollten das Unheil abwenden. Seinen 40. Geburtstag verbrachte er im Bett, weil er zu deprimiert war um aufzustehen.

Aller Reichtum hatte ihn todunglücklich gemacht. Ach wäre er doch der Einladung eines armen, verachteten und gekreuzigten Mannes gefolgt: »Kommet her zu mir, alle die ihr mühselig und beladen seid, und ich werde euch Ruhe geben.« *ga*

Ob die Elvis-Fans von dessen Elend gar nichts wissen?

Die Bibel gibt uns den Rat, das Ende derer zu betrachten, denen wir folgen wollen.

Markus 9,14-29

Donnerstag 17.Aug.2000

Seine Hände heilen.
Hiob 5,18

Kein Versuchskaninchen!

Man stelle sich vor: Sprechstunde bei Gott! Und zwar ohne Voranmeldung und ohne Versicherungsnachweis. Einfach so. Gott, mein Chefarzt. Mit ihm hab' ich es zu tun. Er kennt mich durch und durch. Auf seinem Schreibtisch steht: »Friede dir, du hast dich nicht zu fürchten!« Kommt da nicht jeder aufgeregte Puls zur Ruhe? Bei ihm wird keiner zum Versuchskaninchen. Er stellt die richtige Diagnose. Treffend genau ist sein Befund. Ganz gleich, welche Krankheitsnot uns befallen hat, er ist dem Übel auf der Spur. Er drückt uns kein Rezept in die Hand und sagt: »Seht, wie ihr nun damit fertig werdet. Er gibt keine unverständlichen Ratschläge mit auf den Weg, fertigt mich nicht hektisch ab, weil ja schließlich das Wartezimmer voller Patienten ist. Er hat Zeit für mich, eine Stunde, zwei Stunden, drei Stunden - den ganzen Tag. Ich kann reden, reden, reden - so wie's mir ums Herz ist. Ich kann den Tränen freien Lauf lassen. Ich darf vor seinem Angesicht klagen, wehklagen und meine Angst zeigen. Wie gut das tut! Er bringt die Sache zum guten Ende. Bei Jesus gibt es keine hoffnungslosen Fälle.

Vor einem Kaufhaus stand in großen Buchstaben geschrieben: »Immer zuerst zu Herti!« Nix da! Christen sollten in diesen Slogan den Namen ihres Herrn einsetzen: »Immer zuerst zu Jesus!« Wohin denn sonst? Und hat Jesus mich geheilt oder aufgerichtet, dann sollte ich nicht zuerst den Ärzten oder mir selbst auf die Schultern klopfen. Sonst muss ich mir von Gott den Vorwurf gefallen lassen: »Aber sie erkannten nicht, dass ich sie heilte!« (Hosea 11,3). *mp*

Warum ist es oft leichter, von einem erfolgreichen Medikament zu schwärmen, als von Jesus zu reden? Merkwürdig!

Weil Gott es ist, der heilt, will ich auch ihm dafür die Ehre geben.

Markus 9,30-37

18.Aug.2000

Freitag

Und er (Gott) versammelte sie an den Ort,
der auf hebräisch Harmagedon heißt.
Offenbarung 16,16

»Armageddon - das jüngste Gericht«

Der gleichlautende Kinofilm von Michael Bay hat den der Bibel entnommenen Namen weltbekannt gemacht: Harmagedon oder Armageddon, je nach Überlieferung. Der Name bezeichnet eine weite Ebenen nahe der Stadt Megiddo, die uns aus der Bibel bekannt ist. Dort haben schon zahlreiche Schlachten stattgefunden. Von Megiddo aus habe ich während einer Israelreise Ausschau auf diese Ebene gehalten. Man kann sich gut vorstellen, dass dieser Ort, an dem schon viele Schlachten stattgefunden haben, auch in der Zukunft ein Kriegsschauplatz sein wird. Während in dem Kinofilm ein riesiger Asteroid, der auf die Erde zurast, den Weltuntergang heraufbeschwört, berichtet die Bibel von einem Krieg, den internationale Armeen bei Harmagedon gegen Gottes Volk führen werden. Zu diesem Zeitpunkt wird Jesus Christus, der jetzt noch zur Rechten Gottes im Himmel ist, persönlich auf der Erde erscheinen und alle seine Feinde »durch das Schwert in seinem Munde«, also durch sein machtvolles Wort vernichten, alle, die ihn nicht als Herrn anerkennen wollten. Man muss sich heute schon klar werden, auf welcher Seite man eigentlich steht. Auf der Seite derer, die ihr eigenes Leben führen und meinen ohne Jesus klarzukommen. Oder auf der Seite des großen Königs, der bald kommen wird, um sichtbar über die Erde zu herrschen.

Da gibt es keine Neutralität. Jesus hat einmal gesagt: »Wer nicht mit mir ist, ist gegen mich« (Lukas 11,23). Daher ist es wichtig, sich schon jetzt klar auf seine Seite zu stellen, sich vor ihm zu beugen und ihm zu sagen: »Herr Jesus, du bist König, ich möchte, dass du auch mein Leben führst und regierst.« *uhb*

Auf welcher Seite stehe ich eigentlich?

Heute! Morgen kann es zu spät sein!

Markus 9,38-41

Samstag

19.Aug.2000

*Nur auf Gott vertraut still meine Seele,
von ihm kommt meine Hilfe.*
Psalm 62,2

Kehrtwendung

Not, Schmerz und Leiden sind für das Leben wie ein Gewicht. Sie sollen uns nicht überwältigen, sondern uns fähig machen, in die Tiefen göttlicher Wahrheit einzutauchen, um die kostbaren Perlen zu erlangen, die die Schatzkammer unserer geistlichen Erfahrung bereichern. Dies war besonders der Fall bei König David. Er war ein Mann des Leidens. Oft haben die Wellen der Not seine Seele bedroht. Äußere Umstände haben ihn verunsichert. Er hatte Angst. Aber plötzlich verschwanden diese Gedanken. Er wurde optimistisch: »Ich werde nicht wanken« (Psalm 62,7). Woher kam diese Veränderung? Was hatte sie verursacht? Es war das Ergebnis eines Gedanken-Austausches. Er hatte nachgedacht und sich mitgeteilt. Manchmal gibt es nichts Besseres als nachzudenken, mit jemandem zu sprechen oder alles im Gebet vor Gott zu bringen. David behielt seine Gedanken nicht für sich allein, sondern er schüttete sein Herz vor Gott aus. Indem er dies tat, wurde sein Herz getröstet und seine Gedanken richtig geordnet.

In Gott findet eine Seele Ruhe. Gott, der Herr, kann die nötigen Veränderungen in unseren Gedankengängen verursachen. Ist Ihre Seele von Angst geplagt? Wachen Sie nachts schweißgebadet auf? Befällt Sie eine lähmende Beklemmung, wenn Sie morgens an den vor Ihnen liegenden Tag denken? Schütten Sie Ihr Herz vor ihm aus! Alle Ängste und Befürchtungen können auf den Herrn geworfen werden. Er kann die Unsicherheit, die durch menschliche Gedanken entstehen, vertreiben. Er hat versprochen, sich um die zu kümmern, die sich zu ihm wenden (1. Petrus 5,7). Das ist die Grundlage, auf die man sein Leben bauen kann! *ki*

Wie gehe ich mit Problemen im Leben um?

Man kann Gott wirklich von dieser »ganz anderen« Seite kennen lernen.

Markus 9,42-50

20.Aug.2000

Sonntag

Jesus sprach zu ihm:
Heute ist diesem Haus Heil widerfahren.
Lukas 19,9

Wo Jesus lebt

Johann W. von Goethe erzählte einmal eine Fabel von der schäbigen Hütte des armen Fischers. Sobald man mit einer brennenden silbernen Lampe in den Innenraum ging, erschien plötzlich alles wie in Silber getaucht. Der Boden, die Balken, aus denen die Wände gemacht waren, das Dach und sogar die kargen Möbel.

Das ist ein schönes Beispiel dafür, was mit dem Heim geschieht, in dem der Herr Jesus Mittelpunkt ist und wo ihm erlaubt wird, über alles zu regieren. Wo vorher Bitterkeit, Hass und Eigenwille vorhanden waren, herrscht jetzt der Glanz seiner Heiligkeit und die Wärme seiner Liebe!

Zu einem der damals verachteten Zöllner mit Namen Zachäus sagte der Herr Jesus: »Heute muss ich in deinem Haus bleiben« (Lukas 19,5). Zachäus behandelte Jesus aber nicht wie einen gewöhnlichen Gast, sondern es heißt von ihm: »Er nahm ihn auf mit Freuden« (Lukas 19,6). Die Begegnung mit dem Herrn Jesus hatte Zachäus verändert, und dies hatte Auswirkungen auf sein Haus. Er versprach, die Hälfte all seiner Güter den Armen zu geben und denen alles vielfach zu erstatten, die er irgendwann einmal betrogen hatte (Lukas 19,8). Jesus bemerkte daraufhin: »Heute ist diesem Haus Heil widerfahren« (Lukas 19,9).

Zachäus hat nicht nur die Tür seines Hauses dem Herrn Jesus geöffnet, sondern auch die Tür seines Herzens. Der Herr Jesus möchte auch unsere Häuser, unsere Familien verändern. Aber bevor er das tun kann, müssen wir ihn in unser persönliches Leben einladen. Erst wenn Jesus Retter und Herr unseres Lebens ist, können wir seine Segnungen auch in unseren Familien erfahren. *js*

Lebt Jesus bereits in meinem Herz und Haus?

Wer die Wärme Christi in seinem Zuhause spüren möchte, muss ihm die Tür seines Herzens öffnen!

Psalm 141

Montag

21.Aug.2000

*Alles Fleisch ist wie Gras
und alle seine Herrlichkeit wie des Grases Blume.*
Jesaja 40,6

Leben in einem Rollstuhl

»Karsten ist hingeflogen!« Helle Aufregung herrschte auf der Rodelwiese. Karsten hatte sich mit dem Mountain-Bike auf die Rodelbahn begeben und beim Sprung über eine Schanze überschlagen. Er lag regungslos auf dem Boden und atmete nicht mehr. Die Kinder und Jugendlichen liefen zusammen. Einer der älteren Jugendlichen begann mit einer Mund zu Mund Beatmung. Rasch kam der Notarzt und Karsten wurde ins Krankenhaus gebracht und von dort mit dem Hubschrauber in eine Spezialklinik. Dort stellte man fest, dass der zweite Halswirbel gebrochen war. Noch in der Nacht wurde er operiert. Trotzdem stand fest, Karsten würde nie mehr ohne Hilfe das Bett verlassen können, geschweige denn Fahrrad fahren. Er war nun für den Rest seines Lebens auf fremde Hilfe angewiesen.

Der erste Besuch bei Karsten war schockierend. Vor einigen Tagen hatten wir noch gemeinsam eine Radtour gemacht und nun lag er hoffnungslos in diesem Bett, an viele Schläuche und Kabel angeschlossen. Ein tragischer Unglücksfall. Wie oft war ich schon im Wald mit dem Rad ausgerutscht, aber bis auf ein paar Abschürfungen oder einer kleinen Gehirnerschütterung war es immer gut ausgegangen. Und nun dies.

Ich hatte mir schon oft überlegt, wie es wohl sein müsste, das Leben in einem Rollstuhl zu verbringen. Welchen Sinn hätte das Leben dann noch? Aber kann es sein, dass mein Leben nur einen Sinn hat, so lange ich gesund bin? Ist Karstens Leben nun sinnlos geworden? Mir wurde bewusst, dass nur Gott meinem Leben einen Sinn geben kann, der von den Lebensumständen unabhängig ist. *ko*

Warum hängt unser Wert als Mensch nicht von der Gesundheit ab?

Ich danke Gott jeden Tag, dass ich gesund bin und meinen Körper benutzen kann.

Markus 10,1-12

Dienstag — 22. Aug. 2000

*Und nun, Herr, HERR, du bist es,
der da Gott ist, und deine Worte sind Wahrheit.*
2. Samuel 7,28

Medien, Macht und Manipulation

»Herzlich Willkommen an Bord unseres Ausflugschiffes 'Landinsicht'. In diesen Augenblicken legen wir ab. Aller Voraussicht nach werden wir eine sichere Fahrt haben, denn unser Kapitän ist heute nicht betrunken ...« Wie wahr! Der Kapitän hatte wirklich nicht getrunken. Diese Durchsage ist natürlich als lockerer Spaß gemeint. Sie macht aber deutlich, wie leichtfertig heute mit der Unwahrhaftigkeit gespielt wird. Den Passagieren wird suggeriert, dass der nüchterne Zustand des Kapitäns nicht der Normalfall ist. Das ist eine versteckte Unwahrheit, denn natürlich war der Kapitän noch nie betrunken im Dienst.

Das Spiel mit der Unwahrheit wird auch heute wieder unser Auge und Ohr erreichen, sei es durch Zeitung, Radiosendung oder Fernsehwerbung. Nichts ist subjektiver als das Objektiv der Kamera. Notwendiges wird weggelassen und der Phantasie des Zuschauers überlassen. Bilder werden retuschiert, geschönt oder dramatisiert. Die Sucht der Informations-Konsumenten soll befriedigt und zugleich für weitere Informationen geweckt werden. Zitate werden falsch akzentuiert und so deren Aussage verändert. Aber wir gucken und hören trotzdem hin, weil die Macht der manipulierten Worte und Bilder und unsere Sensationsgier uns dazu zwingen. Wir befinden uns heute in der bestinformierten Gesellschaft aller Zeiten. Das ist aber nur dann gut, wenn wir auch verantwortungsvoll mit den Medien umgehen. Und darüber hinaus haben wir den besten Informationsgewinn, wenn wir uns mit dem beschäftigen, was wirklich Wahrheit ist. Jesus Christus sagt zu seinem Vater im Himmel: »Dein Wort ist Wahrheit« (Johannes 17,17). *sw*

Wie kann ich meinen Medienkonsum so einrichten, dass ich auch noch Zeit für Gottes Information habe?

Die Bibel ist ein gutes Gegengewicht zur Informationsflut und zur Medienwelt.

Markus 10,13-16

Mittwoch — 23.Aug.2000

*Wie sich ein Vater über Kinder erbarmt,
so erbarmt sich der HERR über die, die ihn fürchten.*
Psalm 103,13

Gott als liebender Vater

Sechs Jahre war ich damals alt. Durch die Wirren des Krieges hatten wir unsere Heimat verlassen müssen und lebten nun in einem Lager. Die Männer und Väter waren weit entfernt im Arbeitseinsatz und konnten allenfalls einmal im Monat sonntags ihre Familien besuchen. Als mein Vater sich wieder einmal nach einem kurzen Besuch verabschieden musste, weinte ich bitterlich über all die Trostlosigkeit unserer Lage. Mein Vater, der gewiss nicht weniger traurig war als ich, nahm mich auf den Arm und sagte zu mir: »Mein Junge, weißt du, was immer auch geschehen mag, wir haben einen Gott im Himmel, der uns immer sieht und der uns aus aller Not heraushelfen kann. Und immer, wenn du traurig bist oder Angst hast, dann denke an ihn, dass er in allem helfen kann«.

Seitdem sind fast 60 Jahre vergangen und die schlimmen Zeiten sind längst vorbei. Doch auch später bin ich noch oft traurig gewesen und habe auch oft Angst gehabt, und längst nicht immer habe ich dabei an Gott gedacht und seine Hilfe erwartet. Dennoch - was mir mein Vater damals gesagt hat, habe ich seitdem vielfach bestätigt gefunden: Wer Gott vertraut, wer ihn ernst nimmt, ihn achtet und ehrt und ihn in dieser Weise »fürchtet«, der erfährt, dass Gott sich wie ein liebender Vater um ihn kümmert. In ihrem ganzen Ausmaß kenne ich diese väterliche Liebe Gottes allerdings erst, seitdem ich an Jesus Christus, den Sohn Gottes, glaube, d.h., mich ihm bewusst und rückhaltlos ausgeliefert habe und nach seinem Wort, der Bibel zu leben trachte. Das gibt dem Leben Sinn und Geborgenheit, sogar über den Tod hinaus. *wi*

Wo kann bei mir hinter einem glücklichen Ausgang einer misslichen Lage das Erbarmen Gottes gestanden haben?

Es lohnt, sich nicht nur in Schwierigkeiten mit Gott zu befassen.

Markus 10,17-27

24. Aug. 2000

Donnerstag

*Sie (Maria) ... kommt zu Simon Petrus ... und spricht zu ihnen:
Sie haben den Herrn aus der Gruft weggenommen
und wir wissen nicht, wo sie ihn hingelegt haben.*
Johannes 20,2

Endlich gefunden!

Vor Jahren habe ich die faszinierenden Berichte von Erstbesteigungen und Bergtragödien förmlich verschlungen. Unvergesslich sind mir die Dramen, die sich an den Nordwänden der Alpen oder bei den Achttausendern im Himalaya abgespielt haben. Das Schicksal des Engländers George Mallory hat mich besonders berührt. Bei dem letzten seiner Erstbesteigungsversuche des Mt. Everest vor mehr als 70 Jahren im Alter von knapp 40 Jahren blieb er verschollen. Seine Leiche wurde nie gefunden. Es blieb ungewiss, ob er sein Ziel erreicht hatte.

Dann fiel mir im vergangen Jahr eine Zeitschrift in die Hände. In einem Exklusiv-Bericht wurde dort die Sensation präsentiert: Mallorys Leiche ist endlich gefunden worden! Eine Expedition hatte sich genau dies zum Ziel gesetzt und Erfolg gehabt. Die Bilder zeigten seinen wegen der großen Kälte dort oben unversehrt gebliebenen Körper. Für mich war dies erschütternd. Unbewusst hatte auch ich den Mythos, der um diesen Bergsteiger rankte, verinnerlicht. Die Bilddokumente riefen Wehmut in mir hervor, aber auch Ernüchterung. Denn hier war einer tragisch an einem großen Ziel gescheitert und hatte am Ende kapitulieren müssen.

Wie anders ging das bei Jesus Christus aus! Sein Leichnam wurde bis heute nicht gefunden, weil er auferstanden ist und lebt. Er brauchte nicht zu kapitulieren, im Gegenteil: Er hat den Tod besiegt. Sein Sterben am Kreuz war keine Niederlage, sondern das eigentliche Ziel seines Lebens. Denn er starb für uns, mit unserer Schuld beladen, damit wir durch den Glauben an ihn ewiges Leben haben. Das löst nicht Wehmut, sondern tiefe Freude bei mir aus. *pj*

Habe ich Jesus Christus, den Auferstandenen schon gefunden?

Jesus ist kein Mythos, sondern die Wahrheit in Person, die uns rettet.

Markus 10,28-31

Freitag   25.Aug.2000

Kommt her zu mir, alle ihr Mühseligen und Beladenen!
Und ich werde euch Ruhe geben. Denn mein Joch
ist sanft und meine Last ist leicht.
Matthäus 11,28.30

Ein Genie wird wahnsinnig

Vor 100 Jahren starb der deutsche Philosoph Friedrich Nietzsche. Nach seinem Besuch des Internats studierte er Philologie in Bonn und Leipzig, wo er eine Schrift Arthur Schopenhauers fand und in einem Zug gelesen haben soll. Als 24-jähriger lehrte er bereits als Professor an der Universität Basel. Wegen einer Krankheit musste er diese Tätigkeit nach 10 Jahren aufgeben und bekam bis zu seinem Lebensende von der Stadt Basel eine Pension ausgezahlt. Nach einem wohl durch eine Infektion ausgelösten paralytischen Schock vegetierte er die letzten 12 Jahre seines Lebens in einem Dämmerzustand dahin, bis er, 55-jährig, starb.

Nietzsche wandte sich gegen alle Werte, Moral- und Glaubensvorstellungen, die das abendländische Denken prägten, insbesondere gegen das Christentum mit seiner »Sklavenmoral«. In seinem Werk »Götzendämmerung« schrieb er: »Der Begriff »Gott« war bisher der größte Einwand gegen das Dasein ... Wir leugnen Gott, wir leugnen die Verantwortlichkeit vor Gott: damit erlösen wir die Welt.« In seiner Schrift »Also sprach Zarathustra« schildert er drei Stufen, durch die man hindurchgeht: 1) Abhängigkeit von Autoritäten 2) Losreißen von diesen Abhängigkeiten 3) Hinwendung zu den eigenen Werten. Sein Ideal war das eines »Übermenschen« mit den Zielen der Selbsterhaltung, der Steigerung von Lebensgefühl und -fähigkeit und dem Gewinn von Stärke und Macht. Leider hat Nietzsche - wie auch viele andere heute - nicht die Wahrheit und Freiheit des biblischen Christentums verstanden und starb einsam, menschenscheu und in geistiger Umnachtung. *mü*

Seit wann wollen die Menschen »wie Gott« sein?

Lerne: Alle, die Übermenschen sein wollten, entpuppten sich als Untermenschen.

Markus 10,32-45

26. Aug. 2000

Samstag

*Sammelt euch nicht Schätze auf der Erde,
wo Motte und Fraß zerstören
und wo Diebe durchgraben und stehlen.*
Matthäus 6,19

Die Bus-Verkaufsfahrt

»Ein Geheimtip. Für Kenner.« Mein Gastgeber flüstert beinahe, denn seine Frau sieht's nicht so gern, dass er nun beinahe wöchentlich auf Bustour geht. Genüsslich liest er mir die kostenlosen Beigaben aus der Ankündigung für die Fahrt nach Dresden, zum Brezelmarkt, vor. Teilnahme an der Verkaufsveranstaltung während des Frühstücks wird erwartet. Ja - kauft denn irgendjemand dort wirklich etwas? Doch, manchmal soll es sogar wie ein Dammbruch sein, wenn die erste und zweite Heizdecke zu 677 DM verkauft ist, greifen plötzlich noch 10 andere Damen zu. Ärger gibts schon mal, wenn so eine männliche Rentnergruppe zu kernige Zwischenbemerkungen macht. »Läuft denn da keiner raus?«, frage ich. Nein, denn die Lokale werden gezielt in einsamen Gegenden ausgewählt. Nur hier kann man zwei Stunden auf den Gästen mit Werbebotschaften herumtrommeln. Und warum fährt man immer erneut mit? Na, aus Langeweile und um ein wenig Gemeinschaft zu haben.

Ich sage noch ein »Gute Nacht« und gehe in mein Zimmer. Beim Einräum-Versuch meiner Kleidung in die Schrankwand fallen mir förmlich einige Verkaufsfahrt-Teilnahme-Prämien entgegen: Kaffeemaschine, Ess-Service, Tauchsieder. Alles Dinge, die mein Gastgeber-Haushalt nicht braucht; weil schon vorhanden. Was treibt diesen Menschen? Langeweile und der Mangel an Gemeinschaft. Schätze auf der Erde sollen beidem abhelfen und können es doch nur für Augenblicke. »Schätze im Himmel« haben bleibenden Wert, weil sie dem Unbefriedigtsein in unserer Seele für immer abhelfen können. Wie schade, wenn man stattdessen nur etwas erwirbt, was von Motten und Rost gefressen wird! *sp*

Womit will ich mir mein Glück erkaufen?

Investieren Sie in Gottes Sache, Ihre Familie oder in Ihren Nächsten, nicht in »tote Sachen«.

Markus 10,46-52

Sonntag — 27.Aug.2000

*Wenn der HERR das Haus nicht baut,
arbeiten seine Erbauer vergebens daran.*
Psalm 127,1

Gründe für Bewunderung

Ein Jugendmagazin veranstaltete eine Umfrage unter Teenagern in Nordamerika. Etwa 7 von 10 Jugendlichen antworteten auf die Frage, wen sie am meisten bewunderten, mit »meine Eltern«. Damit lagen die Eltern weit vor Filmstars, Politikern und Sportlern. So ermutigend diese Zahlen auch sein mögen, sie sollten uns Eltern aber noch mehr herausfordern. Wenn wir das Vertrauen unserer Kinder in einem solch hohem Maß besitzen, wie gehen wir mit der damit verbundenen Verantwortung um? Ist es uns ein echtes Anliegen gesunde und glückliche Familien zu haben? Dann sollten wir beachten, dass gerade in den Psalmen 127 und 128 betont wird, wie wichtig unsere persönliche Beziehung zu Gott ist.

Ich möchte fünf Prinzipien aufzählen, die wir unseren Kindern vermitteln sollten, die ihnen nicht nur helfen, ihre Eltern zu bewundern, sondern auch zu einer gesunden Furcht und Verehrung Gottes führen:

1. Das Hauptziel und Inhalt eines jeden Lebens muss es sein, dem Herrn zu vertrauen und nach seinem Willen zu leben.

2. Wir, die Eltern, haben immer für unsere Kinder da zu sein und ihnen jederzeit Schutz und Hilfe zu gewähren.

3. Es ist viel besser und wichtiger, Gott zu gefallen, als den Zeitströmungen zu folgen.

4. Alles was wir von den Kindern erwarten, sollen sie in uns sehen.

5. Nirgendwo sollen sie mehr Liebe finden als zu Hause, nicht einmal bei ihrem Freund oder ihrer Freundin.

Leben Sie nach diesen Grundsätzen, und Sie haben die besten Chancen, auch bewundert zu werden. *js*

Was werden Ihre Kinder einmal über Sie denken und sagen?

Taten reden lauter als Worte.

Psalm 142

28. Aug. 2000

Montag

Und Jesus trat zu ihnen und redete mit ihnen und sprach:
Mir ist alle Macht gegeben im Himmel und auf Erden.
Matthäus 28,18

Was würde ich tun, wenn ich alle Macht hätte?

Auf jeden Fall würde ich alle Despoten und Terroristen dieser Welt ausschalten.

Ich finde es ganz furchtbar, dass Millionen von Menschen unter der Willkür eines Einzelnen leiden müssen, und die internationale Staatengemeinschaft es nicht schafft, dieses Problem zu lösen. Aber wenn Jesus Christus alle Macht gegeben ist, dann müsste es für ihn doch möglich sein! Ein paar Herzstillstände würden doch ausreichen. Also, warum tut er es nicht? Warum schaut er zu, wie einige wenige so viel Leid und Elend auf der Erde erzeugen? Klar, er lässt uns Menschen unseren freien Willen und greift nicht bei jeder Fehlhandlung ein. Dann wären wir nur noch Marionetten oder Roboter und keine entscheidungsfähigen Wesen mehr. Aber könnte er es nicht wenigstens wie die Lehrer in der Schule machen? Dort werden ja auch die größten Übeltäter vor die Tür gesetzt. Zum Beispiel alle Despoten auf eine einsame Insel, wo einmal pro Woche ein Versorgungsflugzeug das Nötigste zum Leben abwirft. Warum tut er es einfach nicht?

Ich weiß es nicht, aber vielleicht, weil er will, dass alle Menschen sich zu ihm wenden und gerettet werden, auch diese Verbrecher. Außerdem sollen wir alle erkennen, wohin es führt, wenn man gottlos handelt, das öffnet uns die Augen für unsere Erlösungsbedürftigkeit. »Denn also hat Gott die Welt geliebt, dass er seinen eingeborenen Sohn gab, auf dass alle, die an ihn glauben nicht verloren gehen, sondern ewiges Leben haben« (Johannes 3,16). Das finde ich beeindruckend, dass Gott sogar diese Verbrecher liebt und ihnen eine Chance zur Umkehr bietet. *ko*

Kann uns bei dem Gedanken wohl sein, dass Gott Sünder auf eine Insel verbannt? Was wäre mit mir?

Man muss die Welt sehen, wie sie ist, und Gott, wie er ist.

Jeremia 1,1-10

Dienstag

29.Aug.2000

Gefallen, gefallen ist Babylon ... Und es werden um sie wehklagen die Könige der Erde ... und die Kaufleute der Erde weinen und trauern um sie, weil niemand mehr ihre Ware kauft ...
Offenbarung 18,2.9.11

Der Countdown läuft!

Globalisierung - Das Schlagwort der letzten Jahre wird immer wieder genannt. Weltzusammenschlüsse. Viele europäische Großkonzerne haben sich mit amerikanischen Wirtschaftsunternehmen zusammengeschlossen. Daimler Benz/Chrysler, die Deutsche Bank, Lufthansa usw. Es werden riesige Anstrengungen in Politik und Wirtschaft unternommen, um eine Welteinheit zu erzielen. Warum? - Es ist die nackte Angst ums Überleben. Wie anfällig wir geworden sind, zeigen die berühmten zwei Ziffern (00) beim Computer. Das gesamte Weltwirtschaftssystem kann plötzlich zusammenbrechen. Andererseits droht die totale Kontrolle durch die Transparenz mit Hilfe der Computerdaten (Internet etc.)

Obige Bibelstelle macht deutlich, dass die Bibel schon vor 1900 Jahren auf diese Situation hingewiesen hat. Das Babylon der Bibel verkörpert eine religiöse und eine wirtschaftlich/politische Welteinheit, der hier der Zusammenbruch vorausgesagt wird. Die Trauergemeinde der Welt ist riesengroß. An erster Stelle stehen die politischen Machthaber (Könige). Es folgen die Kaufleute, die nicht mehr verkaufen können, weil niemand mehr kauft. An dritter Stelle stehen die Spediteure, heute riesige weltweite Logistikunternehmen, die nichts mehr zu transportieren haben werden.

Als Jesus Christus einmal seinen Jüngern die Kennzeichen der Endzeit nannte, sagte er abschließend: »Wenn aber diese Dinge anfangen zu geschehen, so blickt auf und hebt eure Häupter empor, weil eure Erlösung naht!« (Lukas 21,29). Können Sie das auch so sehen? *kei*

Worauf hoffe ich?

Man sollte sich mit dem arrangieren, der das letzte Wort hat.

Jeremia 1,11-19

30. Aug. 2000

Mittwoch

Der Apostel Paulus schreibt: »Ich laufe nun so, nicht wie ins Ungewisse; ich kämpfe so, nicht wie einer, der in die Luft schlägt ...«
1. Korinther 9,26

Zielorientiertes Leben macht Sinn!

Finale im 100m-Sprint: 8 Läufer knieen in den Startblöcken. »Auf die Plätze! Fertig!«, und dann ertönt der Schuss. Der Läufer auf Bahn 7 liegt nach 40 Metern an der Spitze. Plötzlich ruft ihn jemand: »Uwe, ich bin auch da!« Er traut seinen Ohren kaum - Mensch, da steht ja Hannes! Den hatte er schon lange nicht mehr gesehen. »Ich sage ihm schnell 'Hallo'!«, denkt er. Nach der Begrüßung fühlt er sich allein auf seiner Bahn. Irgendwie waren die anderen schon weiter ...

Zugegeben, eine etwas alberne Geschichte, aber sie soll uns zum Nachdenken bringen. Jeder von uns hat, bildlich gesprochen, irgendwann zu Beginn seines Lebens in den Startlöchern gesessen und befindet sich seitdem auf einer Laufbahn. Welches Ziel haben wir eigentlich dabei?

»Geboren, um zu sterben!« - also, was soll's? Am besten »Augen auf« und alles mitnehmen, was sich anbietet. Der Weg ist doch zugleich das Ziel, also wollen wir nichts verpassen.

Paulus sieht das anders. Er lernte Jesus Christus, den Sohn Gottes, kennen. Dieser Jesus gab ihm die einzige sinnvolle Zielrichtung: Ein Leben in Gemeinschaft mit Gott, dem Schöpfer. Dieses Leben nach Gottes guten Maßstäben vergleicht er mit einem sportlichen Wettkampf, für den es einen Siegeskranz gibt. Auf diese unvergängliche Trophäe konzentrierte sich Paulus ohne Kompromisse.

Christsein ist nicht nur eine religiöse Randverzierung unseres Lebens. Es geht um ein klar abgestecktes Ziel. Jesus bietet uns das auch heute noch an. Schon viele Menschen vertrauten ihr Leben ihm an und wurden beschenkt mit Kraft, Trost und hilfreicher Korrektur. *kdz*

Welches Ziel habe ich in meinem Leben? Von wem lasse ich mir etwas sagen?

Denken, arbeiten, leben Sie zielorientiert, jeden Augenblick!

Jeremia 2,1-13

Donnerstag

31.Aug.2000

*Glaube an den Herrn Jesus,
und du wirst errettet werden.*
Apostelgeschichte 16,31

Bedürfnisse

Psychologen wie Adler und Maslow haben die Menschen beobachtet und eine Hierarchie der Bedürfnisse festgestellt. Die Pyramide beginnt mit den biogenen / leibnahen Bedürfnissen wie Essen und Trinken. An zweiter Stelle rangiert das Sicherheitsbedürfnis. Wenn diese Bedürfnisse befriedigt sind, wird Liebe und Selbstwertschätzung wichtig. Ganz oben ist das Bedürfnis der Selbstverwirklichung angesiedelt.

Ein außergewöhnliches »Naturereignis« reißt eines Nachts den Gefängnisdirektor von Philippi aus dem Schlaf. Ein gewaltiges Erdbeben hat die Grundfesten des Gefängnisses erschüttert und die Tore geöffnet. Blitzartig wird im klar, was auf ihn zukommt: Flucht der Gefangenen, Rechenschaftsbericht, Übernahme der Verantwortung, sofortige Suspendierung. Mit diesem Makel will er auf keinen Fall weiterleben. Er nimmt seine Dienstwaffe, um sich das Leben zu nehmen.

In dieser Situation erreicht ihn der Ruf: »Tu dir kein Leid an, denn wir (die Gefangenen) sind alle hier!« Er kommt von einem der Männer, die während der Nacht dauernd Lieder von ihrem Glauben gesungen haben. Plötzlich ist die Bedürfniskette des Direktors auf Grund der außergewöhnlichen Ereignisse um die Kategorie der Ewigkeit erweitert worden. Auf seine Frage: »Was muss ich tun, um gerettet zu werden?«, erhält er als Antwort von Paulus den oben zitierten Satz aus der Apostelgeschichte.

Wie bekomme ich ewiges Leben? Das sollte die zentrale Frage bei jedem sein. Nicht erst dann, wenn er mit dem Tod konfrontiert wird. Und bis heute ist dabei der Glaube an Jesus das einzige Mittel, um dieses Bedürfnis zu stillen. *kr*

Ist diese Kategorie der Ewigkeit auch in meinem Bewusstsein schon vorhanden?

»Dies aber ist das ewige Leben, dass sie ... den allein wahren Gott, und ... Jesus Christus erkennen« (Johannes 17,4)!

Jeremia 3,1-10

1. Sept. 2000

Freitag

*Und Joseph befahl seinen Dienern, den Ärzten,
seinen Vater einzubalsamieren.
Und die Ärzte balsamierten Israel ein.*

1. Mose 50,2

Was kann die moderne Medizin?

»Götter in Weiß« - so wird auch heute noch manchmal die Ärzteschaft bezeichnet. Den Medizinern soll damit gewissermaßen bescheinigt werden, dass sie mehr Macht über Gesundheit, Leben und Tod besitzen als andere »normal-sterbliche« Menschen.

Die Geschichte des Hebräers Joseph zeigt, dass dieser eine ganz andere, viel realistischere Einschätzung gegenüber der damaligen Medizin besaß. Obwohl die Ärzte im alten Ägypten meist eine weit größere Achtung als ihre heutigen Kollegen genossen - sie wurden tatsächlich als Halbgötter verehrt -, bezeichnet sie der biblische Bericht als Diener. Sie waren Josephs Untergebene, denen er Befehle gab. Letztendlich ist diese Einschätzung gegenüber der Heilkunst auch heute noch angebracht. Die moderne Medizin soll zum Dienst des Menschen sein. Die Medizin dient und nützt der Menschheit in den Grenzen, die ihr von dem allmächtigen Gott gesetzt sind.

Die in dem Bibelvers erwähnte ärztliche Tätigkeit symbolisiert somit auch ihre Begrenztheit. Ein Leichnam wird einbalsamiert. Die Ärzte können ein menschliches Leben nicht auf ewig verlängern. Sie können auch nicht zum neuen Leben erwecken. Alle noch so ausgefeilten und hoch technisierten Therapieformen und Anwendungen haben nur eine zeitliche Wirkung und betreffen einen vergänglichen Leib. Unvergänglichkeit hat nur der allmächtige Gott! Er allein ist auch in der Lage, zu neuem Leben zu erwecken. Er hat selbst in der Bibel gesagt: »Ich bin der HERR, dein Arzt!« (2. Mose 15,26) Wer sich ihm anvertraut erfährt wirklich tiefgreifende Heilung, die über den Tod hinausgeht! *mö*

Welcher Facharzt ist zuständig für meine unsterbliche Seele?

Ich will den Herrn, meinen Arzt, bitten, mich von der schlimmsten Krankheit - der Sünde - zu heilen!

Jeremia 3,19 - 4,4

Samstag

2. Sept. 2000

Ich vergesse, was dahinten, strecke mich aber aus nach dem, was vorn ist; und jage auf das Ziel zu.
Philipper 3,13.14

Christsein - keine halbe Sache

Ein Mensch, der bestrebt ist, ein Ziel zu erreichen, setzt alles daran, was ihm zur Verfügung steht. Weder ist die Zeit ihm zu schade, noch sind die Kosten zu hoch oder der Weg zu lang. Er ist bereit, bis an die Grenze des Möglichen zu gehen. Nur dann besteht die Aussicht auf eine gelungene Sache. Wer halbherzig eine Angelegenheit angeht, ist schon am Anfang zum Scheitern verurteilt.

Manche Christen scheitern im Glaubensleben, weil sie inkonsequent sind. Sie laufen, aber sie werden durch beschwerliche Lasten behindert. Kein Läufer käme auf die Idee, einen Hundertmeterlauf mit vollem Rucksack zu absolvieren. Dennoch versuchen viele Christen, mit allen möglichen weltlichen Dingen belastet, zu geistlicher Reife zu gelangen. Sie vertreten die Meinung, man dürfe doch nicht »weltfremd« werden und wundern sich, warum sie keine geistlichen Fortschritte machen.

Geistlicher Fortschritt, Wachstum im Glauben, gehört nur solchen, die geistlich gesinnt sind. Die es verstanden haben, was sie in der Taufe bekannt haben: Wir sind mit Christus gestorben. Diese Christen haben einen Schlussstrich unter ihr früheres Leben gezogen. Sie schauen weg von dem, was sie behindert und beschwert. Ihre Augen sind auf das Ziel fixiert - Christus. Sie laufen nicht orientierungslos durch die Gegend, sondern folgen konsequent den Fußspuren des Herrn Jesus. Es ist die Freude des Herrn in ihrem Herzen, die sie anspornt. Ohne müde zu werden, nehmen sie die Strapazen des Laufes auf sich. Geduldig in Hoffnung laufen sie auf das Ziel zu. *ki*

Mit welcher Konsequenz führe ich mein christliches Leben?

Wer die Brücke zur Welt noch nicht abgebrochen hat, dessen Weg führt leicht zurück.

Jeremia 6,9-21

3. Sept. 2000

Sonntag

*Das war das wahrhaftige Licht,
das, in die Welt kommend, jeden Menschen erleuchtet.*
Johannes 1,9

Licht ins Dunkel

Letzten Sommer bin ich mit einer Gruppe Jugendlicher in einem Schaubergwerk in die Zeit mitgenommen worden, wo es kein elektrisches Licht gegeben hat. Einige Fackeln erhellten damals notdürftig die Höhle. Und manchmal hat der Wind das Licht ausgeblasen. Dann war es absolut finster. Alle Schritte wurden dann in dem Labyrinth von Gängen und Löchern zur Lebensgefahr.

In einem noch schlimmeren Zustand befindet sich der Mensch, wenn er geistlicherweise völlig auf sich allein angewiesen ist. Die existentiellen Fragen nach unserer Herkunft und Zukunft, nach unserer Bestimmung, nach dem Sinn des Lebens und die Fragen bezüglich des Leides und der Ungerechtigkeit können wir selber nicht beantworten. Wir tappen hier völlig im Dunkeln. Wir brauchen »Erleuchtung« um die Zusammenhänge zu durchschauen. Genauso wie wir auf das Licht der Sonne angewiesen sind, um die Umwelt erkennen zu können.

Der obige Bibelvers zeigt uns, dass der Sohn Gottes von Anfang an Licht in diese Welt gegeben hat. Zuerst hat er durch die Schöpfung seine Größe und Herrlichkeit geoffenbart. Dann hat er über die Jahrhunderte durch die Propheten zu den Menschen geredet. Und als Höhepunkt und Schluss ist er selber Mensch geworden. Da kam das »wahrhaftige Licht« in die Finsternis dieser Welt und hat es bei all denen hell gemacht, denen Gott die Augen geöffnet hat, dass sie in dem einfachen Zimmermann aus Nazareth das gleißende Licht der Herrlichkeit Gottes wahrnehmen. Und noch heute will Gott unsere Augen öffnen, damit wir aus der Finsternis in sein seligmachendes Licht kommen. *gn*

Was bedeuten »Licht« und »Finsternis« im biblischen Verständnis?

Jeder Tag in der Finsternis ist ein verlorener Tag!

Psalm 94

Montag

4. Sept. 2000

Du wirst mir kundtun den Weg des Lebens.
Fülle von Freuden ist vor deinem Angesicht,
Lieblichkeiten in deiner Rechten immerdar.
Psalm 16,11

Der Weg zum Glück

Bei meiner Ausbildung zum Koch hatte ich am Silvesterabend eine besondere Aufgabe. Aus Tradition mussten beim Silvesterball zwei Köche die Glücksbringer spielen. Ich bekam ein Kostüm als Schornsteinfeger und mein Gesicht wurde mit Ruß geschwärzt. Mein Kollege bekam ein lebendiges Ferkel auf den Arm und so zogen wir ab 0.00 Uhr mit dem Glücksschweinchen durch das bunte Treiben. Alle Gäste wollten das arme Schweinchen anfassen, um dadurch Glück im neuen Jahr zu bekommen.

Das Seltsame an der Situation war, dass wir Glücksbringer dabei selbst gar nicht so glücklich waren. Wir hätten viel lieber mit unseren Freunden gefeiert, statt das Glücksschwein durch den Saal zu tragen. Kann man anderen etwas geben, was man selber gar nicht hat?

Wo suchen und wo finden wir unser Glück? Auf einem Silvesterball? In der Arbeit, der Familie oder dem Urlaub? Wie lange hält das an? Eine Woche, einen Monat oder ein Jahr?

An diesem Silvesterbrauch kann man schon sehen, zu welch zweifelhaften Glücksbringern die Leute ihre Zuflucht nehmen; denn die meisten Menschen sind nicht glücklich oder sie haben Furcht, ihre augenblickliche »Glückssträhne« könnte plötzlich reißen.

Wie gut ist es da, wenn man mit David aus tiefster Überzeugung sagen kann: »Du bist mein Herr, es gibt kein Glück außer dir.« Gott hat unser zeitliches und ewiges Glück im Sinn und will es allen geben, die ihm vertrauen und seinem Wort Glauben schenken. *mh*

Wo suchen Sie Ihr Glück?

Schlagen Sie Davids Weg mit Gott ein, den einzigen Weg zum echten, dauerhaften Glück!

Jeremia 7,1-15

5. Sept. 2000

Dienstag

Es ist dem Menschen bestimmt, einmal zu sterben, danach aber das Gericht.
Hebräer 9,27

Das ging gerade nochmal gut!

Die Abendsonne tauchte die Landschaft in zartes Rot. Die kurvige Landstraße war wie gemacht zum Motorradfahren. Das war Fahrspaß pur! Plötzlich, hinter einer Kurve tauchte ein Traktor vor mir auf. Ich schaute in den Rückspiegel, setzte den Blinker und scherte aus zum Überholen. Da spürte ich einen Stoß am linken Fuß. Erschreckt schaute ich mich um - und sah genau hinter mir ein Auto. Seine Stoßstange hatte meinen Fuß berührt. Es war im toten Winkel des Spiegels gewesen. Nur wenige Zentimeter trennten mich von einem schweren, vielleicht tödlichen Unfall! Der Wagen bremste scharf und verhinderte so den furchtbaren Zusammenstoß.

Was wäre, wenn der Fahrer nicht so gut reagiert hätte? Wohin wäre meine Seele gekommen, wenn er mich überfahren hätte? Was hätte ich dann geantwortet, wenn Gott mich gefragt hätte: »Warum soll ich dich in den Himmel lassen?«

Damals habe ich Bewahrung erlebt oder Glück gehabt. Aber dennoch ist nichts in unserem Leben so sicher wie sein Ende, unser Tod. Und wir wissen nicht, ob wir heute durch einen Verkehrsunfall oder in vielen Jahren an Altersschwäche sterben werden.

Heute weiß ich, dass Jesus Christus für meine Schuld und meinen Eigensinn, die mich von Gott trennten, am Kreuz gestorben ist. Gottes Sohn selbst hat Gottes gerechtes Gericht über meine Fehler getragen. Darauf vertraue ich und das wird meine Antwort sein, wenn Gott mich fragt, warum er mich in den Himmel lassen soll! *mh*

Was werden Sie auf Gottes Frage antworten?

Lesen sie Johannes 5,24! Dort steht die richtige Antwort.

Jeremia 7,21-28

Mittwoch — 6. Sept. 2000

Gott sei Dank für seine unaussprechliche Gabe.
2. Korinther 9,15

Die »Mayflower«

Am 6. September 1620 verließ die »Mayflower« mit 104 Passagieren und 47 Besatzungsmitgliedern an Bord den Hafen von Plymouth in Richtung Amerika. Die Pilger, wie sie sich selbst nannten, hofften, in der Neuen Welt die ihnen in England versagte Religionsfreiheit zu finden. Nach einer stürmischen Überfahrt landeten sie aufgrund eines Navigationsfehlers nicht in Virginia, sondern etwa 300km weiter nördlich an der Halbinsel Cape Cod. Die Lage war, wie ihr Führer William Bradford erkannte, desolat. Die Vorräte gingen zur Neige, das Land konnte nicht mehr bestellt werden und die einzigen Nachbarn weit und breit waren Indianer. Die Hälfte der Pilger starb während des langen und harten ersten Winters. Das zweite Jahr hätte wohl keiner von ihnen überlebt, wenn sich die anfänglich feindlich gesonnenen Indianer nicht doch noch als hilfsbereite und freundliche Nachbarn erwiesen hätten. Sie zeigten den Fremden, wie man Mais anbaut und unterstützten sie, wo sie nur konnten. Der Herbst brachte eine gute Ernte, das Überleben war garantiert.

Zur Ehre Gottes, der ihnen trotz aller Rückschläge geholfen und sie versorgt hatte, beschlossen die Pilger, einmal im Jahr einen besonderen Tag des Dankes zu feiern, den »Thanksgiving Day«. Das Dankbarsein kommt uns in einer Zeit des Überflusses schnell abhanden. Und doch gibt es auch heute noch so viele gute Gründe, Gott zu danken: für den Frieden im Land, für die Gesundheit, für das tägliche Brot - und an einem Tag wie diesem ganz besonders für das größte Geschenk Gottes an die Menschen: seinen Sohn!

vdm

Wann habe ich Gott das letzte Mal für das Geschenk seines Sohnes Jesus Christus gedankt?

Nehmen Sie sich einmal einige Minuten Zeit und schreiben Sie auf eine Liste fünf Dinge auf, für die sie Gott dankbar sein könnten.

Jeremia 9,22-23

7. Sept. 2000

Donnerstag

... gleichwie der Sohn des Menschen nicht gekommen ist, um bedient zu werden, sondern um zu dienen und sein Leben zu geben als Lösegeld für viele.
Matthäus 20,28

Wer wird zahlen?

Zar Nikolaus hatte die Angewohnheit, gelegentlich die Unterkünfte seiner Armeeangehörigen als gut verkleideter Soldat unerkannt zu besuchen. Bei einer dieser Unternehmungen stieß er eines Nachts auf einen jungen Offizier, der an einem Tisch sitzend eingeschlafen war. Sein Körper hing zusammengesackt auf dem Stuhl, der Kopf ruhte auf der Tischplatte. Neben ihm lagen ein Bogen Papier und ein Revolver. Zar Nikolaus nahm das Schriftstück leise in die Hand und entdeckte darauf die aufgelisteten Spielschulden des Offiziers. Unter die Gesamtsumme hatte er mit zittriger Hand geschrieben: »Wer kann eine solch große Schuld bezahlen?«

Ermüdet und deprimiert war er offenbar eingeschlafen, bevor er sich aus dem Leben hatte schießen können. Nach anfänglichem Zögern griff der nächtliche Besucher zur auf dem Tisch liegenden Feder und schrieb unter die Frage des Verzweifelten in großen Buchstaben: »Ich, Nikolaus!«

Wussten Sie, dass es auch einen gegen uns bestehenden Schuldschein gibt? Dort sind zwar keine Geldbeträge aufgelistet, aber er enthält die Summe der zwischen uns und Gott stehenden Sünden. Wie kann das bezahlt werden?

Gott hat die Antwort: »Er hat uns alle Vergehungen vergeben; er hat den Schuldschein gegen uns gelöscht ... und hat ihn aus unserer Mitte fortgeschafft, indem er ihn an das Kreuz nagelte« (Kolosser 2,13-15). Wer soll das bezahlen? In blutroten Buchstaben steht unter dem Schuldschein: »Ich, Jesus!«

vdm

Wie hoch war der Preis, den Jesus zahlen musste?

Der Schuldpreis ist beglichen, das Annehmen oder Ablehnen aber liegt bei mir.

Jeremia 14,1-16

Freitag — 8. Sept. 2000

Ich halte alles für Verlust um der unübertrefflichen Größe der Erkenntnis Christi Jesu, meines Herrn, willen ...
Philipper 3,8

Religion oder Gemeinschaft?

Sören Kierkegaard, ein christlicher Philosoph im 19. Jahrhundert, prägte den Begriff des Christentums Typ A und B. Typ A umfasst die sogenannten Namenschristen (2. Timotheus 3,5). Das sind alle diejenigen, die zwar zur Kirche gehen oder sogar zu einer Kirche gehören, aber keinen echten, rettenden Glauben an den Herrn Jesus in sich haben. Der Typ B besteht aus Menschen, deren Leben umgewandelt wurde. Die ein völlig neues Ziel in ihrem Leben haben. Die eine bewusste Hingabe an den gekreuzigten und auferstandenen Retter Jesus Christus vollzogen haben. Der durch sein Erlösungswerk die Möglichkeit einer persönlichen Beziehung zwischen dem Sünder und dem gnädigen Gott hergestellt hat.

Diese zwei Typen sind ein Grund, warum es der bekannte Autor C.S. Lewis so schwer hatte, ein Christ zu werden. Das Christentum Typ A machte ihn blind für den Typ B. Wie sein Bruder Warren berichtet, war seine Bekehrung »kein Sprung in ein neues Leben, sondern eine eher langsame Genesung von einer geistlichen Krankheit, deren Ursprung in seiner Kindheit lag, in einer Religiosität, die sich im traditionsbewussten Kirchgang erschöpfte und in den gleichermaßen hohlen wie erzwungenen Kirchenbesuchen während seiner Schulzeit.«

Jeder von uns steht deshalb vor einer von zwei wichtigen Fragen. Die erste lautet: Sind Sie in einer toten Religiosität des Typs A verstrickt? Wenn ja, dann sollten Sie unbedingt Jesus Christus als persönlichen Retter ins Herz aufnehmen. Und die andere heißt: Wird Ihre Beziehung zum Herrn Jesus immer intensiver? Wenn nein, dann erneuern Sie Ihre Hingabe an seine Herrschaft in Ihrem Leben. *js*

Haben Sie eine lebendige Beziehung zu Gott?

Sie können tonnenweise Religion besitzen und trotzdem kein Gramm Erlösung.

Jeremia 15,10.15-21

9. Sept. 2000

Samstag

*Darum wird ein Mann seinen Vater und seine Mutter
verlassen und seiner Frau anhängen,
und sie werden zu einem Fleisch werden.*

1. Mose 2,24

Ev'ry time you go away - you keep a little part of me

... jedesmal, wenn du gehst, behältst du einen kleinen Teil von mir zurück ... Paul Young hat recht mit diesem Refrain: In jeder Beziehung verschenken wir ein Stück von uns selbst. Wir investieren Seele, wir kleben aneinander; je mehr wir lieben, desto mehr verweben wir. Es ist dem Menschen gesetzt, sich zu verweben, denn Gott hat gesagt: »Also wird ein Mann seiner Frau anhängen, und sie werden ein Fleisch werden.«

Allerdings gehen wir im Zeitalter der Lebensabschnittspartnerschaften mehrmals im Leben auseinander. Und jedesmal bleibt ein Teil von uns zurück: Hoffnung, Zeit, Vergangenheit, gemeinsame Erinnerung. Lebt ein Mann 10 Jahre mit einer Frau, verbringt seine Zeit mit ihr, lässt sich von ihr bekochen, schläft mit ihr, etc. und lässt sie dann stehen - verliert er alles, was er mit ihr hatte. Als ob er sein Leben um 10 Jahre verkürzen würde. Ahnen wir, warum Gott wollte, dass wir lebenslang zusammenbleiben?

Nur in der Bindung liegt letztlich die Freiheit. So wie es für uns gut ist, das Leben mit einem Partner zu verbringen, um nichts davon zu verschwenden, so ist es noch besser, unser Leben mit Gott zu verbringen. Unser Leben an ihn zu binden, um von ihm Weisung für unseren Weg zu bekommen, seine Ratschläge zu befolgen, um sicher zu gehen und letztlich Gewinn zu haben, seiner Führung uns anzuvertrauen, um nicht in Sackgassen zu laufen. Und das ist das Gute am Leben mit Gott: Es geht nichts davon verloren, sondern es bleibt bis in die Ewigkeit, weil Gott ewig ist und uns aus dem Tod auferwecken wird zu einem Leben mit ihm. *as*

Warum hält Gott also die Unauflöslichkeit der Ehe für wichtig?

Wenn er es fordert, wird er auch die Kraft dazu geben.

Jeremia 18,1-12

Sonntag

10. Sept. 2000

*Und sie gebar ihren erstgeborenen Sohn
und wickelte ihn in Windeln und legte ihn in eine Krippe,
weil in der Herberge kein Raum für sie war.*
Lukas 2,7

Kein Platz für Jesus!?

Wie ein roter Faden zieht sich die Ablehnung von Jesus durch das Evangelium nach Lukas. Gleich bei der Geburt sieht man, dass es keinen Platz für Jesus gibt. Die Suche nach einer Herberge kurz vor seiner Geburt endet in einem Stall! Niemand interessiert sich für die schwangere Maria, die ihr Kind in geschützter Umgebung zur Welt bringen will. Das »Willkommens-Geschenk« für den Sohn Gottes war ein Futtertrog für Tiere!

Einige Zeit später hat Jesus Christus beschlossen, nach Jerusalem zu gehen, um sein Leben für unsere Versöhnung mit Gott zu opfern. Und wieder, als er Herberge in einem Dorf sucht, gibt es keinen Platz für Jesus (Lukas 9,53). Die Ablehnung von Jesus findet bei der Kreuzigung schließlich ihren Höhepunkt (Lukas 23). Und dort wird zum Ausdruck gebracht, was wir von Gott halten - Nichts! Und wo wir ihn haben wollen - am Galgen! Kein Platz für Jesus!

Doch es gibt einige wenige Ausnahmen. Kurz vor seinem Tod wird Jesus ein großer, mit Polstern belegter Raum für die letzten Stunden mit seinen Jüngern freizügig zur Verfügung gestellt (Lukas 22,7-18). Endlich macht jemand Platz für Jesus! Und es gibt eine ganze Reihe von Menschen, die ihn nicht nur in der Erinnerung, sondern auch im Herzen behalten. Jesus lohnt es ihnen, indem er ihnen einen Platz im Himmel verspricht.

Letztlich sind auch wir herausgefordert mit der Frage, welchen Platz wir Jesus in unserem Leben geben - die Futterkrippe im Stall, das Kreuz, um ihn loszuwerden oder den, der ihm gebührt. Davon hängt ab, ob wir zuletzt Ruhe finden werden in einem ewigen Zuhause bei Gott! *gn*

Habe ich Jesus bisher auch so abgelehnt?

Durch den Glauben an ihn kann sich die Tür zu meinem Leben für ihn öffnen.

Psalm 147

11. Sept. 2000

Montag

*Da wurden ihrer beiden Augen aufgetan
und sie erkannten, dass sie nackt waren.*
1. Mose 3,7

Die Folgen einer Übertretung

Ein eifriger Koch wollte den Kollegen vom Service eine Lehre erteilen, damit sie nicht mehr die Leckereien neben der Eistheke wegnaschten. Denn die waren als Garnitur für Eisbecher bestimmt und nicht für den Genuss der Mitarbeiter. Darum machte er einmal besondere Pralinen.

Er legte heimlich Knoblauchzehen in flüssige Schokolade ein. Als diese hart wurde, klebte er die getarnten Zehen zusammen, so dass sie aussahen wie Schoko-Crossies. Diese Überraschungsleckerei stellte er ganz vorne an die Eisausgabe, wo jeder sie sehen konnte. Es war eine Lust für die Augen und der Anblick ließ allen das Wasser im Munde zusammenlaufen - solange, bis ein Kellner der Versuchung nicht mehr widerstehen konnte und eine der Knoblauchpralinen aß. Wie hat er gespuckt und geschimpft! Aber er erlebte auf unvergessliche Weise die Folgen seines Diebstahls.

Wie oft übertreten wir jeden Tag Regeln der Menschen und Gottes Gebote! Ihre Befolgung würde uns auf Dauer Nutzen, Recht und Sicherheit bringen. Ihr Bruch verspricht uns vielleicht einen momentanen Vorteil. Aber letztlich bringt er uns Schande und Gefahr.

Auch Adam und Eva hatten keinen Gewinn von ihrem Ungehorsam gegen Gott. Ihnen wurden sofort die Augen geöffnet für ihr falsches Verhalten. Denn nun war der paradiesische Zustand ihrer ungetrübten Gemeinschaft miteinander und auch mit Gott vorbei. Sie erkannten schmerzlich, dass Gottes Wort und Warnung an sie die Wahrheit war.

mh

Welche Folgen werden Ihre heutigen Regelübertretungen haben, wenn sie ans Licht kommen?

Bedenken Sie, vor Gott gibt es keine Geheimnisse!

Jeremia 19,1-13

Dienstag

12. Sept. 2000

*Denn denen, die dies behaupten, ist verborgen,
dass von jeher Himmel waren und eine Erde ...
und zwar durch das Wort Gottes.*
2. Petrus 3,5

Die neuen Götter

Urknall und Zufall, dies dubiose Götterpaar ist an allem schuld. Hinter der ganzen Vielfalt des Lebendigen, hinter der grandiosen Ordnung des Weltalls, hinter allem minutiösen Timing steht nach Meinung der Atheisten niemand als diese beiden, höchstens noch unterstützt durch die sich aus den Zufällen ergebenden Notwendigkeiten.

Die Naturgesetze lehren uns, dass Wasser immer nach unten fließt, dass Warmes kälter und Hohes niedriger wird, und dass es darin keine Umkehr gibt. Um so bewundernswerter ist der Zufall, der gerade das schafft! Er macht aus Primitivem Komplexes und aus Einfachem das Spezielle. Dabei hatte er zu einer bestimmten Zeit nur den Wasserstoff, das einfachste Element, zur Verfügung. Welch ein Wunder, dass nicht nur die belebte und unbelebte Natur aus ihm hervorgegangen sind, sondern - man staune - auch die Neunte Symphonie und die Liebe! Das hat natürlich gedauert. So ließ man großzügig dem Zufall 15 Milliarden Jahre Zeit dazu. Ein Russe schlug sogar vor, die Zeit auf 72 Milliarden Jahre zu erhöhen. Naturwissenschaftlich sind diese Zeiträume keineswegs bewiesen, im Gegenteil weisen alle echten Messungen auf weit kürzere Spannen hin.

Wir wollen uns nicht irremachen lassen. Nicht nur weisen alle Wahrscheinlichkeitsberechnungen auf die Unmöglichkeit der Zufallsentstehung der Welt hin, auch die Evolutionsforscher selbst unternehmen alles, um bei ihren Laborarbeiten den Zufall auszuschalten. Sie beweisen mit ihrer akribischen Denkarbeit nur, dass allem Seienden Planung, Denken und Information vorausgehen. Welch besseren Beweis für die Existenz Gottes könnten sie uns liefern?! *gr*

Wird nicht sogar in den Religionsbüchern der Schulen der Schöpfungsglaube als »überholt« dargestellt?

Ich würde Bücher von Scherer, Wilder-Smith und Morris lesen.

Jeremia 20,7-18

13. Sept. 2000
Mittwoch

Der Herr verzögert nicht die Verheißung ...,
sondern er ist langmütig euch gegenüber, da er nicht will,
dass irgendwelche verloren gehen, sondern dass alle zur Buße kommen.
2. Petrus 3,9

»Und das soll ein Gott der Liebe sein?!«

Diebstahl und Einbrüche am hellen Tag! Mord und Vergewaltigung! Die Titelseiten der Zeitungen sind voll von skrupellosen Verbrechen! Und Gott? Wenn Gott doch ein Gott der Liebe sein soll, wie kann er das alles zulassen? Wie kann er bei diesem ganzen Leid schweigen? Ist Gott nicht eher gleichgültig? Es passieren die schrecklichsten Dinge und Gott schweigt! Kann man da nicht den Eindruck bekommen, dass es Gott gar nicht gibt? Sonst müsste er doch handeln! Gott soll ja schließlich auch allmächtig sein. Er könnte also alles Leid, in seiner Allmacht abschaffen. Aber er tut es anscheinend nicht! Warum?

Die Antwort ist einfach und provozierend zugleich! Sie lautet: Gerade weil Gott ein Gott der Liebe ist! Gottes Wesen ist Liebe. Gott schuf den Menschen nicht als Roboter oder als willenlose Marionetten, weil Gott von jedem Menschen echt und aufrichtig geliebt werden möchte. Liebe braucht aber einen freien Willen. Ohne freien Willen gibt es keine Liebe. Dieser freie Wille beinhaltet aber auch die Entscheidung des Menschen Gott nicht zu lieben, Dinge zu tun, die Gottes Wesen und Willen nicht entsprechen - ohne dass direkt eine göttliche Strafe erfolgt. Allein der Mensch trägt daher die Verantwortung für das Leid in dieser Welt! Aber das alles ist Gott nicht gleichgültig! Er wird einmal jeden Menschen für das, was er getan oder unterlassen hat zur Verantwortung ziehen. Andererseits erfand er in seiner Liebe vor 2000 Jahren einen Weg, damit Menschen wegen ihrer Schuld nicht zur Verantwortung gezogen werden müssen. Gott schwieg nicht! Er redete und handelte in Jesus Christus (Hebräer 1,1-2)! *tw*

Hat Christus auch ihre Leiden getragen?

»So sehr hat Gott die Welt geliebt, dass er seinen einzigen Sohn gab, damit jeder, der an ihn glaubt, nicht verloren gehe, sondern ewiges Leben habe.« (Johannes 3,16)

Jeremia 21,1-14

Donnerstag

14. Sept. 2000

> *Ich denke, dass die Leiden der jetzigen Zeit nicht ins Gewicht fallen gegenüber der zukünftigen Herrlichkeit, die an uns geoffenbart werden soll.*
> Römer 8,18

Gute und schlechte Tage

Wenn es Ihnen gerade schlecht geht, ärgern Sie sich vielleicht über diese Seite, überschlagen Sie sie einfach! Wenn Sie aber ganz gut drauf sind, dann tippen Sie doch mal: Stellen Sie sich einen Globus von 1,27m Durchmesser vor. Wie hoch müsste nach Ihrer Meinung der Mount Everest darauf maßstabsgerecht gebaut werden? 0,8mm, 8mm, 2cm? Natürlich, Sie haben recht, es sind 0,8mm. Man könnte also den Mount Everest samt dem ganzen Himalaja kaum mit den Fingern fühlen. Vom Mond aus betrachtet unterscheidet er sich nicht von einem Maulwurfshügel.

Nach unserem Bibeltext werden alle unsere Sorgen und Probleme unter dem Blickwinkel der Ewigkeit ganz klein. Verglichen mit der Tatsache, dass Christen das ewige Reich ererben, ist alles nur geringfügig und vor allem von kurzer Dauer, selbst wenn es Jahrzehnte lang anhält. Sitzt man aber gerade in einer finanziellen oder seelischen oder körperlichen Notlage, will einem diese Sicht nur sehr mühsam oder gar nicht gelingen. Es wäre auch unklug, einen Tieftraurigen gleich damit »aufmuntern« zu wollen. Trotzdem ist es so, und wir sollten uns an guten Tagen nicht einfach treiben lassen, sondern die Zeit, wenn Körper und Seele frei von schweren Belastungen sind, nutzen, um unser Gottvertrauen zu vertiefen und fester zu machen. So bekommen wir »geübte Sinne,« die auch dann alles richtig einschätzen, wenn die Turbulenzen einsetzen. In guten Tagen lernt man dankbar zu werden und zu erkennen, dass Gott nur Gedanken des Friedens mit denen hat, die zu ihm gehören. Er will uns erziehen und näher zu sich bringen. *gr*

Womit bringe ich meine »guten Tage« zu?

Alles unter dem Blickwinkel der Ewigkeit betrachten!

Jeremia 23,1-8

15. Sept. 2000

Freitag

*Sie freuten sich, dass es still geworden war,
und er führte sie in den ersehnten Hafen.*
Psalm 107,30

Sicher ans Ziel

Christen sind Menschen, die mit dem Herrn Jesus unterwegs sind. Ihr Leben mit dem Herrn ähnelt einem Schiff, das den Hafen dieser Welt verlassen hat. Jetzt wird ein anderer, der himmlische Hafen, angesteuert. Obwohl der Herr Jesus im Schiff ist, ist es nicht immer ein ruhiges Segeln, aber die Fahrt ist sicher. Er wird sie sicher durch alle Lebensstürme ans andere Ufer bringen.

Das christliche Leben ist durch manche Stürme gekennzeichnet. Christen haben keine Garantie für ein bequemes, glückliches, z.B. körperlich gesundes Leben. Es gibt Stürme und Wellen von außen. Die Wogen des Elends können von verschiedenen Seiten kommen: Geschäfte können misslingen, in Zeiten der Rezession kann man arbeitslos werden, oder eine Krankheit kann einen geliebten Menschen treffen. Nach unserer menschlichen Empfindung scheint keine Hilfe in Sicht.

Vielleicht sind auch die Wellen von außen nach innen gedrungen, und erfüllen das Leben mit Zweifel und Angst. Diese Wellen versuchen, die Seele mit aller Gewalt in die Tiefe zu reißen. Ein Schiff auf dem Wasser kann den Sturm überstehen, aber wenn das Wasser ins Schiff gelangt, dann wird es höchst gefährlich. Unser betrügerisches Herz und unsere Versuchlichkeit, das sind die Löcher, durch die das Wasser eindringt. Alles Rudern und Pumpen mit menschlichen Kräften ist erfolglos. Jetzt kann nur eines helfen: den Herrn anrufen und ihm den Schaden zeigen. Er hat alles längst getan, was zur Bergung und Reparatur unseres Lebensschiffes nötig ist und er kann durch alle Wogen, die das Leben bedrohen, sicher ans Ziel bringen. *ki*

Wer ist am Ruder meines Lebens?

»Rufe mich an am Tag der Not; ich will dich erretten« (Psalm 50,15).

Jeremia 25,1-14

Samstag

16. Sept. 2000

*Gott! Du hast mich unterwiesen
von meiner Jugend an.*
Psalm 71,17

Glaube, der in uns steckt

Am 16.09.1980 starb der Schweizer Psychologe Jean Piaget, der als Begründer der Kinderpsychologie gilt. Er beschäftigte sich u.a. mit der Entwicklung des religiösen Denkens. Dabei machte er die interessante Entdeckung, dass es für Kinder selbstverständlich ist, dass Gott die Welt, die Tiere und Pflanzen, ja, den Menschen selbst geschaffen hat. Das heißt: Der Glaube an Gott ist uns mitgegeben. Wir sind als Menschen auf Gott hin angelegt. Anders gesagt: Der Atheismus wird Menschen anerzogen, der Glaube an den Schöpfergott steckt in uns.

Inwieweit unterstütze ich als Vater den natürlichen Gottesglauben meiner Kinder? Fördere ich diese natürliche Anlage meiner Kinder oder ignoriere ich sie und lasse sogar unkommentiert zu, dass sie mit anderen Ideen zur Weltentstehung gefüttert werden? Mir ist klar: Hier bin ich gefordert! Die biblische Unterweisung meiner Kinder ist Gottes Auftrag an mich.

Außerdem: Wenn ich als Mensch auf Gott hin angelegt bin, ist die persönliche Gottesbeziehung ein wesentlicher Bestandteil meiner eigenen Identität. Anders ausgedrückt: Wenn uns im Laufe unserer persönlichen Entwicklung der Glaube an den Schöpfer verloren geht, verlieren wir uns selbst. Das ist eine Antwort auf viele Lebenskrisen. Der Kirchenvater Augustin schreibt: »Du treibst uns an, dass wir mit Freuden dich loben; denn du hast uns für dich geschaffen, und unser Herz ist unruhig, bis es ruhet in dir.« Also zurück zum Ursprung! Viele Probleme haben ihre Ursache darin, dass wir diese natürliche Grundlage unseres Daseins leugnen.   *hj*

Welche Möglichkeiten bieten sich mir, meine Kinder vor dem Nihilismus zu bewahren?

Ich will meinem Schöpfer täglich danken, dass ich kein Produkt des Zufalls bin.

Jeremia 25,15-31

17. Sept. 2000

Sonntag

*Dieser Tag ist ein Tag guter Botschaft.
Schweigen wir aber und warten, bis der Morgen hell wird,
so wird uns Schuld treffen.*

2. Könige 7,9

Die beste Nachricht der Welt

Wenn man eine große wichtige Entdeckung gemacht hat, dann möchte man sie gerne weitersagen, vor allem, wenn man denkt, dass sie auch anderen nützlich sein könnte.

Angenommen ein Wissenschaftler fände ein absolut sicher wirkendes Mittel gegen Aids und er behielte das Geheimnis der Zusammensetzung für sich - würde er sich nicht schuldig machen? Wie viele Menschen hätten zwischenzeitlich gerettet werden können, wenn sie die Arznei eingenommen hätten. Es wäre unverantwortlich, eine so wichtige Entdeckung zu verschweigen, egal welche Umstände ihn dazu bewegen könnten.

Tragisch ist es, wenn jemand eine gute Botschaft hat und es gibt keinen, der sie hören will. Das kann verschiedene Gründe haben: Abgelenkt und mit irgendwelchen Dingen beschäftigt sein, mangelnde Klarheit über den eigenen Zustand usw. Ein Aids-Infizierter, der gar nicht weiß, dass er diese Krankheit hat, wird sich auch nicht für ein Medikament dagegen interessieren. Sobald er aber Symptome dieser Krankheit bemerkt und er Gewissheit über den eigenen Zustand gewinnt, wird er alles tun, um an ein rettendes Medikament zu kommen.

Die Symptome der Sünde, an der unsere Welt und jeder einzelne persönlich kranken, sind offensichtlich. Der Tod ist jedoch keine Selbstverständlichkeit, ihn gibt es nur, weil der Virus »Sünde« in jedem einzelnen von uns steckt. Aber die gute Nachricht ist, dass der Sohn Gottes in die Welt kam, für die Sünde der Menschen am Kreuz starb und den Tod überwand. Deshalb gibt es durch den Glauben an Jesus für jeden, die Möglichkeit, gerettet zu werden. *pj*

Was hält mich noch davon ab, nach diesem Rettungsmittel zu greifen?

Auch hier gilt der Grundsatz: Unwissenheit schützt nicht vor den Folgen.

Psalm 129

Montag — 18. Sept. 2000

> *Und rufe mich an am Tag der Not;*
> *ich will dich erretten, und du wirst mich verherrlichen!*
> Psalm 50,15

»Verdammt, ich brauch' Hilfe, Mann!«

Dies waren die letzten Worte des Rockmusik-Idols Jimi Hendrix vor seinem Tod, gesprochen auf das Tonband eines automatischen Anrufbeantworters von einem Londoner Hotel aus. Nach einem hektischen Tag und dem Konsum von Alkohol, Drogen und Schlaftabletten musste sich der Rockmusiker übergeben und hat sich dann zum Telefon geschleppt.

Das war heute vor 30 Jahren. Jimi Hendrix wurde am 2. November 1942 in den USA in ärmlichen Verhältnissen geboren. Sein Großvater war Indianer und seine Mutter eine Farbige. Sie war alkoholsüchtig und starb, als Jimi acht Jahre alt war. Sein Vater war Landschaftsgärtner und wollte ihn religiös erziehen, aber als Jimi mit acht aus der Baptistenkirche rausflog, weil er nicht fein genug gekleidet war - wie er sagte -, schwor er sich, nie wiederzukommen. Nach Schule und Militärzeit bekam der Arbeitslose eine Gitarre geschenkt und übte so lange, bis seine Finger bluteten. Er gründete eine Band und wurde von einem Popmusiker entdeckt, mit dessen Hilfe er innerhalb kurzer Zeit weltberühmt wurde. Wenn ihm der Star-Ruhm anfangs noch gut gefiel, merkte er aber bald, dass man viele Opfer bringen muss, »vielleicht sogar die eigene Persönlichkeit«. Er trug bunte Seidenanzüge und musste auf Anweisung seines Managers die verrücktesten Dinge machen. Ihm wurde klar, dass er nicht als Mensch, sondern nur als Star geliebt wurde und begann, am Leben zu verzweifeln und maßlos zu leben. Seine letzten Lieder drücken seine Verzweiflung aus. Leider hat er sich nicht an den gewandt, der ihn als Menschen geliebt hat und ihm geholfen hätte. *mü*

Trauen Sie Gott zu, dass er Ihnen in Ihren Problemen helfen kann oder wenden Sie sich nur an Menschen?

Dem, der sich aufrichtig an Jesus wendet, hat er seine Hilfe zugesagt.

Jeremia 26,1-19

19. Sept. 2000

Dienstag

Viele falsche Propheten werden aufstehen und werden viele verführen, und weil die Gesetzlosigkeit überhand nimmt, wird die Liebe der meisten erkalten.
Matthäus 24,11-12

Globalisierung und Weltwirtschaft?

Wir leben in einer Welt ohne Maßstäbe. Präsidenten mit Sexaffären sollen unsere Vorbilder sein. Politiker, die vor 20 Jahren der RAF nahe standen, wollen uns heute in eine »glückliche Zukunft« führen. Abtreibung wird legalisiert, Wirtschaftsdelikte bleiben ungeahndet. Der Zusatz beim Eid auf die Verfassung »so wahr mir Gott helfe« kann entfallen. Politische Entscheidungen werden nach pragmatischen Gesichtspunkten getroffen. An Stelle von echten Werten sucht man den weltweiten Schulterschluss in Politik und Wirtschaft. Zusammenschluss soll stark machen. Wir werden regiert von Menschen, die mit ihren selbstgemachten Maßstäben die Systeme nicht mehr unter Kontrolle bekommen. Wo finden wir die notwendige Orientierung, damit unser Leben nicht im Chaos und Verderben endet?

Es gibt einen Maßstab, den Gott einst den Menschen gegeben hat: das Gesetz Gottes zum Leben in dieser Welt. Der moderne, angeblich fortschrittliche Mensch hat sich von diesem Maßstab losgelöst - aus der Sicht Gottes ist das Gesetzlosigkeit. Der oben zitierte Bibeltext zeigt, dass die Gesetzlosigkeit mehr und mehr überhand nehmen wird. Aber er sagt auch, dass es bis zum Schluss Menschen geben wird, die sich an Gottes Maßstäben orientieren und ihre Zukunftserwartung von Jesus Christus abhängig machen. Und bis es soweit ist, dass Jesus wiederkommt, kann noch jeder, der will, zur Besinnung kommen und zu Gott und seinen Maßstäben umkehren. Nur dann steht er auf sicherem Fundament - wenn er sein Schicksal vertrauensvoll in Gottes Hände legt und seine Zukunft von Jesus Christus abhängig macht. *kei*

Welcher Maßstab gilt für mich?

Jeder sollte das Gesetz Gottes prüfen, ob es nicht die beste Grundlage für das Leben bietet.

Jeremia 28,1-17

Mittwoch

20. Sept. 2000

Denn niemals wurde eine Weissagung durch den Willen eines Menschen hervorgebracht, sondern von Gott her redeten Menschen, getrieben vom Heiligen Geist.
2. Petrus 1,21

Wer schrieb die Bibel? (Teil 1)

Die Bibel ist eigentlich kein Buch im herkömmlichen Sinne. Sie ist eher eine Bibliothek. Trotz der 66 unterschiedlichen Bücher, aus denen sich die Bibel zusammensetzt, bildet sie eine ungewöhnliche Einheit. Diese Einheit weist auf den eigentlichen Autor hin, der den Inhalt der einzelnen Bücher bestimmte: Gott! Gott lenkte die mehr als 40 verschiedenen Schreiber, die über einen Zeitraum von ca. 1500 Jahren die Bibel vervollständigten.

Gott inspirierte die Bibel. Er gab sein Wort den Schreibern durch den Heiligen Geist ein: »Alle Schrift ist von Gott eingegeben und nützlich zur Lehre, zur Überführung, zur Zurechtweisung, zur Unterweisung in der Gerechtigkeit ...«, so die Bibel selbst dazu (2. Timotheus 3,16). Wenn das stimmt, dann hat das weitreichende Konsequenzen: Dann trägt jedes einzelne Wort des Urtextes der Bibel Gottes Stempel, dann ist die Bibel von A-Z wahr, weil Gott nicht lügen kann und wahrhaftig ist.

Dann sind aber auch die Stellen wahr und verbindlich für unser Leben, die scheinbar nicht mehr in unser aufgeklärtes Weltbild hineinpassen und die wir nicht naturwissenschaftlich nachvollziehen oder beweisen können. Dann wären die Wunder wirkliche Wunder und keine Märchen. Wenn die Bibel wirklich das inspirierte Wort Gottes ist, dann haben auch die biblischen Maßstäbe, die die Moral betreffen, Gewicht. Dann muss jeder Mensch der Tatsache ins Angesicht schauen, dass er in den Augen Gottes ein Sünder ist, auch wenn er noch so gut lebt. Dann stimmt es aber auch, dass Gott jedem Menschen in Jesus Christus die Vergebung der Schuld anbietet. *tw*

Welchen Wert hat die Bibel für mich im praktischen Alltag?

Gott steht zu seinem Wort!

Jeremia 29,1-14

21. Sept. 2000

Donnerstag

Denn niemals wurde eine Weissagung durch den Willen eines Menschen hervorgebracht, sondern von Gott her redeten Menschen, getrieben vom Heiligen Geist.
2. Petrus 1,21

Wer schrieb die Bibel? (Teil 2)

Es gibt eine Menge Vorurteile gegen die Bibel. Aber viele wissen nicht einmal, worum es in der Bibel eigentlich geht. Z.B. dass Gott die Schreiber der Bibeltexte inspirierte und jedes Wort des Urtextes also von Gott kommt. Es ist so, als hätte Gott selbst den Menschen einen Brief geschrieben. Dieser »Brief« wird in die zwei größeren Bereiche des AT (Altes Testament) und des NT (Neues Testament) eingeteilt. Das AT enthält 37 verschiedene Bücher, das NT 27, insgesamt also 66 Bücher, die in einem Zeitraum von 1500 Jahren von ca. 40 verschiedenen und auch ganz unterschiedlichen Personen geschrieben wurden. Es waren Gelehrte und einfache Leute, z.B. Könige, Hirten, ein Fischer, ein Zöllner und auch ein Arzt. Die einzelnen Bücher der Bibel enthalten unterschiedliche Schwerpunkte. Es gibt Geschichtsbücher, poetische und prophetische Bücher, dazu noch eine Vielzahl von Briefen. Trotz dieser Unterschiede sorgte Gott dafür, dass ein homogener Inhalt entstand. Wie ein roter Faden durchzieht ein Hauptthema die gesamte Bibel: Jesus Christus!

Neben der Frage nach dem Woher und Wohin der Menschen, wird auch die Frage nach dem Lebenssinn und der Beziehung zwischen Gott und Mensch aufgeworfen. Doch alles führt mit immer konkreteren Andeutungen und Prophezeiungen im AT schließlich zur Person Jesu Christi im NT. Die Bibel berichtet von der Sündhaftigkeit des Menschen, sie berichtet aber auch, wie Gott in seiner Liebe jedem Menschen das Rettungsangebot der Vergebung in Jesus Christus anbietet. Das ist der Grund, warum die Bibel auch als »Liebesbrief« Gottes an die Menschen bezeichnet wird. *tw*

Habe ich die Bibel schon mal so gelesen - als Gottes Liebesbrief an mich persönlich?

Das Johannesevangelium ist ein guter Einstieg in diesen Liebesbrief.

Jeremia 30,1-3; 31,1-14

Freitag

22. Sept. 2000

*Jesus spricht: Ich bin der Weg,
die Wahrheit und das Leben,
niemand kommt zum Vater als nur durch mich.*
Johannes 14,6

»Let the sunshine in!«

Ich liebe den Stil dieses bekannten Liedes aus dem Musical »Hair«. Wäre es nicht auch ein treffendes Lebensmotto? Man könnte »sunshine« mit den wirklich wichtigen und echten Werten wie Liebe, Frieden oder Wahrheit gleichsetzen. Bleiben wir beim letzten Begriff - bei der Wahrheit.

Die Ideologie der Blumenkinder der 60er Jahre, die in »Hair« zum Ausdruck kommt, beinhaltet neben den Schlagwörtern »love and peace« das Dogma der relativen Wahrheit. Das bedeutet zum Beispiel, dass »wahr« ist, was du als solches empfindest bzw. dir zur Wahrheit machst. Wenn du als Atheist glücklich bist, so ist das für dich dann eben wahr, wenn aber als Katholik, Protestant, Hinduist oder Moslem, dann ist auch das wahr - für dich! Die Folge ist, dass eine Vielzahl von westlichen und östlichen Heilslehren und -methoden um orientierungslose Kunden werben. Jeder kann sich - wie im Supermarkt - den eigenen religiösen, philosophischen Einkaufswagen nach Belieben füllen, denn die Wahrheit ist ja überall zu finden.

Man ist äußerst tolerant und lässt jeden »nach seiner Facon selig werden«, weil alle Wahrheiten relativ und nur von individueller Bedeutung sind. In dieser Atmosphäre der Gleich-Gültigkeit aller Werte, erscheint natürlich die Behauptung der Bibel, Jesus Christus sei die Wahrheit, als unverzeichliche Anmaßung, ja als Kriegserklärung, der man entsprechend heftig entgegen tritt. Dabei wird dann alle Toleranz vergessen. Wer aber an Christus glaubt, wird in ihm die wahre Sonne sehen und andere einladen: Let the sunshine in! *gn*

Woran kann man sich klammern, wenn alles schwankt und weicht?

Gottes Wahrheit will geglaubt sein, dann bestätigt sie sich.

Jeremia 31,18-20.31-37

23. Sept. 2000

Samstag

*Denn das Leben ist für mich Christus
und das Sterben Gewinn.*
Philipper 1,21

Letzte Worte

Auf seinem Sterbebett fasste Sir Isaac Newton (1642-1727) sein Leben mit den folgenden Worten zusammen: »Ich habe in meinem Leben zwei große Tatsachen gelernt. Die eine ist, dass ich ein großer Sünder bin. Die andere ist, dass Jesus Christus ein noch größerer Retter ist.«

Charles Dickens (1812-1870) schrieb in sein Testament: »Ich befehle meine Seele der Gnade Gottes durch unseren Herrn und Heiland Jesus Christus an und ermahne meine Kinder demütigst, zu versuchen, sich von den Lehren des Neuen Testaments ... leiten zu lassen.« Hätten zwei so herausragende Männer nicht auf andere Höhepunkte ihres Schaffens verweisen können? Newton stellte die Grundgesetze der Mechanik auf und formulierte das Gravitationsgesetz. Er entwickelte die Differential- und Integralrechnung und verfasste grundlegende Arbeiten zu Astronomie. Dickens wird als einer der bedeutendsten Romandichter Englands gehandelt, der mit so bekannten Werken wie »Oliver Twist«, »David Copperfield« oder »Christmas Carol« das Zeitalter der Industrialisierung mit all seinen Mängeln und Ungerechtigkeiten schonungslos entblößte und anprangerte.

Alle Errungenschaften und Arbeiten dieser beiden Männer waren für sie jedoch unbedeutend im Vergleich zur größten Entdeckung ihres Lebens: Jesus Christus! Er nahm in ihrem Schaffen den ersten Platz ein und über ihren Tod hinaus waren es sein Erlösungswerk und seine Worte, die sie ihren Kindern und der Nachwelt überliefert wissen wollten.

vdm

Mit welchen Worten würde ich den Inhalt meines Lebens beschreiben?

Bleibende Werte sind solche, die sich auch jenseits des Todes als tragfähig erweisen.

Jeremia 36,1-32

Sonntag

24. Sept. 2000

Wie zahlreich sind deine Werke, o HERR!
Du hast sie alle mit Weisheit gemacht.
Psalm 104,24

Mimikry

Da gibt es doch eine ganze Reihe von Tieren und sogar Pflanzen, die »tun, als ob.« Weil zum Beispiel jeder vernünftige Vogel weiß, dass er von Wespen den Schnabel lässt, weil diese empfindlich schmerzhaft stechen, haben sich manche Schwebfliegen ein gelb-schwarzes Kleid zugelegt und spielen Wespe.

Manche Heuschrecken haben Flügel, die wie Blätter aussehen, sogar mit »Fraßstellen« und »Rostflecken,« damit ihre Fressfeinde sie nicht finden. Verwandte von ihnen haben sich dagegen den Zweigen und Ästen in Form und Farbe angeglichen, um unentdeckt zu bleiben. Völlig harmlose Schmetterlinge erschrecken ihre Feinde dadurch, dass sie ihre Flügel ein wenig weiter entfalten, und es erscheinen zwei schrecklich große Augen. Andere wieder brauchen ihre Tarnung zum Fangen ihrer Beute. Ein Tiefseefisch hat hinten im Hals ein Licht, das dem des Weibchens eines anderen Tiefseebewohners gleicht. Er möchte es besuchen, und schwupp, weg ist er. Man könnte seitenweise weitere Beispiele liefern.

Wenn nicht ein weiser Schöpfer all das gemacht hat, entsteht die Frage, wie es möglich ist, dass alle Vögel »wissen«, dass Wespen stechen, ohne je gestochen zu sein, und wie es kommen kann, dass die Schwebfliege dasselbe Problem zu ihren Gunsten auszunutzen versteht. Zufällige, sinnlose Genmutatitionen haben wirklich keine Chance, zumal das Prinzip der Mimikry so durchgängig ist. Wir sollten statt dessen den obigen Bibelvers ansehen und Gott danken, dass er alles so weise gemacht hat und darum auch meine Probleme zu lösen versteht. *gr*

Sollte einem solchen Gott etwas unmöglich sein?

Wer sich intensiv mit seiner Schöpfung beschäftigt, dem wird Gott immer größer.

Psalm 146

25. Sept. 2000

Montag

HERR, du hast mich erforscht und erkannt.
Psalm 139,1

Charakterstudien

»Ha, da kommt eine typische Sieben«, wurde ich begrüßt, als ich den Kopf ins Büro streckte und noch still vor mich hin grinste über den Spruch, den ich gerade gehört hatte. »Wie, - eine Sieben?« »Ja du bist eine Sieben und Juliane und ich sind eine Zwei«, antwortete eine meiner Kolleginnen und beide amüsierten sich köstlich. Dann wurde ich endlich aufgeklärt. Juliane hatte sich ein Buch über Persönlichkeitsmerkmale besorgt und die einzelnen Charaktere wurden mit Nummern belegt. Eine Sieben war demzufolge ein leicht oberflächlicher, aber immer gut gelaunter Charakter, der selbst am Sterbebett noch versuchen würde, durch einen Witz die Situation zu meistern. Eine Zwei war natürlich eine sorgfältig arbeitende, sozial eingestellte Persönlichkeit.

Klar! Ich wusste nicht so recht, ob ich stolz oder beleidigt sein sollte. Frohnatur empfand ich als Kompliment, aber oberflächlich? Zuhause musste ich immer noch darüber nachdenken. War ich wirklich zu oberflächlich? Nehme ich andere Menschen nicht ernst? Immerhin mache ich mir auch meine Gedanken, nur eben nicht zu viele unnötige. Irgendwie passte es mir nicht, nun als oberflächlich abgestempelt zu sein. Aber es half nichts, ich blieb auch in den nächsten Tagen die fröhliche Sieben.

Gott kennt unseren wirklichen Charakter, er kennt unsere Motive und Absichten. Er misst uns nicht mit einer Schablone. Er steckt uns in keine vorgefertigte Schublade. Nein, er kennt jede Zacke, jede Lücke unseres Persönlichkeitsprofils. Und wenn wir uns ihm überlassen, bearbeitet er es, damit es ihm zur Ehre und den Menschen zur Freude gerät.

ko

Welche Lebensbereiche versuche ich vor Gott zu verbergen?

Ich bitte Gott, dass ich mich so erkenne, wie er mich sieht.

Jeremia 37,1-21

Dienstag

26. Sept. 2000

*Du machst ihn zum Herrscher
über die Werke deiner Hände.*
Psalm 8,7

Ist das Klonen erlaubt?

Dem schottischen Embryologen Ian Wilmut war es erstmals in der Geschichte gelungen (1996), eine normale Körperzelle so zu manipulieren, dass sie sich wie eine befruchtete Eizelle zu teilen begann und sich zu einem normalen Embryo entwickelte. So wurde nach 150 Tagen das erste Schaf - Dolly - geboren, das keinen Vater, aber dafür drei Mütter hatte: eine genetische Mutter, eine Eimutter und eine Leihmutter, die das geklonte Embryo austrug.

Dolly ist die genetisch identische Kopie (= Klon) eines erwachsenen Tieres. Wie ist dies zu beurteilen? Zunächst gilt festzuhalten, dass der Schöpfer selbst diese Methode verwendet. Die im Herbst geernteten Kartoffeln sind Klone der Vorjahrespflanze. Auch bei Erdbeeren und darüber hinaus bei zahlreichen Tieren (Blattläuse, Krebse, einige Wespen-, Bienen- und Ameisenarten) kennen wir dieses Prinzip. Beim Menschen sind eineiige Zwillinge ebenfalls echte Klone. Darf der Mensch diese Technik auch anwenden? Aus meiner Sicht gibt es bei der Tierwelt keinen Grund dafür, dies nicht zu tun. Bei der Methode der Kreuzung von Kuh- oder Pferderassen greifen wir doch auch merklich in die Schöpfung ein.

Beim Menschen liegt die Sache allerdings ganz anders. Er ist eine separate vom Tierreich losgelöste Schöpfung. Wir Menschen sind Ewigkeitsgeschöpfe, die vom Schöpfer die Fähigkeit erhalten haben, zu ihm in Beziehung zu treten. Außerdem wird unsere Existenz mit dem leiblichen Tod nicht ausgelöscht (Lukas 16,19-31). Bezüglich der Tiere gibt es eine solche Aussage nicht. *gi*

Warum wären Menschen vom Fließband nicht im Sinne des Gottes, der sich einen Menschenfreund nennt (Titus 3,4)?

Wir sollen alles prüfen, aber uns nicht vor allem fürchten.

Jeremia 38,1-13

27. Sept. 2000

Mittwoch

Und wandelt in Liebe,
wie auch der Christus uns geliebt
und sich selbst für uns hingegeben hat.
Epheser 5,2

Eine geeinte, glückliche Familie

Was ist eine gute Familie? Diese Frage hat 1993 eine Familienzeitschrift 2330 Schülern zwischen sieben und vierzehn Jahren vorgelegt. Die zehn Hauptmerkmale sind nach Meinung der Kinder: Man hält zusammen, auch wenn einer etwas angestellt hat. Es herrscht Demokratie, auch die Kinder dürfen mitbestimmen. Man hilft einander. Man ist zärtlich zueinander. Es wird viel gelacht. Jeder hat zu jedem Vertrauen. Man unternimmt viel miteinander. Nach einem Streit versöhnt man sich wieder. Man nimmt Rücksicht aufeinander. Man spricht viel miteinander.

Gott möchte eine Familie, die harmonisch und fröhlich miteinander lebt. Das von ihm verordnete Rezept dafür ist Liebe. »Wandelt in der Liebe« meint ein in Wort und Tat ausgedrücktes Besorgtsein um das Wohl und die Freude des anderen. Was das praktisch bedeutet, zeigen die aufgeführten Antworten der Schüler. Dieser Lebensstil wird möglich, wenn wir aus einer Beziehung schöpfen können, in der wir selbst in dieser Weise geliebt werden. Denn im obigen Text heißt es weiter: »... wie auch der Christus uns geliebt und sich selbst für uns hingegeben hat.« Christus hat uns, die wir zu ihm gehören, so geliebt und liebt uns so, dass er bedingungslos zu uns steht, unsere Meinung respektiert, rücksichtsvoll mit uns umgeht, uns Dinge immer wieder zutraut, mit uns durch sein Wort redet, uns Versagen vergibt und mit uns durch Dick und Dünn geht. In der Gemeinschaft mit Christus tanken wir Liebe, um selbst lieben zu können. Also liegt der Schlüssel zu einem geeinten, fröhlichen Familienleben darin, Christus und seine Liebe zu erfahren und weiterzugeben. *fo*

Wie sieht es bei Ihnen aus?

Wenn Änderungen nötig sind, fangen Sie bei sich selbst an!

Jeremia 38,14-28

Donnerstag

28.Sept.2000

> *Jesus sprach zu ihr: Wer an mich glaubt wird leben, auch wenn er gestorben ist.*
> Johannes 11,25

Weltuntergang - oder Happy End?

In meiner Schulzeit mussten wir einen Aufsatz schreiben zum Thema: »Wie sieht die Welt im Jahr 2000 aus?« Wir haben uns damals die Zukunft in den schillerndsten Farben ausgemalt: Das Leben wird bestimmt von modernster Technologie. Es gibt Städte auf dem Meeresboden und Wohnkolonien im Weltraum. Andererseits wird die Bevölkerungsexplosion kaum noch zu bremsen sein.

Mittlerweile ist es soweit. Wir schreiben tatsächlich das Jahr 2000. Vieles ist nicht so eingetroffen, wie wir uns das als Kinder ausgedacht haben. Aber zwei Vorstellungen haben viele Menschen heute noch. Einerseits den Glauben an den technischen Fortschritt und gleichzeitig die Angst vor politischen Fehlentwicklungen, Wirtschaftskrisen und Umweltkatastrophen.

Was wird die Zukunft nun wirklich bringen? Die Bibel sagt im Buch Offenbarung einige Entwicklungen der »Endzeit« voraus. Die wichtigste Frage ist jedoch, wie unsere persönliche Zukunft aussehen wird. Statt das Horoskop zu befragen, lohnt es sich, dem Wort Gottes zu vertrauen. Jesus sagt, dass es für jeden eine Zukunft gibt, auch nach dem leiblichen Tod. Aber nur für den, der an Jesus Christus (als Erlöser) glaubt, geht es am Ende gut aus. Nur der bekommt ewiges Leben und darf für immer glücklich sein. Wer nicht glaubt, muss mit einer furchtbaren Zukunft rechnen, daran lässt die Bibel keinen Zweifel. Glaube heißt zu akzeptieren: Ohne Jesus bin ich verloren, ich brauche seine Vergebung, seine Gnade. Er muss mich für sein Reich retten. Und das wird er, wenn ich ihn darum bitte. *uhb*

Möchten wir nicht alle manchmal die Augen fest zumachen angesichts der Zukunftsaussichten?

Nicht ausweichen! Die richtige Entscheidung nicht hinausschieben!

Jeremia 39,1-14

29. Sept. 2000

Freitag

So hat Gott die Welt geliebt, dass er seinen eingeborenen Sohn gab, damit jeder, der an ihn glaubt, nicht verloren geht, sondern ewiges Leben hat.
Johannes 3,16

Das größte Liebesgeschenk

»Mich liebt kein Mensch«, sagen manche, und oft haben sie Recht. Aufrichtige Liebe und Zuwendung erfährt längst nicht jeder. Und das Problem ist: Man kann sie von einem anderen nicht erbitten, nicht erzwingen und auch nicht erkaufen. Denn echte Liebe ist es nur dann, wenn sie aus dem Herzen kommt, freiwillig und uneigennützig ist.

Jeder, der gern geliebt werden möchte, sollte bei dem heutigen Bibelwort aufhorchen. Denn da wird gesagt, dass Gott die Welt - und damit jeden Menschen - so sehr geliebt hat, dass er seinen einzigen Sohn für sie gegeben hat. Diese Hingabe bedeutete, dass der Sohn Gottes - Jesus Christus - nicht nur Mensch wurde, sondern sich kreuzigen ließ und dort am Kreuz auf grausame Weise sterben musste. Und weshalb das alles? - Weil wir Menschen sonst »verloren« gehen! Und in diesem Sinne verloren zu sein, ist weit schlimmer, als hier lieblos behandelt zu werden. Es bedeutet nämlich, dass nach diesem Leben, nach unserem Tod, niemand mehr uns wahrnimmt, niemand sich um uns kümmert und wir nichts mehr zählen. Und das alles empfinden wir dann bewusst und überdeutlich als eine Qual sondergleichen, die ewig, ewig nicht aufhört.

Gott möchte uns stattdessen ewiges Leben schenken, bei ihm in der himmlischen Herrlichkeit, einen Zustand nie endenden Glücks. Weil aber jeder vor Gott schuldig geworden ist und diese Schuld bereinigt werden muss, deshalb hat Gott seinen Sohn gegeben, der am Kreuz die Strafe für unsere Schuld getragen hat. Wer das glaubt, wer sich dem Sohn Gottes anvertraut, der bekommt das ewige Leben und erfährt schon hier die Liebe Gottes.
wi

Wo habe ich schon schmerzlich einen Mangel an Liebe empfunden?

Dieser Liebe muss man unbedingt gewiss werden.

Jeremia 40,7-16

Samstag

30. Sept. 2000

*Barsillai war aber sehr alt,
ein Mann von achtzig Jahren.*
2. Samuel 19,33

Alt und hässlich?

Die Bibel berichtet erstaunliche Geschichten, so auch über eine Person namens Barsillai. Heute mag mancher fragen: »Was kann denn schon groß über einen Achtzigjährigen berichtet werden? Da ist das Leben doch gelaufen!« Aber sehen wir uns an, was die Bibel über diesen Mann sagt.

Barsillai war nicht nur sehr alt, er war auch sehr reich. Seinen Besitz hatte er bis ins Alter bewahren können. Doch diesen Reichtum hat er nicht allein für sich verwendet. Als sein König David vor dem eigenen Sohn fliehen musste, versorgte Barsillai ihn und sein Heer mit dem nötigen Proviant. Dazu reichten der Kühlschrank oder die Speisekammer nicht aus, da mussten schon größere Vorräte geplündert werden. Ein Achtzigjähriger - jedoch keine Spur von alt und hässlich! Zum Dank dafür wollte ihn der König an seinen Hof mitnehmen, als er nach dem niedergeschlagenen Aufstand dorthin wieder zurückkehrte. Doch Barsillai lehnte ab. Er sei zu alt, könne nicht mehr gut sehen und nicht mehr gut hören. Die Vorzüge des Königshofes werde er nicht mehr in angemessener Weise genießen können. Stattdessen empfahl er dem König, einen jüngeren Mann aus seiner Umgebung mitzunehmen. Für sich selbst wünschte er, in seiner gewohnten Umgebung sterben zu können.

Was ich von Barsillai lernen kann? - 1. Auch im Alter möchte ich mit meinen Möglichkeiten anderen helfen und mich für sie einsetzen. 2. Die Beschränkungen des Alters möchte ich nüchtern akzeptieren und auf übersteigerten Lebensgenuss weise verzichten. 3. Ich möchte mich bewusst auf mein Sterben und die Begegnung mit Gott vorbereiten. *wi*

Habe ich mir schon Gedanken darüber gemacht, wie mein Leben im Alter aussehen könnte?

Man kann sich aufs Alter vorbereiten, indem man z.B. mit älteren Leuten spricht und ihre Probleme kennen lernt.

Jeremia 41,1-18

1. Okt. 2000

Sonntag

Sagt allezeit für alles dem Gott und Vater
Dank im Namen unseres Herrn Jesus Christus!
Epheser 5,20

Erntedankfest

Am ersten Oktobersonntag wird hierzulande das sogenannte »Erntedankfest« gefeiert. Was soll ich damit anfangen? Zum einen habe ich weder Acker noch Garten und ernte dementsprechend nichts, sondern muss alles kaufen. Und zum anderen: Wem und wofür soll ich danken? Den Landwirten, den Exporteuren, den Händlern und den Marktfrauen? Alle bekommen ja schon mein gutes Geld für ihre Arbeit. So dachte ich früher, wenn ich »Erntedank« hörte, ohne auch nur ein bisschen Ahnung davon zu haben, mit wieviel Planung, Vorbereitung und harter Arbeit alles erwirtschaftet wird. Und dazu kommen noch manche Risiken und Unwägbarkeiten wie z.B. Witterung und Ungeziefer, die über das Ernteergebnis mitentscheiden. Aber all das ist ja nur die menschliche Seite. Wir haben es beim Ernten zuerst mit Gott zu tun, »denn Wachsen und Gedeihen liegt in des Höchsten Hand«. Wenn der Herr über Himmel und Erde nicht die Arbeit segnet, ist alle Mühe umsonst gewesen.

Ist alles Getreide, Obst und Gemüse geerntet, darf sich der Mensch freuen, also die »Ernte« feiern und dafür Gott danken. Das gilt aber nicht nur einmal im Jahr, sondern alle Tage und bei jeder Mahlzeit. Unser tägliches Brot ist nach wie vor Gottes Geschenk an uns.

Für Geschenke soll man danken. Danken kommt von Denken. So denke ich mitten im Überfluss unserer »Wegwerfgesellschaft« an die Hungertoten der Dritten Welt und an die Hungerjahre der Nachkriegszeit, die ich am eigenen Leib erlebt habe. Diese schlimme Zeit kann ich nicht vergessen. Und da sollte ich nicht für jede neue Ernte und mein tägliches Brot dem gütigen Gott von ganzem Herzen »Danke« sagen? *khg*

Haben Sie schon großen Durst und wirklichen Hunger gelitten?

Niemals vergessen: Alle gute Gabe kommt von oben, von Gott, dem Vater des Lichts!

Psalm 65

Montag

2. Okt. 2000

So hat Gott die Welt geliebt, dass er seinen eingeborenen Sohn gab, damit jeder, der an ihn glaubt, nicht verloren geht, sondern ewiges Leben hat.
Johannes 3,16

Tue recht - und scheue niemand?

Herr M. ist Meister in einem mittelständischen Betrieb der Metallverarbeitung. Er bemüht sich redlich, ein gerechter Vorgesetzter zu sein. Seit mehr als 25 Jahren ist er seiner Ehefrau treu. Seine zwei Söhne hat er vorbildlich erzogen und ihnen eine gute Schul- und Berufsausbildung finanziert. Seiner rheumakranken Nachbarin mäht er den Rasen und ist auch sonst zu jeder Hilfeleistung bereit. Sein Lebens-Motto lautet: »Tue recht - und scheue niemand!« In einem Gespräch über den Glauben stellt Herr M. mir die Frage: »Wenn es einen Gott gibt, kann er dann nicht mit mir zufrieden sein? Was will er denn noch mehr?«

Ich erzähle Herrn M. ein Erlebnis: »Ich komme nach Hause und treffe meine Frau im Flur. Sie erklärt mir: ›In den 25 Jahren unserer Ehe habe ich dir täglich dein Lieblingsgericht gekocht, die Wohnung habe ich stets sauber gehalten und aufgeräumt und deine Hemden gebügelt. Was willst du denn noch mehr?‹ Ich nehme meine Frau in die Arme und bedanke mich für die vielen Aufgaben, die sie so treu und gut erledigt hat. Wenn ich allerdings nur diese ›Aufgaben‹ erfüllt haben wollte, hätte mir auch eine Haushaltsgehilfin genügt. ›Ich will dich, deine Liebe, deine Zeit, mein ganzes Leben mit dir teilen.‹«

Verstehen wir? Es sind nicht unsere guten Werke, die Gott dazu bewegen, uns zu lieben. Er möchte uns als Person, er wirbt um uns, er will eine Lebens- und Liebesbeziehung zu uns! Aber dafür musste er zuerst seinen Sohn hingeben, damit der für unsere Sünde starb! Darin zeigt sich das erstaunliche Maß seiner Liebe. Und jetzt ist die Frage, wie man darauf antwortet. *kr*

Was bedeutet es uns, dass der große Gott sich für uns kleine, sterbliche Menschen interessiert?

Bei dem obigen Vers kann jeder an zwei Stellen seinen persönlichen Namen einsetzen (1: die Welt; 2: jeder).

Jeremia 42,1-22

**Tag der
deutschen Einheit**

3.Okt.2000

Dienstag

*Er führte sie heraus aus Dunkel und Finsternis,
er zerriss ihre Fesseln. Sie sollen den HERRN preisen für seine Gnade,
für seine Wunder an den Menschenkindern!*
Psalm 107,14.15

Deutschland wieder vereint

Die Folgen des unseligen zweiten Weltkrieges waren überdeutlich! Zerstörte Städte, getrennte Familien, Hunderttausende in Kriegsgefangenschaft, die Welt in Ost und West geteilt ...

Die Städte wurden wieder aufgebaut, Familien fanden sich wieder, die Gefangenen kehrten heim. Aber die Trennung zwischen Ost und West blieb. Alles erstarrte im sogenannten »Kalten Krieg«. Wer nach dem Bau der Mauer von Ost nach West wechseln wollte, bezahlte die sogenannte Republikflucht häufig mit dem Leben.

Die wenigen Übergänge zwischen den »Fronten«, wurden bewacht, als ob man es mit Kriminellen zu tun habe. Wer das nicht erlebt hat, kann sich nicht vorstellen, wie schrecklich diese Zeit war; das Mitbringen von Zeitungen war streng verboten, Bibeln mitzunehmen ein Verbrechen. Kalt und abweisend ging es an der Grenze zu. Wenn man im Osten Deutschlands ankam, musste man sich bei der Polizei melden.

In den christlichen Gemeinden, in denen ich aufwuchs, wurde, so lange ich denken kann, gebetet, Gott möge doch den Eisernen Vorhang und die Mauer niederreißen. Manchmal dachte ich, es gehört ja fast zum guten Ton, darum zu beten ...

Und als es dann plötzlich geschah, Mauer und eiserner Vorhang fielen, da war das für uns unfassbar. Weg war der ganze Spuk, Gott sei Dank!

Ich möchte den allmächtigen Gott für das Große, was er getan hat, preisen, wie es der Dichter des Psalms schreibt und mir nicht den Kopf über das »Warum?« zerbrechen, denn darauf wird man nie eine genaue Antwort finden! *gs*

Warum aber macht sich, besonders im Osten, so viel bleierner Unmut stattdessen breit?

Bei Gott ist kein Ding unmöglich!

Jeremia 43,1-13

Mittwoch

4. Okt. 2000

*Als sie von Jesus gehört hatte, kam sie in der Volksmenge
von hinten und rührte sein Kleid an; denn sie sagte:
Wenn ich nur seine Kleider anrühre, werde ich geheilt werden.*
Markus 5,27.28

Der sonderbare Arzt

Im Neuen Testament wird von einer Frau berichtet, die zwölf Jahre lang an einer unheilbaren Krankheit litt. Zwölf Jahre lang hatte sie gekämpft. Jedoch es war keine Besserung in Aussicht. Ganz im Gegenteil; es wurde immer schlimmer. »Sie hatte vieles erlitten von vielen Ärzten und alle ihre Habe aufgewendet und keinen Nutzen davon gehabt« (Markus 5,26). Das, was ihr zur Heilung verhelfen sollte, hatte ihr Leiden nur noch vermehrt. Ist das nicht bemerkenswert? Die Medizin soll doch zur Heilung oder Linderung der Krankheit verhelfen. Aber bei dieser Frau schlug nichts an. Sie hatte es zwölf Jahre lang bei der falschen Adresse versucht.

Der biblische Bericht möchte nicht die Unzulänglichkeit der damaligen Ärzteschaft bloßstellen; er will anschaulich klar machen: Die Wurzel allen Übels liegt tiefer! Diese unheilbare Krankheit ist ein Bild unseres seelischen Zustandes. Unsere unheilbare Krankheit ist die Sünde! Aber die Geschichte hört hier nicht auf. Als die Frau von Jesus, dem Sohn Gottes, hörte, wusste sie sofort: Hier kann mir geholfen werden! Bei diesem »Arzt« galten ganz andere Bedingungen. Sie musste nicht ihre Krankenversicherung nachweisen oder wieder selbst für die Kosten aufkommen. Keine weiteren peinlichen Untersuchungen. Nicht wieder Unmengen von Pillen schlucken. Sie brauchte bloß Glauben! Mit diesem Vertrauen kam sie zu Jesus. Sie brachte quasi das Medikament selbst mit. Und dies gilt auch heute! Alles, was wir brauchen, ist der Glaube daran, dass der Herr Jesus die unheilbare Krankheit unserer Seele heilt und die Schuld vergibt. *mö*

Wie zeige ich dem Herrn Jesus meinen Glauben?

Heute will ich ihn ganz konkret um Hilfe bitten!

Jeremia 44,1-14

5. Okt. 2000

Donnerstag

Jeder, der sich selbst erhöht, wird erniedrigt werden; wer aber sich selbst erniedrigt, wird erhöht werden.
Lukas 18,14

Ein Schuft unter lauter braven Leuten

Der preußische König Friederich der Große, der von 1740 bis 1780 regierte, inspizierte die Strafanstalt Spandau. Im Gespräch mit den Inhaftierten erkundigte er sich nach ihren Verbrechen. Die Häftlinge witterten eine Chance auf Überprüfung der Urteile oder auf Begnadigung. Eifrig erklärten sie, warum ihre Taten, die zur Verurteilung führten, nicht so schwerwiegend waren. Sie schoben die Verantwortung dafür auf ihre Opfer, ihre Eltern, ihre Arbeitgeber, ihre Umstände. Mit der Beredsamkeit von Advokaten legten sie dar, dass ihre Strafe unangemessen hoch und sie selber harmlos und zu Unrecht inhaftiert seien.

Lediglich einer der Gefängnisinsassen sagte zum König: »Eure Majestät, ich bin unter allen Verbrechern hier der schlimmste und die Strafe, die ich hier absitze, habe ich leider verdient.«

Darauf antwortete der alte Fritz mit gespielter Empörung: »Was machst du elender Kerl unter diesen braven Leuten? Pack dich hinaus!«

Seit dem Sündenfall sind wir Experten darin, die Verantwortung für Fehlverhalten von uns abzuwälzen. Adam schob die Verantwortung auf seine Frau, Eva versuchte, sie der Schlange anzuhängen. Heute verharmlosen wir unsere Schuld, indem wir unsere Erziehung, die gesellschaftlichen Verhältnisse oder unsere Erbanlagen als Entschuldigung anführen.

Vor dem höchsten, dem himmlischen Herrscher und der letzten, der göttlichen Gerichtsinstanz haben wir aber nur eine Chance, wenn wir unsere Schuld offen und mutig zugeben. Ähnlich wie bei dem Preußenkönig ist dies die Voraussetzung für die göttliche Begnadigung.   *ga*

Womit erkläre ich, dass ich so wenig herzlich, hilfsbereit, dankbar und umweltbewusst bin?

Wenn Gott am Ende das alles mir persönlich anlastet, sollte ich da den Hebel ansetzen.

Jeremia 45,1-5

Freitag — 6. Okt. 2000

> *Der Mensch wird nicht aus Gesetzeswerken gerechtfertigt, sondern nur durch den Glauben an Christus Jesus.*
> Galater 2,16

Gute Werke oder das Kreuz?

Glauben Sie, dass Sie einmal in den Himmel kommen? Wenn ja, worauf gründen Sie Ihre Hoffnung? Auf Ihr anständiges Leben oder auf das Kreuz des Herrn Jesus? Viele Menschen glauben, dass Gott allen Menschen vergeben wird, wenn ihre guten Werke die schlechten überwiegen.

Das Evangelium ist aber völlig anders! Die Botschaft vom Kreuz Jesu Christi bietet jedem Menschen Vergebung an! Unabhängig vom eigenen Verdienst. Diese Botschaft widerspricht dem landläufigen Glauben, dass die guten Werke mit den schlechten verrechnet werden, um daraus unsere ewige Zukunft zu bestimmen.

Am Kreuz von Golgatha sühnte Jesus Christus jede Sünde. Jetzt wird jedem Menschen Vergebung der Schuld und Sünde angeboten und zwar ausschließlich auf der Grundlage des Glaubens! Eigene Verdienste sind von vornherein ausgeschlossen. Die Forderungen des vollkommen gerechten Gottes wurden in unserem Stellvertreter Jesus Christus erfüllt. Er trug unsere Sünden am Kreuz, erlitt unsere Strafe und bezahlte unsere Schuld (Römer 3,24). Gottes unaussprechlich große Liebe hat uns gerettet. Die Bibel sagt: »Gott errettete uns, nicht aus Werken, die wir getan hätten, sondern nach seiner Barmherzigkeit ...« (Titus 3,5).

Alle Religionen dieser Welt gründen sich auf die eine oder andere Leistung, die der Mensch zu erbringen hat. Biblisches Christentum nicht! Worauf bauen Sie? Auf Ihre guten Werke oder auf das Kreuz Christi? Vertrauen Sie sich doch heute dem Retter Jesus Christus an. Er will Ihnen Schuld und Sünden vergeben! *js*

Was bewirken Ihrer Meinung nach unsere guten Werke in Bezug auf unsere Errettung?

Wichtige Entscheidungen sollte man nicht auf die lange Bank schieben!

Klagelieder 1,1-11.17-22

7. Okt. 2000

Samstag

Gott hat einen Tag festgesetzt, an dem er den Erdkreis richten wird in Gerechtigkeit durch einen Mann, den er dazu bestimmt hat ...
Apostelgeschichte 17,31

Einmal wird abgerechnet

Kein anderer liebt uns so sehr wie Gott. In seiner Liebe zu uns hat er seinen einzigen Sohn als Retter gegeben, damit wir nicht für ewig verloren gehen sollen. Unübertroffen ist auch Gottes Geduld. Seit Jahrtausenden schon lässt er es sich gefallen, dass die meisten Menschen sich nicht um ihn kümmern oder ihn bewusst ablehnen. Und immer noch lässt er diese Erde bestehen, gibt Sonnenschein und Regen und ermöglicht Saat und Ernte.

Allerdings wird das nicht unendlich so weitergehen. Nach unserem heutigen Bibelwort hat Gott schon einen Tag bestimmt, an dem er »den ganzen Erdkreis« richten wird: alle Menschen, die je auf dieser Erde gelebt haben. Auch der Richter steht schon fest, es ist Jesus Christus, der Sohn Gottes selbst. Im Gegensatz zu manchen Gerichtsverfahren auf dieser Erde wird dann absolut gerecht verhandelt und geurteilt werden. Alles Unrecht dieser Welt, alle Greueltaten und Grausamkeiten werden dann ihre gerechte Strafe finden. Maßstab für das Urteil wird die Bibel, das Wort Gottes sein. Daraus stellt sich aber für jeden von uns die Frage, ob wir diesem göttlichen Maßstab entsprochen haben. Und die ehrliche Antwort muss lauten: Nein, so wie die Bibel es festgelegt hat, so hat kein Mensch hier gelebt.

Doch wir müssen nicht hoffnungslos das Verdammungsurteil Gottes erwarten. Denn die Bibel enthält ja nicht nur die Gerichtsandrohung Gottes, sondern auch sein Liebesangebot. Wer seine Liebe annimmt, ihn wiederliebt und nach seinem Wort lebt, der wird nicht mehr gerichtet, weil an seiner Stelle der Sohn Gottes bereits gerichtet worden ist. *wi*

Welche Chancen habe ich, im Gericht Gottes zu bestehen?

Ich will Gott für die Geduld dankbar sein, die er bisher mit mir gehabt hat, aber auch daran denken, dass sie einmal zu Ende geht.

Klagelieder 3,1-33

Sonntag

8. Okt. 2000

Fürchte dich nicht! Ich bin der Erste und der Letzte und der Lebendige. Ich war tot, und siehe, ich bin lebendig von Ewigkeit zu Ewigkeit und habe die Schlüssel des Todes und des Hades.
Offenbarung 1,17-18

Der »Traum« vom ewigen Leben

Seit jeher waren Menschen daran interessiert, Macht über das Leben zu gewinnen, selbst Leben zu erzeugen und Leben möglichst lange, wenn nicht gar ewig, zu erhalten. Nicht immer hat nur die Wissenschaft dabei eine Rolle gespielt, sondern auch Magie und Zauberei. Aber bis jetzt sind alle Versuche in dieser Richtung gescheitert und über den Bereich von Science Fiction oder Celluloid-Illusionen nicht hinausgekommen.

Jesus Christus behauptet nun in unserem Bibelwort von sich, dass er bereits existierte, als es sonst noch niemanden gab; und dass niemand jemals länger leben wird als er. Der Sohn Gottes behauptet, dass er der Lebendige sei, obwohl er gekreuzigt wurde und den Tod erduldete. Und er beansprucht, die Schlüssel des Totenreiches zu besitzen, d.h. die Macht über den Tod und die Toten. Was ist der Beweis dafür? Er selbst aus den Toten auferstanden und seinen Jüngern als der Lebendige erschienen. Weiter behauptet er, dass er die Macht hat, ewiges Leben zu geben: »Ich bin die Auferstehung und das Leben; wer an mich glaubt, wird leben, auch wenn er gestorben ist« (Johannes 11,25).

Angesichts dieses Anspruchs gibt es für uns nur zwei Möglichkeiten. Entweder wir versuchen weiter selbst an Todesüberwindung oder Lebensverlängerung zu basteln bzw. diesen hinterherzuträumen oder wir akzeptieren die Tatsache, dass unsere eigenen Bemühungen vergeblich sind und bleiben. Das wird täglich neu durch den Tod dokumentiert, den jeder unausweichlich erleiden muss. Die Auferstehung zum ewigen Leben kann nur Gott wirken. Einzige Bedingung: der Glaube an Jesus. *pj*

Bin ich bereit, mich von Träumen und Illusion zu verabschieden und mich der Wahrheit (Jesus Christus) zu stellen?

Der Traum vom ewigen Leben wird nur nach Gottes »Spielregeln« Wirklichkeit.

Psalm 135

9. Okt. 2000

Montag

> *Jesus antwortete: Jeder, der aus der Wahrheit ist, hört meine Stimme.*
> Johannes 18,37

Naturwissenschaft und der Glauben an Gott?

Im Jahr 1916 führte J. Leuba eine wissenschaftliche Untersuchung über die Verbreitung von Gottesglauben durch. Er fragte 1000 zufällig ausgewählte amerikanische Naturwissenschaftler, ob sie an einen persönlichen Gott glauben, »zu dem man in Erwartung einer Antwort betet«. Diese repräsentative Befragung ergab, dass sich 41,8% der Wissenschaftler zu solchem Gottesglauben bekannten. Aufgrund dieses damals für die Christen schockierend schlechten Ergebnisses sagte Leuba voraus, dass mit zunehmender naturwissenschaftlicher Ausbildung der Glaube völlig verschwinden werde.

Die naturwissenschaftliche Erkenntnis hat seitdem gewaltig zugenommen. Zur Zeit verdoppelt sich das Wissen der Menschheit alle sechs Jahre. In den USA ist es gesetzlich verboten, im Unterricht auch nur die Möglichkeit einer Schöpfung zu lehren. Der Glaube an Gott ist seither eindeutig zurückgedrängt worden; aber lag das an den Ergebnissen der Naturerforschung oder hatte es andere Ursachen?

Im Jahr 1996 machten E. Larson und L. Witham diese Frage zum Gegenstand ihrer Untersuchung. Das Ergebnis wurde im Wissenschaftsjournal Nature (Vol. 386, p435-436, 1997) veröffentlicht: Der Anteil von Wissenschaftlern, die an einen persönlichen Gott glaubten, hatte sich mit 39,3% praktisch nicht verändert. Damit war Leubas These widerlegt. Aus diesem Ergebnis müssen wir schließen, dass offensichtlich andere Einflüsse für den zunehmende Unglauben wichtiger sind, als die Forschungsergebnisse der Chemiker, Physiker, Biologen und Astronomen. Diese werden nur gern als »Bausteine« benutzt, um die eigene Gottlosigkeit zu »untermauern«. *is*

Was ist wohl für meine Entscheidung für oder gegen den Glauben an einen persönlichen Gott ausschlaggebend?

Naturwissenschaftliche Ergebnisse und deren Deutung sind streng zu unterscheiden!

Klagelieder 3,34-44.55-59

Dienstag

10. Okt. 2000

*In der Welt habt ihr Bedrängnis;
aber seid guten Mutes,
ich habe die Welt überwunden.*
Johannes 16,33

Das Jahr-2000-Projekt

1994 im zweitgrößten Autmobilkonzern der Welt: Mit riesiger Begeisterung wird von der Zentraldirektion in Detroit ein Programm verabschiedet, das die Organisation des ganzen Weltkonzerns auf den Kopf stellt. Neue Stellen werden geschaffen, neue Abteilungen gegründet, neue Mitarbeiter zu Managern ernannt. Verkündigt wird dies alles mit einer Begeisterung, die niemand versteht. Dann die Ernüchterung: Im Laufe der restlichen Jahre des 20. Jahrhunderts wird dieses Programm mindestens 10 mal geändert. Artbeitsplätze werden abgebaut. Inzwischen ist bei allen Mitarbeitern der große Frust eingekehrt, von Begeisterung selbst in den Chef-Etagen keine Spur mehr. Bei vielen herrscht die Angst um den Arbeitsplatz. Die Älteren sehnen den Tag herbei, wo sie endlich in Pension gehen können. Jeder fragt nach dem Sinn und Ziel dieses Programms. Es bleibt die nackte Angst, wirtschaftlich zu überleben. Was ist das für eine (Arbeits-)Welt?

Jesus Christus hat es vorausgesagt: In der Welt habt ihr Angst oder Bedrängnis; aber die große Hoffnung, die er uns gibt, ist, dass er diese Welt überwunden hat. In seiner Liebe zu uns Menschen hat er die (brutale und gnadenlose) Macht der Welt überwunden, indem er freiwillig in das Gericht über unsere Sünde ging. Er hat den Machthaber dieser Welt, den Teufel, entmachtet, der uns Angst macht. Statt Aktionär in dieser unsicheren Welt zu sein, kann man nun Anteilseigner im Himmel werden! Dies ist möglich, indem Sie Jesus Christus als Ihren persönlichen Herrn und Erlöser Ihr Leben ausliefern, der für Ihre Schuld am Kreuz auf Golgatha gestorben ist. *kei*

Mal ehrlich: Wovor habe ich Angst?

Jesus Christus macht uns keine Angst, sondern er stärkt uns gegen die Angst, wenn man sich an ihn wendet.

Klagelieder 5,1-5.16-22

11. Okt. 2000

Mittwoch

Den HERRN will ich preisen allezeit,
beständig soll sein Lob in meinem Munde sein.
Schmecket und sehet, dass der HERR gütig ist!
Psalm 34,2.9

Plötzlich kam der Tod

Duane Scott Willis und seine Frau Janet liebten ihre neun Kinder sehr. Aber früh morgens am 8. November 1994 starben die sechs jüngsten bei einem Autounfall auf der Autobahn in der Nähe von Milwaukee im Bundesstaat Wisconsin: Ein Stahlträger lag auf der Fahrbahn. Beim Passieren schlug der Träger gegen den Unterboden des Fahrzeugs. Der Kraftstofftank ging explosionsartig in Flammen auf. Fünf der Kinder waren sofort tot, das sechste starb Stunden später auf der Intensivstation im Krankenhaus.

Nur etwa eine Woche nach dem Unfall hörte ganz Amerika durch die Medien mit Erstaunen, wie die Eltern diese Tragödie durchstanden. Wenn diese Eltern ihre Kinder liebten, wie die meisten es tun, ist das Herzeleid unbeschreiblich groß gewesen. Wie bewältigt ein Mensch solch ein bitteres Ereignis? Man hätte eigentlich Verständnis dafür, wenn jemand dann völlig in Trauer versinken würde. Sogar Bitterkeit Gott gegenüber könnte sich im Herzen ausbreiten. Doch ganz anders war es in diesem Fall. Aber wo fanden diese Eltern ihren Halt? Die Pressemeldungen berichteten von ihrem Glauben an den Herrn Jesus Christus und wie sie Kraft aus Gottes Wort erhielten. Sie sagten: »Die Intensität der Schmerzen ist unbeschreiblich. Die Bibel drückt es so aus, dass wir betrübt sind, aber nicht wie die anderen, »die keine Hoffnung haben« (1. Thessalonicher 4,13). Ihre Zuversicht war Gottes Wort: »Es ist die Bibel, die unserer Hoffnung eine feste Grundlage bietet. Gottes Wort gibt uns Hoffnung über den Tod hinaus.« Christen wissen, »dass denen, die Gott lieben, alle Dinge zum Guten mitwirken« (Römer 8,28). *ki*

Ist Gottes Wort auch meine Hoffnung?

Gottes Gnade reicht für wirklich alle Lebensumstände (2. Korinther 12,9).

2. Korinther 1,1-7

Donnerstag

12. Okt. 2000

*Wohin sollte ich gehen vor deinem Geist,
wohin fliehen vor deinem Angesicht?*
Psalm 139,7

S O S - Schiff in Not!

So ein Sturm! Das hatte er noch nicht erlebt, obwohl man schon sagen musste, dass er ein recht erfahrener Seemann war. Er hatte es sogar bis zum Kapitän gebracht und war stolzer Führer eines eigenen Schiffs. So schnell konnte ihn nichts aus der Ruhe bringen ...

Aber heute?! Die Wellen schienen immer höher zu werden. So schnell konnten sie gar nicht schöpfen, wie das Wasser wieder in das Schiff schwappte. Alle Ladung war schon über Bord geworfen, um das Schiff leichter zu machen, alle packten mit an ... Doch, halt! Alle? Fehlte da nicht einer? Ja, richtig: Sie hatten doch einen Passagier mitgenommen, der nach Tarsis mitfahren wollte. Der war ihm sowieso etwas seltsam vorgekommen: kein Preis schien ihm zu hoch, sein Gesichtsausdruck hatte die Züge eines Mannes, der auf der Flucht zu sein schien. Doch was soll's - er zahlte gut und so fragte der Kapitän nicht großartig nach. »Was ich nicht weiß ...« Aber jetzt könnte er doch ruhig mit anpacken und retten, was zu retten war, und beten, falls er einen Gott kannte. Der Kapitän wollte ihn holen und stellte fest, dass der Fahrgast seelenruhig und fest schlief! War das denn möglich? »Wach auf, du Schläfer! Steh auf, ruf deinen Gott an! Vielleicht wird dein Gott uns helfen!«

Jona - so hieß der Passagier - taumelte an Deck. Schnell war es heraus: »Der Sturm ist um meinetwillen geschehen, weil ich auf der Flucht bin vor meinem Gott!« Das hatte er nun kapiert, der Jona: Vor Gott kann man nicht weglaufen. Und das lernte er später auch noch: Vor Gott braucht man nicht wegzulaufen, denn er liebt uns Menschen sehr!

(Nachzulesen in der Bibel: Jona 1,1-7) *rk*

Sind Sie auch noch auf der Flucht vor Gott?

Drehen Sie sich um, dann sehen Sie der ewigen Liebe in die Augen!

2. Korinther 1,8-11

13. Okt. 2000

Freitag

*Warum toben die Nationen
und sinnen Eitles die Völkerschaften?*
Psalm 2,1

Ein Mann haut auf den Tisch

Da sitzt er im Plenum der UN, untersetzt, glatzköpfig, mit breitem Lächeln, den Schuh in der Hand, Nikita Chruschtschow, der Führer der Sowjetunion. Seit 1958 ist er der starke Mann in Moskau und schon erschreckt er die Welt. Die Wehrdienstleistenden müssen drei Monate länger in den Kasernen bleiben. Kommt jetzt der Atomkrieg?

Dann dieser unsägliche Auftritt bei den UN! Der Führer der Sowjetunion zieht sich den Schuh vom Fuß und haut damit auf den Tisch (13.10.60). Die Menschen sind bestürzt und verwirrt von dieser Vorstellung, gemixt aus Gruselkabinett und Bauerntheater.

Zwei Jahre später steht die Welt tatsächlich am Abgrund, es ist die Zeit der Kubakrise. Die amerikanischen Kriegsschiffe haben vor Kuba Posten bezogen, um die russischen Raketenfrachter abzufangen, dramatische Stunden, die die Weltbevölkerung in Schrecken versetzen. Manch ein Christ fragte sich damals, ob Gott nicht die Atombombe benutzen werde, um das große Endgericht an der Menschheit zu vollziehen. Alles Spekulationen! Sie zeigten aber, dass es noch Menschen gab, die Gott in die sie bewegenden Fragen hineinbrachten und die Lenkung der Menschheitsgeschichte in seinen Händen sahen.

Kaum jemand kennt heute noch Chruschtschow. Wer sich des Schauspiels erinnert, schmunzelt vielleicht. »Der im Himmel thront«, hat damals schon über Chruschtschow gelacht und seiner gespottet (Psalm 2,4), so wie er es bei allen vermeintlichen Autokraten getan hat. Am Ende aber wird er mit ihnen reden in seinem Zorn (Psalm 2,5). *koh*

Wie wird er mit Ihnen reden?

Wer jetzt umkehrt, findet einmal einen gnädigen Gott.

2. Korinther 1,12-24

Samstag

14. Okt. 2000

*Der Weg des Narren erscheint
in seinen eigenen Augen recht,
der Weise aber hört auf Rat.*
Sprüche 12,15

Navigationssysteme

Angesichts der Perfektion multimedialer Hilfsmittel kann man nur noch staunen. Der moderne Autofahrer des 21. Jahrhunderts zum Beispiel lässt sich per Navigationssystem durch alle Städte, Länder und Kontinente lotsen. Ein kleiner Bildschirm zeigt ständig den aktuellen Standort des Autos und markiert die zu fahrende Route, berechnet die voraussichtliche Ankunftszeit und die verbleibenden Kilometer. Eine einprogrammierte Stimme informiert rechtzeitig den Fahrer, wo er abzubiegen hat. Das angeschlossene digitale Radio meldet die Staus an das Navigationssystem, das wiederum die Route so plant, dass der Stau umfahren wird.

Im Dezember 1998 fuhr ein Autofahrer aus Hamburg schnurstracks in die Elbe. Als Unfallursache gab er an, das Navigationssystem habe ihn so geführt. Tatsächlich war dieses so exakt programmiert, dass es den Autofahrer an dieser Stelle über einen Fährübergang führen wollte, der leider bereits geschlossen hatte. Gleicht der Umgang dieses Fahrers mit seinem Navigationssystem nicht oft unserem Umgang mit Gott? Wenn's glatt geht, ist die Führung selbstverständlich. Läuft's mal schief, schieben wir es der schlechten Führung in die Schuhe. Doch es liegt daran, dass wir mit Gott nicht richtig umgehen.

Für jeden Menschen besteht die Möglichkeit, Gottes Führung in Anspruch zu nehmen. Jedem, der sich dieser Führung unterstellt, wird eine sichere Ankunft „am andern Ufer" versprochen. Allerdings muss man auf Gottes Führung exakt achtgeben. Eigenmächtigkeit, Überheblichkeit und Stolz passen nicht dazu, sondern eher ein offenes Herz und das unermüdliche Erforschen seiner Gedanken. *sw*

Will ich Gottes Führung in meinem Leben ernsthaft wahrnehmen und befolgen?

Man sollte Gott nicht für das eigene Versagen verantwortlich machen.

2. Korinther 2,1-11

15. Okt. 2000

Sonntag

*Der HERR ist mit euch, wenn ihr mit ihm seid.
Und wenn ihr ihn sucht, wird er sich von euch finden lassen.
Wenn ihr ihn aber verlasst, wird er euch auch verlassen.*
2. Chronik 15,2

Brille verlegt

Der bayrische Volksschauspieler Karl Valentin (1882-1948) machte sich einen Namen durch das Verfassen von kurzen, komischen Szenen von absurder Logik. Einmal wurde er von seiner Partnerin Lisl Karlstadt gefragt: »Warum bist du eigentlich heuer so grantig?« Valentin: »Ah ja, i hab' mei' Brille verlegt, und nun kann ich sie nicht suchen, bevor ich sie g'funden hab'.«

Tja, da hatte Herr Valentin wirklich ein Problem. Und vor genau diesem Dilemma stehen viele Menschen bei der Frage nach Gott. Wie kann man Gott persönlich erleben, bevor man ihn gefunden hat? Bei der Suche nach der Brille liegt die Voraussetzung im gesuchten Objekt selbst; nämlich in der Brille.

Das ist bei der Suche nach Gott genauso. Der Unterschied allerdings zwischen Valentins Brille und Gott ist, dass die Brille ein toter Gegenstand ist, der nicht auf sich selbst aufmerksam macht. Gott aber macht die Menschen auf sich aufmerksam. Er will helfen, dass man ihn findet. Wenn wir uns ihm dann nähern, kommt er uns entgegen. Das tun Sachen, die wir verlegt haben, leider nicht.

Sich also auf die Suche nach Gott zu begeben, ist ein hoffnungsvolles Unternehmen. Wer ernsthaft in der Bibel forscht, um die Botschaft Gottes zu verstehen, der wird nicht enttäuscht. Wer Jesus vertraut, der gesagt hat: »Sucht, und ihr werdet finden«, dem gilt genau diese Zusage. Ja, alles Fragen nach Gott, nach der Wahrheit der biblischen Verheißung und nach Frieden ist nur der Beweis, dass Gott selbst schon lange vor unserer Herzenstür steht und anklopft. *wä*

Spüren Sie dieses Suchen und Fragen in Ihrem Inneren?

Dann lesen Sie doch einmal mit der Erwartung die Bibel, dass Gott sich Ihnen persönlich zu erkennen gibt.

Psalm 42

Montag

16. Okt. 2000

*Er ist Herr über alle,
und er ist reich für alle, die ihn anrufen.*
Römer 10,12

Health and Wealth (Gesundheit und Wohlstand)

Besonders in Amerika gibt es eine Reihe von Evangelisten, die verkündigen, weil Gott so reich sei, müssten auch seine Kinder wohlhabend sein, und weil Gott der Heiland ist, müsse bei Gläubigen ebenfalls alles heil und gesund sein, wenn sie nur den richtigen Glauben hätten.

Durch intensives Betteln und psychotechnisch ausgefeilte Methoden haben es manche dieser Prediger auch zu Millionären gebracht, was ihre Thesen vordergründig zu beweisen scheint. Aber ist es richtig, dass richtige Gläubige weder arm noch krank sein können? Schon im Neuen Testament lesen wir von kranken und notleidenden Christen. Und viele sind schon in die schrecklichsten Seelennöte geraten, denen man den rechten Glauben absprach, weil sie nicht geheilt wurden.

Bei all diesen Behauptungen wird eins völlig vergessen: Krankheit und Armut sind nicht ohne Gottes Zulassung entstanden. Er hat also jeweils eine Absicht damit. Hat er diese erreicht, kann er wohl Gesundheit und genügendes Auskommen geben. Wenn man aber meint, Krankheit und Armut wegglauben zu können, maßt man sich an, Gottes Pläne unterlaufen zu können.

Gottes Absichten mit den Schwierigkeiten liegen in erster Linie darin, dass er uns zeigen will, wie recht er hat, wenn er von dieser Welt sagt, sie sei dem Bösen verfallen. Wir sollen unsere Hoffnung auf ihn setzen. Er hat verheißen, in allem Kummer ganz nahe bei uns zu sein, uns Kraft zum Tragen zu geben und uns durch alles hindurch in sein ewiges Reich zu führen, wo es nie mehr Mangel oder Krankheit geben wird. *gr*

Können Sie in Ihren Schwierigkeiten Gottes Erziehung sehen?

Niemals fragen: Warum? sondern immer: Wozu!

2. Korinther 2,12-17

17. Okt. 2000

Dienstag

*Wenn aber Christus nicht auferweckt ist,
so ist also auch unsere Predigt inhaltslos,
inhaltslos aber auch euer Glaube.*
1. Korinther 15,14

Was wäre wenn ...

... Christus nicht auferstanden wäre? Paulus behauptet: Dann wäre der christliche Glaube umsonst, eine leere Dose ohne Inhalt und ohne Wirkung. Der Glaube wäre nichtig, vergeblich, ohne ein wirkliches Fundament, Illusion und Selbstbetrug. Und weiter: Der Glaube wäre ohne Auferstehung in sich selbst ein Widerspruch, denn es geht um das ewige Leben. Denn wenn Christus nicht auferstanden ist, warum sollten dann wir auferstehen? Paulus zieht den Schluss: Wenn sich das wirklich so verhält, dann ist es vernünftiger, den ganzen Glauben über Bord zu werfen und nach dem Prinzip zu leben: Nimm, was du kriegen kannst, denn morgen bist du tot. Der Glaube an einen toten Jesus wäre jedenfalls Unsinn.

Diese Konsequenz haben heute viele gezogen. Aber liegen sie wirklich richtig? Wenn nämlich die Tatsache der Auferstehung zutrifft, dann haben sie sich gewaltig verkalkuliert. Dann haben sie das Leben mit Jesus verpasst - hier und jetzt und - in der Ewigkeit. Deshalb darf man den Streitpunkt „Auferstehung" nicht mit links abtun.

Wie kann man Klarheit über die Auferstehung Jesu gewinnen? Indem man ohne Vorurteile die Fakten prüft. Und die sprechen eher dafür, dass die Auferstehung wirklich geschehen ist. Aber davon muss man sich persönlich überzeugen lassen. Machen Sie es doch wie der englische Journalist Frank Morison, der die Auferstehung widerlegen wollte. Nachdem er alle Details der Evangelien geprüft hatte, kam er zu einem völlig anderen Ergebnis. Sein Buch „Wer bewegte den Stein?" ist eine der besten Verteidigungen der Auferstehung Jesu, die jemals geschrieben wurden. *ju*

Ist für Sie die Auferstehung auch ein Streitpunkt?

Geben Sie der Bibel eine Chance! Prüfen Sie ihre Berichte.

2. Korinther 3,1-11

Mittwoch 18.Okt.2000

Den Fremden sollst du weder unterdrücken noch bedrängen.
2. Mose 22,20

Willkommen in Deutschland!

So hieß es am 10.09.1964 als der Portugiese Armando Sá Rodrigues auf dem Bahnhof Köln-Deutz als Millionster Gastarbeiter begrüßt wurde. Zeitungen berichteten, Rundfunk und Fernsehen waren dabei. Sie waren willkommen, die Menschen aus aller Herren Länder, um hier zu arbeiten, um den Wohlstand zu mehren. Heute leben viele ausländische Menschen bei uns. Aus unterschiedlichsten Gründen sind sie gekommen. Aber mit so »großem Bahnhof« wird wohl niemand mehr empfangen. Glaubt man den platten Parolen der Stammtische, so sind zumindest die meisten Ausländer kriminell, sie nehmen den Deutschen die Arbeitsplätze weg und sind durchweg faul und kassieren unberechtigt Sozialleistungen.

Aus diesen und auch aus anderen, vielleicht gemäßigter formulierten Verallgemeinerungen und Vorurteilen spricht letztlich Angst vor allem Fremden und Andersartigen. Das Zusammenleben mit Menschen anderer Kultur oder gar anderer Weltanschauung wird als existenzielle Bedrohung empfunden. Leicht schlägt diese Angst in Hass um. Hass beginnt im Denken und wird letztlich zur Gewalt. Dafür gibt es manches schändliche Beispiel.

Woher kommt diese Angst? Eine Antwort darauf ist, dass vielen heute gültige Wertordnung und Orientierung fehlen. In einem Land, das sich immer noch christlich nennt, werden die göttlichen Maßstäbe nicht oder wenig geachtet. Der heutige Text ist weit über 3000 Jahre alt, und doch aktuell und sehr modern. Wer die Bibel ernst nimmt, hat hier einen klaren Maßstab für Denken und Handeln. Da ist kein Platz für Parolen, für Hass und Gewalt, da ist aber viel Platz für das, was Gott will: In jedem einen Menschen sehen, für den Christus gestorben ist. *dü*

Wie sehe ich das Ausländerproblem?

Gehen Sie auf den Einzelnen freundlich zu!

2. Korinther 3,12-18

19. Okt. 2000

Donnerstag

Er verwandelte den Sturm in Stille,
und es legten sich die Wellen.
Psalm 107,29

S O S - Mann über Bord!

»Da hilft nichts mehr - er hat selbst geraten, ihn über Bord zu werfen!« Sie hatten wirklich alles probiert, doch der heftige Sturm war zu stark. Da griffen sie ihn und warfen ihn ins Meer! Der Mann versank augenblicklich in den brodelnden Fluten.

Doch was war das? Die Schiffsmannschaft samt Kapitän stand da und staunte. Der Sturm war vorüber, die Wellen legten sich - alles war gut. Was war geschehen? Als Jona - der (un)freiwillige Schwimmer in dieser Geschichte - über Bord ging, schickte Gott einen großen Fisch, der Jona verschlang. Dort verbrachte er drei überaus notvolle Tage und Nächte.

Sturm, Fisch, plötzliche Stille, Überleben im Fischbauch ... Teile eines alten Märchens? O nein - wer Gott zutraut, dass er das Universum ins Dasein rief, wird es ihm wohl auch zutrauen, über die Elemente und Lebewesen der Welt zu bestimmen, oder? Doch warum das alles? Warum hat Gott Jona nicht einfach nach Tarsis fahren lassen? Oder: Warum ließ er seinen ungehorsamen Propheten, der vor ihm davon laufen wollte, jetzt nicht im Meer umkommen? Die Antwort ist einfach und umwerfend zugleich: Weil er für Jonas Leben einen wunderbaren und guten Plan hatte! Weil er wollte, dass Jona zusammen mit Gott große Dinge erlebt! Oder noch einfacher ausgedrückt: Weil er Jona liebte und schätzte!

Das ist bis heute übrigens nicht anders: Gott liebt und schätzt uns sehr! Deshalb geht er uns nach. Deshalb geschehen vielleicht sogar in unserem Leben manchmal Dinge, die an Wunder grenzen. Wer weiß, vielleicht sucht Gott heute nach Ihnen?!

(Nachzulesen in der Bibel: Jona 1,8-16) *rk*

Haben Sie schon mal gemerkt, dass Gott nach Ihnen sucht?

Wenn Sie merken, dass Gott Ihnen begegnen will, sollten Sie darauf reagieren.

2. Korinther 4,1-6

Freitag

20. Okt. 2000

„Das ist der Stein, der von euch, den Bauleuten, für nichts geachtet, der zum Eckstein geworden ist."
Apostelgeschichte 4,11

Wenn Steine reden könnten ...

Den einen lässt es kalt, wenn er historischen Boden betritt. Dem anderen laufen abwechselnd kalte und warme Schauer über den Rücken beim Gedanken, was Steine alles „gesehen" haben. Im Jerusalemer Tempel gab es ein „Allerheiligstes", das nur der höchste Priester betreten durfte. Weil 2000 Jahre später keiner mehr weiß, wo es war, schlagen fromme Juden einen großen Bogen um das ganze Gelände. Etwas außerhalb der Stadtmauern gab es einst einen kleinen Garten namens Gethsemane. Heute stehen hier nur noch einige uralte Ölbäume, vielleicht so alt, dass die römischen Soldaten bei der Verhaftung Jesu über ihre Wurzeln stolperten. Gäbe es nicht Stadtführer, Besucher würden an hochinteressanten Zeugen der Geschichte achtlos vorbeirennen. Vieles lassen selbst Archäologen links liegen, weil Zeit und Geld fehlen.

Was bringt dieses Graben in der Vergangenheit? Es gibt Auskunft über unsere Herkunft, unseren Weg, unsere Richtung. Jesus Christus bezeichnete sich damals als „Grund-" oder „Eckstein". Er dachte dabei nicht an ein Gebäude, sondern an ein Lebensfundament, das er für alle Menschen werden wollte. Für viele wurde er jedoch zum „Stein des Anstoßes". Am Kreuz von Golgatha, dachte man, würde sich die Sache erledigen.

Viele lassen den „Grundstein" Jesus Christus bis heute links liegen. Dabei bedarf es keiner archäologischen Kenntnisse und keines Geldes, um diesen „Schatz" zu bergen. Vielmehr ist das Herz gefragt und ein Sehnen nach Antworten. Woher komme ich? Wozu lebe ich? Wohin gehe ich? Jesus Christus kann zum echten Fundament des Lebens werden! *hü*

Auf welches Fundament stütze ich mich? Trägt mein Fundament bis über den Tod hinaus?

Man braucht nicht erst nach Jerusalem zu reisen, um Jesus zu entdecken.

2. Korinther 4,7-12

Samstag

Wie es nun durch eine Übertretung für alle Menschen zur Verdammnis kam, so auch durch eine Gerechtigkeit für alle Menschen zur Rechtfertigung des Lebens.
Römer 5,18

Rotkäppchen

Wir kennen alle dies Märchen; aber ich denke, dass es das einzige ist, das eine klare Botschaft an uns Christen und an alle Menschen versinnbildlicht. Wir denken oft: Einmal ist keinmal! Oder: So genau wird Gott es mit seinen Geboten doch nicht nehmen! Genau wie Rotkäppchen. Sie meinte, ihr Ungehorsam habe höchstens eine kleine zeitliche Verschiebung zur Folge, sonst würde sich nichts ändern. Zu ihrem größten Schrecken und endgültigen Unheil hat sich aber alles durch ihren Ungehorsam verwandelt. Anstatt in liebende Arme geschlossen zu werden, landet sie im Rachen des Bösen. Da hilft es auch nichts, dass sie „nur Blumen für die Oma pflücken" wollte. Auch mit sozialem Engagement verbrämter Ungehorsam ändert nichts an der Tatsache, dass es Ungehorsam ist, und darauf steht nach Gottes Gerechtigkeit der Tod. Schlimm ist, dass Adam mit seiner Sünde alle seine Nachkommen mit in die Verdammnis hineingerissen hat, so wie hier auch alle sterben, die dazugehören.

Wie gut, dass die Geschichte damit nicht zu Ende ist. Rotkäppchen kann sich selbst nicht retten. Ausgeschlossen! Es muss einer kommen, der stärker als der böse Feind ist und sich nicht vor ihm fürchtet, der aber auch ein starkes Interesse an uns verlorenen Menschen hat, sonst würde er an unserem Elend achtlos vorübergegangen sein. Man braucht gar nichts Erklärendes hinzuzufügen. Wer den großen Retter Jesus Christus schon kennengelernt hat, sagt jetzt leise: „Danke, Herr!" und wer ihn noch nicht kennt, der kann die Botschaft dieses Gleichnisses annehmen und ist dann ebenfalls gerettet für alle Zeit und bekommt ewiges Leben. *gr*

Was halten Sie vom „Blumenpflücken" und den darauf stehenden Folgen?

Man muss die Aussichtslosigkeit unserer Lage ohne Gott erkennen!

2. Korinther 4,13-18

Sonntag — **22. Okt. 2000**

*Und er führte mich heraus ins Weite, er befreite mich,
weil er Gefallen an mir hatte.*
Psalm 18,20

Nicht derselbe Horizont

Dass es kein Zeichen von Charakterstärke ist, seine Fahne in den Wind zu hängen, ist eigentlich bekannt. Trotzdem schließen sich viele Leute gedankenlos der Meinung anderer an und sind mit allem einverstanden. Nicht so der erste Kanzler unserer Republik. Während einer Bundestagsdebatte, in den fünfziger Jahren, drang der damalige Oppositionsführer Erich Ollenhauer auf Konrad Adenauer ein: »Herr Bundeskanzler, seien sie nicht so garstig zur Opposition, wir müssen alle unter dem selben Himmel leben.« Adenauer konterte: »Aber wir haben nicht den selben Horizont, Herr Ollenhauer.« Wer die Dinge überschauen will, muss erst einmal einen festen Standpunkt beziehen. Unter dem »einen« Himmel wurden im Laufe der Weltgeschichte viele unterschiedliche Ideen formuliert. Aber Programme und Theorien können täuschen. Wer der Bibel, und damit Gott glaubt, sieht die Welt aus dem Blickwinkel des Schöpfers und Erhalters der Welt. Ein ganz anderer Horizont tut sich auf, wenn man gezeigt bekommt, wie Himmel und Erde zueinander finden, wie Gott und Mensch sich die Hand reichen können.

Ein fester Standpunkt im Glauben an den Schöpfer und allmächtigen Gott ist mehr als eine festgefahrene Meinung, eine fixe Idee. Hier geht es nicht um trotziges Beharren oder Starrköpfigkeit. Der Glaube an Gott ist dynamisch, weil er mit dem Handeln Gottes rechnet. Trotz einer festen Bindung befreit dieser Glaube zu einem zuversichtlichen Hinausgehen in die Weite des Lebens. Er trägt und hält und gewährt Weitsicht. Er schafft Klarheit bis zum Horizont und lässt Dinge wichtig werden, für die man bisher kein Auge hatte. *wä*

Wie kann man einen festen Standpunkt im Glauben an Gott bekommen?

Indem man sich selbst und sein Leben Gott ausliefert.

Psalm 119,25-32

23. Okt. 2000

Montag

*In Ewigkeit, HERR,
steht dein Wort fest in den Himmeln.*
Psalm 119,89

Fundamentalisten

Um 1900 gab es eine starke Gruppe von Christen, die der Bibel wieder Geltung verschaffen wollte. Sie nannten sich selbst Fundamentalisten, weil sie sagten: »Wir stehen auf dem von Gott selbst gelegten Fundament, der Bibel.«

In den letzten Jahrzehnten hat man diesen Ausdruck für ganz andere Leute gebraucht: Für radikale, zu jeder Schreckenstat bereite Moslems, oder jetzt auch Hindus. Aber weiterhin bezeichnen »fortschrittlichere« Christen andere Christen als Fundamentalisten, wenn diese dabei bleiben, dass die Bibel das Wort des allwissenden und darum irrtumslosen Gottes ist. Billigend wird dabei in Kauf genommen, dass Außenstehende mit diesem Begriff abgrundtiefe Verbohrtheit und Gewaltbereitschaft verbinden.

Wenn wir aber beurteilen könnten, was in der Bibel richtig und was »zeitbedingt« ist, oder »der Wissenschaft widerspricht«, wären wir es ja schließlich, die in allem das letzte Wort hätten. Man müsste dann doch mit Graf Zinzendorff fragen: »Wenn dein Wort nicht mehr soll gelten, worauf soll der Glaube ruhn?« Wer sagt mir denn, dass die von uns akzeptierten Texte von Gott sind, wo die Professoren sich doch auch darin höchst uneins sind!

Nein, wir kennen den größten Fundamentalisten: Jesus Christus. Er glaubte an ein wirkliches erstes Menschenpaar, an Noahs Arche und an Jonas Fisch, und niemand nach ihm hat so deutlich von Himmel und Hölle gesprochen. Wer in ihm den Sohn Gottes sieht, ist gut beraten, auch das zu glauben, was er gelehrt hat.

gr

Was bedeutet Ihnen die Bibel?

Was Millionen in Leben und Sterben geholfen hat, sollte der intensivsten Prüfung wert sein.

2. Korinther 5,1-10

Dienstag

24. Okt. 2000

Gottes unsichtbares Wesen, sowohl seine ewige Kraft als auch seine Göttlichkeit, wird seit Erschaffung der Welt in dem Gemachten wahrgenommen und geschaut, damit sie ohne Entschuldigung seien.
Römer 1,20

Kann die Naturwissenschaft zu Gott hinführen?

Der durch viele Veröffentlichungen bekannte Dr. Paul Davies, Professor für theoretische Physik, an der Universität von Adelaide, Australien, schreibt zu dem obigen Vers: »Der Prozess des Wahrnehmens der Natur (des Gemachten) in dem Sinne, dass wir sie verstehen lernen, ist das, was wir als Naturwissenschaft bezeichnen. Trotzdem stehen viele Christen der Naturwissenschaft ablehnend gegenüber, da sie die Natur vom Anschein des Wunderbaren befreit; sie aber bevorzugen Wunder und bleiben lieber unwissend über die Naturvorgänge.

Für mich besteht dagegen die Schönheit der Naturwissenschaft gerade darin, dass sie die Natur von dem mystischen Schein befreit und offenbart, wie wundervoll das physikalische Universum in Wirklichkeit ist. Es ist mir einfach unmöglich, als Wissenschaftler an der forderstem Front zu arbeiten, ohne über Eleganz, Erfindungsreichtum und Harmonie der gesetzmäßigen Ordnung in der Natur zu staunen ...

Unter meinen Kollegen gibt es dagegen einige, die dieselben wissenschaftlichen Tatsachen wie ich erfassen, aber keinerlei tiefere Bedeutung darin sehen, sondern nur ein zufälliges Zusammentreffen von Merkwürdigkeiten.

Im Gegensatz dazu kann ich einfach nicht akzeptieren, dass das alles Zufallsprodukte sein sollten. Für mich ist die offensichtliche Planung der physikalischen Existenz einfach zu fantastisch, als dass ich sie nur so als 'gegeben' betrachten könnte. Diese Planung deutet mit Nachdruck auf eine tiefere Bedeutung alles Existierenden hin, eine Bedeutung, die Gott in der Bibel offenbart.« *is*

Was wollten wir vorbringen, wenn Gott uns einmal den obigen Bibelvers vorlegt?

Aus der Raffiniertheit des Geschaffenen kann man auf die Genialität des Schöpfers schließen!

2. Korinther 5,11-15

25. Okt. 2000

Mittwoch

Es umfingen mich die Fesseln des Todes,
die Ängste des Scheols erreichten mich. Ich geriet in Not und Kummer.
Da rief ich den Namen des HERRN an ...
Psalm 116,3.4

Der Tod - eine furchterregende Vorstellung

Nach allgemeiner Vorstellung ist nichts so schrecklich wie der Tod, und es gibt nichts Fürchterlicheres als Sterben. Aber woher kommen solche Gedanken, und was verbirgt sich hinter diesen Todesängsten? Sind es die Schmerzen, die oft mit dem Sterben in Verbindung gebracht werden? Oder könnte es das Loslassen vom Leben selber sein? Sicherlich aber sind es Gedanken, die man verstehen kann, denn fast jeder Mensch lebt gerne.

Aber steckt nicht noch etwas mehr dahinter? Könnte es sein, dass der Mensch meint, alles sei dann vorbei? Nach dem Motto: »Wenn ich tot bin, bin ich tot.« Als ob der Mensch dann nicht mehr existiere. Schön wäre es insofern, dass man keine Rechenschaft abzulegen bräuchte. Die moralischen Verfehlungen im Leben hätten keine Konsequenzen.

Andererseits wäre unser Leben dann aber ein armseliges Dasein. Der Grund für die menschliche Existenz fehlte völlig. Es gäbe keine zufriedenstellende Antwort auf die Frage nach dem Sinn des Lebens. Unser Text sagt uns nun, dass wir es mit dem Herrn, mit Gott zu tun haben. Der Tod bekommt durch die Existenz Gottes eine ganz andere Dimension. Er ist nicht das Ende, sonder der Durchgang in die »Endlosigkeit«. Es bleibt nur die Frage, ob wir die Schwelle des Todes mit oder ohne Christus überschreiten. Mit ihm gehen wir in die ewige Freude des Himmels ein und ohne ihn in die Unentrinnbarkeit der Hölle, der ewigen Gottesferne. Deshalb ist nichts auf der Welt auch nur annähernd so wichtig wie die Frage: »Wo werde ich die Ewigkeit zubringen?« *ki*

Wie will ich die Schwelle des Todes überqueren?

»Augen zu und durch!« ist ein ganz schlechtes Rezept.

2. Korinther 5,16-21

Donnerstag

26. Okt. 2000

*Preist den Herrn, denn er ist gut,
denn seine Gnade währt ewig!*
Psalm 107,1

S O S - Stadt in Not!

Es war eine beschwerliche Reise: Die alte Handelsstraße Richtung Ninive ging durch weites unwirtliches Gelände. Später dann, am Euphrat entlang, durchs Zweistromland bis an den Tigris, war's etwas angenehmer. Doch über 1.000 Kilometer waren es immerhin - ohne ICE, klimagekühlte Limousine oder gar Airbus, einfach zu Fuß!

Doch auch die längste Reise geht vorüber und nun stand Jona, der Prophet Gottes, vor der imposanten Stadtmauer Ninives. Hier war was los! Das Assyrische Weltreich mit seiner Hauptstadt war ein Schmelztiegel der Kulturen - Ninive selbst ein Handelszentrum. Es wimmelte vor Menschen, die Hauptstadt hatte für die damalige Zeit gigantische Ausmaße. Da kam man sich ganz schön klein vor ...

Ein paar Mal tief durchatmen - und los ging's! Wie lautete noch die Botschaft Gottes an diese Stadt? Ach ja: »Noch 40 Tage und Ninive ist zerstört!« Gott kündigte Gericht an. Wie Jona sich wohl gefühlt haben mag angesichts Zehntausender Assyrer, die von Gott absolut nichts wissen wollten?

Auf jeden Fall war er ganz schön perplex, als er kurze Zeit später das »Ergebnis« seiner Predigt sah: Die Menschen in Ninive glaubten ihm! Sogar der König (!) kehrte um zu Gott und befahl seinem Volk, dass alle Gott bitten sollten, er möge die Stadt verschonen. Und er verschonte sie!

Das ist Gott! Absolut gnädig. Absolut Liebe. Er freute sich über die Umkehr dieser Menschen. Und das ist bis heute nicht anders.

(Nachzulesen in der Bibel: Jona 3,1-10) *rk*

Wo haben Sie die Güte und Gnade Gottes in Ihrem Leben schon erfahren?

Auch eine Bußpredigt ist eine Freundlichkeit Gottes!

2. Korinther 6,1-10

27. Okt. 2000 — Freitag

Dein Hüter schlummert nicht.
Der HERR ist dein Hüter, der HERR ist
dein Schatten über deiner rechten Hand.
Psalm 121,3.5

»Schlafe in seliger Ruh«?

»Contergankinder« nennt man Menschen mit angeborenen Fehlbildungen, besonders der Arme. Durch Einnahme des Schlafmittels »Contergan« - Handelsname für den Wirkstoff Thalidomid - durch die Mütter während der Schwangerschaft, wurden die Missbildungen bei den Embryos verursacht. Das Verbot dieses Schlafmittels kam für die Contergankinder leider zu spät. Heute vor genau dreißig Jahren endete der »Conterganprozess« ohne Verurteilung. Dabei erinnere ich mich an die ersten Jahre unserer Ehe. Meine Frau wurde schwanger. »Aller Anfang ist schwer«, sagt der Volksmund und was wir auch zu spüren bekamen. Meine liebe Frau quälte sich in der Schwangerschaft sehr und hatte Schlafprobleme. Klar, das der Hausarzt sehr bereitwillig entsprechende Medizin verschrieb. Aber - und Gott sei Dank dafür - nicht dieses »Contergan«.

Später, als unser erstgeborener Sohn zahnte und entsprechenden Lärm dazu veranstaltete, fanden wir nachts alle drei keine Ruhe. Was in unserer bescheidenen Zwei-Zimmer-Wohnung unterm Dach auf engstem Raum unsere Nerven sehr strapazierte. Und was der Hausarzt meiner Frau vorenthalten hatte, verordnete nun der Kinderarzt unserem Söhnchen: Contergan! Flaschenweise. Ich weiß nicht mehr genau wie viele, aber immer wieder. »Aufgewacht« sind wir allerdings erst, als diese Medizin plötzlich in die Schlagzeilen kam. Unser Kind schlief dann »ohne« auch gut.

Noch immer - unser Sohn ist jetzt vierzig - sind wir dem Herrn unendlich dankbar für seine bewahrende Gnade. Ganz besonders, wenn uns eines dieser sogenannten »Contergankinder« im Erwachsenenalter auf der Straße begegnet. *khg*

Wann und wofür haben Sie Gott zuletzt »Danke« gesagt?

Wer dankbar ist, bekommt den rechten Durchblick (Psalm 50,23).

2. Korinther 6,11 - 7,1

Samstag — 28. Okt. 2000

Die Ehe sei ehrbar in allem, und das Ehebett unbefleckt! Denn Unzüchtige und Ehebrecher wird Gott richten.
Hebräer 13,4

Treue ist gefragt

»Ja, ich will dich lieben - bis der Tod uns scheidet.« Das war damals leicht gesagt, der Himmel war rosarot und hing voller Geigen, der größte Wunsch war erfüllt: immer mit dem geliebten Menschen zuammenzusein, die Liebe hatte Hochkonjunktur. Es ist nicht schwergefallen, dem Ehepartner dieses Treue-Versprechen zu geben. Aber inzwischen sind die Jahre ins Land gegangen. Immer wieder einmal gibt es Reibereien, die Spannungen eskalieren. Und manchmal möchte man die ganze Sache hinschmeißen und noch einmal von vorn beginnen.

Hat die Ehe tatsächlich diesen Stellenwert im Leben des Menschen, dass die Aufforderung, die Ehe zu achten, wirklich so ernst genommen werden muss? »Passt diese biblische Anweisung denn noch in unsere Zeit?«, höre ich die Entgegnung der Zeitgenossen. Selbstverwirklichung ist das große Schlagwort. Aber das ist auch der erste Schritt weg vom Ehepartner: der Blick auf mich statt auf ihn, auf meine statt auf seine Bedürfnisse. Und dieser Rückzug vom Partner ist auch der Rückzug von Gott, der uns in seinem Wort sagt: »Die Männer sind schuldig, ihre Frauen zu lieben« (Epheser 5,28).

Wenn Gott uns etwas gebietet (z.B. die Ehe sei ehrbar), so will er uns dadurch beschenken und bewahren und uns keine Fesseln anlegen. Wenn wir den Gedanken Gottes nachkommen, werden wir neu lernen, das Geschenk der Ehepartnerschaft zu schätzen und werden ihm von neuem vertrauen, dass er es uns auch erhalten will. Von Gott kommen gute für uns Menschen heilsame Gebote. Er gibt nur vollkommene Gaben.

li

Sollte ich heute nicht einmal bewusst für meinen Ehepartner danken?

Wie wär's mit einem Geschenk, das ihn erfreut.

2. Korinther 7,2-16

29. Okt. 2000

Sonntag

Ich bin das Alfa und das Omega, spricht der Herr, Gott, der ist und der war und der kommt, der Allmächtige.
Offenbarung 1,8

Wenn Majestät kommt ...

Der Berliner Zeichner und Grafiker Heinrich Zille wollte bei einer Besichtigung des Schlosses Sanssouci in Potsdam gern ein paar Skizzen vom Interieur zeichnen. Dazu lies er sich auf einem Rokokosessel nieder. Sofort kam ein Wärter angerannt und rief entrüstet: »Sie sitzen auf dem Sessel Friedrichs des Großen!« Zille blieb seelen-ruhig sitzen und antwortete: »Reg dir ab, Männe, wenn Majestät kommt, mach ick de Flieje.« Natürlich kam der König nicht. Dass »Majestät« zuletzt auf dem edlen Polster gesessen hatte, war über hundert Jahre her. Von daher stand nichts zu befürchten.

Biblische Geschichtsschreibung liegt noch viel länger zurück. So regt sich auch keiner mehr auf, wenn Jesus Christus als der Herr der Welt bekundet wird. Warum aufspringen, wenn ich gerade so schön sitze? Warum aus der Ruhe bringen lassen, wenn meine Rechnungen bisher aufgegangen sind? Viele Menschen wohnen auf dem Planet Erde, ohne zu wissen, wem dieser herrliche Lebensraum eigentlich gehört. Wir haben es uns bequem gemacht und rechnen nicht mehr mit dem Hausherrn.

Doch dieser Herr ist nicht tot. Keine Revolution hat je seine Herrschaft beendet. Dazu gehört, dass Jesus vorausgesagt hat, wieder zu kommen. Dann bleibt niemand gemütlich sitzen und niemand macht »die Fliege«. Dann wird jeder bekennen, dass Jesus Christus Herr ist.

Über Zilles »Respektlosigkeit« mag man schmunzeln; aber die Ankündigung, dass Jesus wiederkommt, sollte man ernst nehmen und bereit sein, »wenn Majestät kommt«.

wä

Glauben Sie, dass Jesus Christus wiederkommt?

Machen Sie sich bereit zu einer Begegnung mit diesem Herrn!

Psalm 119,33-40

Montag

30. Okt. 2000

*Seid nun barmherzig wie auch euer
Vater barmherzig ist.*
Lukas 6,36

Barmherzigkeit in einer unbarmherzigen Welt

Da reist im Juni 1859 ein junger Genfer Kaufmann nach Oberitalien und wird südlich des Gardasees unversehens Zeuge kriegerischer Auseinandersetzungen. Die mit Frankreich verbündeten Italiener treffen in der blutigen Schlacht bei Solferino auf die Österreicher, um sich von deren Herrschaft zu befreien. Entsetzt steht der 31-jährige Schweizer namens Henri Dunant am nächsten Tag auf dem von 40.000 Schwerverwundeten, Sterbenden und Toten bedeckten Schlachtfeld. In der Junihitze Italiens verdursten und verrecken viele, weil ihnen keiner hilft. So gut er kann, organisiert Dunant aus den umliegenden Orten Hilfe, aber er muss einsehen, dass umfassender Beistand seine Möglichkeiten übersteigt. Der von Barmherzigkeit ergriffene Mann bereist daraufhin unermüdlich Europa und ruft auf zu organisierter Hilfe für die Opfer der Kriege, die sich im Gegeneinander der Staaten anscheinend nicht vermeiden lassen. 1863 hat er es geschafft: Eine internationale Konferenz in Genf gründet das Rote Kreuz und beschließt 1864 die Genfer Konvention, die die Milderung der Kriegsfolgen international regelt. 1901 erhält der mittlerweile vergessene und in Armut lebende Dunant den Friedens-Nobelpreis. Heute vor 90 Jahren ist er gestorben.

Ein einzelner barmherziger Mensch hat Großes bewirkt. Doch die Barmherzigkeit, die uns Gott in Jesus Christus erwiesen hat, ist unvergleichlich größer, weil sie jedem Glaubenden Gemeinschaft mit ihm und ewiges Leben schenkt. Wer Christ ist, hat diese große Barmherzigkeit erfahren. Hat sie uns aber auch unseren Mitmenschen gegenüber barmherzig gemacht? *jo*

Wann habe ich zuletzt die Barmherzigkeit eines Mitmenschen erfahren?

Barmherzige werden Barmherzigkeit erlangen!

2. Korinther 8,1-5

31. Okt. 2000

Dienstag

Jesus spricht zu ihr: Rühre mich nicht an!
Johannes 20,17

Nicht zu (be)greifen!?

Für die Jünger Jesu ist eine Welt zusammengebrochen. Sie hatten so große Erwartungen in ihren Lehrer als den König Isaels gesetzt, stattdessen steckt ihnen seine grausame Hinrichtung vor knapp drei Tagen noch in den Knochen. Verwirrung und Hilflosigkeit haben sich breitgemacht.

Auch Maria, die sich bereits in der ersten Morgendämmerung auf den Weg zum Grab gemacht hat, ist schier verzweifelt. Versetzen wir uns einmal in ihre Lage: Angst hat sie. Angst, dass nun ihre Vergangenheit sie wieder einholt. Hatte er sie nicht damals von ihren furchtbaren Bindungen befreit? Sie war seitdem immer in seiner Nähe geblieben, weil sie spürte, dass nur er ihr die Garantie für ihre innere Freiheit geben konnte. Verzweifelt sitzt sie nun vor dem offenen Grab und klammert sich an die Erinnerungen, sucht nach irgendetwas Handgreiflichem. Ihr geht es ähnlich wie vielen Menschen heute, die nach einer Sicherheit für ihr Seelenheil suchen. Etwas, was man bei sich trägt. Etwas, an dem man seinen Glauben festmacht: ein Kruzifix, eine Ikone, der Taufschein ...

Doch Jesus Christus zeigt sich Maria als der Auferstandene, als der, der den Tod besiegt hat, und er löst sie von allem, was man festhalten möchte: »Rühr mich nicht an«, sagt er ihr - mit anderen Worten: »Du brauchst nicht irgendeinen mystischen Gegenstand, du brauchst nicht etwas Materielles, an dem du dein Seelenheil festmachst. Den Glauben kannst du nicht mit Händen greifen. Den muss man im Herzen haben. Du kannst mich nicht anfassen, nicht in der Hand halten. Aber du darfst mir glauben, mir vertrauen. Nicht du hältst mich, sondern ich halte dich!« *pt*

Woran mache ich meinen Glauben fest?

Jesus lebt! Durch den Glauben kann man mit ihm auf's Engste verbunden sein.

2. Korinther 8,6-15

Mittwoch — 1. Nov. 2000 — **Allerheiligen**

Nun aber ist Christus aus den Toten auferweckt.
1. Korinther 15,20

Tot ist tot – oder?

In diesen Tagen haben die Gräber auf unseren Friedhöfen einen nicht zu übersehenden zusätzlichen Schmuck. Unzählige Lichter erhellen den trüben und nebelverhangenen Novembertag. Dieser Brauch wurde im Mittelalter eingeführt, um an die Hoffnung zu erinnern, die die lieben Verstorbenen haben können, irgendwann dem Fegefeuer zu entrinnen. In der Bibel finden wir solche Vorstellungen nicht. Sie lehrt eindeutig, dass alle sterben müssen und dass es sich zu Lebzeiten entscheidet, ob man in den Himmel kommt oder nicht.

Der Tod ist auch in unserer aufgeklärten Zeit, in der wir (fast) alles erreichen, was wir wollen, eine nicht von uns zu beeinflussende Macht. Er wird in der Bibel »der König der Schrecken« genannt, dem sich jeder stellen muss.

Gott hatte den ersten Menschen nach ihrer Schöpfung ein Gebot gegeben, um ihren Gehorsam zu prüfen. Die Konsequenz des Ungehorsams war der Tod. Doch der Mensch handelte gegen Gottes Anordnung; er wollte sich selbst verwirklichen. Das Ergebnis war, dass jeder sterben muss. Der Tod ist die Folge der Sünde gegen Gott. Hier gibt es keine Ausnahme.

Gott hat jedoch einen Ausweg aus dieser Katastrophe geschenkt. Jesus Christus hat den Tod besiegt. Er ist zwar gestorben, aber Gott hat ihn auferstehen lassen. Er lebt und gibt dieses Leben an die weiter, die ihm vertrauen, die ihr Leben in enger Verbindung mit ihm leben. »Wer an mich glaubt, wird leben, auch wenn er gestorben ist«, verspricht Jesus Christus. Der Friedhof ist nicht das Ende. Das dürfen Sie wissen! *gk*

Haben Sie berechtigte Hoffnung auf ein ewiges Leben?

Jesus Christus ist der Einzige, der kompetent über Auferstehung reden kann.

2. Korinther 8,16-24

2. Nov. 2000

Donnerstag

Jesus Christus spricht: In der Welt habt ihr Angst; aber seid getrost, ich habe die Welt überwunden. (Luther '84)
Johannes 16,33

Ein Leben ohne Angst?

Wenn wir ehrlich sind, können wir diese Frage keinesfalls einfach verneinen. Wer will von sich behaupten, ohne Angst zu leben? Tägliche persönliche Nöte, Unsicherheit im Beruf, Furcht vor Krankheit und Hilflosigkeit, Sorge um Ehe und Familie, Ungewissheit über mögliche Katastrophen und ihre Folgen, Entsetzen über die Zerstörung der Umwelt: wen lässt das unberührt? Oft stehen wir mit Bangen vor den Ereignissen und zittern um sich abzeichnende Entwicklungen. Wir haben Angst!

Wir haben Angst in der »Welt«. Das meint in der Sprache der Bibel den Lebensraum, in dem Gott kein Platz eingeräumt wird. Furcht in unserem Leben ist letztlich darin begründet, dass wir uns von Gott gelöst haben, dass er nicht mehr handelnde Wirklichkeit bei uns ist. Eine andere Macht hat diesen Platz eingenommen, die teuflischer Herkunft ist. Viele versuchen sich abzusichern, ihrer Angst zu entkommen, indem sie ihr Leben von Horoskopen leiten lassen. Dadurch werden sie aber nur noch tiefer verstrickt in den Kreislauf des Bösen und werden zuletzt in tiefer Verzweiflung enden.

Jesus Christus aber bietet sichere Befreiung aus den Bindungen der Angst. Er allein kann trösten, Mut machen, Freude schenken. Er hat alles beseitigt, was uns schuldhaft von Gott trennt. Er hat die Macht, die uns Angst macht, überwunden. Er löst von allem, was nach unten zieht.

Er bietet jedem, der ihm glaubt, neues Leben an. Das beinhaltet, dass wir mit ihm über unsere Not sprechen und erleben, dass er hält, was er verspricht. Die Verbindung mit Jesus Christus bringt Freiheit von dem, was Angst macht.

gk

Was machen Sie, wenn die Angst Sie überfällt?

Jesus Christus ist der beste Partner für's Leben.

2. Korinther 9,1-5

Freitag

3. Nov. 2000

*Er heilt, die zerbrochenen Herzens sind,
er verbindet ihre Wunden.*
Psalm 147,3

Der Meister und sein Werkzeug

Heutzutage scheint in der Heilkunde nahezu alles möglich zu sein. Bis ins Letzte ausgefeilte technische Geräte erlauben der Medizin diagnostische und therapeutische Maßnahmen, die vor Jahrzehnten noch undenkbar waren. Während man Anfang des 19. Jahrhunderts noch kaum in der Lage war, die inneren Organe und deren Erkrankungen objektiv zu beurteilen, gibt es heute keine versteckten Winkel mehr im menschlichen Körper, die nicht mit komplexen technischen Instrumenten und bildgebenden Verfahren zugänglich gemacht werden könnten.

Gerade in der Medizin wird es ganz deutlich, wie hilfreich Werkzeuge - egal welcher Art - in der Hand eines Menschen sein können, um Gutes damit zu bewirken. Aber so wie ein Stetoskop von sich aus keine Herz- und Atemgeräusche beurteilen kann, vermag auch kein Arzt die Heilung einer Krankheit oder einer Wunde in Gang zu bringen. Das kann nur Gott allein.

Wir wollen uns die ärztliche Wissenschaft mit all ihrer Kenntnis und ihren reichhaltigen Möglichkeiten nicht wegwünschen. Jedoch sollten wir nicht blindlings ihr allein vertrauen, als wäre sie in sich selbst in der Lage, unsere Gesundheit zu erhalten oder wieder herzustellen. Als einer der Ersten wusste der französische Feldarzt Ambroise Paré (1510-1590) die Hilfe von einfachen Geräten für operative Eingriffe zu nutzen. Er gilt als der »Vater der modernen Chirurgie«. Obwohl er große Annerkennung genoss, hatte er sein Können immer dem Allmächtigen unterstellt. Der bescheidene Ausspruch: »Ich verband ihn, Gott heilte ihn!«, war seine Motivation und machte ihn berühmt. *mö*

Wem vertraue ich meinen Körper und meine Gesundheit an?

Vor dem Arztbesuch wende ich mich erst mit einem Gebet an Gott!

2. Korinther 9,6-15

4. Nov. 2000

Samstag

Daniel, einer der Weggeführten aus Juda, schenkt weder dir, o König, noch dem Verbot, das du hast ausfertigen lassen, Beachtung; sondern er betet dreimal am Tag.

Daniel 6,14

Ganz schön mutig!

Alles ist gut vorbereitet, viel Arbeit steckt darin und nun kommt der erste große Höhepunkt: Die wichtige Zwischenpräsentation unseres Auftragsergebnisses vor dem Kunden und seinem Management. Unser Team mit Beratern aus verschiedenen Ländern startet die Vorstellung. Puh, irgendwann ist der Vormittag herum und die erste Entspannung in der Mittagspause kommt. Die fachlich angespannte Atmosphäre weicht einem lockerem Gespräch, als sich unser Projektleiter kurz aber bestimmt Ruhe ausbittet, seinen Kopf senkt, leise ein kurzes Gebet spricht und sich dann für die Ruhe bedankt und einen guten Appetit wünscht.

Der Tag mit seiner Mittagspause und dem zweiten Präsentationsteil vergeht und doch geht mir dieser Mensch nicht aus dem Kopf: Ohne Rücksicht auf »was die Leute denken« und die Befindlichkeiten der für uns wichtigen Anwesenden dankt er seinem Gott für das Essen und vielleicht ja auch für den erfolgreichen ersten Teil des Tages.

Diesem Mann jedenfalls merkte man es an, dass er eine persönliche Beziehung zu Gott hatte, und nicht alles nur eine tote Form war!

Wie bei Daniel in der Gefangenschaft. Ihm war es sogar bei Todesstrafe verboten worden, sich an einen anderen als den König mit Bitten zu wenden. Und doch redete er mit seinem Gott, wie er es gewohnt war. Ihm bedeutete diese Beziehung sogar mehr als sein Leben. - Oder wie meinem holländischen Kollegen der Kontakt zu Gott wichtiger war als sein guter Ruf. Anscheinend gibt es für die Christen Situationen, in denen sie sogar vor Königen Farbe bekennen müssen. *mg*

Was hätten wir in der oben geschilderten Situation gemacht?

Erst die Beziehungen, zu denen ich auch in brenzligen Situationen stehen kann, sind für mich wirklich von Bedeutung!

2. Korinther 10,1-11

Sonntag

5. Nov. 2000

*Ich will ihm Vater sein,
und er soll mir Sohn sein.*
2. Samuel 7,14a

Gott nimmt Menschen als seine Kinder an

Diese Worte sprach Gott zu David, als dieser ihm ein Haus bauen wollte. Der Herr erlaubte es ihm jedoch nicht, sondern versprach ihm statt dessen einen Sohn, der nach ihm König sein sollte. Der würde ihm ein Haus bauen. Und er, Gott, würde ihn als seinen eigenen Sohn annehmen, sozusagen adoptieren. Dieser versprochene Sohn war Salomo. Doch wenn wir nachlesen, unter welchen Umständen Salomo geboren wurde, dann erscheint uns diese Geschichte überaus großartig. Denn wieder einmal geschah dies zu einem Zeitpunkt, als eigentlich alles verloren schien. David hatte gesündigt. Er hatte die Ehefrau eines anderen Mannes genommen, während dieser abwesend war und diesen Mann auch noch heimtückisch töten lassen, um den Ehebruch zu vertuschen. Auf beide Taten stand entsprechend dem Gesetz Gottes die Todesstrafe. Eigentlich gab es kein Entrinnen für David; denn Gott hatte alles gesehen. Vor ihm kann man nichts verbergen. Aber David beugte sich unter Gottes Urteil. Er erkannte an, dass Gott rechtmäßig handeln würde, wenn er ihn verwarf und die verdiente Strafe an ihm vollzog. Daraufhin schenkte Gott ihm Gnade. Der im Ehebruch gezeugte Sohn musste zwar sterben, aber der nächste war der Salomo, dem die obige Verheißung galt! »Und der HERR liebte ihn« (2. Samuel 12,24)!

Im Neuen Testament hat Gott dieses Prinzip im großen Stil wieder aufgegriffen. Jetzt wird jeder Mensch von Gott als Sohn bzw. Tochter angenommen, der seinerseits Jesus Christus im Glauben annimmt. »So viele ihn aber aufnahmen, denen gab er das Recht, Kinder Gottes zu werden, denen, die an seinen Namen glauben« (Johannes 1,12).   *us*

Was bedeutet es, Gott zum Vater zu haben?

Dem himmlischen Vater kann man sein zeitliches und ewiges Los anvertrauen.

Psalm 120

6. Nov. 2000

Montag

Ich, ich bin es, der deine Verbrechen auslöscht um meinetwillen, und deiner Sünden will ich nicht gedenken.
Jesaja 43,25

Vergebung ist nicht selbstverständlich!

Ich bin ein elendes Plappermaul! Unter dem Siegel der Verschwiegenheit hatte mein Kollege mir etwas mitgeteilt. Niemand sollte etwas davon erfahren, es ging auch niemanden etwas an. Doch es kam, wie es kommen musste: Bei einem geselligen Beisammensein rutschte es mir hinaus. Mir war gar nicht bewusst, dass ich etwas Falsches gesagt hatte, aber der Gesichtsausdruck meines Kollegen zeigte alle Gefühlsnuancen von Ärger über Enttäuschung bis hin zum Entsetzen. Es war zu spät. Ich konnte die Worte nicht zurücknehmen, auch wenn ich alles dafür getan hätte. Maßlos enttäuscht über mich selbst fuhr ich nach Hause.

Was würde am Montag im Büro geschehen? Hatten die anderen es überhaupt mitbekommen? Wie würde mein Kollege reagieren? Würde er sauer sein? Mir die Sache nachtragen? Mir irgendwann noch einmal vertrauen? Dass ich einen Fehler gemacht hatte, wusste ich nur zu gut. Aber ich konnte die Sache nicht mehr ungeschehen machen. Wie würde sich unser Verhältnis entwickeln, wenn er mir nicht verzeihen würde? Das machte mir am meisten Sorgen.

Glücklicherweise nahm er die Sache nicht so tragisch, und am Ende haben wir herzhaft darüber gelacht. Aber mir wurde klar, dass ich andere Menschen nicht zwingen kann, meine Entschuldigung anzunehmen, auch dann, wenn es wirklich keine böse Absicht war und es mir ehrlich Leid tut.

In diesem Augenblick wurde mir bewusst, dass auch Gott nicht notwendigerweise verpflichtet ist, meine Vergehen zu vergeben. Um so großartiger ist die Tatsache, dass er sich freiwillig verpflichtet hat, unser Schuldbekenntnis um seines Sohnes willen anzunehmen. *ko*

Habe ich heute Gott schon für seine Vergebungsbereitschaft gedankt?

Um Bewahrung bitten ist besser, als später eine Schuld einzugestehen.

2. Korinther 10,12-18

Dienstag

7. Nov. 2000

Ich laufe nun so, nicht wie ins Ungewisse.
1. Korinther 9,26

Klare Zielsetzung

Jan Ullrich fährt auf der Bergetappe in den Pyrenäen dicht am Hinterrad von Marco Pantani. Er lässt ihn keinen Augenblick aus dem Auge. Er schiebt sich an ihm vorbei. Doch dann schaut er nicht zurück, sondern nach vorne: auf das Ziel. Der Blick auf's Ziel motiviert ihn und gibt neuen Antrieb.

Ich bewundere engagierte Sportler, Unternehmer und Politiker, wie konsequent sie ihre Ziele definieren und verfolgen. Alle Dinge, die sie ablenken könnten, vermeiden sie. Ständig kontrollieren sie die Zwischenergebnisse, prüfen, ob sie ihren Kurs oder ihre Strategie der Zielvorgabe anpassen müssen. Für Nebensächlichkeiten haben sie keine Zeit.

Wer von uns möchte schon zu denen gehören, die einfach drauf los rennen und ins Ungewissen laufen. Wir planen unsere Ausbildung, unseren Beruf, unsere Familie, den Urlaub, ja sogar unser Hobby. Ist unser Ziel erreicht, fragen wir: Wie geht's weiter? Viele Zieldurchgänge reihen sich aneinander. Oft erreichen wir das Ziel auch erst nach mehrmaligem Anlauf. So musste ich meine Fahrprüfung wiederholen, bis es schließlich klappte. Andere Dinge können wir nicht wiederholen. Zum Beispiel den freien Fall aus einem Hochhaus. Schon der erste Versuch wäre tödlich.

Haben wir das Endziel für unser Leben falsch gesteckt, können wir nicht nachbessern. Deshalb sollten wir uns heute darüber im Klaren sein, was am Ende unseres Lebens steht. Dass es einmal kommt, ist todsicher.

Gott will uns einen Lebenssinn geben und ein lohnendes Ziel stecken. Er will, dass wir einmal für alle Ewigkeit bei ihm sind, in seiner Herrlichkeit. Arbeiten wir auf dieses Ziel hin? *la*

Wie sehen meine Zielvorgaben aus?

Nicht verzetteln!

2. Korinther 11,1-6

8. Nov. 2000

Mittwoch

Das Zeugnis des HERRN ist zuverlässig.
Psalm 19,8

Vertritt die Bibel ein falsches Weltbild?

Eine Physiklehrerin unterhielt sich mit mir über meinen Glauben. »Sie glauben an Gott, nun gut, das kann ich noch verstehen, obwohl ich Atheist bin. Aber wie können Sie als Physiker die Bibel ernst nehmen? Sie wissen doch, dass das Weltbild der Bibel falsch ist!« »Was verstehen Sie denn unter dem Weltbild der Bibel?«, fragte ich zurück. »Nach der Bibel ist die Erde eine auf Säulen ruhende Scheibe, um die die Sonne kreist.« »Wie passt damit aber die Aussage zusammen: ›Er hängt die Erde auf über dem Nichts‹?« (Hiob 26,7), erwiderte ich. »Außerdem hat Jesus Christus seine Wiederkunft als plötzliches Ereignis beschrieben, das Menschen gleichzeitig und trotzdem zu verschiedenen Tages- und Nachtzeiten erleben werden (Matthäus 24,40-41 und Lukas 17,34-35). Das wäre bei diesem Weltbild nicht möglich.« »Was für ein Weltbild hat denn Ihrer Meinung nach die Bibel?«, fragte sie nun.

»Die Botschaft der Bibel gilt für Menschen aus mehreren Jahrtausenden, und alle sollen sie unabhängig von ihrem Weltbild verstehen. - Ist es da nicht sinnvoll, dass die Bibel überhaupt kein Weltbild vertritt? Wenn Sie vom Sonnenaufgang reden, meinen Sie damit ja auch nicht eine Wanderung der Sonne um die Erde. Sie beschreiben lediglich die Bewegung der Sonne aus der Perspektive eines ruhenden Beobachters auf der Erdoberfläche. Physikalisch gesprochen ist dies das Koordinatensystem, das meines Erachtens in der gesamten Bibel verwendet wird.« Zum Abschluss schlug ich meiner Gesprächspartnerin vor, doch einmal ohne alle Vorurteile selbst in der Bibel zu lesen. *is*

Wem könnten wir glauben, wenn nicht einmal Gott die Wahrheit sagen würde?

Wer klar sehen will, muss die persönlich gefärbte Brille absetzen.

2. Korinther 11,7-15

Donnerstag

9. Nov. 2000

*Gott aber erweist seine Liebe zu uns darin, dass Christus,
als wir noch Sünder waren, für uns gestorben ist.*
Römer 5,8

Revolution gegen den Tod

»Unsterblichen«-Treffen in Amsterdam: »Wir schalten das Todesprogramm einfach um.« Fasziniert hören die Kongressteilnehmer den Redner ins Mikrofon rufen: »Jeder Mensch ist unsterblich.« Diese Tagung wurde von einer internationalen Bewegung veranstaltet, die sich »People Forever« nennt. Das Älterwerden versuchen Sie zu ignorieren. Sie wollen Leben, immerfort leben und meinen, das Rezept dafür gefunden zu haben. Dazu meinte ein Mitarbeiter dieser Bewegung: »Die Bremse ist im Kopf.«

Der Prozess des Sterbens, der letztlich zum Tod eines Menschen führt, ist aber nicht durch eine Philosophie zu ändern. Der Tod ist nicht eine Sache des Kopfes. Dass der Mensch stirbt, ist eine unumstrittene Tatsache. Aber: Die Ursache des Todes ist die Sünde (Römer 6,23). Die Sünde ist durch den Ungehorsam eines Menschen in die Welt gekommen (Römer 5,12). Und der Tod schließt keinen einzigen Menschen aus, denn ausnahmslos alle sündigen.

Jeder Tag unseres Lebens ist trotz der Fortschritte der Medizin ein Schritt auf unseren Tod hin, ob wir es wahr haben wollen oder nicht. Nehmen wir das zur Kenntnis? Aber es gibt Hoffnung. Die Grundlage zu dieser Hoffnung ist durch den Tod und die Auferstehung Jesu Christi gelegt. Er starb anstelle der Sünder. Wenn ein Sünder glaubend Christi Opfertod am Kreuz für sich annimmt, erhält er Vergebung und das ewige Leben. In Christus Jesus hat die Suche nach der Unsterblichkeit ihr Ende.
ki

Wie gehe ich mit dem Bewusstsein um, einmal sterben zu müssen?

Der Mensch kann das Sterben nicht aufhalten, aber in Jesus Christus wurde der Tod besiegt (1. Korinther 15,57).

2. Korinther 11,16-33

10. Nov. 2000
Freitag

Lass doch keinen Streit sein zwischen mir und dir;
... wir sind doch Brüder!
1. Mose 13,8

Muss man immer sein Recht durchsetzen?

Ein ernstes Problem hat sich aufgetan im Verhältnis zwischen Abram und seinem Neffen Lot. Beide haben große Viehherden, die gute Weideplätze brauchen; diese aber sind nicht ausreichend zu finden. So gibt es immer wieder lautstarke Auseinandersetzungen zwischen den Hirten der beiden Verwandten. Der Streit eskaliert und zwingt zu einer Aussprache.

Abram hat alle Vorteile auf seiner Seite. Er ist von Gott ins Land der Verheißung gerufen worden. Ihm und seinen Nachkommen wurde das Land versprochen. Abram ist der Ältere und das Familienoberhaupt mit allen Vollmachten und Rechten, die er auch durchsetzen könnte. Lot muss das erwarten. Wie überrascht ist er dann aber, als Abram ihm die freie Wahl überlässt. Lot kann sich das Gebiet aussuchen, das ihm gefällt; Abram gibt sich mit dem zufrieden, was übrig bleibt.

Ein ungewöhnliches Verhalten! Wir meinen oft, es sei unbedingt notwendig sich durchzusetzen - ganz sicher dann, wenn wir glauben, das Recht auf unserer Seite zu haben. Um unsere Interessen zu realisieren, machen wir uns frei von allen Zwängen. Bindungen an Gottes Regeln und an zwischenmenschliche Beziehungen sind hierbei nur hinderlich. Für das, was uns nutzt, kämpfen wir mit allen Mitteln. Das aber hat oft katastrophale Folgen. Aber wenn wir um des Friedens willen auf unser Recht verzichten, finden wir Gottes Anerkennung. Das kann man aber nur, wenn man fest an die Verheißung glaubt, dass Gott etwas viel Besseres als irdische Vorteile für alle bereit hält, die um seinetwillen zeitliche Güter dranzugeben bereit sind. *gk*

Wie gehen wir mit unseren Rechten um?

Ein Schatz im Himmel ist mehr wert als alle Schätze auf der Erde.

2. Korinther 12,1-10

Samstag

11.Nov.2000

Glaubst du das?
Johannes 11,26

Just do it! (Mach's einfach!)

Ich kann mich noch genau daran erinnern: Mit meinem Arbeitgeber, einer früher international führenden Firma ging es langsam aber stetig bergab. Irgendwie müssen die Jahrzehnte des unanfechtbaren Erfolges an der klaren Sicht für das Wesentliche genagt haben, jedenfalls wurden die Quartalsergebnisse immer schlechter, die Mitarbeiterzahlen weltweit reduziert und mancher ältere Kollege hat einen Großteil seiner erhofften Zusatzrente mit den sinkenden Aktienkursen verloren. Dann kam der neue Chef - noch dazu ein Branchenfremder - und führte wochenlang Gespräche mit Mitarbeitern auf allen Hierarchieebenen und in allen Erdteilen. Dann präsentierte er die neue Unternehmensstrategie. Sie lautet:»Ausführen«. Eigenartig! Das sollte das Ei des Kolumbus sein? Wir hatten auf eine zündende, revolutionäre Idee gehofft.

Und doch hat er Recht gehabt: Bei seinen Analysen stellte er fest, dass unter den vielen Überlegungen über Märkte, Konkurrenten und Kunden in der Vergangenheit immer auch die richtigen Einschätzungen dabei waren. Nur, umgesetzt hatte sie keiner. Niemand hatte es in die Hand genommen, niemand ging das Risiko ein, keiner hatte den nötigen Mut aufgebracht.

Wie ist das denn in unserem Leben? Waren wir nicht selbst schon öfter an dem Punkt, der Frage nach dem Sinn unseres Lebens nachzugehen, uns auf Gottes Angebot an uns einzulassen und haben es dann doch wieder verschoben? An Jesus Christus zu glauben bedeutet mehr, als bestimmte Grundwerte nur »für denkbar« oder sogar »wahr« zu halten. Glauben heißt, zu vertrauen und sein Leben darauf zu bauen. *mg*

Was hätte ich, hätten Sie zu ändern?

Nichts wird gut, wenn man's nicht tut!

2. Korinther 12,11-18

12. Nov. 2000

Sonntag

Gesehen habe ich das Elend meines Volkes ...;
ja, ich kenne seine Schmerzen.
Und ich bin herabgekommen, um es ... zu erretten.
2. Mose 3,7.8a

Der Herr kommt herab

Gott ist eine für Menschen letztlich unergründliche Persönlichkeit. Um überhaupt etwas von ihm zu wissen, muss er sich uns zeigen, sich »offenbaren«. Im Verlauf der Geschichte, insbesondere der des Volkes Israel, geschah das oft gerade an einem besonders markanten Tiefpunkt, wie auch in dem obigen Text. Das Ende unserer menschlichen Möglichkeiten benutzt Gott als Gelegenheit, seine besonderen Eigenschaften zu zeigen. Das Volk Israel war in Ägypten und hatte unter der strengen Sklaverei dort sehr zu leiden. Genau in diese Situation hinein sprach Gott diese Worte. Das Schicksal seines Volkes ist ihm nicht gleichgültig. Im Gegenteil: Er nimmt Kenntnis davon. Und es betrifft ihn so sehr, als ob er selbst das Elend erleiden würde.

Und dann das Wunderbare: Er selbst kommt herab, um sein Volk aus diesem Elend zu befreien. Er liebt die Menschen. 1500 Jahre später wurde das noch viel deutlicher, als er in Jesus Christus als Mensch auf die Erde kam, um den Weg zu bahnen, auf dem alle Menschen von ihrem Elend befreit werden können. Dieser Weg ist der Glaube an Jesus Christus. Er hat am Kreuz von Golgatha stellvertretend für uns Gottes Strafgericht über alles Böse erlitten, was wir getan haben. Das zu glauben setzt allerdings die Einsicht voraus, dass wir vor Gott so verdorben sind, dass wir einen Stellvertreter brauchen. Wir stecken sozusagen in einem Sumpf, aus dem wir uns nicht selbst befreien können. Jesus Christus muss uns herausziehen. Wer nun so an ihn glaubt, kann auch sagen: »Gott ist herabgekommen, um mich aus meinem Elend zu befreien.«

us

Was bedeutet es, dass Gott meinen Kummer kennt?

Wer schon gerettet ist, sollte Gott dafür danken.

Psalm 90

Montag

13. Nov. 2000

> *Demütigt euch nun unter die mächtige Hand Gottes ...,*
> *indem ihr alle eure Sorge auf ihn werft!*
> *Denn er ist besorgt für euch.*
> 1. Petrus 5,6.7

Abgesichert?

Eigentlich wollte ich nur ein Formular abgeben, doch wie könnte es anders sein - ich blieb fast eine halbe Stunde in seinem Büro.
Der Versicherungsvertreter hatte mich mal wieder überrumpelt. »Wissen Sie eigentlich, das Sie mit einem Viertel Ihres Gehaltes auskommen müssen, wenn Ihnen in nächster Zeit ein Sportunfall oder etwas ähnliches zustößt und Sie vielleicht arbeitsunfähig werden? Ganz zu schweigen von den Kosten, die vielleicht für den Umbau in eine behindertengerechte Wohnung auf Sie zu kommen.« Ich war ehrlich etwas platt. Das hatte ich mir noch nicht überlegt, aber tatsächlich, wenn ich weit vor Erreichen des Rentenalters arbeitsunfähig würde, war es finanziell schlecht um mich bestellt. Und ich dachte immer, als Beamter sei man gut versorgt. Und gerade letzte Woche war einer meiner Freunde mit dem Fahrrad übel gestürzt. Das könnte mir auch passieren. Die Gesundheit hängt sozusagen an einem seidenen Faden. Mein Versicherungsvertreter hatte natürlich auch gerade ein passendes Angebot für eine Unfallversicherung, die all diese Unvorhersehbarkeiten absichern würde.
Ich schloss zwar keine Versicherung ab, fuhr jedoch leicht nachdenklich und recht vorsichtig nach Hause. Dort dachte ich noch mal über alles nach. Dann kam mir der obige Bibelvers in den Kopf. »Sorgt euch nicht, denn er ist besorgt für euch.« Ich weiß zwar noch nicht, ob es nicht doch sinnvoll ist, eine Versicherung abzuschließen, aber ich weiß, dass Gott über meinem Leben wacht. Das heißt zwar nicht, dass ich eine Garantie für Unfallfreiheit habe, aber ich weiß, dass er selbst dann einen Weg für mich kennt. *ko*

Wissen Sie immer den Unterschied zwischen Gottvertrauen und Leichtsinn?

Ich danke Gott, dass ich mit Zuversicht in die Zukunft sehen kann.

2. Korinther 12,19-21

14. Nov. 2000
Dienstag

Herr, siehe, der, den du lieb hast, ist krank!
Johannes 11,3

Gott, warum?

Der zögernde Blick auf das Röntgenbild und das Stirnrunzeln des Arztes verrät es: »Ernsthaft krank!« Tausend Gedanken schwirren in diesem Moment durch die fiebergeschwächten Sinne. »Was jetzt?« »Ich bin doch noch so jung.« »Werde ich wieder gesund?« »Werde ich je wieder meinen Beruf ausüben können?« Auf den inneren Aufschrei folgt bei vielen eine tiefe Niedergeschlagenheit: »Gott, warum?« Vorwürfe, Furcht, Angst und Traurigkeit quälen uns. Mit einem Strich sind schließlich alle Zukunftspläne in Frage gestellt.

Jetzt gilt, sich ganz besonders an Gottes herzliches Erbarmen und an seine nie endende Liebe zu klammern. Nicht selten hört man die klagenden Worte des Kranken: »Jetzt muss ich büßen, was ich getan habe. Gott hört wegen der Verfehlungen in meinem Leben nicht auf mein Flehen, wenn ich bete.« Das steht fest: Wer seine Sünde und Schuld Jesus Christus bekennt, dem wird vergeben! Und wenn Gott nicht mehr an unsere Schuld denkt, dann brauchen wir's auch nicht (Jeremia 31,34). Das gilt jedem, ohne Ausnahme! Nein, Gott lässt keinen umkommen! Die zu ihm rufen, die hört er. Gott kennt keine nach rückwärts gewandten Strafen, wenn er vergeben hat.

Natürlich gebraucht Gott auch die Krankheitstage, um uns darauf aufmerksam zu machen, dass es letztlich um ewige Dinge geht. Er will uns zeigen, wie klein unser Vertrauen auf ihn und wie groß unsere Hoffnung auf irdisches Glück sind. Schade jedoch, wenn wir selbst in Krankheitstagen kein Ohr für Gott haben und der Fernseher am Bett und die Illustrierte auf dem Nachttisch unser Denken besetzen. *mp*

Wie ordne ich Krankheitstage ein?

Was hat Vorfahrt: Illustrierte, Fernseher oder die Bibel?

2. Korinther 13,1-4

Mittwoch — 15. Nov. 2000

Die Himmel erzählen die Herrlichkeit Gottes.
Psalm 19,2

Naturwissenschaft contra Bibel?

Am 15. November 1630 starb der Astronom Johannes Kepler im Alter von 59 Jahren. Als 23-jähriger war er bereits Lehrer an der Stiftsschule in Graz, mit 30 Jahren wurde er in Prag kaiserlicher Mathematiker und Hofastronom. Er entdeckte zu Beginn des 17. Jahrhunderts die Gesetzmäßigkeiten der Planetenbewegung. Die drei Kepler'schen Gesetze machen Aussagen über die Art der Planetenbahnen um die Sonne, über die Geschwindigkeiten der Planeten und über den Zusammenhang zwischen Entfernung eines Planeten von der Sonne und seiner Umlaufzeit. Das hat Kepler allgemeingültig und mathematisch exakt dargestellt. Mit seinen Entdeckungen zerbrach endgültig das alte Weltbild, an dem die Kirche so lange mit Drohungen und Gewalt festgehalten hatte.

War damit die Naturwissenschaft Siegerin über Gottes Wort geworden? Keineswegs. Das Weltbild der Antike und des Mittelalters entstammt nicht der Bibel, sondern der griechischen Philosophie und Religion. Nirgends wird z.B. in der Bibel gesagt, die Erde sei der Mittelpunkt des Universums, manche Bibelstellen sprechen jedoch von der gewaltigen Größe des Kosmos, in dem die Erde »Staub« und die Völker auf ihr nur ein »Tropfen am Eimer« sind (Jesaja 40,12-16). Seit Keplers Zeiten hat die Naturwissenschaft so manche erstaunliche Entdeckung gemacht. Da erkannte man Zusammenhänge von unvorstellbarer Komplexität und grandiose Ordnungen im Mikro- und Makrokosmos, im Allerkleinsten und im Allergrößten. Sie alle sind - nüchtern betrachtet - ein einziger Hinweis auf die Größe und Herrlichkeit dessen, der alles erschaffen hat, und an keiner Stelle hat sich die Bibel als überholt erwiesen. *dü*

Was sollte einem solchen Gott unmöglich sein?

Wir sollten seine Verheißungen und seine Warnungen ernst nehmen!

2. Korinther 13,5-13

16. Nov. 2000

Donnerstag

Blinder Pharisäer! Reinige zuerst das Inwendige des Bechers, damit auch sein Auswendiges rein werde.
Matthäus 23,26

Eine Veränderung des Herzens

Neulich habe ich die Geschichte von dem Mann gehört, der sein altes Auto zum Händler brachte und ihn bat, es für ihn zu verkaufen. Als der Verkäufer nach der Fahrleistung fragte, antwortete der Besitzer: »Er hat 230.000 km drauf«. Daraufhin der Autohändler: »Wenn sie den Kilometerstand nicht zurückdrehen, kann ich den Wagen nicht für sie verkaufen.« Der Besitzer zog unverrichteter Dinge ab. Nach einiger Zeit rief der Autoverkäufer ihn an: »Ich dachte sie wollten das alte Auto verkaufen?« »Das brauche ich jetzt nicht mehr«, bekam er zur Antwort, »der Wagen hat nur 77.000 km gelaufen. Warum sollte ich ihn jetzt verkaufen?«

Die Reaktion dieses Mannes wirkt absurd, weil er sich jetzt scheinbar über den wahren Zustand seines Autos hinwegtäuschte. Das alte Auto hatte immer noch einen verschlissenen Motor, ausgeschlagene Lager und eine rutschende Kupplung. Ein zurückgedrehter Tacho hatte daran gar nichts geändert!

Genauso sind aber solche Menschen, die denken, Gott durch moralische Anstrengungen zu gefallen. Was sie aber brauchen, ist ein neues Herz. Sie gleichen den oben erwähnten Pharisäern (eine streng religiöse Gruppe zur Zeit Jesu), die zwar äußerlich ein anständiges Leben führten, aber innerlich immer noch völlig verdorben waren. Gute Werke und gutes Benehmen können nicht das Herz verändern. Nur ein persönlicher Glaube an Jesus Christus bewirkt eine innere Reinigung, die dann auch von außen an den Werken zu sehen ist. Erst das kann Gott gefallen. Religionen beschäftigen sich mit dem äußeren Erscheinungsbild des Menschen. Glaube an Jesus Christus beginnt mit der Veränderung des Herzens. *js*

Betreibe ich noch fromme Kosmetik?

Dann sollte ich mich einmal fragen, wie Gott darüber denkt.

Philemon 1-25

Freitag — 17. Nov. 2000

Wir wissen aber, dass denen, die Gott lieben, alle Dinge zum Guten mitwirken.
Römer 8,28

Eine leichtfertige Behauptung?

In guten Zeiten mögen wir über eine solche Aussage lächeln. Sie ist heute nicht mehr »in«. Gott gehört nicht in die Überlegungen des normalen Lebens. Vor einigen Jahren wollte man ihn abschaffen, jetzt ist er »außen vor«.

Das ändert sich oft, wenn Nöte aufbrechen. Arbeitslosigkeit, schwere Erkrankungen, empfindliche Verluste; Krisen unterschiedlicher Art treffen ins Zentrum unseres Lebens. Auf einmal ist es vorbei mit der Gleichgültigkeit gegenüber Gott. Jetzt ist Gott der Schuldige. Wie kann er so etwas zulassen? Unser korrektes Verhalten wird offensichtlich bestraft statt belohnt! Das ist ungerecht! Plötzlich wollen wir Gott, der bis dahin von uns unbeachtet geblieben ist, für unsere Lage verantwortlich machen. Wir vergessen dabei, dass wir uns von ihm gelöst haben und die Verantwortung für uns selbst beanspruchen. Wenn wir wollen, dass Gott sich um uns kümmert, dann müssen wir auch seine »Spielregeln« akzeptieren.

Gott hat längst bewiesen, dass er Gutes mit uns im Sinn hat. Er hat uns so sehr geliebt, dass er seinen Sohn als Retter gesandt hat. Er will nicht, dass jemand verzweifelt. Es ist jedoch notwendig, dass wir unser Verhältnis zu ihm in Ordnung bringen. Er will unsere Schuld, die in der Auflehnung gegen ihn besteht, vergeben, wenn wir sie ihm bekennen.

Menschen, die Vergebung erfahren haben, klagen nicht an, sondern lieben Gott. Für sie sind nicht alle Probleme des Lebens gelöst. Sie wissen aber, dass alles, was sich ereignet, dem vollkommenen Plan Gottes für ihr Leben entspricht. *gk*

Was ist (wäre) Ihre Reaktion, wenn plötzlich Not und Leid in Ihr Leben hineinkommt?

Wer Gott Vorwürfe macht, stellt sich immer noch über ihn.

Markus 13,1-13

18. Nov. 2000

Samstag

*Was wir gesehen und gehört haben,
verkündigen wir auch euch, ...*
1. Johannes 1,3

Wissen ist Macht!

Wer heute in der Geschäftswelt vorne sein will, muss sich anstrengen, auf dem neuesten Stand zu bleiben. Zum Neuesten gehört zum Beispiel das sogenannte »knowledge-management« - »Wissen« ist »in«. Aber, was steckt eigentlich hinter diesem Begriff aus dem Bereich der Informatik?

Zunächst bezeichnet man das Ergebnis von Beobachtungen als »Daten«, das können dann z.B. physikalische Messungsergebnisse sein. Aus diesen Daten werden »Informationen«, wenn sie in einem bestimmten Zusammenhang betrachtet werden. So bedeutet das rote Licht einer Ampel natürlich etwas anderes als das Rotlicht bei Bestrahlungen. Wir verfügen über jede Menge Informationen. Vieles davon befindet sich in unserem Bücherschrank, manches sogar in unserem Gedächtnis. Auch über das Christsein gibt es in Buchform tonnenweise Informationen auf dieser Welt und vielleicht sogar auch einige Megabyte davon in unserem Kopf. Manches Wissen nützt uns allerdings nur, wenn sich damit persönliche Erfahrungen verbinden. Der Bericht eines glaubwürdigen Augenzeugen hat z.B. mehr Gewicht als eine Information aus dritter Hand.

Im Bibeltext oben gibt jemand Informationen aus erster Hand weiter. Über Jesus Christus. Er hat selbst Erfahrungen mit Jesus gemacht. Deshalb haben diese Informationen Gewicht, und weil sie auch für andere wichtig sind, hat er sich entschlossen sie weiterzugeben - damit auch andere Erfahrungen mit Jesus machen können. Denn er lebt und möchte sich noch heute jedem bekannt machen, der interessiert ist an seiner Person und an dem, was er zu bieten hat. *mg*

Welche Art von Informationen bewegen mich noch?

Wenn sich was bei mir bewegen soll, dann muss ich Jesus persönlich kennen lernen!

Markus 13,14-23

19. Nov. 2000

Sonntag

Und als Mose diese Worte zu allen Söhnen Israel redete, trauerte das Volk sehr.
4. Mose 14,39

Volkstrauertag

Seitdem Kain seinen Bruder Abel erschlug, gab es auf Erden keinen echten Frieden mehr. Seit dem ersten Brudermord der Weltgeschichte haben wir mehr oder weniger immer und überall nur einen begrenzten Waffenstillstand. Weltweit leidende Völker, trauernde Menschen zwischen Krieg und Frieden, heute mehr denn je. Die Ursache liegt im Menschen selbst, in all seiner Gier nach Besitz, Macht und Selbstverwirklichung. Der Hochmut, alles in eigener Regie machen zu wollen, bringt uns den Tod. Direkt oder indirekt!

Solange das Böse in unseren Herzen und in der Welt regiert, nützen uns keine Trauertage. Frieden finden wir weder an den Gräbern noch an irgendwelchen Ländergrenzen, wir müssen bei uns selbst anfangen. Dazu brauchen wir Hilfe von oben: von Gott! In dem Retter und Erlöser Jesus Christus brachte er uns den himmlischen Frieden. Durch Jesus Christus kann man das Böse überwinden und das Leben gewinnen. Denn in ihm ist alles Böse und sogar der Tod ein für allemal besiegt. Durch den Glauben an ihn verwandeln sich Schmerz und Trauer in Herzensfrieden.

Die Angst vor Terror, Mord und Krieg und die tieftraurige Tatsache, dass wir zu diesem bösen Geschlecht gehören, muss uns zur Umkehr zu Jesus Christus führen. Dann gedenken wir nicht des Todes, sondern verkünden das Leben. Solange wir allerdings den Weg zum göttlichen Leben noch nicht gefunden haben, werden wir als einzelne und als Volk noch viele Gedenk- und Trauertage »feiern« müssen ... Die Bibel sagt: »Die Erlösten des Herrn aber werden heimkehren mit Jauchzen und ewige Freude und Wonne wird sein; Kummer und Seufzen werden entfliehen.« *khg*

Worüber bin ich eigentlich traurig? Über andere oder über mich selber?

Mit allem Elend will Gott uns zeigen, wie nötig wir ihn brauchen.

Psalm 51

20. Nov. 2000
Montag

Alle haben gesündigt und erlangen nicht die Herrlichkeit Gottes und werden umsonst gerechtfertigt ... durch die Erlösung, die in Christus Jesus ist.
Römer 3,23.24

Durch Selbstläuterung zur Gerechtigkeit vor Gott?

Heute vor 90 Jahren starb Leo Tolstoi (geb. 1828), aus alter russischer Grafenfamilie stammend. Er studierte Jura und diente als Offizier. Den größten Teil seines Lebens aber weilte er auf seinem Gut Jasnaja Poljana, wo er neben vielen anderen literarischen Werken seine großen Romane »Krieg und Frieden« (1869) und »Anna Karenina« (1878) schrieb, womit er die Literatur des europäischen Realismus auf einen Höhepunkt führte.

Dann aber (ab 1879) verurteilte er sein bisheriges Leben als sündig und widmete fortan sein literarisches Schaffen religiös-moralischen Zielen. Er verurteilte Besitz, Kultur und Kunst, wenn sie nicht sittlichen Zwecken dienten, und griff auch die besonders den Bauern gegenüber ungerechte russische Gesellschaftsordnung und die sie stützende Staatskirche an, aus der er deshalb 1901 exkommuniziert wurde. Nichtsdestoweniger eiferte er - nicht zuletzt für seine eigene Person - um eine Läuterung der Seele im Sinne eines »wahren«, sittlichen Christentums. Er versuchte ein einfaches, frommes Leben zu führen und verließ deshalb mehrfach Gut und Familie. Dabei starb er am 20. November 1910 auf einer Bahnstation an Lungenentzündung.

In seinem ehrlichen Eifer sah Tolstoi leider nicht, dass wir nur im Glauben an Jesus Christus und sein stellvertretendes Opfer vor Gott gerecht werden können. Und erst dann wird der Heilige Geist einen solchen Menschen zu einem »geläuterten« oder geheiligten Leben führen können, das dann auch in der Gesellschaft für andere zum Segen ist.
jo

Welchen Zielen dient eigentlich mein Leben?

Tolstoi meinte es ernst, das sollten wir auch tun!

Markus 13,24-37

Dienstag

21. Nov. 2000

*Sollte ich wirklich Gefallen haben am Tod des Gottlosen,
spricht der Herr, HERR, nicht vielmehr daran,
dass er von seinen Wegen umkehrt und lebt?*

Hesekiel 18,23

»Nie mehr Biserka!«

Es ist schon mehr als zehn Jahre her, als meine Frau (damals Verlobte) zum Begräbnis ihrer Cousine Biserka in die Nähe von Zagreb fahren musste. Die Cousine war mit 36 Jahren während der Krebstherapie gestorben. Wieder zurückgekommen erzählte sie mir, wie furchtbar alles war. Da war der geschockte Ehemann und der kleine Sohn, der nun ohne Mutter aufwachsen musste. Am meisten mitgenommen hat meine Frau die völlig gebrochene Mutter. Am Grab schrie die Mutter ihre ganze Hoffnungslosigkeit, die ihr Herz erfüllte, hinaus: »Nie mehr Biserka!«

Der Tod eines Menschen ist immer eine ernste und schmerzliche Sache. Das schlimmste aber ist, wenn es keine Hoffnung gibt. Und wie sollte ein atheistisch erzogener Mensch zu einer begründeten Hoffnung kommen? Wenn mit dem Tod alles aus sein muss, weil der Mensch ein Produkt des Zufalls ist und in diese Welt hineingeworfen wurde, wenn es keinen Schöpfer, geschweige denn einen liebenden Vater im Himmel geben darf, dann gibt es keine Hoffnung und letztlich keinen Sinn im Leben.

Vor einigen Jahren hat meine Frau ihre Tante besucht und dabei in der Wohnung ihrer Cousine geschlafen. Es ist, als wenn sie noch dort wohnen würde. Die Kleider, die Schuhe, selbst das Zahnputzzeug, alles ist am alten Platz. Nur Biserka fehlt! Die Zeit hat keine Wunden geheilt. Das Leben der früher so lebenslustigen Tante ist freud- und trostlos geworden. Mit ihrer Tochter ist auch ihr eigenes Leben gestorben!

Das Evangelium Gottes aber ist eine Botschaft der Hoffnung und des Lebens, auch angesichts des Todes.

gn

Worauf hoffen Sie angesichts des Todes?

Wer mit Gott durchs Leben geht, mit dem geht Gott durch den Tod.

2. Petrus 1,1-11

22. Nov. 2000

Mittwoch

Im Anfang schuf Gott die Himmel und die Erde.
1. Mose 1,1

Ist Gott ein Gott der Evolution?

Muss man die Bibel denn so wörtlich nehmen? Könnte es nicht auch sein, dass Gott sich der Evolution bedient hat und in entscheidenden Situationen lenkend eingegriffen hat? So hätte sich doch über die Urzelle bis zum Menschen alles auseinander heraus entwickeln können - und Gott hätte gleichzeitig schöpferisch gewirkt! So wären doch Glaube und Wissenschaft in wunderbarer Harmonie!

Für viele Menschen sind dies sicherlich verlockende Gedanken. Allerdings übersieht man dabei zumindest einen wesentlichen Punkt. Wenn dieser Schöpfungsbericht mit Adam und Eva als zwei wirklichen Menschen nicht stimmt, dann hat es auch keinen Sündenfall zu einem bestimmten Punkt in Zeit und Raum gegeben. Dann wäre logischerweise die Sündhaftigkeit des Menschen ein Entwicklungsprodukt und Gott könnte gar nichts gegen diese Sündhaftigkeit haben. Die Sünde wäre dann eben nicht durch Ungehorsam und Auflehnung in die Welt gekommen, vielmehr gehörte sie entwicklungsbedingt zum Menschen dazu. Wenn das so wäre, dann wäre Christus aber auch unnötigerweise auf diese Welt gekommen und er wäre unnötigerweise am Kreuz gestorben, weil es nichts gegeben hätte, was die Menschen von Gott getrennt hätte.

Die Bibel und die Konsequenzen unserer Überlegung machen deutlich, dass die Bibel selbst einer theistischen (göttlichen) Evolutionstheorie nicht das Wort redet. Die Bibel bezeugt die Schöpfung aller Lebewesen nach ihrer Art und aus dem Nichts. Das biblische Zeugnis verlangt und vermag nur so ernst genommen zu werden! *tw*

Was kann der Schöpfer von seinen Geschöpfen erwarten?

Ich will neu das Staunen über die Schöpfung Gottes lernen!

2. Petrus 1,12-21

Donnerstag

23. Nov. 2000

> *... denn hinabgeworfen ist der Verkläger unserer Brüder, der sie Tag und Nacht vor unserem Gott verklagte. Und sie haben ihn überwunden wegen des Blutes des Lammes ...*
> Offenbarung 12,10-11

Allein hat man keine Chance

Im Himmel findet vor dem heiligen Gott offenbar eine Art Gerichtsverhandlung statt. Gott ist der Richter, Satan der Verkläger. Satan verklagt die Menschen Tag und Nacht vor Gott. Der Teufel bringt alles vor, was Menschen Böses tun oder denken. Er braucht dabei nicht einmal zu lügen. Das wissen Sie von sich selbst genauso gut, wie ich es von mir weiß: Im Leben jedes Menschen gibt es viel Schlechtes und Böses. Die Leute in unserer Umgebung können wir vielleicht täuschen. Aber im Himmel ist alles bekannt. Nichts lässt sich verheimlichen. Dafür sorgt schon der Satan. Alle Menschen müssen sich nach ihrem Tod vor dem göttlichen Richter verantworten. Jeder böse Gedanke, alles schlechte Reden, jede unrechte Tat, jedes Brechen eines göttlichen Gebotes hat vor dem heiligen Gott nur einen einzigen Namen: Sünde. Für jede Sünde - egal, ob wir sie als groß oder klein ansehen wird der allmächtige Gott über den Angeklagten die gleiche Strafe verhängen: Tod und ewige Verdammnis. Können Sie ermessen, wie oft Gott über Sie dieses Urteil wird fällen müssen? Vor diesem vollkommen gerechten Richter gibt es keine Ausnahme, keine mildernden Umstände, keine Lüge oder Heuchelei mehr.

Der zitierte Text zeigt den einzigen Weg auf, diesem Gericht und damit der ewigen Verdammnis zu entgehen: Der Verkläger wird überwunden durch »das Blut des Lammes«. Die Bibel verwendet die Bezeichnung »das Lamm Gottes« als einen Namen für den Herrn Jesus Christus. Er starb, um die gerechte Strafe für Ihre und meine Sünden stellvertretend für uns zu tragen. Wer das glaubt und für sich in Anspruch nimmt, hat den Verkläger überwunden. *lr*

Wie sehen Sie dem Richterspruch Gottes entgegen?

Man suche sich den richtigen Anwalt!

2. Petrus 2,1-22

24. Nov. 2000

Freitag

Hast du es nicht erkannt, oder hast du es nicht gehört?
Ein ewiger Gott ist der HERR, der Schöpfer der Enden der Erde.
Er ermüdet nicht und ermattet nicht, unergründlich ist seine Einsicht.
Jesaja 40,28

Der ewige Gott

Haben Sie schon einmal versucht, den Begriff »Ewigkeit« oder »Unendlichkeit« zu ergründen? Zurückblickend können wir die Geschichte der Menschheit und der Erde für eine gewisse Zeitspanne in etwa übersehen. Doch was war davor eigentlich? Und davor? Und davor? Hier meldet unser »Computer« »ERROR« - nicht mehr vorstellbar. Aber genau so wenig ist es doch denkbar, dass »davor« noch gar nichts war, oder? Denken wir nun umgekehrt in die Zukunft. Das können wir jedoch nicht mehr überblicken. Bestenfalls können wir einige Jahre im voraus planen, aber es kann jederzeit etwas »dazwischen kommen«. Doch selbst wenn es uns gelänge, z.B. 1000 Jahre im Voraus zu übersehen, was käme denn danach? Und dann? Wieder beschwert sich unser »Computer«, weil wir ihm eine solch unlösbare Aufgabe gestellt haben. Dennoch ist es auch hier nicht denkbar, dass »danach« nichts mehr kommt. Dieses unaufhörliche »davor« und »danach« nennen wir »ewig« oder »unendlich«.

Nun, die Bibel sagt uns, dass Gott ein »ewiger« Gott ist. Er hat keinen Anfang und kein Ende. Er ist im Gegensatz zu uns keinerlei Beschränkungen auf Grund von Naturgesetzen unterworfen. Auch die uns geläufigen Grenzen eines stofflichen Organismus' kennt er nicht. Er wird nie müde. Nie muss er mal ausspannen. Und seine geistige Kapazität sprengt bei weitem unsere gesamte Vorstellungskraft. Das ist der Gott der Bibel! Letztlich können wir uns nicht vorstellen, wer er wirklich ist. Doch eines ist klar: Gott ist in jeder Hinsicht der Größte und dabei eine Person mit Willen und Kraft und Liebe. Er ist der Schöpfer, der Ursprung von allem, was ist. *us*

Was ist, wenn ein kleines Geschöpf diesem großen Gott den Rücken zukehrt und sein eigener Herr sein will?

Erkennen wir doch Gottes Größe und unsere eigene Begrenztheit an!

2. Petrus 3,1-9

Samstag

25. Nov. 2000

Die Augen des Menschen werden nicht satt!
Sprüche 27,20

Die Städte-Pauschalreise

Bei einer Gruppenfahrt reist man irgendwie geschützt. Der Veranstalter übernimmt das Planen und eigentlich jegliches Vorsorgen. Die Reisebegleitung nennt über Bordlautsprecher den nächsten Besichtigungspunkt: Vor dem Aussteigen gibt's fünf Minuten lang das Wichtigste über Bauwerk, Umfeld, Historie, dann quillt die Menschentraube aus dem Bus. Eine ortskundige Reiseführerin geht voran. Sie schwingt einen gelben Schirm über dem Kopf, damit niemand plötzlich der Gruppe aus Iserlohn statt jener aus Köln folgt.

Viele ältere Leute reisen aus einer Art Sammelgier. Nur nichts Wichtiges verpassen! »Die Verweildauer des einzelnen Gastes ist auch in den bekanntesten Heilbädern drastisch zurückgegangen«, liest man in Rechenschaftsberichten der Kurdirektoren.

Früher begnügte man sich mit dem einen »Höhepunkt des Jahres«. Heute will man mehr, will - am liebsten gleichzeitig - die Hochgebirgstour, das Baden in der Ostsee, kulturelle und geschichtliche Berieselung an historischer Stätte. Mancher erzeugt nahezu interwallweise den Druck auf sich selbst: »Ich muss einfach mal raus!« Diesen Aufschrei kenne ich inzwischen aus vielen Gesprächen, in etlichen Dialekten, in hessisch, sächsisch und in norddeutscher Mundart. Es soll heißen, dass die Reise wie ein Aufatmen wirken wird. Danach ist alles wieder gut.

In Wirklichkeit liegt das Problem oft tiefer. Ungeklärte Situationen in den Beziehungen, aufgeschobene Entscheidungen werden weiter vertagt. Der Alltag wäre durchaus weniger stressbeladen, wenn man in diesem oder jenem Punkt nur einen klaren Schlusspunkt setzen würde. *sp*

Was nützte es dem Menschen, wenn er die ganze Welt bereiste, und nähme doch Schaden an seiner Seele?

Nur bei Gott findet unsere Seele letztlich Bewahrung vor Schaden und Ruhe.

2. Petrus 3,10-18

26. Nov. 2000

Sonntag

*Gesegnet sei Abram von Gott, dem Höchsten,
der Himmel und Erde geschaffen hat.*
1. Mose 14,19

Gott, den Allmächtigen, zum Freund haben

Der Priesterkönig Melchisedek wollte Abraham segnen, der allein als Fremder unter lauter misstrauischen bis feindlichen Nachbarn lebte. Für einen solchen Menschen ist es das Wichtigste, daran erinnert zu werden, dass der Höchste, der Schöpfer des Alls, auf seiner Seite steht. Das war damals so und so ist es bis heute noch. Gott hat seine Größe in der Schöpfung offenbart. Sie ist der Ausweis Gottes, daran können wir seine Kraft und Weisheit kennenlernen. Wenn man die riesigen Dimensionen und das Zusammenspiel der Kräfte im Kosmos betrachtet, bekommt man einen Eindruck von der gewaltigen Größe Gottes. Schaut man sich die raffinierten Mechanismen der Molekularbiologie an, so erkennt man die Genialität Gottes. Die Pracht und Farbenvielfalt einer blühenden Sommerwiese vermittelt uns etwas von dem Sinn Gottes für Schönheit und Harmonie. Er hat das alles erdacht und geschaffen. Ein Wort von ihm hat genügt und es war da. Gott hat nicht gebaut, indem er mühsam Einzelteile zusammensetzte, sondern er hat geschaffen, indem er sprach und es stand da. Das, was er sich ersonnen und erdacht hatte, wurde Materie und nahm Gestalt an. Gott offenbart sich in der Schöpfung, darin können wir seine Weisheit, Macht und Autorität erkennen. Ihm sollten wir Hochachtung und Anerkennung entgegenbringen.

Leider wird ihm diese Anerkennung streitig gemacht, indem man behauptet, alles sei durch Zufall entstanden und hätte sich langsam entwickelt. Wir sollten uns von diesen Überlegungen nicht beeindrucken lassen. Gott hat Himmel und Erde erschaffen und er lässt sich herab, denen beizustehen, die ihm gehorchen. *vb*

Was kann uns passieren, wenn Gott für uns ist?

Man sollte diese Freundschaft nie auf's Spiel setzen!

Jesaja 26,7-19

Montag — 27. Nov. 2000

*Alle eure Sorge werft auf ihn;
denn er (Gott) ist besorgt für euch.*
1. Petrus 5,7

Arbeitslos - was nun?

Arbeitslosigkeit - dieses Wort kannte ich bisher nur aus den Medien. 20 Jahre arbeite ich nun schon und war bisher keinen einzigen Tag arbeitslos. Genau das kann sich aber schon bald ändern. Die Reha-Klinik, in der ich arbeite, wird Ende des Jahres schließen. Die Gesundheitsreform macht's möglich, dass ganz sicher geglaubte Arbeitsplätze im öffentlichen Dienst plötzlich nicht mehr sicher sind. 150 Menschen steuern in die Arbeitslosigkeit - auch ich.

Viele meiner Kollegen beschäftigt diese düstere Aussicht natürlich sehr. Was macht ein 50-jähriger, der arbeitslos wird? Da ist es auch kein Trost, dass man das gleiche Schicksal teilt mit Millionen anderen in unserem Land. Es gibt verschiedene Möglichkeiten, darauf zu reagieren. Manche sind einfach wütend, z.B. auf den Gesetzgeber. Andere versinken in Resignation und Depression.

Beide Gefühlsregungen haben mich auch schon beschlichen, ich kann beides verstehen. Aber ich habe mich bewusst dafür entschieden, für diese Situation zu beten und sie dem Gott anzubefehlen, der versprochen hat, für mich zu sorgen. Das gibt mir eine große innere Ruhe und Gelassenheit im Blick auf die unsichere Zukunft. Hört sich das zu naiv an? Sollte sich der große Gott, der alles gemacht hat, wirklich um mich kümmern?

Genau das glaube ich und ich habe zwei gute Gründe dafür. Zum einen habe ich noch nie erlebt, dass Gott sein Wort nicht hält. Bei ihm gilt: Versprochen ist versprochen. Zum anderen habe ich es schon ganz praktisch erfahren, dass Gott mich versorgt hat, wo ich mich um »seine Sachen« gekümmert habe. Und das macht mir Mut! *ws*

Wohin gehen Sie mit Ihren Zukunftängsten?

Vertrauen Sie sich Gott an und erleben Sie dann, dass er sich wirklich um Sie kümmert!

Jesaja 56,1-8

338

28. Nov. 2000
Dienstag

Mein Sohn, auf meine Worte achte, meinen Reden neige dein Ohr zu! Mehr als alles, was man sonst bewahrt, behüte dein Herz! Denn in ihm entspringt die Quelle des Lebens.
Sprüche 4,20.23

Friedrich Engels

»Und das da drüben ist das Friedrich-Engels-Haus. Der Freund von Karl Marx und Mitautor des Kommunistischen Manifests ist dort geboren«, erklärte mir der gebürtige Barmer bei meiner ersten Fahrt durch Wuppertal. Friedrich, geboren am 28. November 1820, war ein Sohn vorbildlich christlicher Eltern. Aber ihren Glauben strafte er später nur mit Verachtung. Sein Vater, ebenfalls ein Friedrich, war ein wohlhabender Barmer Industrieller und Wohltäter seiner Stadt.

Im Laufe seiner Ausbildung kam Junior Engels in Kontakt mit den Philosophen Hegel und Feuerbach. Dadurch gelangte er zu einer sehr materialistischen Weltsicht und legte seinen pietistischen Kinderglauben ab. Als Freigeist und »Aufgeklärter« war ihm das fromme Elternhaus mehr und mehr zuwider. Im Briefwechsel mit seinem Freund Marx streut er öfter Bemerkungen über sein Elternhaus ein: »Ich kann den Anblick dieser heiligen Gesichter Zuhause nicht mehr ertragen«, heißt es in der Sammlung »Briefe aus dem Wupperthal«. »Stets beten sie für die Bekehrung ihres verlorenen Sohnes ...« Aber statt dem Vorbild und Rat des Vaters zu folgen, sprudelten aus Friedrich Engels Herz revolutionäre Gedanken.

Zusammen mit Freund Marx schmiedete er die theoretischen Waffen des Kommunismus. Als sie bald darauf Anwendung fanden, wurden sie zu einem gottfeindlichen und menschenverachtenden Zerstörungswerk, das die Welt erschütterte. Und bei uns? Wieviel an guter christlicher Prägung des Elternhauses wird auch heute achtlos über Bord geworfen? *fe*

Welchen Eindruck macht unsere Gottesbeziehung auf unsere Kinder? Welche gute Gewohnheit und Prägung verdanke ich meinen Eltern?

Erziehung ist nicht Dressur und Lehre, sondern Beispiel und Liebe.

Jesaja 57,14-21

Mittwoch

29. Nov. 2000

*Ich bin gekommen, damit sie Leben haben
und es in Überfluss haben.*
Johannes 10,10

Leben, so wie ich es mag

Leben heißt für viele: einfach genießen, Spaß haben auf Parties und Festen, schön wohnen, den Feierabend genießen können, Urlaubsreisen in exotische Länder, ein schnelles Auto und vor allem Geld und eine unbegrenzte Kreditkarte ... oder Herausforderungen annehmen in Beruf oder Sport, etwas leisten, von Erfolg zu Erfolg getragen werden, Anerkennung ernten, Macht bekommen ... oder Beziehungen pflegen in der Ehe (oder außerhalb), in der Familie, mit Freunden ... Träume haben, immer den letzten Kick, nichts auslassen! Würde dann unser Leben wirklich reich und erfüllt sein?

Jesus Christus kam als Sohn Gottes mit einem Ziel in diese Welt: »Ich bin gekommen, damit sie (die Menschen) Leben haben!« Offensichtlich hat er eine ganz andere Vorstellung vom eigentlichen Leben als es uns im Allgemeinen vorschwebt. Praktisch sagt er ja: »Was ihr Menschen da habt und sucht, das ist doch kein Leben, schon gar keins, das Bestand hat. Ich bin gekommen, um euch weit mehr zu geben als Reichtum und Spaß und Anerkennung und Gesundheit.« Der Sohn Gottes brachte eine ganz neue Qualität von Leben auf diese Erde: Gottes Leben, das nicht sterben, nicht sündigen kann, das tiefen inneren Frieden, Freude und Freiheit gibt und Geborgenheit in Gott schenkt. Das ist das Leben, wie ich es mag und brauche. Denn ich habe Angst vor Krankheit und Tod, habe nicht nur Erfolge, kenne nicht nur Siege, sondern auch bittere Niederlagen und innere Leere. Dieses neue Leben habe ich einfach dadurch bekommen, dass ich Jesus Christus alle meine Schuld bekannt habe. Nun ist er mein Herr. Sein Leben und sein Geist wohnen in mir. *go*

Können wir ein genussreiches Leben führen, ohne andere beiseite zu schieben?

Mit dem »neuen Leben« wird man eine Wohltat für seine Umwelt!

Jesaja 58,1-12

30. Nov. 2000

Donnerstag

*Ich bin mit Trost erfüllt,
ich bin überreich an Freude
bei all unserer Bedrängnis.*
2. Korinther 7,4b

»Ich fühl' mich oft so schrecklich leer«

Unterwegs mit dem Auto fällt mir täglich dieser Spruch an einer Plakatwand ins Auge. Irgendwann fange ich an darüber nachzudenken: Eine Biermarke wird hier auf intelligente Weise präsentiert. Offenbar eignet sich das angepriesene Kölsch nach Auffassung der Macher besonders gut, um den Durst zu löschen, d.h. dem Körper die fehlende Flüssigkeit zuzuführen. Oder ist etwa noch mehr damit gemeint? Soll es auch helfen, die innere Leere zu füllen?

Leider greifen viele nicht nur ihres Durstes wegen zu alkoholischen Getränken. Einsamkeit, Frust, Langeweile, Seelenschmerz und Gruppenzwang - es gibt eine Menge Gründe, warum Menschen zur Flasche greifen. Doch die Leere, die man verdrängen möchte, kommt immer wieder. Das Trinken ist kaum das richtige Rezept, wenn man sich »so schrecklich leer« fühlt. Und mancher muss ziemlich weit absinken, bis er das endlich begreift.

Hier im Brief an gläubige Christen in Korinth schreibt einer, dass er erfüllt ist - mit Trost und mit Freude, und zwar mitten im Leid. Nicht weil er zur Flasche gegriffen hat, sondern weil er jemanden kennt, bei dem er auftankt: Jesus Christus. Jeder weiß, wie wichtig es ist, einen Menschen zu haben, bei dem man seine Sorgen abladen kann. Nichts ist wertvoller als jemand, der mir seine Liebe zeigt und meine gebeugte Seele mit guten und mutmachenden Worten aufrichtet. Jesus Christus bietet sich auch uns als »Lebenspartner« an. »Kommt her zu mir, alle ihr Mühseligen und Beladenen! Und ich werde euch Ruhe geben« (Matthäus 11,28) sagt er, und dieses Versprechen kann er erfüllen, weil er auferstanden ist und lebt. *pj*

Was machen Sie, wenn Sie Trost brauchen und ihnen die Freude abhanden gekommen ist?

In der Werbung gibt es viele »leere« Versprechen; Jesus Christus hält, was er verspricht!

Jesaja 59,1-15a

Freitag

1. Dez. 2000

*Den, der Sünde nicht kannte,
hat er für uns zur Sünde gemacht,
damit wir Gottes Gerechtigkeit würden in ihm.*
2. Korinther 5,21

Haben Sie Angst vor dem Blitz?

Nein, nicht den Blitz der Verkehrspolizei, wenn der Bleifuß Sie gefahren hat! Ich meine den Blitz, wenn es donnert und hagelt. In einem Heim für Behinderte, in dem ich jahrelang gearbeitet habe, erlebte ich stets die gleiche Begebenheit, wenn es donnerte, hagelte und blitzte. Ich bekam dann viel Besuch, besonders nachts. Eine unerklärliche Angst hatte meine Besucher befallen und sie kamen nur mit einer Frage: »Hat das Haus auch einen Blitzableiter?« - »Na klar hat das Haus einen Blitzableiter«, war meine immer wiederkehrende Antwort.

Aber wozu braucht man überhaupt einen Blitzableiter? Er lenkt den vernichtenden und oftmals tödlichen Blitz auf sich und leitet ihn ab. Menschen, die unter dem Schutz eines solchen Blitzableiters stehen, können sich beruhigt wieder schlafen legen, auch wenn es weiter stürmt und donnert.

Gott hat auch für einen Blitzableiter gesorgt. Er fand jemanden, der die gerechte Strafe für unsere Sünden trug. Ein Mensch ohne Sünde, ohne eigene Schuld vor Gott, musste dies sein. Dieser vollkommene Mensch war Jesus Christus, der Sohn Gottes. Er kam in diese Welt der Sünde, erntete Hass für seine Liebe, wurde verraten und verurteilt, ging freiwillig ans Kreuz und starb dort an unserer Stelle den Tod, den wir verdient haben. Wie ein Blitzableiter den tödlichen Blitz auf sich lenkt, so hat der Herr Jesus den gerechten Zorn Gottes über unsere Sünden auf sich geladen und dadurch unsere Errettung möglich gemacht. Wer sich unter seinem Schutz befindet, an dem wird das Strafgericht Gottes vorüberziehen und ihn unbeschadet lassen. *ee*

Haben Sie Angst vor dem Blitz des Zornes Gottes?

Lassen Sie Jesus heute Ihren Stellvertreter werden!

Jesaja 59,15b-21

2. Dez. 2000

Samstag

Wenn ihr den Menschen ihre Vergehungen vergebt, so wird euer himmlischer Vater auch euch vergeben.
Matthäus 6,14

Vergebenkönnen will gelernt sein

»Diesmal ist die Schuldfrage eindeutig, ich bin im Recht!« Wenn es ab und zu einmal in der Ehe kracht, dann kann man sich natürlich in die andere Ecke der Wohnung zurückziehen, man kann eine Zeitlang schmollen, man kann seine Gedanken um das Lieblingsthema kreisen lassen, dass man selbst an dem Krach nicht schuld ist und dass nun der Andere einfach einmal spüren muss, dass er den Frieden gestört hat!

Und so vergehen kostbare Stunden, in denen zwei »Feinde« in möglichst großem Abstand aneinander vorbeigehen. Anfangs wird der Gedanke noch verdrängt, dass das eine oder andere Wort, das ich in der Erregung von mir gegeben habe, auch nicht gerade von Liebe geprägt war. Außerdem fällt mir zur Entschuldigung ein, dass ich ziemlich gestresst war von einer Auseinandersetzung mit einem Kollegen am Arbeitsplatz und vielleicht deshalb schon gereizt nach Hause gekommen bin. Wie würde aber ein Außenstehender oder gar Gott mein Verhalten beurteilen?

Mir kommt das Bibelwort von der Vergebung in den Sinn. Auch eine Ehe lebt ja von der Vergebung. Jesus hat - festgenagelt am Kreuz - seinen Vater im Himmel gebeten: »Vergib ihnen, denn sie wissen nicht, was sie tun.« Kann ich da noch länger abwägen, wer mehr Schuld hat bei unserem Krach? Da kann ich nur die Hand ausstrecken zur Versöhnung. »Die Sonne gehe nicht unter über eurem Zorn«, sagt uns Gott in seinem Wort (Epheser 4,26). Was kann es Schöneres geben, als Frieden zwischen zwei Menschen? Es liegt an mir, ich muss den Frieden um Gottes willen mit allen Kräften suchen. *li*

Hat Gott Ihnen vergeben? Wie wär's, wenn Sie heute einmal ganz bewusst »vergeben lernen«?

Beten Sie für Ihren Ehepartner, dass er Vergebung annimmt, oder Ihnen vergibt.

Jesaja 60,1-11

Sonntag — 3. Dez. 2000 — **1. Advent**

Dein Reich komme!
Matthäus 6,10

Advent - Ankunft - Er kommt!

Wer hat nicht schon einmal die Bitte: »Dein Reich komme!« aus dem Vaterunser mitgesprochen, etwa bei einer Beerdigung oder in einem Gottesdienst. Ich glaube aber, es gäbe bei den meisten Menschen nicht nur ein großes Erstaunen, sondern ein fürchterliches Erschrecken, wenn Gott diese gedankenlos dahergesagte Bitte augenblicklich erfüllte.

Alles, was jetzt wichtig ist, alles, was zählt, alles, was Rang und Namen hat, wäre auf der Stelle erledigt. Jeder Mensch stünde nur mit seiner eigenen Bosheit und Gottesverachtung vor eben diesem allgewaltigen Gott.

Stellen Sie sich vor, sie müssten dann der ewigen Gerechtigkeit und Wahrheit ins Auge blicken und begreifen blitzartig: Gott weiß alles, was ich getan, gesagt, ja, sogar gedacht habe, und das hatte alles zusammen weder mit seinem Reich, noch mit seinen Geboten, geschweige denn mit ihm selbst zu tun gehabt - im Gegenteil, alles drehte sich um meine Person, um meinen Willen und um meine Verwirklichung. In dieser Situation möchten Sie sicher nicht in ihrer eigenen Haut stecken.

Die Bibel spricht in den schauerlichsten Bildern von dem, was dann, wenn Gottes Reich angebrochen ist, denen widerfährt, die sich in der jetzigen Zeit nicht seinen Bedingungen unterworfen haben.

Wie gut ist es da, dass Gott selbst in der Person seines Sohnes, Jesus Christus, schon einmal gekommen ist, um alle Glaubenden in die Lage zu versetzen, bewusst, getrost und erwartungsvoll zu beten: »Dein Reich komme!« *khg*

Was empfinden Sie, wenn Sie diese Bitte aussprechen?

Tun Sie alles, damit Sie einmal froh Advent feiern können!

Psalm 24

4. Dez. 2000

Montag

Wer sich aber selbst erhöhen wird, wird erniedrigt werden; und wer sich selbst erniedrigen wird, wird erhöht werden.
Matthäus 23,12

Der Nachäffer

Er führt sich auf, als sei er der Herr der Welt. Er legt sich mit den stärksten Nationen an und entgeht jedem noch so gewalttätigen Anschlag auf sein Leben. Er knechtet sein Volk unter seinen kriegerischen Willen, und doch bleibt es ihm treu ergeben. Er setzt Frechheit gegen Nachsicht, Stärke gegen Gnade und Undankbarkeit gegen Entgegenkommen. Die Rede ist vom irakischen Staats-Chef Saddam Hussein.

Der Beherrscher des Zweistromlandes an Euphrat und Tigris glaubt nur an sich selbst und ist sich selbst Moral genug, er steht im Mittelpunkt aller Überlegungen. Saddam hat die Geschichte für sich entdeckt und sich selbst zu einer Reinkarnation des großen mesopotamischen Königs Nebukadnezar erklärt. Dem sollen seine Taten entsprechen: Er lässt die alte, vor über 2000 Jahren zerstörte Metropole Babylon in der irakischen Wüste wiedererstehen. In dieser uralten Residenz des Königs von Babel will er sich zum Weltkaiser krönen lassen nach seinem militärischen Sieg über die Streitmacht der USA.

Der alte Nebukadnezar war ein erbitterter Feind Israels. Er zog mit großem Heer nach Jerusalem, nahm es ein und entführte das Volk nach Babylonien, zerstreute es im ganzen Reich. Auch er wurde vermessen und war sich selbst das Gesetz. Aber Gott ließ ihn nur eine Zeitlang gewähren: »Er wurde von den Menschen ausgestoßen und aß Gras wie die Rinder, und sein Leib wurde benetzt vom Tau des Himmels, bis sein Haar wie Adlerfedern wuchs und seine Nägel wie Vogelkrallen« (Daniel 4,30). Dadurch kam Nebukadnezar zur Besinnung und demütigte sich vor Gott. Ob Saddam Hussein wohl auch zur Besinnung kommt? *svr*

Hand auf's Herz! Bin ich ein besserer Mensch, wenn es um die rechte Haltung vor Gott geht?

So denkt Gott: »Ein Greuel für den HERRN ist jeder Hochmütige. Die Hand darauf! Er bleibt nicht ungestraft« (Sprüche 16,5).

Jesaja 60,15-22

Dienstag — 5. Dez. 2000

Wer krumme Wege wählt, muss schwitzen.
Sprüche 10,9

Gefährliche Abkürzungen

Es ist sehr verlockend, den markierten Wanderweg abzukürzen. Wir wollen uns unnötige Mühen ersparen, um schneller ans Ziel zu kommen. Die Bergwanderer werden immer wieder vor solchen Wagnissen gewarnt. Denn Abkürzungen sind gefährlich, bringen uns ins Schwitzen und zehren unsere Kräfte auf. Tragische Unfälle sind Folgen solcher Dummheit. Wir neigen dazu, faule Kompromisse einzugehen, um schneller voran zu kommen. Die Wahrheit wird ein wenig manipuliert. Die uns von Gott gegebenen Lebensregeln seines Wortes werden relativiert und umgedeutet. Seine Gebote werden geschickt umgangen, weil sie uns hinderlich erscheinen. Zunächst sieht es sehr befreiend und klug aus. Abfällig schauen wir auf den biederen und gewissenhaften Kollegen. Er wirkt wie ein rückständiger Dummkopf, der nichts vom Leben versteht. Wir haben ihn längst überholt und sonnen uns in unserem Erfolg.

Doch plötzlich kommen wir ins Schwitzen. Die Schuld beginnt zu drücken. Das Gewissen mahnt. Wir versuchen, alles zu verdrängen, zu vergessen. Es will nicht klappen. Der Schlaf schwindet. Sorgen steigen auf. - Die gemachten Abkürzungen fordern ihren Preis.

Gott aber will nicht, dass wir schwitzen und uns mit einem belasteten Gewissen herum quälen. Er will nicht, dass wir in ständiger Angst leben, erwischt zu werden. Gott ruft uns auf zur ganzen Wahrheit, zur Aufrichtigkeit und Reinheit. »Die Wahrheit wird euch frei machen«, sagt Jesus Christus seinen Jüngern (Johannes 8,32). Auf dem geraden Weg, in Gemeinschaft mit Gott, kann ich fröhlich meine Straße ziehen, in herrlicher Gelassenheit und tiefem Frieden. *la*

Wo stecken meine »Abkürzungen«?

Ich will mich nach Gottes Wegmarken richten, auch wenn sie mir wie ein Umweg vorkommen.

Jesaja 61,1-6

6. Dez. 2000
Mittwoch

*... werdet verwandelt durch die Erneuerung des Sinnes,
dass ihr prüfen mögt, was der Wille Gottes ist:
das Gute und Wohlgefällige und Vollkommene.*
Römer 12,2

Dürfen wir alles, was wir können?

»Welche Augenfarbe hätten sie denn gern? Lieber blau? Oder doch das dunkle Braun?« Unbehagen schleicht sich bei dem Gedanken ein, dass es bald möglich sein soll, Menschen in beliebiger »Ausführung« und Anzahl zu »produzieren«. Manche sehen in der Gentechnologie nur die Gefahr, während andere über die neuen Möglichkeiten froh sind. So werden einige Medikamente und Nahrungsmittel mittels Gentechnik erzeugt. Segen und Fluch liegen nah beieinander. Egal, welche Haltung man zur Gentechnologie einnimmt, eine grundsätzliche Frage drängt sich hierbei immer mehr in den Vordergrund: Darf alles, was machbar ist, auch wirklich getan werden? Mit dieser Frage ist das Problem der Verantwortlichkeit verbunden. Sind wir bereit die Verantwortung für unser Tun zu übernehmen? Sind wir dazu überhaupt in der Lage, wenn wir noch nicht einmal die Konsequenzen abschätzen können?

Diese Frage betrifft aber nicht nur die Wissenschaft, sondern auch unseren ganz praktischen Alltag. Dürfen wir alles, was in unserer Gesellschaft machbar ist, (mit-)machen? Unser Medienzeitalter bietet ungeahnte Möglichkeiten. Müssen unsere Kinder völlig uneingeschränkt mit Fernsehn, Video und Kino aufwachsen? Gerade wo Gewalt und sexuelle Unmoral immer mehr das Bild unserer Zeit prägen. Müssen wir jede Mode mitmachen, sei sie auch noch so hässlich, unpraktisch und unschicklich? Warum muss ich die Raubkopie des neuesten Computerprogramms haben? Nur weil es alle so machen und weil man sich die teuren Programme ja eigentlich nicht leisten kann? Wahre Freiheit besteht darin, nicht alles Machbare tun zu müssen. *tw*

Welche Folgen hat es, gegen den Strom der Masse zu schwimmen?

Es gibt handfeste Argumente dafür, nicht alles mitzumachen.

Jesaja 61,7-11

Donnerstag

7. Dez. 2000

*Jesus sprach zu ihr: Ich bin die Auferstehung
und das Leben, wer an mich glaubt,
wird leben, auch wenn er gestorben ist.*
Johannes 11,25

»Wir werden uns hier nicht mehr sehen«

»Wir werden uns hier nicht mehr sehen«, sind die Worte meiner gläubigen Großmutter beim Abschied gewesen. Ich bin damals für ein Jahr in die USA gegangen. Sie sollte Recht behalten. Zwei Wochen vor meiner Wiederkehr ist Oma gestorben. Und obwohl mir der Abschied von ihr nicht leicht gefallen ist, ist er doch voller Trost gewesen. Ihr Gehen ist begleitet gewesen von der Ruhe und dem Frieden der Auferstehungshoffnung. Man meint damit, dass mit dem Tod nicht das letzte Kapitel geschrieben ist. Jeder wirklich Gläubige geht mit seiner Seele und seinem Geist nach dem Tod unmittelbar in Gottes Gegenwart (Lukas 23,43; Philipper 1,23). Bei der Auferstehung wird Geist und Seele mit dem Auferstehungsleib vereint. Der auferstandene Mensch behält seine Persönlichkeit und bekommt einen neuen Leib. Ich werde Oma wiedersehen und wiedererkennen!

Mir ist es in gewisser Weise wie Martha und Maria gegangen. In dem Kapitel, von dem der Bibelvers genommen worden ist, hat Jesus zwei aufschlussreiche Gespräche mit den Schwestern des verstorbenen Lazarus gehabt. Im Gespräch mit Martha zeigt Jesus, dass es beim Tod eines wirklich Gläubigen keinen Grund zur Hoffnungslosigkeit gibt - Jesus Christus selbst ist der Schlüssel und Garant der Auferstehungshoffnung, die jeder haben darf, der an ihn glaubt. Einige Augenblicke später trifft Jesus die trauernde zweite Schwester - Maria. Und bewegt von der Trauer Marias und dem Tod seines Freundes Lazarus weint auch Jesus. Denn obwohl es keinen Grund zur Hoffnungslosigkeit gibt, ist angesichts des Todes eines Gläubigen sehr wohl Raum zur tiefen Trauer. *gn*

Worauf stützen Sie Ihre Auferstehungshoffnung?

Wer leben will, muss mit dem Leben verbunden sein.

Jesaja 62,1-5

8. Dez. 2000

Freitag

*Was wird es einem Menschen nützen,
wenn er die ganze Welt gewönne,
aber sein Leben einbüßte?*
Matthäus 16,26

Der Schrei nach Hilfe

Heute vor zwanzig Jahren wurde einer der bekanntesten Popmusiker auf offener Straße erschossen: John Lennon, der führende Kopf der Popgruppe »The Beatles«. Er, das berühmte Idol, war tot. Als ich seine Biographie las, war ich erschüttert. Er, dem viele folgten, wusste selbst nicht, wohin er gehen sollte.

1965 begannen die Dreharbeiten zum Beatles Film »Help«. Der Film zeigt eine Verfolgungsjagd, die von England über die österreichischen Alpen bis zu den Bahamas führt. Der Titelsong drückt aus, was John Lennon tief in seinem Innersten empfand: »Hilfe! Ich brauche jemanden ...«

Sein ganzes Leben war ein Hilfeschrei. Erfolg, Geld, Sex und Drogen befriedigten ihn nicht. So suchte John Lennon sein Glück in fernöstlicher Mystik. 1968 flog er nach Indien, um an einem Meditationskurs teilzunehmen. Aber auch hier lief er in eine Sackgasse. Was für ein Leben! Man kann alles besitzen und doch nichts haben; immer auf der Suche nach Hilfe und geplagt von Selbstzweifeln und Depressionen. Lennon ist nur ein Beispiel von vielen. Sein Todestag erinnert uns an die zentralen Fragen: »Wozu bin ich hier?« und »Wo geht's hin?« Losgelöst vom Schöpfer wird kein Mensch eine Antwort finden, die ihn für immer befriedigt. Die gestörte Gottesbeziehung hinterlässt beim Menschen immer eine unbefriedigte Sehnsucht nach mehr. Jesus Christus beantwortet den Hilfeschrei nach Leben mit dem Ruf in die Nachfolge. Der Schlüssel zum Glück liegt in der Hingabe, nicht an Drogen und Gurus, sondern an den, der uns durch und durch kennt und uns wirklich liebt, so wie wir sind. *hj*

Haben Sie schon zu Christus gefunden oder »schreien« Sie noch um Hilfe oder haben Sie bereits resigniert?

Ich will ehrlich sein vor Gott und mir selbst.

Jesaja 62,6-12

Samstag — 9. Dez. 2000

Durch Gottes Gnade bin ich, was ich bin.
1. Korinther 15,10

Wir dürfen mitmachen!

Heute ist Backtag. Mutter hat viel zu tun. Die kleine vierjährige Tochter muss nebenbei beaufsichtigt werden und Mutter meint, das gehe am besten, wenn die Kleine »hilft«. Sie bekommt eine Schürze umgebunden und darf auf einem Stuhl neben dem Tisch stehen und beim Rosinenwaschen, dem Mehlsieben, Umrühren und natürlich Schüsselauslecken helfen. Mutter hat ihre Freude an den heißen Bäckchen und den eifrigen Händchen der Kleinen; aber schneller wäre es ohne sie gegangen, und hinterher muss das ganze Kind gesäubert werden und der Fußboden dazu.

So ungefähr ist es auch, wenn uns Gott »Mitarbeiter« sein lässt. Nur weil er so gnädig und freundlich ist, will er uns bei sich haben, wenn er auch manches hinterher in Ordnung bringen muss, was wir verdorben haben und er alles viel effektiver, schneller und richtiger allein gemacht hätte. Außerdem hat er uns so besser unter Aufsicht, als wenn wir uns sonstwo rumtreiben. Mehr als solche »Hilfe« ist all unser »Dienst für Gott« nicht.

Aber wie wichtig nehmen wir uns doch, wie seufzen wir oft unter den Belastungen! Wie sind wir hinter der Anerkennung der Menschen her. Dabei sollten wir doch nur auf das freundliche Angesicht unseres Gottes blicken!

Es geht darum, alles im rechten Licht zu betrachten. Gott kann sich aus jedem Ziegelstein einen Apostel machen - oder etwa nicht? - Er braucht uns wahrlich nicht. Wie oben gesagt: Aus Gnaden bin ich, was ich bin.

gr

Meinen Sie vielleicht auch, Gott könne froh sein, Sie als Mitarbeiter zu haben?

Denken Sie an das kleine Mädchen!

Jesaja 63,7-16

2. Advent **10. Dez. 2000** **Sonntag**

Das Wort ist gewiss und aller Annahme wert,
dass Christus Jesus in die Welt gekommen ist,
Sünder zu erretten.
1. Timotheus 1,15

Ein Mann, der die Welt veränderte?

1991 erschien ein Buch mit dem anspruchsvollen Titel »Der Mann, der die Welt veränderte«. Es handelte von dem sowjetischen Staatspräsidenten Michail Gorbatschow (geb. 1931), der ein Jahr vorher, heute vor zehn Jahren, den Friedens-Nobelpreis erhalten hatte. Sicherlich hatte Gorbatschow im Blick auf seine Bemühungen, den Kalten Krieg zu beenden, den Preis verdient. Aber hat er die Welt wirklich verändert?

Gewiss, die Auflösung des Ostblocks und das Ende der weltweiten militärischen Polarisierung gehen auf seine Politik zurück. Sein Regierungsprogramm war der Anstoß zu freierer Wirtschafts- und Sozialpolitik (Perestroika) und zu neuer Freiheit in Denken und Information (Glasnost), aber auch zur Auflösung der Sowjetunion, was sicherlich nicht sein Ziel war. Aber verändert hat das alles die Welt nicht grundsätzlich. Die wirtschaftlichen Probleme sind seitdem eher größer geworden, und die Staatenwelt ist auch ohne Kalten Krieg unfriedlich wie eh und je. Im Gegenteil, durch die wirtschaftliche und politische Schwächung vieler Staaten hat die Unsicherheit zugenommen und zwischenstaatliche Probleme führen immer wieder zu Kriegen.

Wirklich verändert hat die Welt nur jener sanftmütige und demütige Mann, der vor 2000 Jahren durch seinen Opfertod am Kreuz jedem an ihn Glaubenden das ganze Heil Gottes bis in die Ewigkeit hinein erschloss: Jesus Christus, der Sohn Gottes. Seine Spuren sind noch heute weltweit zu finden: im Denken und in den Bräuchen vieler, auch ungläubiger Menschen, in staatlichen Gesetzen und nicht zuletzt in seiner lebendigen Gemeinde. Und wie wird es erst werden, wenn er wiederkommt! *jo*

Was bedeutet mir die Veränderung, die Jesus Christus hervorgerufen hat?

Ich selbst muss mich verändern lassen.

Psalm 68,1-21

Montag — 11. Dez. 2000

*Sechs Tage sollst du arbeiten
und all deine Arbeit tun.*
2. Mose 20,9

Handwerk

Handarbeit ist nicht sehr gefragt. Viele Lehrstellen bleiben im Produktionsbereich unbesetzt, während sich bei den Bürostellen Hunderte um zwei oder drei Plätze reißen. Sicher ist auch daran das Fernsehen schuld, das den Eindruck erweckt, die elegante Welt der feingekleideten Leute sei das Normale, auf das jeder Anspruch hat. Und wenn man auch als Angestellte(r) nicht alle Welt verdient, so bleiben doch Frisur und Anzug bei der Arbeit schick, und man muss nicht im öligen Blaumann rumlaufen.

Dabei leben wir alle davon, dass die Arbeit im Produktionsbereich getan wird, einerlei, ob es sich dabei um die Küche, ein Krankenhaus, einen Bauerhof oder eine Autofabrik handelt.

Im alten Judentum musste jeder Rabbi ein Handwerk beherrschen. Paulus war dadurch in der Lage, sich und seine Begleiter über Wasser zu halten, wenn man ihm für seine Predigten nichts geben wollte. Unser Herr Jesus Christus hat bis zu seinem 30. Lebensjahr als Zimmermann gearbeitet, und schon Adam hatte den Auftrag, den Garten Eden zu bebauen.

Niemand sollte daher so dumm sein, auf einen Handarbeiter herabzusehen, weil dieser letzten Endes die Grundlagen unserer Existenz schafft und erhält. Gott hat jedem eine Aufgabe in dieser Welt zugeteilt. Es kommt darauf an, diese in dem Bewusstsein zu erfüllen, nicht nur im Dienst eines Chefs, sondern im Auftrag Gottes zu stehen. *gr*

Was wären wir ohne die Schwielen an den Händen der Bauern, Bergleute oder Werkzeugmacher?

Wer seine Sache gut macht, hat es verdient, geehrt zu werden.

Jesaja 63,17 - 64,3

12. Dez. 2000

Dienstag

Wie zahlreich sind deine Werke, o HERR!
Du hast sie alle mit Weisheit gemacht,
die Erde ist voll deines Eigentums.

Psalm 104,24

Wovon die Schöpfung redet

Gott schafft wunderbare Ordnung in der Schöpfung und in unserem Leben. Wer in der Natur zu Hause ist, der weiß etwas von all' den wunderbaren Eindrücken dort. Berge, Schluchten, Seen, seltene Blumen, fremdartige Bäume und Pflanzen, der Sternenhimmel und Naturereignisse haben ihn oft fasziniert. Das Erleben der Schöpfung tut uns wohl. Wir werden froh, bekommen neuen Mut. Auch körperliche Anstrengungen nehmen wir gerne auf, um all das zu erleben.

Beeindruckend und für uns unbegreiflich ist, dass das alles schon seit Jahrtausenden, wie von unsichtbarer Hand geführt, erhalten blieb und läuft. Wir erkennen darin die unergründliche Allmacht und Weisheit des Schöpfergottes. An der Natur kann jeder die Existenz Gottes sehen. Das verpflichtet uns Menschen, Gott zu ehren (Römer 1,19-22).

Bei jedem von uns gab es Zeiten, in denen wir das nicht wahrnehmen konnten oder wollten. Sorgen, Probleme, eigenwilliges und selbstherrliches Leben verwehrten uns die Sicht auf Gott. Es ist wunderbar, dass Gott uns da nicht gelassen hat. Er wollte und will auch in unserem Leben alles mit seiner Weisheit ordnen. Der Liederdichter Paul Gerhard drückt es so aus: »Der Wolken, Luft und Winden gibt Wege, Lauf und Bahn, der wird auch Wege finden, da dein (mein) Fuß gehen kann.« Es ist ermutigend zu sehen, wie Gott durch den Glauben an Jesus Christus im Leben jedes Menschen - auch des bis dahin Hoffnungslosen - seine Allmacht und Weisheit zeigt und zeigen will. Er will uns nicht nur Freude an der Schöpfung, sondern auch Freude an seiner Führung und Veränderung in unserem Leben geben, wenn wir ihn wirken lassen. *rfw*

Was verstellt Ihnen den Blick auf den Schöpfer und Retter?

Hören Sie auf Gott mit aufnahmebereitem Herzen, dann wird auch ihr Blick klar!

Jesaja 64,4-11

Mittwoch

13. Dez. 2000

*Wir haben hier keine bleibende Stadt,
sondern die zukünftige suchen wir.*
Hebräer 13,14

Die goldene Stadt

Kennen Sie New York? Jemand beschrieb es folgendermaßen: »New York ist d i e Illusion! Romantisches Funkeln: Horizont aus Lichtern und Türmen, die Stadt, die nie schläft. In der einst King Kong ganz hoch hinaus und Godzilla erst vor kurzem mit dem Kopf durch die Wand wollte. N.Y. ist Jazz pur, ein nervöses Flirren und sehr sexy ... ein immerwährendes Abenteuer. New York in Wirklichkeit: bleicher Dampf aus unzähligen Schächten; Laufen, Schnaufen, Flüstern und Schreien von elf Millionen Menschen. Ein ultimativer Stress: Missklang der Geräusche, Raserei der Bilder, das Ende der Wahrnehmung! Tausend Augenblicke ohne Blickkontakt, unendliche Wüste aus Beton und Asphalt. Die schlimmste Stadt. Ein Alptraum ohne Ende ...«

Da weiß man nicht, was überwiegt, Faszination oder Schrecken. Aber ich habe da noch die Beschreibung einer anderen Stadt: »Sie ist aus reinem Gold gebaut, klar und durchsichtig wie Glas. Die verschiedensten Edelsteine schmücken ihre Stadtmauer und die zwölf Stadttore bestehen aus Perlen. Die Stadt braucht keine Lichtquelle, denn in ihr leuchtet die Herrlichkeit Gottes. Ihre Tore sind niemals geschlossen; sie stehen immer offen. Alles, was die Völker der Welt an Schätzen und Kostbarkeiten besitzen, werden sie in diese Stadt bringen. Vor allem aber wird es dort kein Leid und weder Angst noch Schmerzen geben und selbst den Tod nicht mehr!« Sie meinen, diese Stadt gibt es nicht? Sie wird einmal von Gott aus dem Himmel herabkommen: das heilige Jerusalem. Doch wer die Sünde liebt, darf diese Stadt niemals betreten. Nur wer im »Lebensbuch des Lammes« steht, wird eingelassen!   *khg*

Für welche Stadt würden Sie sich entscheiden?

Die himmlische Stadt sollte das Ziel unserer Sehnsucht werden.

Jesaja 65,1-16a

14. Dez. 2000

Donnerstag

Großen Frieden haben die,
die dein Gesetz lieben.
Sie trifft kein Straucheln.
Psalm 119,165

Alles relativ?

Trifft es zu, dass es nur relative Wahrheiten gibt? Ist die Festlegung von dem, was gut und was böse ist, Sache des Menschen? Im Bereich der Technik z.B. wäre es unmöglich, von relativen Größen auszugehen. Und wie sieht das in Bezug auf unser Leben aus?

Unser Grundgesetz wurde von seinen Gründungsvätern in erheblichem Maß an biblische Wertvorstellungen angelehnt. Mit zunehmendem Wohlstand und sich daraus entwickelnder Selbstsicherheit wuchs aber die Gleichgültigkeit gegenüber Gott. Seine Maßstäbe wurden immer mehr in Frage gestellt. Was als absolut anerkannt wurde, wird mehr und mehr relativiert. Die Gesetze werden den Bedürfnissen von heute angepasst. Was einst als gut galt, wird jetzt als nicht mehr zeitgemäß empfunden.

Wer die Festlegung von Gut und Böse zur situationsbedingten Erkenntnisfrage macht, kann nichts anderes als Chaos erwarten. Wer die göttlichen Grenzen verschiebt, landet in der trügerischen Weite einer Situationsethik. Die Folgen sind wachsende Orientierungslosigkeit und ein egoistischer Lebensstil. Wir brauchen Werte und Normen, die vom schwankenden menschlichen Denken unabhängig sind. Nur so kann auch unser Leben auf lange Sicht geschützt werden. Wir brauchen die Wahrheit, die wie ein Felsen unerschütterlich im Strom der Zeit steht. Nur so finden wir Orientierung. Wir brauchen die Klarheit über uns selbst. Und die finden wir in der Bibel. Nur in der freiwilligen gehorsamen Bindung an Jesus Christus finden wir den richtigen Weg. Anders ausgedrückt haben wir nur eine Chance, dem Chaos zu entkommen, indem wir eine neue und feste Bindung an Gottes Gebote suchen. *hj*

Nach welchen Gesetzen lebe ich eigentlich?

Gottes Gesetze regeln in erster Linie unser Verhältnis zu ihm und dann zu unseren Mitmenschen.

Jesaja 65,16b-25

Freitag

15. Dez. 2000

Denn wenn jemand sein Leben erretten will, wird er es verlieren; wenn aber jemand sein Leben verliert um meinetwillen, wird er es finden.
Matthäus 16,25

Wohin fährt dieser Bus?

Ein Mann der jeden Morgen so lang wie möglich schlief, erwachte eines Morgens noch später als er ohnehin immer aufstand. Als er auf die Uhr sah, sprang er mit einem Satz aus dem Bett, rein in die Klamotten, kaltes Wasser ins Gesicht, Haare gekämmt und schnell noch ein Glas Milch im Stehen runtergekippt.

Dann schnappte er sich seine Aktentasche, gab seiner Frau noch schnell einen Kuss und rannte aus der Tür, um seinen Bus noch zu bekommen.

In allerletzter Minute hechtete er in den Wagen, gerade bevor die Türen zugingen. Er entwertete schnell seinen Fahrschein und hielt dann nach einem leeren Sitz Ausschau. Plötzlich blickte er sich um und rief erschrocken aus: »Wohin fährt der Bus eigentlich?«

Diese Geschichte erinnert mich an viele Menschen in unserer Gesellschaft. Ganz beansprucht durch die Hektik der täglichen Aktivitäten versäumen sie es, sich zu vergewissern, ob sie sich überhaupt in die richtige Richtung bewegen.

Wissen Sie in welche Richtung Sie gehen? Sind Sie unterwegs, ohne nach Gott und seinen Geboten zu fragen, dann sind Sie im »falschen Bus« und sollten ernsthaft fragen: »Wohin führt mein Leben?« Wenn Sie erkennen, dass alles in die falsche Richtung geht, empfehle ich eine schnelle Kehrtwendung, indem Sie Ihre Sünden Jesus Christus bekennen und um Vergebung bitten. Übergeben Sie ihm Ihr ganzes Leben und lassen Sie ihn Ihr Leben führen. Erst dann befinden Sie sich auf dem Weg, der einmal in der ewigen Herrlichkeit endet! *js*

Auf welchem Trip befinden Sie sich?

Viele Menschen sind ganz schön flott unterwegs - aber leider in die falsche Richtung!

Jesaja 66,5-14

16. Dez. 2000

Samstag

*Jagt dem Frieden nach ... und achtet darauf,
... dass nicht irgendeine Wurzel der Bitterkeit aufsprosse.*
Hebräer 12,14.15

Frieden - und nicht Bitterkeit

Was ist das für eine Aufforderung, dem Frieden nachjagen? Das klingt ziemlich anstrengend. Andererseits wird klar, dass Frieden nicht selbstverständlich ist. Auch in der Ehe muss man sich täglich darum bemühen. Die Ehe ist die engste Lebensgemeinschaft unter den Menschen; die Voraussetzung für Frieden ist hier am ehesten gegeben, weil zwei Menschen sich lieben. Solange Liebe gegeben und empfangen wird, ist die (Ehe-)Welt in Ordnung.

Doch die Frage ist schon berechtigt, ob das Miteinander in der Ehe immer süß für den anderen ist. Bitterkeit kann z.B. aufkommen und den Frieden in Gefahr bringen, wenn der Mann ganz in seiner Berufswelt aufgeht und seine Frau an Erfolgen und Niederlagen nicht teilnehmen lässt. Dabei könnte er sicher auch die Mitfreude seiner Frau oder auch ihren Trost und ihre Ermutigung in seinem eigenen Leben bereichernd erfahren.

Solches Sich-mitteilen muss gelernt werden. Dazu ist es erst einmal nötig, dass man erkennt, dass Anteilgeben an der eigenen inneren Verfassung zum Grundprinzip einer guten Ehe gehört. Und dass auch das Wissenwollen um den »Seelenzustand« des Ehepartners mehr ist als Neugierde. Dass es zu einer guten Beziehung dazugehört wie Essen und Trinken für den Körper. Der Nährboden für aufkommende Bitterkeit und Unfrieden ist mangelnde Kommunikation in der Ehe. Besser, eine Viertelstunde früher aufstehen und bewusst miteinander den Tag beginnen oder einen kurzen gemeinsamen Spaziergang am Abend mit dem so wichtigen Austausch unternehmen, als einen Keim der Bitterkeit zulassen und den Frieden auf's Spiel setzen. *li*

Stimmt der Austausch in meiner Ehe oder habe ich Nachholbedarf?

Es lohnt sich, täglich eine Viertelstunde für bewusste Ehe-Kommunikation zu investieren.

Jesaja 66,18-24

Sonntag   **17. Dez. 2000**   **3. Advent**

*Wir glauben an den, der Jesus, unseren Herrn,
aus den Toten auferweckt hat.*
nach Römer 4,24

Gott, der Sieger über den Tod

Wenn Gott sich in vorchristlicher Zeit dadurch ausgezeichnet hat, dass er Himmel und Erde geschaffen hat und dass er Israel aus der ägyptischen Sklaverei befreit hat, dann haben wir, die wir in der Zeit nach Christus leben, einen noch viel größeren Beweis seiner Gotteskraft: Er hat Jesus von den Toten auferweckt. Gott hat gezeigt, dass er stärker ist als der Tod. Er hat den Tod besiegt. Die Auferweckung Jesu war der Höhepunkt des Handelns Gottes. Nach der Kreuzigung Jesu hatte alles nach einer Niederlage der Sache Gottes ausgesehen. Es sah aus, als könnte das Böse über den Sohn Gottes triumphieren. Doch Jesus Christus starb freiwillig. Er war vollkommen unschuldig und starb für die Schuld und Sünde jedes Menschen.

Doch dann hat Gott unseren Herrn Jesus Christus auferweckt. Das Grab ist seither leer. Der Tod konnte ihn nicht halten. Über 500 Leute sind dem Herrn Jesus nach seiner Auferstehung begegnet. Es war für alle offensichtlich: Gott ist der Sieger, er hat das Wort gehabt. Nicht umsonst war in der frühen Kirche Ostern das wichtigste Fest.

Weil hier der entscheidende Sieg Gottes sichtbar wurde, ist es kein Wunder, wenn alle Feinde Gottes gerade die Auferstehung leugnen, seien sie Atheisten oder auch Theologen, die ihren eigenen Gedanken folgen und dem Wort Gottes nicht glauben wollen.

Jedoch weil Gott der Sieger über den Tod ist, können wir bei ihm ewiges Leben finden, ewiges Leben in der Nähe Gottes, in der nicht sichtbaren Wirklichkeit des Himmels. An diesen Gott, der Jesus Christus aus den Toten auferweckt hat, gilt es zu glauben. *vb*

Was wäre noch höher zu werten als ein Leben über den Tod hinaus?

Wer sich auf den lebendigen Jesus Christus einlässt, wird es erleben.

Psalm 68,25-36

18. Dez. 2000

Montag

Ein jeder aber wird versucht, wenn er von seiner eigenen Begierde fortgezogen und gelockt wird. Danach ... bringt sie Sünde hervor; die Sünde aber, wenn sie vollendet ist, gebiert den Tod.
Jakobus 1,14-15

Test it!?

Morgens auf dem Weg zur Arbeit begegne ich seit langem dem gleichen Plakat: Sie lächeln sich an und halten dabei demonstrativ ihre Zigarette in Schulterhöhe und Gesichtsnähe. Die eine Frau sieht ganz »normal« aus, die andere dagegen wirkt schrill und lässt sich eindeutig dem »Rotlichtmilieu« zuordnen. Bei genauerem Hinschauen erkenne ich, dass es sich um einen Transvestiten handelt.

Eine Zigaretten-Marke wird seit Jahren mit der Darstellung von »Extremgruppen« in Verbindung mit dem Slogan »Test it« beworben. Die Zigarette wird zum Brückenbauer über soziale und gesellschaftlichen Grenzen hinweg hochstilisiert. »Einfach ausprobieren« wird als Lebensmaxime angepriesen: Warum nicht? Es ist doch nichts dabei! Egal wie man lebt, Hauptsache man hat Spaß, geht locker und tolerant miteinander um, selbst wenn man noch so extrem lebt. Bleibt es wirklich nur Spaß? Können wir die Folgen eines bestimmten Lebensstils einfach ausblenden? Schon der so harmlos erscheinende Zigarettengenuss kann uns Jahre unseres Lebens kosten. Machen wir uns nichts vor, auch für eine falsche Moral müssen wir zahlen. Es ist nicht egal, wie wir leben.

Die Bibel definiert all das, was uns ins Verderben zieht, als Sünde. Und die Begierde in uns zieht uns hin zur Sünde. Wer zieht uns aus diesem Sumpf? Das Rauchen aufzugeben, ist schon schwer genug, aber von der Sünde kommen wir erst recht nicht los. Deshalb ist Jesus gekommen. Er hat für unsere Sündenschuld mit seinem Leben bezahlt. Und darüber hinaus will Gott uns ein neues Leben und damit Widerstandskraft gegen die Sünde geben. *pj*

Wollen Sie frei werden vom Zwang zur Sünde?

Vergebung befreit. Und die bekommt man bei Gott umsonst, weil schon einer dafür bezahlt hat.

Lukas 1,1-17

Dienstag

19. Dez. 2000

> *Wenn es Abend geworden ist, so sagt ihr: Heiteres Wetter, denn der Himmel ist feuerrot ... Das Aussehen des Himmels wisst ihr zwar zu beurteilen, aber die Zeichen der Zeiten könnt ihr nicht beurteilen.*
>
> Matthäus 16,2

Wettervorhersage

Für die Planung mancher Dinge ist es wichtig zu wissen, welches Wetter zu erwarten ist. Da ist die Wettervorhersage eine nützliche Einrichtung. In den meisten Fällen trifft das vorhergesagte Wetter auch ein - mit einer statistischen Treffsicherheit von 87 Prozent.

Niemand wird nun behaupten, dass die Experten der Wetterämter, die Meteorologen, in die Zukunft schauen können. Sie sind nur Beobachter eines gegenwärtigen Geschehens und ziehen daraus ihre Schlüsse auf Grund von Erfahrung. Dazu müssen weltweit eine Unmenge Daten gesammelt werden: Luftdruck, Temperatur, Taupunkt, Bodensichtweite, Windrichtung und -geschwindigkeit, Bedeckungsgrad des Himmels, Nebel, Gewitter, Stürme und vieles mehr. Die Daten kommen von kleinen Wetterstationen in Tälern, im Gebirge, von Schiffen oder Flugzeugen, Wetterballons und Satelliten. All diese Informationen werden mit Hilfe von Computern in ein Gesamtbild umgesetzt: die Wetterkarte. Aus ihr kann man dann ablesen, welches Wetter sich auf uns zubewegt.

Wenn Gott in der Bibel Vorhersagen über die Zukunft macht, braucht er keine Daten zu sammeln und auch nicht zu rechnen, denn er lebt in einer höheren Dimension und kann gleichzeitig Vergangenheit, Gegenwart und Zukunft sehen. Gott ist nicht an Raum und Zeit gebunden wie wir. Er ist allmächtig, allwissend, allgegenwärtig. Durch den Propheten Jeremia lässt er uns sagen: »Meint ihr, jemand könnte sich so vor mir verstecken, dass ich ihn nicht mehr sehe? Ich bin es doch, der den Himmel und die Erde erfüllt, ich, der Herr!« Er kennt auch mich und mein gesamtes Leben bis in alle Einzelheiten. *sg*

Ist mir bewusst, dass Gott auch weiß, auf welches Ziel mein Leben hinausläuft?

Nur mit Jesus Christus sieht unsere Zukunft »rosig« aus!

Lukas 1,18-25

20. Dez. 2000

Mittwoch

Er bietet seine Engel für dich auf,
dich zu bewahren auf allen deinen Wegen.
Psalm 91,11

Ihr Schutzengel ist (fast) immer da

Eine Versicherung wirbt mit diesem Slogan auf einer Plakatwand um neue Kunden. Dazu wird eine Fotomontage mit einem Auto gezeigt, das in eine Hauswand geknallt und zur Hälfte darin stecken geblieben ist. Die Botschaft: Wenn der Schutzengel versagt, sind wir für sie da.

Der Glaube an Schutzengel ist weit verbreitet und hat seinen Ursprung nicht zuletzt bei solchen biblischen Aussagen, wie oben zitiert. Aber die Werbung drückt auch aus, was als heimliches Misstrauen in uns allen steckt: Ganz 100%ig ist die Sache wohl doch nicht und ein wenig muss man schon selbst dazu beitragen, dass man im Falle eines Falles abgesichert ist und die Folgen eines Schadens abgemildert werden.

Setzt sich mit seinen Engeln Gott wirklich dafür ein, dass alles glatt geht? So einfach ist dies nicht zu beantworten, denn unsere ganze Existenz als Menschen ist zwiespältig. Einerseits streben wir nach dem Vorteilhafen - vor allem für uns selbst. Andererseits schaden wir uns dadurch selbst und noch häufiger andere. Und manchmal hat sich Schmerz und Leid in unserem Leben sogar als gut erwiesen, weil es uns zur Besinnung brachte, veränderte, stärker und besonnener machte. Soll Gott uns also wirklich »vor allem bewahren«?

Gott kann seine Engel einsetzen, wann immer er will - und er hat es vielfach getan. Aber noch wunderbarer ist, dass er uns durch den Glauben an seinen Sohn Jesus Christus vor dem Schaden der Sünde bewahren will, vor dem ewigen Tod. Und bei Unglück und Schmerz bietet er uns darüber hinaus seinen Trost an, der mehr wiegt als finanzieller Ausgleich, weil er die Wunden unserer Seele heilt. *pj*

Haben Sie sich auch schon einen Schutzengel gewünscht?

Gott hat sogar seinen Sohn gesandt, um Sie zu retten!

Lukas 1,26-38

Donnerstag — 21. Dez. 2000

*Seht zu, wacht! Denn ihr wisst nicht,
wann die Zeit ist.*
Markus 13,33

»Ich habe keine Zeit!«

- das ist wohl eine der häufigsten Aussagen des modernen Menschen. Dabei haben wir alle gleich viel Zeit. Vielleicht sollten wir besser sagen: »Dafür will ich mir keine Zeit nehmen.« Denn jeder hat so viel Zeit, wie er für die verschiedenen Lebensbereiche einplant.

Das Fatale ist, dass wir die Zeit oft vergessen, wenn wir sie haben. Wir sollten nie vergessen, dass Zeit das Kostbarste ist, was wir besitzen. Zeit ist eine Leihgabe Gottes. Gott stellt uns wohlwollend Zeit zur Verfügung. Was machen wir damit? Zunächst können wir Gott dafür danken. Weiterhin könnten wir Gott fragen, welche Vorstellungen er von unserem Umgang mit der Zeit hat. Bestimmt hat er die beste Gebrauchsanleitung. Wir müssen auch bedenken, dass der Missbrauch dieser Leihgabe schlimme Folgen haben kann.

Das Ende der Zeit ist der Tod. Unsere Zeit mündet in die Ewigkeit. Bestimmte Dinge können wir nur in der Zeit erledigen. Hier werden auch die Weichen für die Ewigkeit gestellt. Die wichtigste Stunde ist immer die Gegenwart. Deshalb warnt Gott: »Heute, wenn ihr seine Stimme hört, verhärtet eure Herzen nicht« (Hebräer 3,15).

Wer sich keine Zeit für Gott nimmt, für den wird sich Gott auch »keine Zeit« in der Ewigkeit nehmen. Das ist das Schlimmste, was einem Menschen passieren kann und niemand weiß, wann seine Zeit abgelaufen ist, denn die Zeit eines jeden Menschen liegt allein in Gottes Händen. Deshalb sollten wir heute nach Gott fragen und unsere Zeit nach seinen Vorgaben nutzen. Das Neue Testament zeigt uns, wie das geht. Beginnen Sie doch einfach mal, darin zu lesen! *hj*

Nutzen oder vergeuden Sie ihre Zeit?

Uns steht nie eine andere Zeit zur Verfügung als die Gegenwart. (C.H. Spurgeon)

Lukas 1,39-56

22. Dez. 2000

Freitag

*Was sollen wir reden und wie uns rechtfertigen?
Gott hat die Schuld deiner Knechte gefunden.*
1. Mose 44,16

Tag der Vergeltung?

Ägypten war ihre letzte Rettung. Zu Hause im Land Kanaan waren die Lebensmittel wieder einmal aufgebraucht. Von ihrem alten Vater Jakob waren die elf Brüder deshalb zum zweiten Mal losgeschickt worden, um in Ägypten Nachschub zu besorgen, wo man vorgesorgt hatte gegen die dramatische Hungersnot.

Aber so einfach wurde es dann doch nicht. Auf dem Heimweg merkten sie, dass auf unerklärliche Weise das Geld für das Getreide wieder in ihre Reisetaschen gelangt war. Und dazu ein silberner Kelch, der ihrem Gönner in Ägypten gehörte. Doch dann wurden sie verhaftet und standen als Diebe dar. Ihre Zukunft sah düster aus. Das war schon schwer zu verdauen, unschuldig in falschen Verdacht zu geraten. Aber darüber wurde ihnen eine alte Sünde wieder bewusst und die Tatsache, dass Gott das an ihrem jüngeren Bruder verübte Unrecht nun auf solch seltsame Weise auf sie selbst zurückbrachte. Welche Erleichterung, als sich herausstellte, dass sie es mit Josef, ihrem Bruder, zu tun hatten, den sie allerdings vor Jahren beinahe umgebracht, dann als Sklaven nach Ägypten verkauft und gegenüber ihrem Vater für tot erklärt hatten, der aber trotzdem bereit war, ihnen zu vergeben.

Es ist eine bittere Erkenntnis, wenn man wie Josefs Brüder erleben muss, dass einen die eigene Schuld schließlich doch noch einholt. Aber diese Erkenntnis kann heilsam sein. Denn sie macht uns rechtzeitig deutlich, dass wir Vergebung brauchen für alles, was wir an Schuld gegenüber Menschen und Gott aufgehäuft haben. Und Vergebung gewährt uns auch Gott gerne, wenn wir ihn darum bitten. *pj*

Was machen Sie, wenn Schuld Ihres Lebens sie unverhofft einholt?

Man sollte nicht bis zum Ende seines Lebens warten, um mit Gott und Menschen ins Reine zu kommen.

Lukas 1,57-66

Samstag

23. Dez. 2000

*Durch das Meer führt dein Weg
und deine Pfade durch große Wasser.*
Psalm 77,20

Karl der Große

In der Geschichte der abendländischen Christenheit ist der 24. Dezember 800 ein besonderes Datum. Der Frankenkönig Karl wurde in Rom vom Papst zum Kaiser gekrönt. Damit erreichte Karls Herrscherlaufbahn ihren äußeren Höhepunkt. Als Erbe eines schon bedeutenden Königs, nämlich Pippins, hatte er das Frankenreich weit nach Osten und Süden ausgedehnt und zur stärksten Macht in Europa erhoben. Als Schutzherr der Kirche sorgte er für die Ausbreitung des Christentums. Kein Wunder also, dass er in der Geschichtsschreibung als einer der Väter des christlichen Abendlandes angesehen wird. Sein Kaisertum verstand Karl von Anfang an als biblisch begründete Reichserneuerung in der Tradition Konstantins des Großen. Nach den Wirren der Völkerwanderungszeit, dem Zerfall des weströmischen Reiches erhielt der Gedanke der Einheit der Christenheit jetzt neuen Auftrieb. Jetzt war ein Kaiser da, der ausdrücklich seine Erhebung der Gnade Gottes zuschrieb und seine Macht zum Schutze der Christenheit einzusetzen versprach. Das hat er auch getan, manchmal auf eine Weise, die uns, gelinde gesagt, befremdet. Unterwerfung und Christianisierung waren allzuoft die zwei Seiten einer Medaille. Aber die Ausbreitung des Christentums, wie sie in den folgenden Jahrhunderten geschah, ist ohne das Wirken dieses Mannes kaum vorstellbar.

So gehört Karl in die Reihe der Werkzeuge Gottes, in die Reihe der großen Menschen, die, ohne es zu wissen, von Gott gebraucht wurden, um das zu tun, was im Augenblick getan werden musste, wie vor ihm schon Kyros, Alexander oder Konstantin. Gott bleibt Herr der Geschichte, ihm sind auch diese Großen untertan. *koh*

Könnten Sie in Hitler, Mao und Pol Pot auch Werkzeuge des Herrn der Geschichte erkennen?

Alles muss schließlich gut werden, weil Gott gut ist.

Lukas 1,67-80

Heiligabend — **Sonntag**

24. Dez. 2000

*Sie gebar ihren erstgeborenen Sohn
und wickelte ihn in Windeln und legte ihn in eine Krippe,
weil in der Herberge kein Raum für sie war.*
Lukas 2,7

Heiligabend

Da hat Gott nun seinen Sohn gesandt, weil er das Elend der Menschen nicht mehr ansehen mochte; aber anstatt den Retter freudig und ehrfürchtig zu erwarten und alles zu seinem Empfang bereit zu stellen, lesen wir, dass für ihn kein Platz bei uns war. Maria musste ihren Erstgeborenen in eine Krippe legen.

Fromme Legende hat einen Stall, Heu, Ochs und Esel dazu erfunden, weil wir Menschen uns soviel Hartherzigkeit und Dummheit gar nicht eingestehen mögen. Aber in der Bibel steht: »Es war kein Raum in der Herberge«, auch keine Notunterkunft, nichts als eine Krippe. So lag er denn, vom Himmel her unter dem Lobgesang der himmlischen Heerscharen, aber was uns angeht, draußen vor der Tür.

Betrachtet man den immer früher anbrechenden Weihnachtsrummel der Christenheit, so ist auch da für einen Sünderheiland, für einen Retter vom ewigen Verderben, für einen, der die Menschen aus der Sklaverei Satans befreien will, kein Platz. Alles dreht sich bei den einen ums Geldverdienen und bei den anderen um ein bisschen sentimentales Gefühl, das sie mit vielen Geschenken, gutem Essen, Kerzenglanz und Alkohol hervorzaubern möchten.

Dabei hätten wir tatsächlich starken und realen Grund zum Freuen, dass Jesus Christus auf die Welt gekommen ist. Denn sein Kommen hatte einen Zweck und geht jeden etwas an. Paulus schreibt den Korinthern: »Denn ihr kennt die Gnade unseres Herrn Jesus Christus, dass er, der reich war, um euretwillen arm wurde, auf dass ihr durch seine Armut reich würdet.«

gr

Empfinde ich echte Freude über die Menschwerdung des Gottessohnes?

Jesus Christus will keine Randfigur, sondern die Hauptperson in meinem Leben sein.

Psalm 130

Montag   **25. Dez. 2000**   **Weihnachten**

Als aber der König Herodes es hörte, ... erkundigte er sich bei ihnen, wo der Christus geboren werden solle. Sie aber sagten ihm: Zu Bethlehem in Judäa.
Matthäus 2,3-5

»... dann hast du Weihnachten verpennt!«

»Advent. Advent. Die erste Kerze brennt: erst eins, dann zwei, dann drei, dann vier, dann steht das Christkind vor der Tür.« Die »Ergänzung« dieses Reimes um die fünfte Kerze ist sicherlich bekannt. Aber ... Weihnachten verschlafen? Ob das möglich ist? Alle sind doch so gespannt und voller Erwartung. Weihnachten verschlafen? Nie und nimmer!

Die Festlichkeiten verschlafen wir sicherlich nicht, aber wie sieht es mit dem »Geburtstagskind« aus? Haben wir die Hauptfigur dieses Festes vielleicht aus den Augen verloren oder sogar vergessen? In der Weihnachtsgeschichte wird berichtet, dass die Menschen, die den Christus eigentlich hätten erwarten müssen, über seine Ankunft regelrecht bestürzt waren. Sie hatten die Geburt des Christus(kindes) schlicht und einfach verpasst. Zwei Dinge sollen an dieser Stelle betont werden:

Gott hält sein Wort! Gott hatte vor langer Zeit in einer Prophezeiung die Geburt des Heilandes angekündigt. Seine Prophezeiung hat sich erfüllt.

Christus kommt als Richter wieder! Christus wird noch einmal auf diese Erde kommen (Offenbarung 22,7).

Allerdings nicht als kleines, schwaches Christuskind in einer Krippe. Dann wird er als mächtiger Richter kommen, dessen Macht und Gewalt sich jeder fügen und beugen muss. Dieses Ereignis kann niemand verpassen! Er wird Gericht halten über unser Leben. Jedes Wort, jede Tat und jeder Gedanke wird berücksichtigt werden. Wie gut, wenn man diesen strengen Richter vorher als liebenden Erlöser kennengelernt hat. *tw*

Als was kommt Christus zu Ihnen?

Christus hat auf Golgatha alles Notwendige für die Erlösung getan. Diese Tat verlangt eine Entscheidung!

Lukas 2,1-14

Weihnachten — **26. Dez. 2000** — **Dienstag**

*Gott hat am Ende dieser Tage
zu uns geredet im Sohn.*
Hebräer 1,2

Erstaunlich beharrlich!

Für mich ist es erstaunlich, mit welcher Geduld und mit wie großem Aufwand Gott sich um uns Menschen müht.

Am Anfang hatte er den Menschen geschaffen und ihn mit körperlichen, seelischen und geistigen Kräften dazu ausgerüstet, ein dankbares und gehorsames, aber auch verständiges und liebendes Gegenüber zu seinem Schöpfer zu sein.

Dieses Verhältnis wurde sehr bald durch Ungehorsam und Eigenwille zerstört. Doch Gott hat seine Menschen nicht ihrer Torheit überlassen, die sie allesamt in die Verdammnis der ewigen Gottesferne gebracht hätte. Immer neue Wege beschritt Gott, um an die Herzen der Menschen zu appellieren. 120 Jahre predigte Noah, ehe die große Flut kam. Dann berief er Abraham, um den Menschen durch ihn ein Beispiel gehorsamen Glaubens zu geben. Später gab er das Gesetz vom Sinai, das allen, die es kannten, vor Augen führte, wie unmöglich es sündigen Menschen ist, die gerechten Forderungen Gottes zu erfüllen. Und das brachte schon manchen dazu, sich nicht auf die eigene Gerechtigkeit, sondern allein auf Gottes Barmherzigkeit zu verlassen.

Am Ende nun, so sagt unser Bibeltext, hat er in seinem Sohn zu uns geredet. War alle Erkenntnis Gottes bisher wie das Licht der Sterne und des Mondes, so ging jetzt die Sonne auf. »Gott war in Christus«, »in ihm wohnt die Fülle der Gottheit leibhaftig«, sind einige Aussagen der Bibel über den Herrn Jesus Christus, die uns nicht nur Gottes Heiligkeit, sondern auch seine unvorstellbare Liebe zeigen, indem er unsere Schuld für uns trug und uns zu Gott zurückbrachte, die wir an ihn glauben. *gr*

Gehöre ich zu denen, die Gott ebenso »erstaunlich beharrlich« ausweichen?

Man darf Geduld nicht zu sehr strapazieren.

Lukas 2,15-20

Mittwoch

27. Dez. 2000

*Ehe die Berge geboren waren und du die Erde
und die Welt erschaffen hattest,
von Ewigkeit zu Ewigkeit bist du, Gott.*
Psalm 90,2

Gegenwart - Gottes »Zeit«

Vom Deutschunterricht in der Schule her kennen wir die verschiedenen Zeitformen wie Vergangenheit, Gegenwart und Zukunft. Vergangenheit ist die hinter uns liegende Zeit. Zukunft ist die Zeit, die noch vor uns liegt.

Schwieriger wird es mit dem Begriff »Gegenwart«. Heute ist Gegenwart, aber der heutige Tag ist zum Teil auch schon Vergangenheit und der andere Teil noch Zukunft. Die jetzige Stunde ist teils vergangen, teils noch Zukunft. Selbst Minuten, Sekunden und gar Milli-Sekunden sind teils vergangen, teils noch Zukunft. Der Zeitabschnitt Gegenwart wird immer kleiner, immer weniger vorstellbar. Was gerade noch Zukunft war, ist im nächsten Moment schon Vergangenheit. Wo bleibt die Gegenwart? Wir gebrauchen zwar den Begriff, aber bei genauerer Überlegung löst sich die Gegenwart scheinbar in nichts auf.

Einer aber ist wirklich gegenwärtig: Gott. Gerhard Tersteegen (1697-1769) erkannte das und dichtete das Lied: »Gott ist gegenwärtig! Lasset uns anbeten und in Ehrfurcht vor ihn treten ...« Gott ist immer gegenwärtig im zeitlichen wie im räumlichen Sinne. Für ihn gibt es keine Vergangenheit und keine Zukunft. Er war immer und er wird immer sein. Das bedeutet »Ewigkeit«. Gott, der sich uns mit dem Namen »Ich bin« (Jahwe) vorstellt, ist »der ewig Existierende«.

Dieser ewig existierende Gott hat uns Menschen nicht nur geschaffen, er sucht auch Kontakt zu uns. In seinem Wort, der Bibel, zeigt er uns, wie wir zu ihm kommen können: durch Jesus Christus, seinen Sohn.

sg

Ist mir bewusst, dass meine Lebenszeit unaufhaltsam verrinnt?

Man muss hier und jetzt zu Gott kommen, um auch in der Ewigkeit bei ihm zu sein.

Lukas 2,21-24

28. Dez. 2000

Donnerstag

*Sieh, HERR, wie mir angst ist! Mein Inneres glüht,
mein Herz dreht sich mir im Leibe um,
weil ich so sehr widerspenstig gewesen bin.*
Klagelieder 1,20

Keine ANGST!

So lautete das Schlagwort einer Parteiwerbung bei der letzten Europa-Wahl. In Verbindung damit wurde in Aussicht gestellt, dass die Partei sich vor allem gegen Verbrechen und Drogenhandel einsetzen will.

Ob das wirklich die Ängste sind, mit denen wir im Alltag unseres Lebens zu kämpfen haben und die uns zu schaffen machen? Gewiss mag der eine oder andere mit Verbrechen konfrontiert werden. Gewiss ist Angst ein Grundproblem unseres Lebens und jeder, der verspricht, uns die Angst zu nehmen, kann sich damit leicht Gehör verschaffen. Aber in den meisten Fällen werden wir mit unserer Angst allein gelassen und es gibt Ängste, die können auch Politiker, die es gut meinen, nicht beseitigen.

Was können wir also gegen die Angst tun? Das Mittel gegen die Angst ist Geborgenheit. Wenn Kinder Angst haben, laufen sie zur Mutter und bergen sich in ihren Armen. Da, wo sie sich geborgen fühlen, schwindet die Angst. Angst ist also weniger ein Problem der Umstände, sondern eher unserer Beziehungen. Selbst in größter Gefahr kann man ohne Angst sein, wenn man von einer starken Person beschützt wird und nicht auf die Gefahr, sondern auf diese Person blickt.

Der Tagesvers enthüllt uns die Ursache unserer Angst. Sie liegt darin begründet, dass wir uns von Gott gelöst und uns gegen ihn gewandt haben. Daraus ergibt sich aber auch, was die beste Maßnahme gegen die Angst ist: Zu Gott zurückkehren und wieder die enge Bindung an ihn suchen. Dieser Weg ist nicht verbaut - im Gegenteil - Jesus Christus hat ihn für alle gebahnt. *pj*

Was machen Sie, wenn Sie Angst haben?

Versuchen Sie nicht, an den Umständen zu basteln, sondern bekämpfen Sie die Ursache.

Lukas 2,25-35

Freitag

29. Dez. 2000

*Deshalb seid auch ihr bereit! Denn in der Stunde,
in der ihr es nicht meint,
kommt der Sohn des Menschen.*
Matthäus 24,44

Das bringt die Zukunft!

Gen- und In-vitro-Technik schaffen Wunschkinder mit allen positiven Eigenschaften und ohne Erbschäden. Krebs, AIDS und andere Krankheiten werden endlich besiegt. Ein genetisches »Ersatzteillager« soll für jeden Bürger bereits nach der Geburt angelegt werden. Fast alle wichtigen Organe können dann bei Bedarf »nachgebaut« werden. Aber auch das Arsenal an künstlichen Ersatzorganen lässt sich sehen. Die Familie im klassischen Sinn hat ausgedient. Sie wird durch »flexible Lebensabschnitt-Partnerschaften« mit weniger Kindern ersetzt. Die Autos der Zukunft finden auf eigenen Fahrstreifen mittels Computersteuerung, GPS, Bordradar und entsprechenden elektronischen Straßenmarkierungen ihren Weg selber zum Ziel. Das Hauptaugenmerk aber gilt der Datenvernetzung, der totalen Kommunikation und weltweiten Erreichbarkeit (und Kontrolle!) mit Bildtelefon, Internet*, TV, Handy, etc. Die Fortschritte werden atemberaubend sein, prophezeien uns die Zukunftsforscher. So wie sich die Menschen vor hundert Jahren unsere Welt niemals erträumen konnten, wird es auch uns ergehen. Utopia scheint zum Greifen nahe!

Nur eines wird sich ebenfalls nie ändern - das Herz des Menschen mit all seinem Egoismus und seiner Bosheit! Kriege, Ausbeutung und Unterdrückung werden Dank der rasanten technischen Fortschritte noch effektiver sein. Und darum wird das »Paradies auf Erden« nie durch Technologien herbeigeführt, sondern erst dann, wenn Jesus Christus wiederkommt. Er wird alle von uns verursachten Schäden beseitigen und ein Reich des Friedens und wahren Glücks aufrichten. *gn*

Werden Sie dabei sein?

Sie sollten Ihr Hoffnung nicht auf Vergängliches setzen, sondern auf den Ewigen.

Lukas 2,36-40

* Schauen Sie ins Internet: www.lebenistmehr.de

Samstag

30. Dez. 2000

Denn in ihm leben, weben und sind wir.
Apostelgeschichte 17,28

Die Sonne bringt es an den Tag

Die räumliche Position der Sonne in unserem Sonnensystem, nämlich genau im Zentrum (!), ist uns ein Bild davon, welche Rolle Jesus Christus in unserem Leben einnehmen muss. Der Schöpfer zeigt uns mit dem Sonnensystem, wie er sich die Beziehung zu uns vorstellt.

Die Anziehungskraft der Sonne wirkt in der Weise, dass sie die Erde auf ihrer Bahn um sich selbst als Mittelpunkt hält. Die für die Erde so günstige, lebensermöglichende Bahn lässt sich also nicht trennen von der gleichzeitigen Mittelpunktstellung der Sonne. Egal, wo Sie sich gerade befinden - die Sonne ist der Mittelpunkt, um den Sie sich bewegen.

Haben wir uns bei jedem Beginn eines neuen Jahres eigentlich Gedanken darüber gemacht, dass es wieder nur eine weitere Drehung um die Sonne war? Genauso wie die Sonne ist nämlich Jesus Christus überall und immer der Mittelpunkt. Wir müssen erkennen, dass nicht die Erde und - in der Übertragung des Bildes - nicht wir selbst der Mittelpunkt für alles Denken und Handeln sind, sondern dass sich alles eigentlich um etwas anderes dreht. In der Bibel wird uns deutlich gesagt, dass Jesus Christus als Schöpfer und Erhalter das Ziel und die Sinnmitte des gesamten Universums ist. Diesen Anspruch, dass er die Sinnmitte ist, finden wir im obigen Bibelvers aus dem Kolosserbrief.

Er ist nicht nur der Schöpfer des Alls, sondern er hat seiner Schöpfung auch einen Zweck zugewiesen. Sie soll zu seiner Ehre sein. Wie falsch machen wir kleinen Menschen es doch, wenn wir meinen, dies Ziel des Schöpfers ignorieren zu können. Wir sollten uns schleunigst auf dies große Ziel alles Seienden ausrichten lassen. *mk*

Wohin geht es, wenn man am Ziel vorbei lebt?

Gottes Wort ist uns als Kompass gegeben worden.

Lukas 2,41-52

Sonntag — **31. Dez. 2000** — **Silvester**

... eines aber tue ich: Ich vergesse, was dahinten, strecke mich aber aus nach dem, was vorn ist, und jage auf das Ziel zu, hin zu dem Kampfpreis der Berufung Gottes nach oben ...
Philipper 3,13.14

Jahres-Wechsel

Januar, der erste Monat des Jahres, ist nach Janus benannt, dem römischen Gott der Zeit. Der wird mit zwei Gesichtern dargestellt, wobei eines immer rückwärts und das andere vorwärts schaut. So ähnlich machen wir das beim Jahreswechsel, nicht wahr? Wir tun uns schwer damit, voller Hoffnung und Zuversicht in die Zukunft zu schauen. Die Probleme und Fehler der Vergangenheit sind noch zu lebendig in uns. Weil wir zwar aus ihnen lernen, sie aber nicht rückgängig machen können, ist das genauso sinnlos, wie über vergossene Milch zu weinen. Der Blick zurück lähmt die Aktivität, erstickt die Hoffnung und versperrt den Blick für Neues. Jammern über Vergangenes bringt uns nicht vorwärts und bewahrt uns auch nicht davor, wieder die gleichen Fehler zu machen.

Für das neue Jahr nehme ich mir Verschiedenes vor: Gutes, Schönes, Neues! Selbst wenn sich nicht alle Pläne, Wünsche und Hoffnungen erfüllen, will ich das Ziel fest im Auge behalten. Aber nicht nur jedes neue Jahr, sondern jeder neue Tag ist ein Neubeginn; wie ein leeres Gefäß, das gefüllt werden will. Mit guten Gedanken und Taten; mit Leben!

Christus ist das Leben und unsere Zeit steht in Gottes Händen. Mit ihm sollten wir jeden einzelnen Tag des neuen Jahres beginnen und ihn um Hilfe und Leitung bitten. Im Vertrauen auf seine unendliche Liebe und Gnade habe ich dem Herrn Jesus alle meine Sünden der Vergangenheit bekannt. Und in der Gewissheit, das sie mir in Christus am Kreuz auch alle vergeben sind, darf ich freudig und frei die Zukunft erwarten. *khg*

Was kann uns noch geschehen, wenn wir das Versagen in der Vergangenheit vor Gott bekennen und die Zukunft in seine Hände legen?

Mit Gott das große Ziel im Auge behalten.

Psalm 2

Index

Alltag

- 10. Januar
- 13. Januar
- 17. Januar
- 24. Januar
- 31. Januar
- 7. Februar
- 14. Februar
- 21. Februar
- 28. Februar
- 1. März
- 2. März
- 3. März
- 4. März
- 13. März
- 27. März
- 3. April
- 10. April
- 17. April
- 15. Mai
- 22. Mai
- 29. Mai
- 24. Juni
- 10. Juli
- 17. Juli
- 24. Juli
- 14. August
- 21. August
- 28. August
- 25. September
- 21. Dezember

Alter

- 22. Juli
- 12. August
- 30. September

Beruf

- 7. Januar
- 14. Januar
- 28. Januar
- 19. Juni
- 26. Juni
- 3. Juli
- 4. September
- 11. September
- 6. November
- 13. November
- 27. November

Bibel

- 11. Januar
- 18. Januar
- 18. März
- 25. März
- 1. April
- 6. April
- 13. April
- 20. April
- 26. April
- 4. Mai
- 9. Mai
- 16. Mai
- 25. Mai
- 31. Mai
- 7. Juni
- 14. Juni
- 13. September
- 20. September
- 21. September
- 12. Oktober
- 19. Oktober
- 26. Oktober
- 31. Oktober
- 22. Dezember

Christsein

- 8. Januar
- 15. Januar
- 24. März
- 31. März
- 25. April
- 11. Juli
- 19. August
- 2. September
- 15. September
- 4. November
- 11. November
- 18. November

Index

Ehe
5. Januar
12. Januar
19. Januar
28. März
4. April
11. April
15. Juni
22. Juni
29. Juni
27. Juli
28. Oktober
2. Dezember
16. Dezember

Erziehung
25. Januar
1. Februar
8. Februar
15. Februar
23. Februar

Esoterik
26. Januar
2. Februar
29. März
5. April
4. August
22. September

Familie
22. Januar
26. Februar
11. März
29. April
17. Juni
15. Juli
29. Juli
13. August
20. August
27. August
27. September
9. Dezember

Feste/Feiertage
6. März
21. April
24. April
1. Mai
7. Mai
1. Juni
11. Juni
12. Juni
1. Oktober
1. November
19. November
24. Dezember
25. Dezember
26. Dezember

Freizeit
29. Januar
5. Februar
12. Februar
19. Februar
9. Juni
7. Juli
26. August

Index

Geschichte

25. Februar
29. Februar
8. Juni
28. Juni
26. Juli
10. August
7. September
18. Oktober
27. Oktober
23. Dezember

Gesellschaft

30. Januar
3. Februar
23. Juni
30. Juni
28. Juli
14. Oktober
16. Oktober
23. Oktober
29. November
30. November
11. Dezember
13. Dezember
14. Dezember
28. Dezember

Gott

13. Februar
20. Februar
27. Februar
28. Mai
4. Juni
18. Juni
6. August
23. August
29. September
7. Oktober
5. November
12. November
24. November
26. November
1. Dezember
17. Dezember
27. Dezember

Israel

7. April
5. Mai
2. Juni
31. Juli
20. Oktober

Jesus Christus

23. Januar
27. Januar
6. Februar
12. März
19. März
26. März
25. Juni
2. Juli
9. Juli
3. September
10. September
17. September
8. Oktober
17. Oktober
21. Oktober

Krankheit

9. März
16. März
18. April
18. Mai
6. Juni
20. Juli
17. August
14. November

Index

Krisen
- 7. März
- 14. März
- 21. März
- 20. Mai
- 21. Juni
- 6. Juli
- 3. August
- 14. September
- 2. November
- 10. November
- 17. November

Kultur
- 8. April
- 6. Mai
- 10. Juni
- 8. Juli
- 5. August
- 9. September

Lebensstil
- 8. März
- 15. März
- 22. März
- 19. April
- 13. Mai
- 5. Juni
- 1. Juli
- 7. August
- 31. August
- 2. Oktober
- 25. November
- 18. Dezember
- 20. Dezember

Medien
- 10. Februar
- 24. Februar
- 23. März
- 30. Mai
- 27. Juni
- 25. Juli
- 22. August

Medizin
- 1. September
- 4. Oktober
- 3. November

Persönlichkeiten
- 21. Januar
- 9. April
- 30. April
- 3. Juni
- 8. August
- 24. August
- 23. September
- 5. Oktober
- 15. Oktober
- 22. Oktober
- 29. Oktober
- 4. Dezember

Religion
- 4. Februar
- 11. Februar
- 18. Februar
- 14. April
- 19. Mai
- 16. Juni
- 8. September
- 6. Oktober
- 16. November
- 15. Dezember

Index

Schöpfung

3. Mai
8. Mai
14. Mai
17. Mai
21. Mai
24. Mai
16. Juli
23. Juli
30. Juli
24. September
12. Dezember
19. Dezember
30. Dezember

Sport

10. März
5. Juli
19. Juli
1. August
15. August
30. August

Tod/Sterben

17. März
12. April
12. Mai
13. Juni
12. Juli
9. August
5. September
11. Oktober
25. Oktober
9. November
21. November
7. Dezember

Wirtschaft

29. August
19. September
10. Oktober
7. November
5. Dezember

Wissenschaft/Technik

16. Februar
17. Februar
11. August
12. September
26. September
9. Oktober
24. Oktober
8. November
22. November
6. Dezember
27. April

Index

Zeitzeichen

1. Januar
4. Januar
6. Januar
9. Januar
16. Januar
20. Januar
9. Februar
22. Februar
5. März
20. März
30. März
2. April
15. April
16. April
22. April
23. April
2. Mai
10. Mai
11. Mai
23. Mai
26. Mai
27. Mai
20. Juni
4. Juli
13. Juli
14. Juli
18. Juli
21. Juli
2. August
16. August
25. August
6. September
16. September
18. September
3. Oktober
13. Oktober
30. Oktober
15. November
20. November
28. November
8. Dezember
10. Dezember

Zukunft

2. Januar
3. Januar
28. April
18. August
28. September
23. November
3. Dezember
29. Dezember
31. Dezember

Index

Altes Testament

1.Mose 1,1	11.8.
1. Mose 1,1	22.11.
1. Mose 1,24	8.5.
1. Mose 2,15	26.6.
1. Mose 2,24	9.9.
1. Mose 3,7	11.9.
1. Mose 11,1	30.6.
1. Mose 13,8	10.11.
1. Mose 14,19	26.11.
1. Mose 44,16	22.12.
1. Mose 50,2	1.9.
2. Mose 3,7.8a	12.11.
2. Mose 20,4	15.1.
2. Mose 20,9	11.12.
2. Mose 20,9.10	5.2.
2. Mose 20,12	18.1.
2. Mose 22,20	18.10.
2. Mose 34,9	22.6.
3. Mose 19,31	29.3.
3. Mose 19,32	22.7.
4. Mose 14,39	19.11.
4. Mose 23,10	17.3.
4. Mose 32,23	23.5.
5. Mose 6,6.9	11.3.
5. Mose 31,8	3.1.
Richter 2,10	20.4.
Richter 3,9	10.5.
Richter 21,25	15.4.
1. Samuel 2,3	4.6.
2. Samuel 7,14a	5.11.
2. Samuel 7,28	22.8.
2. Samuel 19,33	30.9.
2. Könige 7,9	17.9.
2. Chronik 15,2	15.10.
Esra 7,10	4.5.
Hiob 5,18	17.8.
Hiob 16,22	24.3.
Hiob 19,25	18.2.
Hiob 22,12.13	28.5.
Hiob 38,4	16.2.
Hiob 38,5	17.2.
Hiob 13,5	3.2.
Psalm 2,1	13.10.
Psalm 6,5	21.6.
Psalm 8,7	26.9.
Psalm 11,6	3.4.
Psalm 13,3	3.8.
Psalm 14,1	6.5.
Psalm 14,3	9.8.
Psalm 16,11	4.9.
Psalm 18,20	22.10.
Psalm 19,2	15.11.
Psalm 19,2	21.5.
Psalm 19,8	8.11.
Psalm 32,8	1.8.
Psalm 32,8b	15.3.
Psalm 33,4	28.2.
Psalm 34,2.9	11.10.
Psalm 37,7	3.2.
Psalm 40,3a	11.5.
Psalm 42,10	20.2.
Psalm 46,9	14.5.
Psalm 50,15	18.9.
Psalm 62,2	19.8.
Psalm 65,3	30.4.
Psalm 71,17	16.9.
Psalm 77,7	27.5.
Psalm 77,20	23.12.
Psalm 85,11	6.2.
Psalm 90,2	27.12.
Psalm 90,9	17.4.
Psalm 90,12	10.6.
Psalm 91,11	20.12.
Psalm 96,13	20.3.
Psalm 103,13	23.8.
Psalm 104,5	16.7.
Psalm 104,24	24.9.
Psalm 104,24	12.12.
Psalm 107,1	26.10.
Psalm 107,14.15	3.10.
Psalm 107,29	19.10.
Psalm 107,30	15.9.
Psalm 116,3.4	25.10.
Psalm 119,89	23.10.
Psalm 119,104-105	27.6.
Psalm 119,144b	10.1.
Psalm 119,160	24.6.
Psalm 119,162	30.5.
Psalm 119,165	14.12.
Psalm 121,3.5	27.10.
Psalm 127,1	27.8.
Psalm 139,1	25.9.
Psalm 139,7	12.10.
Psalm 139,14	20.5.
Psalm 139,15	22.1.
Psalm 139,16	23.7.
Psalm 144,4	12.7.
Psalm 147,3	3.11.
Sprüche 3,5-6	21.2.

Index

Sprüche 3,7	21.7.	Jesaja 8,19	5.4.	Klagelieder 1,20	28.12.
Sprüche 3,33	26.2.	Jesaja 11,12	2.5.		
Sprüche 4,20.23	28.11.	Jesaja 35,8	27.4.	Hesekiel 18,23	21.11.
Sprüche 4,25	15.5.	Jesaja 40,6	21.8.	Hesekiel 18,32	20.6.
Sprüche 10,9	5.12.	Jesaja 40,8	25.3.	Hesekiel 33,4	4.7.
Sprüche 10,22	11.2.	Jesaja 40,28	24.11.	Hesekiel 44,1.2	31.7.
Sprüche 12,15	28.6.	Jesaja 41,10	6.7.		
Sprüche 12,15	14.10.	Jesaja 43,1	14.8.	Daniel 2,22	13.2.
Sprüche 15,30	19.1.	Jesaja 43,25	6.11.	Daniel 6,14	4.11.
Sprüche 17,9	12.1.	Jesaja 46,4	12.8.		
Sprüche 17,17	27.3.	Jesaja 53,6	16.3.	Jona 1,3	13.4.
Sprüche 19,14	10.7.	Jesaja 59,1	20.7.		
Sprüche 27,20	25.11.	Jesaja 66,13	23.2.	Micha 4,3	2.6.
Sprüche 29,1	26.5.			Micha 6,8	26.4.
		Jeremia 2,19	24.2.	Micha 7,7	8.3.
Prediger 1,9	26.1.	Jeremia 9,23	28.3.		
Prediger 3,1	12.2.	Jeremia 13,23	16.1.	Maleachi 1,2	13.8.
Prediger 9,11	10.3.	Jeremia 17,5.7	3.7.		
Prediger 11,6	26.7.	Jeremia 17,9	16.4.		
Prediger 11,9; 12,1	19.2.	Jeremia 31,3	24.1.		
Prediger 12,1	1.7.	Jeremia 36,3	9.5.		
Prediger 12,1	24.5.	Jeremia 50,34	1.3.		

Index

Neues Testament

		Lukas 2,7	10.9.
		Lukas 2,7	24.12.
		Lukas 5,31	28.1.
		Lukas 6,36	30.10.
Matthäus 2,3-5	25.12.	Lukas 7,21	18.4.
Matthäus 5,6	22.2.	Lukas 9,25	11.1.
Matthäus 5,22	6.3.	Lukas 10,33.34	28.7.
Matthäus 6,9	10.4.	Lukas 12,28	22.3.
Matthäus 6,10	3.12.	Lukas 13,16	18.5.
Matthäus 6,10	27.2.	Lukas 16,31	18.3.
Matthäus 6,14	2.12.	Lukas 18,14	5.10.
Matthäus 6,19	26.8.	Lukas 18,19	18.6.
Matthäus 6,24	8.6.	Lukas 18,39	6.4.
Matthäus 6,28-29	30.7.	Lukas 19,9	20.8.
Matthäus 7,12	29.4.	Lukas 24,25	29.1.
Matthäus 8,3	19.3.		
Matthäus 8,22	25.4.	Johannes 1,9	3.9.
Matthäus 11,5	9.1.	Johannes 1,10.11	12.3.
Matthäus 11,28.30	25.8.	Johannes 1,48	21.1.
Matthäus 11,28-29	9.6.	Johannes 3,3.6	4.8.
Matthäus 15,8	29.5.	Johannes 3,13	9.4.
Matthäus 16,2	19.12.	Johannes 3,16	29.9.
Matthäus 16,25	15.12.	Johannes 3,16	2.10.
Matthäus 16,26	8.12.	Johannes 3,36	8.1.
Matthäus 16,26	16.8.	Johannes 4,13.14a	5.7.
Matthäus 20,28	7.9.	Johannes 5,6	22.5.
Matthäus 23,12	4.12.	Johannes 5,7	13.5.
Matthäus 23,26	16.11.	Johannes 5,24	17.7.
Matthäus 24,11	2.1.	Johannes 6,37	15.8.
Matthäus 24,11-12	19.9.	Johannes 6,63	20.1.
Matthäus 24,42	19.9.	Johannes 7,46	26.3.
Matthäus 24,44	29.12.	Johannes 8,31.32	8.7.
Matthäus 26,28	30.1.	Johannes 8,31.32	19.7.
Matthäus 28,18	28.8.	Johannes 10,9	13.6.
		Johannes 10,10	7.8.
Markus 5,27.28	4.10.	Johannes 10,10	29.11.
Markus 10,45	7.1.	Johannes 11,3	14.11.
Markus 13,33	21.12.	Johannes 11,25	28.9.

Johannes 11,25	7.12.		
Johannes 11,26	11.11.		
Johannes 14,6	14.4.		
Johannes 14,6	19.5.		
Johannes 14,6	16.6.		
Johannes 14,6	5.8.		
Johannes 14,6	22.9.		
Johannes 16,33	10.10.		
Johannes 16,33	2.11.		
Johannes 17,17	1.4.		
Johannes 17,24	30.3.		
Johannes 18,37	9.10.		
Johannes 19,17.18	21.4.		
Johannes 20,2	24.8.		
Johannes 20,17	31.10.		
Apostelg. 2,11	11.6.		
Apostelg. 2,40	12.6.		
Apostelg. 4,11	20.10.		
Apostelg. 4,12	9.7.		
Apostelg. 16,31	5.5.		
Apostelg. 16,31	31.8.		
Apostelg. 17,28	30.12.		
Apostelg. 17,31	7.10.		
Apostelg. 20,34	19.6.		
Apostelg. 27,25	23.6.		
Römer 1,16.17	7.6.		
Römer 1,20	24.10.		
Römer 1,22	18.7.		
Römer 3,16-17	14.7.		
Römer 3,23.24	20.11.		
Römer 3,23.24.26	14.6.		
Römer 3,23-24	3.6.		
Römer 4,24	17.12.		
Römer 5,6	27.1.		
Römer 5,8	9.11.		
Römer 5,18	21.10.		

Index

Römer 7,24	21.3.	Galater 5,1	25.7.	2. Timotheus 2,19	11.7.
Römer 8,18	14.9.			2. Timotheus 3,13	23.3.
Römer 8,24	4.1.	Epheser 2,5	2.3.		
Römer 8,28	17.11.	Epheser 2,14	29.6.	Titus 3,4	25.1.
Römer 10,12	16.10.	Epheser 3,14	8.2.		
Römer 10,13	25.6.	Epheser 4,26	27.7.	Philemon 10.11	16.5.
Römer 12,2	6.12.	Epheser 5,2	27.9.		
Römer 12,3	31.1.	Epheser 5,20	13.3.	Hebräer 1,2	26.12.
Römer 13,8	1.1.	Epheser 5,20	29.7.	Hebräer 9,27	5.9.
		Epheser 5,20	1.10.	Hebräer 10,12	2.7.
1. Korinther 1,27	3.5.	Epheser 5,25.33	11.4.	Hebräer 11,1	31.5.
1. Korinther 9,26	7.11.	Epheser 5,28-29	4.4.	Hebräer 11,16	4.3.
1. Korinther 9,26	30.8.	Epheser 6,4	15.2.	Hebräer 12,14.15	16.12.
1. Korinther 13,1	14.2.			Hebräer 13,4	28.10.
1. Korinther 13,4.7	15.6.	Philipper 1,21	23.9.	Hebräer 13,5	15.7.
1. Korinther 13,6.7	25.5.	Philipper 3,8	8.9.	Hebräer 13,14	13.12.
1. Korinther 14,33	17.5.	Philipper 3,13	14.3.		
1. Korinther 15,6	24.4.	Philipper 3,13.14	2.9.	Jakobus 1,14-15	18.12.
1. Korinther 15,10	9.12.	Philipper 3,13.14	31.12.	Jakobus 2,17	2.4.
1. Korinther 15,14	17.10.	Philipper 3,14	9.2.	Jakobus 4,1	17.6.
1. Korinther 15,20	1.11.			Jakobus 4,6	24.7.
1. Korinther 15,32	28.4.	Kolosser 3,1	1.6.	Jakobus 4,14	12.4.
1. Korinther 15,54	13.7.	Kolosser 3,3	3.3.	Jakobus 4,16	25.2.
1. Korinther 15,57	13.7.	Kolosser 3,13	7.3.	Jakobus 5,4	29.2.
		Kolosser 3,17	1.5.	Jakobus 5,13	6.6.
2. Korinther 5,18	7.4.	Kolosser 3,19	5.1.		
2. Korinther 5,20b	9.3.	Kolosser 3,23	7.2.	1. Petrus 1,18-19	8.8.
2. Korinther 5,21	1.12.	Kolosser 3,23-24	5.6.	1. Petrus 5,6	31.3.
2. Korinther 6,2	13.1.			1. Petrus 5,6.7	13.11.
2. Korinther 6,3	14.1.	1. Thessal.5,21-22	2.2.	1. Petrus 5,7	27.11.
2. Korinther 7,4b	30.11.			1. Petrus 5,8	2.8.
2. Korinther 8,9	23.4.	2. Thessal.2,11	10.2.		
2. Korinther 9,15	6.9.			2. Petrus 1,21	20.9.
		1. Timotheus 1,15	10.12.	2. Petrus 1,21	21.9.
Galater 2,16	6.10.	1. Timotheus 2,5	23.1.	2. Petrus 3,5	12.9.
Galater 2,21	6.8.			2. Petrus 3,9	13.9.
Galater 5,1	5.3.	2. Timotheus 1,5	7.5.		
Galater 5,1	19.4.	2. Timotheus 1,12	10.8.	1. Johannes 1,3	18.11.

Index

1. Johannes 1,9	1.2.
1. Johannes 4,8	8.4.
1. Johannes 4,19	12.5.
1. Johannes 5,20	4.2.
Offenb.1,8	29.10.
Offenb.1,17-18	8.10.
Offenb.3,8	6.1.
Offenb.3,20	17.1.
Offenb.12,10-11	23.11.
Offenb.16,16	18.8.
Offenb.18,2.9.11	29.8.
Offenb.18,17.18	29.8.
Offenb.20,15	22.4.
Offenb.21,1.3	7.7.

Die tägliche Bibellese wurde erstellt von: ÖAG für Bibellesen, Schönhauser Allee 59, 10437 Berlin

Mitarbeiter

as	Uwe Assmann	kr	Detlef Kranzmann
bg	Bernd Grunwald	kü	Rudi Kühnlein
bj	Jörg Bauer	la	Siegfried Lambeck
dr	Andreas Droese	li	Eberhard Liebald
dü	Günter Dürr	lr	Ralf Leppin
ee	Ewald Epp	mg	Marcus Goerke
eh	Eberhard Hof	mh	Markus Hartmann
emb	Ernst-Martin Borst	mk	Matthias Kremer
es	Elmar Scheid	mö	Andreas Möck
fe	Andreas Fett	mp	Manfred Paul
fo	Friedhelm Orlikowski	mü	Carsten Müller
fr	Joschi Frühstück	pg	Peter Güthler
ga	Gerrit Alberts	pj	Joachim Pletsch
gi	Werner Gitt	pm	Martin Plohmann
gk	Günther Kausemann	pt	Eberhard Platte
gn	Günter Neumayer	rfw	Robert Fritz Weiß
go	Gerd Goldmann	rg	Rudolf Gerhardt
gr	Hermann Grabe	rk	Ralf Kausemann
gs	Gerhard Schwabe	sg	Günther Seibert
hj	Hartmut Jaeger	sp	Klaus Spieker
hü	Christoph Hüls	svr	Peter Schäfer von Reetnitz
is	Hartmut Ising	sw	Stephan Winterhoff
jo	Gerhard Jordy	tw	Thomas Wink
js	Rudi Joas	uhb	Uwe Böhm
ju	Erik Junker	us	Uwe Stötzel
kae	Ralf Kaemper	vb	Bernhard Volkmann
kdz	Klaus-Dieter Zimmermann	vdm	Martin von der Mühlen
kei	Jochem Keil	wä	Markus Wäsch
khg	Karl Heinz Gries	wi	Otto Willenbrecht
ki	Ron Kimble	ws	Wolfgang Seit
ko	Friedhelm Koll	ww	Winfried Weiler
koh	Karl Otto Herhaus		